Die Heilkraft der Feste erfahren

Hans Gerhard Behringer

Die **Heilkraft** der **Feste** erfahren

Den Jahreskreis neu entdecken

Patmos Verlag

VERLAGSGRUPPE PATMOS

PATMOS
ESCHBACH
GRÜNEWALD
THORBECKE
SCHWABEN

Die Verlagsgruppe
mit Sinn für das Leben

MIX
Papier aus verantwortungsvollen Quellen
FSC www.fsc.org FSC® C083411

Für die Schwabenverlag AG ist Nachhaltigkeit ein wichtiger Maßstab ihres Handelns. Wir achten daher auf den Einsatz umweltschonender Ressourcen und Materialien.

www.patmos.de

Umschlaggestaltung: Finken & Bumiller, Stuttgart
Umschlagabbildung oben: © faniemage / photocase.de
Umschlagabbildung unten: © shutterstock.com
Gestaltung und Satz: Schwabenverlag AG, Ostfildern
Druck: CPI books GmbH, Leck
Hergestellt in Deutschland
ISBN 978-3-8436-0758-2 (Print)
ISBN 978-3-8436-0800-8 (eBook)

Inhalt

Hinführung

Über diesem Buch steht eine *Grundwahrheit*, die Hermann Hesse seinen weisen Siddhartha so ausdrücken lässt: »*Von jeder Wahrheit ist das Gegenteil ebenso wahr*. Nämlich so: eine Wahrheit lässt sich immer nur aussprechen und in Worte hüllen, wenn sie einseitig ist. Einseitig ist alles, was mit Worten gesagt werden kann, alles einseitig, alles halb, alles entbehrt der Ganzheit, des Runden, der Einheit ... Die Welt selbst aber, das Seiende um uns her und in uns innen, ist nie einseitig.«[1]

Ein Buch über die Tiefendimension des Jahreskreises

Menschen feiern gerne. In Ost und West, in Nord und Süd ist das allen Gesellschaften, Völkern, Kulturen und Generationen gemeinsam: Im Laufe des Jahreskreises gibt es eine große Fülle von Festen, auf die sich die allermeisten freuen und gerne mitfeiern, manche gehen auf sie mit gemischten Gefühlen zu. Dennoch sind sie ein Grundbestandteil unseres Lebens. Sie werden in die Jahresplanung mit hineingenommen, bestimmen zum Beispiel das Schuljahr, werden von Kindergärten gefeiert, in Seniorenkreisen und Altenheimen bedacht, und bestimmen die Urlaubsplanungen in Firmen, Betrieben und Behörden und weithin das Familienleben. Immer mehr Menschen suchen nach Riten und Ritualen, um die altüberkommenen Feste neu zu gestalten. Strömungen des so genannten New Age und viele neu entstehende Gruppen nehmen das auf. Esoterische Gemeinschaften und auch spirituelle Bewegungen oder gar Kulte greifen diese Offenheit der Menschen von heute auf. Wie spiegeln sich die alten Rituale in den neu entstehenden? Was wird dabei auf- und angenommen, was wird umgeformt und umgedeutet? Inwiefern könnten wir die altvertrauten Feste wieder beleben und neu fruchtbar werden lassen, um diesem Interesse entgegenzukommen?

Dieses Buch hat seit 1997 insgesamt 8 Auflagen erlebt[2] und einen breiten Leser/innenkreis bewegt und bereichert. Heute nun liegt es in Ihren Händen, mit einem neuen Titel, in neuem Gewande, um – sorgsam *neu bearbeitet und aktualisiert* – noch einmal einer vielfältigen Leserschaft Impulse zu geben für ein erfüllendes und gelingendes

Leben. Als ein Begleitbuch durchs Jahr zeigt es immer wieder neue Dimensionen auf, die uns stärken, aufbauen und weiterbringen.

Im Folgenden wird angeregt, Inhalte des Lebens und des Glaubens, wie sie von den Festen des Kirchenjahres im Jahreslauf repräsentiert werden, »ganzheitlich« erfahrbar und zugänglich zu machen. Es soll daher kein wissenschaftliches Buch sein im Sinne der Darstellung von akademischen Auseinandersetzungen, auch kein belehrendes Buch, sondern ein Buch, das eigenes entdeckendes Lernen ermöglicht. – Was heute zunehmend mehr zählt, ist der existenziell-existenziale Tiefen- und Praxisbezug. Immer wieder haben mir in meiner psychotherapeutischen Praxis, in der Seelsorge, bei Trainings, Vorträgen, Seminaren und Fortbildungsveranstaltungen Menschen deutlich gemacht, dass so etwas fehlt: eine *Hinführung* zum Festkreis, zu seiner Tiefendimension, ein *Materialbuch* als Entdeckungshilfe, als *Lebenshilfe* für jede und jeden.

Denn in den Festen lebt etwas, was prägt, fest verwurzelt ist in der eigenen Seelentiefe, was nicht nur Lehre ist, nicht nur »Wort«. Tradition lebt hier in Farben, Formen, Bildern, Gerüchen und Geschmäckern, Gesängen und Musik, in Anschau-, Antast- und Mitmachbarem, im Tun und Sich-Beteiligen und Mit-Hineingenommensein in die Gemeinschaft, ob als Teilhaber/in oder Zuschauer/in eines Festes, einer Vorführung, eines Spieles oder einer Prozession, oder allein mit sich oder im kleinen, vertrauten Kreis.

Es könnte sein, dass wir hier auch in ökumenischer Weise voneinander zu lernen hätten: evangelische, katholische und orthodoxe Christen, vom Reichtum des in verschiedenen Gegenden von Menschen praktizierten Glaubens- und Erlebensgutes.

Das ist das Besondere am Jahreskreis: Er spricht alle an, wirkt sich auf jeden aus, wird von jedem erlebt – mehr oder weniger bewusst. Vielleicht kann ein vertieftes Erleben seiner verschiedenen Feste, Stadien und Etappen das erreichen, worum sich so viele mühen: Die Strömungen und Herausforderungen unserer Welt mit ihrem Suchen und Fragen nach Spiritualität und einer »neuen Zeit« anzunehmen, grundlegend anzuerkennen und zu verstehen und mit den ursprünglichen, lebendigen und lebensschaffenden Intentionen des christlichen Festkreises zu verbinden.

Und die multikulturelle Perspektive?

Mag sein, dass manche von Ihnen beim Lesen erwarten, eine integrative Zusammenschau von Festen und Feiern verschiedener Kulturen zu finden in ihrer Wirkung auf das Leben und die Kultur. Fakt ist: Viele Menschen heutzutage wissen gar nicht mehr, was Advent bedeutet, wozu das Drei-Königs- oder Epiphaniasfest gut sein soll – außer einem Feiertag in manchen (Bundes-)Ländern. Himmel- oder Auffahrt ist für manche nur der Vatertag – als Pendant zum Muttertag. An Pfingsten ist vielen nur wichtig, dass es dabei einen freien Montag gibt oder gar Ferien – wie bei Weihnachten und Ostern.

Und heutzutage kennen zwar viele Halloween und seine Bräuche, aber dass dahinter früher das Reformations- und das Allerheiligenfest standen, ursprünglich ja sogar ein keltischer Feiertag, ist vielen unbekannt. Und statt des Martins- oder Lichterfestes am 10. November feiern manche Kindertageseinrichtungen heute sogar ein »Sonnen-, Mond- und Sternenfest« ..., um nur einige Beispiele zu nennen.

Man könnte zwar bei Festen und Feiern neben der abendländisch-christlichen Kultur tatsächlich auch noch die Fülle von Traditionen anderer Religionen und Völker einbeziehen, die heute mit und bei uns leben: jüdische, islamische, buddhistische oder hinduistische Feste, Gedenktage und Bräuche. Mir geht es aber in diesem Buch entscheidend darum, dass Sie, liebe Leserin, lieber Leser, etwas davon erfahren und erspüren, was die *traditionellen Feste im deutschsprachigen Raum*, die das Jahr durchziehen und auch strukturieren, für Ihr konkretes Leben bedeuten. Dass Sie auf dem Weg durch dieses Buch erleben: Das sind nicht nur Chiffren und alte, abgelegte Worthülsen, sondern das ist Hilfe zur Lebensbewältigung, Begleitung für gelingendes Leben, Ermöglichung einer Vertiefung, eines neuen Verständnisses und Lebens- und Praxisvollzuges.

Was Ihnen früher vielleicht nur vage bekannt war, *wozu* wir im Jahreslauf ab und zu innehalten, Pause machen, den Normalablauf unterbrechen, Fest- und Feiertage genießen: Was das bedeutet, wozu es gut ist, inwiefern es heilsam ist: das will dieses Buch eröffnen und vermitteln. So können Sie die *Schätze* unserer eigenen Kultur wieder erkennen, neu entdecken, verstehen und heben. Damit wir nicht etwa Angst vor dem Fremden haben oder das Fremde ablehnen müssen aus Unkenntnis der *eigenen* Werte ...

»Bedienungsanleitung«

Dieses Buch soll demnach *verschiedenen Zielen, Erwartungen und Zwecken* dienen: Als Adressaten stelle ich mir einerseits Menschen vor, die mit den christlichen Festen oder den Festen im Jahreskreis gar nichts (mehr) verbinden können, die diesen Inhalten fernstehen; andererseits jene, die im Altgewohnten, obwohl sie es kennen, nach *lebendigen* Erfahrungen suchen, die den *ganzen* Menschen ansprechen. Menschen also, die bewusst im Schatz des christlichen Kulturkreises suchen.

Und für all jene, denen die christlichen Feste und Traditionen unserer Kultur bisher nur wenig zu sagen haben und eher fremd sind, kann es – so hat es die Erfahrung der letzten 20 Jahre mit dem Buch und seiner Wirkung gezeigt – ganz neue Zugänge schaffen, Perspektiven eröffnen, heilsame Dimensionen erschließen und fürs Leben hilfreiche Weisheiten und Erfahrungen vermitteln. Ganz konkret, lebensnah und praxisorientiert begleitet es Sie hin zu größerer Tiefe, Lebensfreude und einer wirksamen Bewusstseinserweiterung und neuen Balance.

Wenn Sie das Buch als Entdeckungs- und Arbeitsbuch für sich selber verwenden, so ist es sicher ratsam, es *nicht auf einmal* zu lesen, sondern »portionenweise«. Sie könnten auch den Weg eines Jahres ganz bewusst damit verfolgen, die jeweiligen Abschnitte, die der Jahreszeit entsprechen, intensiver er- und durchleben, sich von den Gedanken und Impulsen zu eigenen Ideen und Erfahrungen anregen lassen. Das Buch will Zugänge eröffnen zu neuen Lebens-, Erfahrungs- und Wirklichkeitsräumen. Das Geschriebene erhebt keineswegs den Anspruch, dass »es so sei« – nur so, und nicht anders –, sondern möchte einladen, sich den Wirklichkeiten zu stellen, die mit den Festen gemeint und ausgedrückt werden. Denn die Wirklichkeit und die Wahrheit sind ja immer noch viel größer als das, was mir mit Worten, Gedanken und Interpretationen auszudrücken möglich ist. Und diese Gedanken sollen nicht Ihrer eigenen Begegnung mit dem »ganz Anderen« im Wege stehen, der oder das hinter dem Gemeinten steht und in den Festen und auch sonst in unserem Leben wirkt.

Manche der angebotenen Überlegungen, *Impulse und Rituale zur Vertiefung* sind zunächst notwendigerweise sehr persönlich auf Einzelne bezogen, ganz individualisierend. Denn auch jedes Weitergeben braucht erst die eigene Erfahrung, Berührtheit und Betroffenheit. »In Dir muss brennen, was Du in anderen entzünden willst«, sagte Augustinus. Dies ist eine unabdingbare Voraussetzung für die sinnvolle Verwendung für andere. Denn solche meditativ-inneren Zugänge können gut ins Gespräch hinein geöffnet werden bei Veranstaltungen und Gruppenprozessen jeglicher Art.

Das Buch ist eine *Fundgrube* für Menschen, die als Multiplikator/innen in Gruppen, Gemeinden, in Schulen verschiedenster Art, (Fach)akademien und Hochschulen, generell in der Arbeit mit Jugendlichen, Erwachsenen und auch mit Senioren tätig sind: Es gibt Arbeitsmaterial für viele Diskussionen, Selbsterfahrungseinheiten, Vorträge und Seminare. Leitende und/oder Gruppenteilnehmer/innen können Texte daraus lesen, die Impulse gemeinsam bearbeiten und dann ihre Erfahrungen miteinander austauschen.

Betrachten Sie doch bitte alles als ein *»Kaltes Buffet«*, von dem Sie sich nehmen, was Ihnen wohlschmeckend, verdaulich und gut erscheint. Oder betrachten Sie es als einen kreativen *Steinbruch*, aus dem Sie sich je nach Bedarf ein Thema herausnehmen können – z.B. zu Advent, Maria, Karfreitag oder Erntedank. Man kann dann das Vorgegebene einfach in den eigenen Rahmen einflechten, oft vielleicht sogar, ohne sehr viel verändern zu müssen. Die angebotenen »Impulse« sind jahrelang erprobt und bewährt und eignen sich fast alle ebenso gut für Meditation und Begegnung mit sich selbst allein wie für die gemeinsame Erfahrung in Gruppen.

Eine Fülle von theologischen, tiefenpsychologischen, philosophischen und dem Leben abgelauschten Gedanken, von Impulsen zur Hereinnahme der Gefühlswelt und des gesamten Bereiches der Affekte und Emotionen, Hinweise für die praktische Umsetzung im konkreten Lebensalltag sind versammelt.

Der Wirkungsprozess solcher Gedanken geht ja in beide Richtungen: von innen nach außen wie auch von außen nach innen: Wer innerlich Neues erkannt und erfahren hat, wer sich neue Räume erschließen konnte, wird anders handeln, leben, feiern. Natürlich haben neue Rituale und Feststrukturen auch eine Rückwirkung nach innen! Und in der Tat: Uns fehlen heute oftmals neue Rituale für Familienfeste, Gottesdienste, neue Formen des Feierns. Die aber entwickeln sich/werden entwickelt als Auswirkung, als *Frucht* der erweiterten Innenerfahrung! Darum haben *die ganz individuellen Zugänge* so große Bedeutung, da der Schatz des christlichen Festkreises sich dann *neu* erschließt, wenn er zuerst aktuell und individuell ausgegraben und dann mit anderen geteilt wird.

So denke ich, dass durch die intensive Eigenerfahrung in der Auseinandersetzung mit dem Geschriebenen, durch die Bearbeitung der vielen »Impulse«, die immer wieder den Text auf unser konkretes Leben beziehen und zur Eigenbeteiligung hinführen und auffordern, viele Ideen, eigene Umsetzungs- und Gestaltungsmöglichkeiten entstehen, in die auch mühelos andere in Gruppenprozessen einbezogen werden können.

Am schönsten wäre es, wenn wir in einen *Dialog* miteinander kämen: Ich habe Ihnen meine Entdeckungen und Erfahrungen seit über 30 Jahren beschrieben und in der Hoffnung anvertraut, dass sie für Sie nun fruchtbar werden können. Wie wäre es, wenn Sie mir ein Echo gäben, von Ihren Erfahrungen mit dem Buch erzählten, Weiterführendes, Vertiefendes oder auch Kritisches mit mir teilten? Ich habe versucht, durch eine oftmals fast gesprächshafte, dialogische und teilweise sehr persönliche Schreibweise diesen Prozess einzuleiten und zu fördern. Sie brauchen mich nur auf meiner Homepage zu besuchen unter www.hgbehringer.de. Dort finden Sie auch meine Kontaktadressen.

Aber abgesehen davon wäre es gut – wie auch immer Sie dieses Buch verwenden und einsetzen wollen –, wenn Sie immer wieder in den *Austausch* mit anderen Menschen und mit deren Erfahrungen beim Lesen und Durcharbeiten der folgenden Seiten träten. Gönnen Sie sich viel Muße und Zeit, das Gelesene »durchzukauen«, »wiederzukäuen«, in sich zu bewegen, zu verdauen und *dann* in sich umzusetzen, Fruchtbares daraus werden zu lassen, oder auch nicht Benötigtes abzulehnen oder wieder loszulassen. Ich hoffe, dass meine Worte Ihnen Wege eröffnen, die Sie dann selber frei gehen können, ohne dass jemand von uns wüsste, wohin diese Wege Sie führen und was »dabei herauskommt«.

So machen wir uns denn auf diesen Weg ins große, offene, unbekannte und letztlich unbegreifliche Land der Wirklichkeit: Lassen wir uns davon ergreifen!

Wiedergewinnung einer verlorenen Dimension

Feiern heißt, mein Leben steuern, bewusst eingreifen in meinen »Lebens-Lauf«, den Lauf der Geschäftigkeit des Alltags, und Zäsuren schaffen, Zeiten des Auftankens, Kraftschöpfens, Zu-mir-Kommens und Neuwerdens. Heute, da gilt »Zeit ist Geld«, und da die Zeit – wie alle Rohstoffe – immer knapper zu werden scheint, müssen wir das vielleicht erst wieder lernen[3]: Weithin ist die Dimension des Zur-Ruhe-Kommens, des Feierns verloren gegangen, in Vergessenheit geraten, der Schnelllebigkeit und Hetze allen Tuns zum Opfer gefallen.

Dieses Buch möchte und kann mit dazu verhelfen, dass wir diese verlorene Dimension wiedergewinnen, dass wir wieder lernen, in und bei uns zu Hause zu sein, in dem großen, vielräumigen, vielseitigen Haus, das wir sind. Oder in einem anderen Bild: dass wir auf dem Weg, den wir gehen, in unserem Lebenslauf, gelegentlich langsamer werden und zur Ruhe kommen können. »*Zur Ruhe kommen*« – darin drückt sich Verschiedenes aus: dass die Ruhe eigentlich schon da ist, dass sie auf uns wartet, uns zu empfangen und zu umfangen bereit ist, und dass auch dieses ein *Prozess* ist, ein Werden, ein Weg. Wir werden dahin »kommen« – aber auch das braucht Dauer und Zeit. Vielleicht ist es ja sogar ein langer Weg. Und: Das kommt nicht von selbst, es geschieht nicht von allein – wir müssen uns aufmachen, auf den Weg, müssen dorthin gehen, wo die Ruhe ist, um »zur Ruhe zu kommen«.

Impuls: Was ist Ihr Zugangsweg »in die Ruhe«, um »zur Ruhe zu kommen«? Welchen Anlauf, welche Vorbereitung brauchen Sie? Können Sie gleich und sofort umschalten auf Ruhe? Manche Menschen brauchen erst Stress/Aktivität/Körperbewegung. Andere nutzen Musik, Kreativität. Was hilft Ihnen?

Zeiten der Pause, der Ruhe, der heilsamen Unterbrechung unseres Lebens und Alltagsflusses sind unverzichtbar. Sie sind wie Ankerpunkte für ein Schiff, das unterwegs ist; wie Einkehrstationen, wie Raststätten, wo wir buchstäblich »Einkehr halten«; wie Tankstellen, die wir bei Verkehrsmitteln als selbstverständlich empfinden und immer wieder anfahren und wo wir auch etwas dafür auszugeben bereit sind! Wie viel mehr aber ist der Mensch doch als ein Auto …

Impuls: Was sind Ihre Rastpunkte, Einkehrstätten – und wie gestalten Sie das Feiern? Wo und wie feiern Sie? Haben Sie dafür bestimmte Rituale? Was gehört unbedingt dazu, was ist schön, wenn es dabei ist, was aber auch verzichtbar? Was unterstützt Sie auf dem Weg zu Ihrer Ruhe?

Wieder feiern lernen – manche können das nur noch mit großem Pomp und Aufwand, mit Hilfe von viel Investition und Geld, Organisation und Animation. Andere können es leichter, brauchen nicht viel dazu, haben noch nicht verlernt, auch den Abend jedes Tages zu feiern – den »Feier-Abend«; müssen sich nicht die Zeit oder die Ruhe vertreiben durch Freizeitstress, Aktivitäten, das Fernsehen oder sonst wie. Manche suchen Gemeinschaft, andere feiern gerne und lieber allein oder zu zweit – ganz personal und individuell.

Der Jahreskreis – ein heilsamer Kreis

Das bewusste Begehen und Feiern der verschiedenen Zeiten und Feste des Jahreskreises im Kirchenjahr, wie wir es hier im Folgenden üben wollen, kann für uns zu einem bewusstseinserweiternden, ja therapeutischen und heilenden Weg werden und dadurch große Bedeutung gewinnen. Denn das Jahr bietet mit seinen Festen eine bunte und umfassende Palette der Vielfalt von Lebenssituationen, Freuden und Krisen, wie sie im Leben eben vorkommen. Schon in der Form des *Zyklus* – des Kirchenjahres-Kreises – liegt etwas Lebensnahes, Lebensbejahendes und Lebensförderndes: Das Kirchenjahr ist ein Kreis, der sich alljährlich wiederholt. Das bedeutet, dass im Laufe eines Jahres alle Punkte dieses Kreises, alle Feste, alle Einzelstationen dieses Zyklus »durchlaufen werden«, nichts wird übersprungen. Das Gegensätzliche, das Ungeliebte und das Geliebte, das Dunkle und das Helle kommen vor. Es gibt dabei also im Grunde kein »wichtigstes« Fest, keinen *allein* wichtigen Aspekt, kein herausragendes Geschehen: *Jede* Etappe, Erfahrungsweise, *jede* »Station« dieses Kreises steht gleichberechtigt neben den anderen. Alle sind mit der Mitte gleichermaßen verbunden, haben in diesem Kreis dieselbe Mitte und zugleich ihre Ausrichtung zur Mitte hin.

Existenzielle Themen: die Vielfalt des Lebens

Jeder Aspekt unseres Lebens, jede Regung unserer Seele, alle freudigen und schweren Erfahrungen und die damit verbundenen Inhalte und Emotionen, alles ist in diesem großen Kreis des Jahres repräsentiert, aufgenommen und angenommen. Der Jahreskreis lässt nichts Wesentliches im Leben aus, nichts muss tabuisiert werden, nichts bagatellisiert, nichts kann ungestraft ausgeblendet, ausgespart, verpönt oder gar verteufelt bleiben/werden, aber auch nichts ist einzigartig herausragend und etwa ganz allein wichtig. Denn die Überbewertung ebenso wie die Tabuisierung in bestimmten Bereichen dieser breiten Palette von Lebensäußerungen, wie sie das Kirchenjahr »feiert«, von bestimmten Bereichen des Gefühls, des Lebens, des Ganzen – würden krank machen und seelische und soziale Störungen hervorrufen. In diesem »heilenden Kreis« jedoch gehört alles dazu und ist alles unverzichtbar. So ist der Jahreskreis wirklich Lebenshilfe, indem er alle Aspekte des Lebens in die Gesamtheit, in die Gesamtgestalt des Lebens als Teilaspekte aufnimmt, von denen *nur alle zusammen* das Ganze ausmachen.

Dies ist der Psychotherapie und Psychoanalyse ähnlich: Freud nennt als Grundhaltung der Analyse die der »gleichschwebenden Aufmerksamkeit«. Damit ist Achtsamkeit gemeint, Offenheit für alles, was im Inneren aufsteigt. Nichts wird kritisiert, nichts ist schlecht, verboten, tabu; alles ist sagbar und soll möglichst »unzensiert« ausgedrückt werden. Das entspricht auch dem Grundmodell der sogenannten humanistischen Psychologie: Erst alle lebendigen Teile zusammen, ins Ganze integriert, ergeben die Fülle und Integrität eines Lebens, bilden zusammen die »gute Gestalt«. Dies entspricht zugleich der Weisheit westlicher und östlicher Spiritualität, der Mystik verschiedenster Zeiten und Kulturen, auch der »Meditation als Wahrnehmung dessen, was ist«. Ich schaue, nehme wahr, ich bin Zeuge dessen, was in mir und um mich ist. So wie Vervollkommnung, Ganzwerdung und Vollendung erst durch das »Durchwohnen« aller »inneren Räume« unserer »Seelenburg« geschehen (ein Bild der christlichen Mystikerin Teresa von Avila), so kann das tiefe Erfahren, Erfassen, ja Ergriffenwerden von den Facetten und Anteilen des Jahreskreises Hilfe bieten auf unserem Weg zur Ganz- und damit Heilwerdung. Denn jedes Jahr bietet und repräsentiert die ganze Fülle und Bandbreite dessen, was ist – im einzelnen menschlichen Leben wie in der Gemeinschaft und Gesellschaft.

Der integrierte Mensch

Wenn wir dies begehen, im Denken und Spüren, im Tasten und Riechen, Schmecken und Hören und Schauen, es mit allen Sinnen erfassen, erfahren und reflektieren, dann werden wir behutsam in alle Bereiche des Lebens, zu denen eben Licht- und Schattenseiten, das Schwere und das Beglückende gehören, begleitet. Und gerade darin ist der Jahreskreis »praktische Seelsorge«, »Lebenshilfe und Therapie«, Bewusstseinserweiterung, die hineinführt in die Fülle des Lebens und vorbereitet auf seine verschiedenen Seiten, diese inszeniert und darstellt, begleitet oder rückblickend verarbeiten hilft. Im symbolischen Erleben der unterschiedlichen Seiten der Realität bietet der Jahreskreis Konfrontation und Bewältigungshilfen für alle Lebensphasen an.

Es geht nicht nur um das kognitive Verstehen der Feste, sondern um ein tieferes, existenzielles Erleben und Mit-Leben-Füllen. Wir werden nun in einer zugleich tiefenpsychologischen und tiefentheologischen Weise die Feste zu ergründen suchen, wir werden existenziell und existenzial an sie herangehen und ihren ganz konkreten Bezug zu unserer Lebens- und Alltagswirklichkeit suchen. Solches Begehen und Feiern der Feste ermöglicht die Hereinnahme der seelisch-emotionalen und körperlich-pragmatischen Seite unseres Wesens, ist damit ganzheitlich und darin Lebensschule und helfende Begleitung zugleich – eben Lebenshilfe als Hilfe zur Lebendigkeit!

Achtsamkeit als Zugangsweg: Schlüssel der Lebens- und Welterfahrung

Wenn die hebräische Sprache ausdrücken will, dass man etwas besonders intensiv, mit besonderem Nachdruck, mit Bewusstheit und Intensität tun will, dann kennt sie eine Sprachform, mit der das verwendete Verb sozusagen wiederholt wird. Im Deutschen könnte man das etwa so wiedergeben: gehend gehen, singend singen, sprechend sprechen, lesend lesen.[4]

Impuls: Versuchen Sie das doch gleich einmal auszuprobieren: Statt weiter zu lesen, stehen Sie auf und gehen einige Schritte. Gehen Sie langsam und in bewusstem Bodenkontakt. Versuchen Sie zu spüren, wie Ihr Fuß den Boden berührt, drückt, und wie der Boden antwortet. Machen Sie einmal schnellere oberflächlichere Schritte, wie Sie vielleicht sonst gewohnt sind zu gehen, wenn Sie in Eile sind, um daran den Unterschied zu spüren. Jetzt gehen Sie wieder ganz langsam, sozusagen in Zeitlupe: behutsam den Boden berührend, erspürend, wie Ihre Fußsohle, Ihre Zehen Kontakt mit dem Boden, dem Teppich oder der Unterlage aufnehmen. Gehend gehen. Anders wäre: Denkend gehen, oder singend gehen, oder redend gehen. »Spürend gehen« kommt dem am nächsten, was gemeint ist. Achtsam werden und wirklich wahrnehmen, wie sich das anfühlt, vom Boden getragen zu werden und mich meinen Füßen zu überlassen. Wirklich vom Kopf in die Füße gehen!

Diese kleine Übung lehrt uns die Bedeutung der *Langsamkeit* in Verbindung mit Spürsamkeit und Wahrnehmung – mit einem Wort ausgedrückt: *Achtsamkeit.* Und wenn wir nun miteinander den Weg durchs Jahr be-»gehen«, den Jahreskreis von Fest zu Fest, von Phase zu Phase durch-»schreiten«, so wird es uns dann zum Gewinn werden, wenn wir uns einüben in diese Haltung der Achtsamkeit. Achtsamkeit umfasst den ganzen Menschen in der Konzentration auf den jeweiligen Augenblick. Ganz da sein, volle Präsenz im Hier und Jetzt. Und bewusstes Wahrnehmen dessen, was ist. Nicht bewerten, nichts beurteilen, alles darf sein, wie es ist. Achtsam sein für meine Gefühle, die auftauchen, für die Gedanken, die mir durch den Kopf gehen, für Erinnerungen, Gefühlsbilder, Planungen und Ziele, Körperreaktionen und Stimmungen, die aus der Seele aufsteigen und im Körpergefühl sich ausdrücken.

Wir wollen einen Weg durch das Jahr betrachten, der uns dann zum Lehrer, Helfer, zur Lebenshilfe werden kann, wenn wir uns darauf einlassen, ihn achtsam zu gehen. Denn wenn wir *Feste und Feiern als lebensschaffendes, lebensbejahendes und zum Leben und zur Lebendigkeit helfendes Element erkennen* und leben wollen, so ist die Grundvoraussetzung eine Einübung in die Achtsamkeit: Achtsamkeit im Erleben der Jahreszeiten, im Umgang mit den eigenen Gefühlen und Empfindungen dabei, mit Erinnerungen, Bildern, Gedanken, die in uns auftauchen. Achtung vor uns selbst, unserem Innern, unseren

Reaktionen haben wir in unserer vom Intellekt und vom Willen, Planen und Tun bestimmten Lebensweise weithin verlernt. Wir haben oft die Fähigkeit verloren, zu *achten* und zu *be-achten*. Auch das Kleinste und Unscheinbarste verdient Beachtung, an einem Spazierweg, bei einer Begegnung, in einem Gespräch, in meinen Träumen, in meinem Seelenhaushalt und meiner Gefühlswelt. Und auch das gehört zu mir, was ich bisher noch nicht annehmen konnte, was ich an mir noch nie mochte, was ich anders haben und verändern möchte, auch das verdient liebevolle Hinwendung, Zuwendung und Beachtung, denn es gehört zu mir – wie vieles andere mehr. Dies heißt, es wahrnehmen, ernst nehmen, nicht verachten, sondern achten, mit Respekt empfangen und zulassen.

Die Kunst der Wahrnehmung

Wenn wir dem Leben begegnen wollen, wie es *wirklich* ist, wenn wir nach wahrer Lebenshilfe suchen, müssen wir das Leben wieder *leise* lernen. Denn es besteht nicht nur aus den lauten Tönen, aus den großen Gesten und Posen, aus dem, was durch Anstrengung und Leistung erworben wird. Wir müssen auf die Langsamkeit des Wachstums achten, auf die sanften Stimmen hören, Respekt auch gerade vor dem Kleinen, Schwachen und Geringen entwickeln. Sonst werden wir einseitig und nur bestimmt von den grellen Farben und den schrillen Tönen, wir überhören den leisen Klang der Stille und verlernen, ihr zu lauschen. Ein Weg, das zu lernen und das Leben in seiner Vielfalt zu verehren, bewusst zu erfahren und einzuüben, sind die verschiedenen Stationen des Jahreskreises, die verschiedenen Festzeiten des Kirchenjahres. Alljährlich kehren darin in geduldiger Wiederholung die verschiedensten Facetten und Ausdrucksformen von Lebendigkeit, von Lebenserfahrungen wieder und bieten sich uns an, uns mit ihnen vertraut zu machen und mit ihnen zu befreunden. So kann der Weg durchs Jahr für uns zum Einführungsweg in ein meditatives, reicheres, tieferes und weiteres, spirituelles Leben hinein werden.

Fangen wir also an, in dieser achtsamen Haltung den Weg durchs Kirchenjahr zu gehen. Bevor Sie die folgenden Kapitel lesen, halten Sie bitte erst noch einen Moment inne:

Impuls: Setzen Sie sich hin, schließen Sie die Augen und schauen Sie sich einfach selber zu. Seien Sie ein *achtsamer innerer Beobachter* dessen, was ist. Spüren Sie in sich hinein, wo Anspannung ist oder Schmerz, oder wo Gegenden in Ihrem Körper sind, wo Sie sich wohlfühlen, wo es warm und angenehm ist. Einfach nur wahrnehmen heißt: Ich verurteile nichts, beurteile nichts, beklage nichts, heiße nichts willkommen. Alles darf sein, wie es ist. Und ich achte es. Hören Sie mit einem Ohr nach außen, welche Geräusche, Klänge oder Laute an Ihr Ohr dringen, mit dem anderen Ohr nach innen, ob Ihr Körper Geräusche von sich gibt oder welche Stimmen, Laute und Gedanken in Ihnen klingen. Oder ist da ein Echo? Worauf? Schauen Sie Ihren Gedanken zu, ohne sie etwa abschalten, bremsen oder anhalten zu wollen. Lassen Sie sie vorüberziehen, wie Wolken am Himmel oder wie Vögel, die vorbeifliegen. Seien Sie einfach der Beobachter, der keinen der Gedanken begrüßt, aber auch keinen wegschickt, der keinem nachgeht, den Gedanken nicht folgt, aber auch keine herbeilockt, keine ruft. Und schauen Sie den Bildern zu, die in Ihrem Innern vielleicht aufsteigen, Gefühlsbildern, Erinnerungen aus der Vergangenheit, vor langer Zeit oder vor kurzem, Filmen, die in Ihnen ablaufen, Tagträumen oder was auch immer geschieht. Nur *in der Haltung des Beobachters, eines wachsamen Zeugen* bleiben, nicht mitspielen, nicht hineingehen, sondern freundlich und wohlwollend alles wahrnehmen und beachten. Schauen Sie Ihrem Atem zu, wie er in Sie strömt und Sie wieder verlässt, ohne dass Sie sich mühen müssen. Und lernen Sie daran eines der wesentlichen Grundgesetze des Lebens: wie alles in Wellen geht. Und wie das Wesentliche nicht erkämpft werden muss. Vielleicht spüren Sie zum Abschluss ein Lächeln auf Ihrem Gesicht – oder auch nicht. Bleiben Sie noch eine Weile mit geschlossenen Augen sitzen und spüren dem nach. Dann öffnen Sie wieder die Augen.

In solch einer inneren Haltung, geleitet von der meditativen Kunst der Wahrnehmung und der Achtsamkeit, werden uns die Feste zu wirklicher Lebens-, Entwicklungs- und Entfaltungshilfe werden.

Die zugänglichsten Feste

Wenn ich bei meinen Vorträgen, Seminaren und Gruppen nach dem wichtigsten, beliebtesten und zugänglichsten Fest frage, so zeigt sich fast immer dasselbe Ergebnis: Zwei Drittel bis drei Viertel sagen

»*Weihnachten*«, für den Rest ist es *Ostern* (mit Karfreitag!). (Als am unbeliebtesten und unzugänglichsten gelten Pfingsten, Trinitatis/ Dreifaltig-/Dreieinigkeit und Buß- und Bettag.)

Nach Auskunft von Jugendlichen in der Ausbildung und jungen Erwachsenen sind es besonders zwei Feste im Jahr, die bekannt und beliebt sind und gefeiert werden, ob Menschen nun einen religiösen Hintergrund haben oder nicht: *Erntedankfest* und *»Drei-König«/Epiphanias*. Bei anderen Befragungen ergaben sich immer nur Weihnachten und Ostern als die liebsten Feste. Wenn wir nun diese vier Feste miteinander vergleichen, nach dem Gemeinsamen suchen, was vielleicht Grund dafür sein könnte, dass sie im Bewusstsein der Bevölkerung, auch von Jugendlichen, die sonst mit Kirche so gut wie »gar nichts am Hut haben«, so präsent sind, dann fällt Folgendes auf: Alle vier sind Feste, die mit Ritualen, Gaben und Geschenken zu tun haben, wo unser ganzer Mensch im Schmecken, Sehen, Riechen und Fühlen angesprochen wird. Bei Weihnachten und »Drei-König« kommt noch der Aspekt des Spielens, der Darstellung, des Rollenspiels mit hinzu.

Gerade an solchen Auskünften zeigt sich, welch große Bedeutung Feste und Rituale haben, wie sie im Bewusstsein und im Erleben verankert sind, auch ohne tieferen religiösen Hintergrund oder ohne genaueres Verstehen dessen, was die Wurzeln solcher Feste sind oder was ursprünglich damit gemeint war: In einem Kurs für Erzieherinnen in kirchlichen Einrichtungen innerhalb der neuen Bundesländer Deutschlands kannten von 16 Teilnehmerinnen fünf die Person »Jesus« überhaupt nicht, wussten nicht, wer er ist oder welche Bedeutung er gehabt haben könne. Alle von ihnen hingegen kannten das Weihnachtsfest. Und auch für die fünf bedeutete es ein Fest für die Familie, wo es um unser Miteinander, um Frieden untereinander, den Zusammenhalt der Familie und um das Schenken geht.

Im Beschenktwerden, im Mitgestalten und Mittun sind wir also besonders empfänglich. Denn das gehört wohl zu all diesen Festen: die große Erwartung vorher, die Planungen, das Basteln, Selbstmachen, Einkaufen, Zusammenstellen in der Vorbereitungszeit – das Empfangen, Genießen mit allen Sinnen beim Feiern selbst und das spielerische Umgehen miteinander.[5]

Die folgende Grafik gibt einen Überblick über den gesamten Festkreis. So können Sie sich mit der Lage des jeweiligen Festes im Jahres-Zyklus vertraut machen und mit seiner Benennung.

Die meisten Feste und Festzeiten haben bei evangelischen und katholischen Christen denselben Namen. Bei Unterschieden ist das in der folgenden Abbildung vermerkt mit (ev) für evangelische oder (k) für katholische Bezeichnungen.

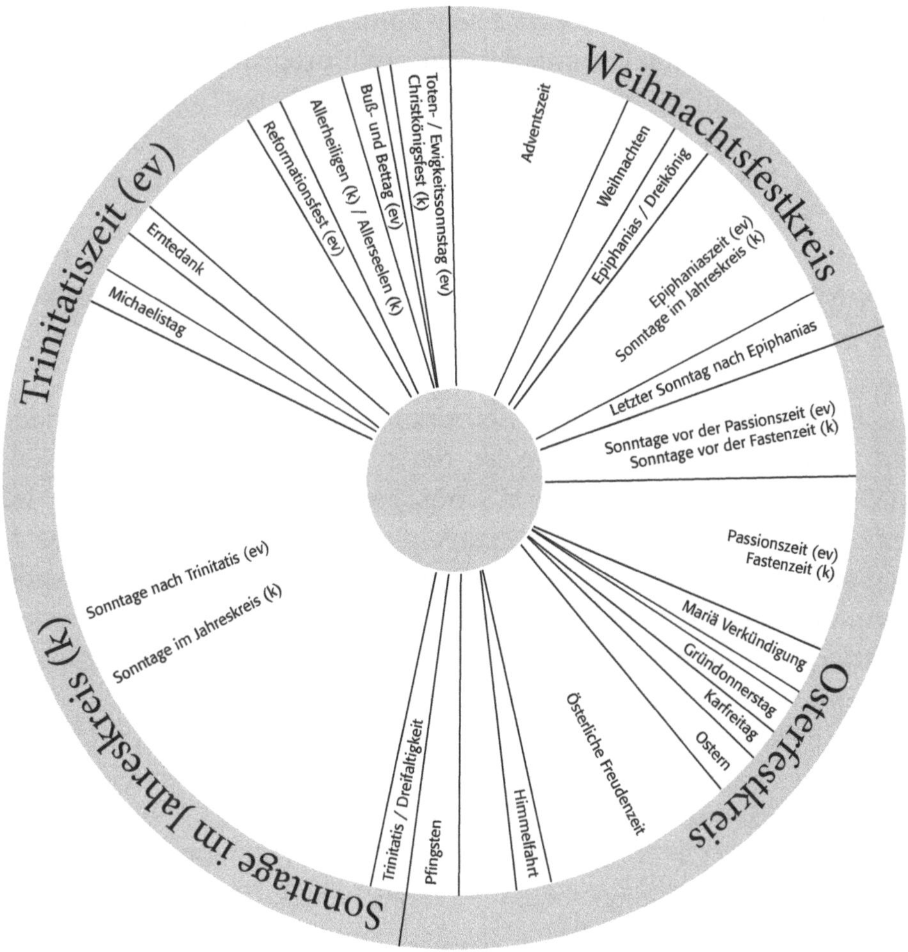

Sehnsucht und Erwartung: die Adventszeit

Vorbereitungszeiten: lebenswichtig!

Der Jahreskreis der christlichen Feste, das so genannte Kirchenjahr, beginnt vier Wochen vor Weihnachten. Sozusagen mit einem »Vorspiel«. Mit dem ersten Advent beginnt die Vorweihnachtszeit und damit der gesamte kirchliche Festkalender. Vor das erste große Fest – Weihnachten – hat man eine Einstimmungsphase gesetzt, eine Vorbereitungszeit vorgeschaltet, in der früher sogar gefastet wurde, die eine Einkehrchance sein sollte, um innerlich sich einzustellen auf das, was kommt. Advent heißt ursprünglich (lateinisch) Ankunft: Ankunft Gottes als Kind, als Mensch, bei/unter uns. Nun ist das im Jahresfestkreis immer so, dass große Feste eine *Vorbereitungszeit* haben, dass Innehalten, Umschalten und Einschwingen Raum bekommen. Damit wir innerlich nachkommen. Darin entdecke ich große Lebensweisheit und etwas Lebenswichtiges: *Langsam* werden, sich einstellen, ruhig werden, offen werden und sich öffnen für das Neue – das kommt, so sahen wir, in unserer Welt weithin zu kurz.

Dass Entwicklungen ihre Zeit brauchen, dass Veränderung dauert, dass Wandlung ein Weg ist, der nicht von heute auf morgen, nicht einfach und schnell und schon gar nicht etwa *machbar* ist, ist eine der Grundwahrheiten, die uns in den langen Vorbereitungszeiten angeboten wird, die das Kirchenjahr uns vor den großen Festen zumutet. Unsere Welt funktioniert ja meist anders: Fotos werden mittlerweile binnen weniger Sekunden geschossen und verbreitet, Kleider in einer Stunde gereinigt, das Essen ist mit dem Mikrowellenherd in wenigen Minuten oder gar Sekunden zubereitet und heiß, die Entfernungen zwischen Städten und Ländern schwinden, indem Bahn, Flugzeuge und Autos immer schneller zu rasen in der Lage sind. »Zeit ist Geld«, so lernen und hören wir immer wieder, und glauben das womöglich auch, und versuchen, die Zeit zu vermehren, indem wir sie konzentrierter, knausriger und geiziger »ausgeben«, indem wir immer genaueres, gezielteres und bewussteres Zeitmanagement anwenden, um so jene wunderbare Zeitvermehrung zu erreichen, an deren Ende jedoch oft nicht etwa mehr Ruhe, Zufriedenheit und Gelassenheit stehen, sondern meist erneute Hetze und Eile. Kennen Sie das auch?

Ganz anders der heilsame Zyklus des Kirchenjahres: Hier sind *vor und nach jedem Fest* lange Zeiten eingeplant, Zeiten der Vorbereitung, des Höhepunktes und des Nacherlebens, Vertiefens und Nachgenießens. – Wie gesagt: Wir leben anders. Wir sind nicht nur eine Gesellschaft der »Hamburger« geworden, sondern gleichsam auch der »Psychoburger« – so drückte es ein Freund von mir einmal aus: Denn auch der Heilungsprozess muss heute schnell gehen – nicht nur in der Medizin mit Hilfe von Antibiotika, Kortison und anderen Wundermitteln unserer Zeit. Auch in der Psychotherapie soll Heilung rasch gehen, in wenigen Sitzungen, an wenigen Wochenenden – nicht etwa Jahre dauern, wie in der Psychoanalyse oder in anderen Langzeittherapien. Alles muss machbar sein, möglichst einfach gehen; das soll uns den Weg durch Schmerzen, Trauer und sonstige überwältigende Gefühle hindurch ersparen. Und: Es muss schnell gehen. Wie oft habe ich in den entsprechenden Ausbildungskursen solcher Kurzzeittherapien die Trainer polemisieren hören und lächeln sehen über jenen langsamen Werdegang von Veränderung in den Langzeittherapien, über den mit großen Zeiträumen rechnenden Werdegang von Wachstumsprozessen, über die Zumutung von Schmerz und Dauer für wirkliche und wirksame Veränderungsprozesse in den so genannten alten Schulen der Psychotherapie oder der Spiritualität.

Denn in den spirituellen Bewegungen gilt derselbe Trend: Man möchte große Erfahrungen in kürzester Zeit, Tiefen oder Höhen schnell, für viel oder auch wenig Geld, bequem und leicht zugänglich erfahren. Der langwierige Weg von stetiger Übung über Jahre hinweg, wie er in den traditionellen alten Meditationsschulen gang und gäbe und denen selbstverständlich war, die ihn gegangen waren – das alles ist heute bei vielen in Misskredit geraten, man schmunzelt und lächelt und weiß (!?): »Das geht viel schneller: ein Intensivworkshop, eine Intensivwoche in der Toskana oder in der Südsee, ein Training bei dem oder bei jener, dort oder eben noch woanders ...«

Wirkliches *Wachstum* aber braucht *Zeit.* Vielleicht spielen auch deshalb Pflanzen, besonders Bäume, im ganzen Kreis der Feste immer wieder so eine wichtige Rolle. Sie nehmen uns hinein in den Kreislauf des Werdens und Vergehens, der Phasen von Expansion und Stabilisierung. Da gibt es Wachstumsschübe und stille Zeiten, die keine Stagnation bedeuten, sondern Festigung, »Konfirmation/ Firmung«, als Voraussetzung von weiterem Wachstum.

Und alles braucht auch *Vorbereitung, Einstimmung und Hinführung*. Das müssen wir vielleicht neu lernen: Essen braucht die Zeit der Zubereitung – abgesehen von 5-Minuten-Gerichten oder solchen, die »Genuss in Sekunden« versprechen. Arbeit braucht das Herrichten von Werkzeugen, Hilfsmitteln, Maschinen, ein Warmlaufen, einen Anlauf-Prozess – der uns natürlich oftmals wieder gar nicht kurz genug ist und nicht schnell genug gehen kann! Sogar der Computer muss immer erst hochgefahren werden ... Ein Konzert braucht die sorgfältige Einstimmung der Instrumente aufeinander, Chöre brauchen das Einsingen, Sportler das Warmlaufen, die Dehnungsgymnastik; auch Meditation und Entspannung brauchen Vorbereitung, und auch menschliche Begegnung ein Kennenlernen, ein In-Kontakt-Kommen, ein Interesse-Finden und Warmwerden. Und natürlich bedarf auch die intime Begegnung, die Liebe, eines Vorspiels, einer Ouvertüre, wo die Liebenden sich aufeinander ab- und einstimmen, einschwingen, einstellen, wo sie Zeit, Ruhe und Gelassenheit haben, sich dem anderen zu öffnen, im je eigenen Tempo, in der je besonderen Art und Weise.

Merken Sie: Eine Vorbereitungszeit ist uns im Leben weithin zwar selbstverständlich, im Beruf, in der Freizeit – und doch übersehen und vergessen wir das oft. Wir sind vom sonstigen Lebenstempo getrieben, von Schnelllebigkeits- und Knopfdruckdenken, von der Atemlosigkeit und Hast, die uns normalerweise treiben. »Man denkt mit der Uhr in der Hand, wie man zu Mittag isst, das Auge auf das Börsenblatt gerichtet – man lebt wie einer, der fortwährend etwas versäumen könnte ... Man hat keine Zeit und keine Kraft mehr für die Zeremonien, für die Verbindlichkeit, für Umwege, überhaupt für alles Beschauliche« klagte sogar schon Friedrich Nietzsche[6] Und so vergessen wir leicht dieses Lebensgesetz, dass alles eine Wartezeit, eine Ouvertüre, einen Vorgeschmack braucht. Das zu erinnern, das zu lehren, das zu lernen – dazu hilft Advent: *vier Wochen Vorbereitung* – Wartezeit. Damit wir bewusst erleben und üben können: Wenn Gott ankommen soll in der Welt und in unserem Leben, dann braucht das Vorlaufzeit; und wenn Leben, Liebe und Glück in unserem Leben landen sollen, dann braucht das auch Vorlaufzeiten – nicht »zack-

zack!«, wie beim Drive-In von McDonalds oder bei der Bank! Nicht wie die Wirkung von Drogen: gleich und sofort – ohne Warten, ohne Zeit, ohne Mühe und Eigenbeteiligung. Sondern: warten lernen, Geduld und Zeit haben, Bereitschaft und Offenheit spüren.

Impulse:

1. Wie geht es mir beim Thema »Warten«? (Adventszeit ist Er-wartung auf eine Ankunft!) Was löst Warten bei/in mir aus?
2. Wie plane ich mein Leben? Plane ich die Vor- und Nachbereitung von Begegnungen, Terminen, Höhepunkten ein? Was rate ich anderen – was tue ich selbst? (Tauschen Sie sich über die Impulse auch mit anderen aus, im Freundes-, Bekanntenkreis oder in einer Gruppe!)

Adventszeit als Lebenshilfe

Wenn man an einem Dezembertag durch die Straßen einer beliebigen Stadt in Deutschland geht, so wird spätestens nach einigen Minuten jedem eines deutlich und klar: Hier muss irgendetwas los sein! Irgendetwas »stimmt« hier nicht, irgendetwas macht, dass die Menschen alle aufgeregter, geschäftiger, eiliger und unruhiger sind als sonst. Versetzen Sie sich einmal in die Lage eines ausländischen Besuchers, der unsere Kultur, Geschichte und Tradition nicht kennt. Im Dezember ist in unseren Straßen vieles anders als sonst: Da sind die Lichtergirlanden, die Lampen auch in den Auslagen der Schaufenster, die Geschäfte sind voller als sonst. Es liegt viel Musik in der Luft, auch der Duft von Glühwein und Plätzchen, die auf der Straße angeboten werden. Wenn man sich in diesem bunten Gewühl ein bisschen treiben lässt, so fängt man vielleicht an, sich zu fragen: Was ist es eigentlich, das diese Menschen hier in Bewegung bringt? Was ist das Besondere an dieser Zeit? Eine Zeit und ein Fest, das danach kommt, dem sich absolut nichts und niemand in unserer Gesellschaft *ganz* entziehen kann: Weihnachten!

Was kann es sein, was die Menschen jetzt gewinnen oder zu gewinnen suchen? Kann es auch sein, dass das Ganze eine *Kehrseite* hat, dass die Menschen hier etwas verlieren oder gar vor etwas fliehen? Mir wünschte einmal in der Woche nach dem ersten Advent ein Kollege ironisch schmunzelnd eine »stille Zeit«, und beide wussten wir, als wir einander anschauten, dass das ein Urwunsch wäre, der aber mit absoluter Sicherheit nicht in Erfüllung geht, weder im dienstlichen noch im privaten Bereich. Sie mag ja so gedacht sein, als eine »stille Zeit«, diese Lichterzeit, die Besinnungszeit: als Einkehrtage und Vorbereitungswochen auf das Weihnachtsfest. Aber das ist nun ganz anders geworden. Warum wohl?

Jedenfalls spricht das Weihnachtsfest offenbar alle Menschen durch seine Grundaussage vom Schenken an – einst das Schenken Gottes an die Welt, die Liebesgabe Gottes an die Menschen. Dieser Grundgedanke lässt sich offenbar sehr gut für eine Konsumgesellschaft und für die Anhebung der Umsatzzahlen in der Wirtschaft verwerten. Viel ist darüber geklagt worden, wie schlimm das sei, wenn Menschen nur noch an den Konsum denken, Weihnachten vom Geschäfterummel missbraucht und das Christkind zur Verkaufsförderung und Umsatzsteigerung benutzt wird. Doch darüber uns nur zu empören, könnte verhindern, dass wir tiefer fragen: Was geschieht hier, das sich durchaus eignet, auch missbraucht zu werden? Und noch tiefer gefragt: Was wird vielleicht bedrohlich für uns, beängstigend und tief, sodass wir in die Oberflächlichkeit des Vermarktens entfliehen müssen? Was weicht uns so sehr auf, was rührt uns so tief an, dass wir es mit aller Gewalt durch Hetze, Eile, Hektik wieder zudecken und im Festtagsstress »erwürgen« müssen? Geht es um eine Sehnsucht, um Erwartungen und Wünsche, die da angesprochen werden, die da aufbrechen (könnten) in diesen Wochen, den Wochen der Advents- und Vorbereitungszeit, die wir nur mit neuer Sucht, durch die Erfüllung erfüllbarer Wünsche, durch Kaufrausch, Suche nach Geschenken, Suche nach den *Dingen* und Befriedigung im Greifbaren bannen können?

Das Grundthema von Advent greift allertiefste *Wünsche, Hoffnungen, Ursehnsüchte* auf, die wir in uns tragen, die jeder kennt und fühlt: Sehnsucht nach Liebe, Geborgenheit, danach, vom Ganzen, vom Leben, von allem zutiefst angenommen, geliebt und bejaht zu sein – in religiöser Sprache ausgedrückt: von Gott geliebt zu sein. Die Hoffnung, dass der Urgrund des Lebens nicht außen bleibt, nicht weit entfernt sich dieses Theater hier nur anschaut, sondern selbst hineingeht, teilhat, mitbetroffen ist und auch mitleidet, d.h. die Sehnsucht, ganz tief und ganz gründlich »ur-verstanden« zu sein. Dass einer sich einfühlt in mich, dass einer meinen Weg, mein Leben, meine Ängste, meine Nöte, meine Hoffnungen und Freuden, Wünsche und

Begierden kennt. Da sagt der christliche Glaube in jenen Wochen: Das ist geschehen, der Lebensquell, der Urgrund von Vertrauen, Hoffnung, Liebe ist erschienen, greifbar nah und menschlich, ist aufgetreten in einem Menschen: in Jesus.

Und doch scheint diese Botschaft so unerhört zu sein, dass sie buchstäblich un-erhört bleibt in dem Trubel unserer Vorweihnachtsgeschäfte. Oder geht sie uns zu sehr unter die Haut? Wollen Sie einmal reflektieren und zu ergründen versuchen, warum ausgerechnet in der Adventszeit, die doch als die exemplarisch »stille« Zeit, die Lichterzeit, die ruhige Besinnungszeit ausgewiesen wird, warum gerade in dieser Zeit allenthalben besonders viel Hektik und Stress, Termine und Aufgaben einander jagen und uns hetzen? Welche Kräfte – in uns und um uns herum – sind das, die uns gerade vom Wesentlichen, von der Zentrierung, von der Meditation, von der Mitte fernhalten und uns wie in einer Zentrifuge herumwirbeln?! Welche Kräfte verhindern Stille in gerade der Zeit, wo sie ausdrücklich angesagt ist? Seit alters her wurden in den Wochen vor Weihnachten diese tiefen Wünsche, unsere Hoffnungen auf Erfüllung, unsere Hoffnungen überhaupt, angesprochen, zugelassen, in den Blickpunkt gerückt und thematisiert. Kann es sein, dass wir das nicht aushalten? Dass wir das Thema Sehnsucht nur mit Sucht beantworten können, um es wieder zum Schweigen zu bringen? Dass wir das Thema Hoffnung nur im Rausch ertränken können, im Rausch von Kaufdrang und Geschäftigkeit, auch im Rausch von Alkoholika oder sentimentaler Musik? Kann es sein, dass wir die Sehnsucht, die uns umtreibt, um sie *ja* nicht zu spüren, körperlich umlenken, ausdrücken, buchstäblich »ausagieren«, um nicht zu spüren, um nicht zu fühlen, um nicht innerlich gewahr zu werden, was uns treibt, was uns umtreibt, was in uns nagt an Fragen, Drängen, Hingerissenheit und Hergezogenheit? Kann es sein, dass der Sog unserer inneren Stimme, auch unserer inneren Leere, dass die Gefahr des Bewusstwerdens dieser Seelenschreie, dieser Not so groß sind, dass wir alle – ja die ganze Gesellschaft – ein großangelegtes, massives, intensives »Spektakel« anzetteln und aufführen müssen, um diesem Sog zu entkommen, um diesen Fragen zu entfliehen, um diese Gefühle zu übertönen, übertünchen, überlisten ...? Gehen Sie doch selbst einmal los und schauen:

Impulse:

1. Stellen Sie sich in eine belebte Geschäftsstraße während der Adventszeit, an einen geeigneten Platz und schauen den Passanten ins Gesicht. Was sehen Sie? Was fühlen Sie? Was geschieht mit Ihnen? Was vermuten Sie und ahnen Sie, wie es diesen Menschen geht? Welche Stimmung entsteht in Ihnen dabei?
2. Stellen Sie sich wieder in eine belebte Geschäftssituation oder mitten in ein Kaufhaus, und versuchen Sie, einige Minuten ganz still zu sein, Ihre »stille Zeit« zu haben, eine Insel der Ruhe, der Einkehr und der Stille zu finden! Wie ergeht es Ihnen dabei? Oder setzen Sie sich hin – ganz still – vor eine Kerze und schauen einfach. Versenken Sie sich in das Licht und lassen Sie es wirken!
3. Sprechen Sie mit Freunden und Bekannten oder in einer Gruppe darüber, wie sie diese Wochen empfinden, oder sich vorstellen und wünschen würden, ob es für sie möglich ist, das so zu gestalten, wie sie wollen, oder ob sie es als nahezu unentrinnbar empfinden, was hier mit uns allen geschieht und gemacht wird. Und überlegen Sie gemeinsam, was man selbst dem entgegensetzen könnte.
4. Gehen Sie in eine Advents- oder Weihnachtsveranstaltung und achten Sie darauf, was die Klänge, Lichter, Gerüche und Inhalte in Ihnen bewirken! Was taucht an Gefühlen und Erinnerungen auf? Was wird spürbar an Empfindungen? Welche Regungen des Gefühls nehmen Sie wahr? Finden Sie durch diese Beobachtungen eine Antwort auf die Frage, was uns an der Advents- und Weihnachtszeit so anziehend und zugleich so schwer ist?
5. Wagen Sie in einer ruhigen Situation, sich einmal Ihre tiefen Sehnsüchte, Hoffnungen und Erwartungen anzuschauen! Was fehlt in Ihrem Leben? Wohin drängt es Sie? Worauf richtet sich dieser Hunger, dieser Durst, diese Sehn-Sucht? Spüren Sie auch das Ziehen, Bohren, den damit verbundenen Schmerz! Und drücken Sie all dies aus: auf Papier, in einem Heft oder einem vertrauenswürdigen Menschen gegenüber: »Das bin ich – das vermisse und ersehne ich – so bin ich!«

Zeit der Erwartungen

Advent thematisiert die *Erwartung* von etwas Neuem, einer »Ankunft«. Ursprünglich ist es die Erwartung der Geburt Jesu, eines Kindes durch Maria. In ihrer Person begegnet uns das Thema »Warten, Offenheit, Empfangen« gleichsam symbolisch personifiziert. Da diese ihre Haltung in der Festtradition jedoch ganz ausdrücklich ausführlich und symbolisch beim Fest »Mariä Verkündigung« am 25.3. gefeiert wird, werden wir sie dann dort eingehender betrachten. Hier können wir uns aber bereits selbst fragen:

> **Impuls:** Wie steht es um meine Erwartungen? Sage ich manchmal zu mir: Du erwartest eben zu viel? Oder sagen andere Menschen zu mir: »Wie konntest Du denn das erwarten – Du erwartest viel zu viel! « Oder prägt mich mehr das Gegenteil, dass ich manchmal gar nichts mehr erwarte? Dass ich weder von mir selbst noch etwas erwarte, noch von anderen? Oder gar von Gott! Oder dass ich schon gar nichts Gutes erwarte, sondern viel eher schwarz sehe und von der Zukunft, von den anderen – und womöglich auch von mir selbst – nur Schlechtes erwarte? »Was habe ich denn noch zu erwarten?« sagt mancher resigniert, und manche erinnert sich an viele enttäuschte Erwartungen. Gehören Täuschung und Erwartung für mich in dieselbe Schublade? Oder gehören für mich Neugier, Zuversicht, Hoffnung und Erwartung zusammen? Wenn ich zurückschaue: Welche Erwartungen hatte ich mit zwanzig, mit dreißig, mit vierzig, mit fünfzig? Welche Erwartungen habe ich jetzt? Sind das realistische oder unrealistische Erwartungen?

Wenn vier Wochen lang Er-wartung gefeiert wird, das Warten auf eine große Erfüllung, dann bedeutet das Ermutigung: *Erwarte etwas vom Leben!* Erwarte etwas und gib nicht auf! Es gibt Erfüllung. Und zugleich gehört zum Thema Erwartung auch die Einsicht, dass nicht alle Erwartungen in Erfüllung gehen. »Es gibt erfülltes Leben trotz vieler unerfüllter Wünsche«, so Dietrich Bonhoeffer, der in seinem Leben Zeuge dafür gewesen ist, dass vieles anders gehen kann, als man es plant und erwartet; er hat sogar mit seinem Leben für solche Erfahrungen bezahlt. Wie steht es also um die Nichterfüllung meiner Wünsche und Hoffnungen? Wie entstehen *Enttäuschungen* und wie verkrafte ich sie? Ihnen geht ja immer eine (Selbst-)Täuschung voraus, daher Ent-täuschung! Was bedeutet es für mich, wenn in der Weihnachtsgeschichte und der Geschichte Jesu symbolisch ausgedrückt wird, dass er unscheinbar, klein und verwechselbar war, dass man ihm seine Göttlichkeit und sein Königtum wahrlich nicht ansehen konnte? Nach dem Bericht des Matthäusevangeliums musste Herodes sogar alle kleinen Jungen bis zum Alter von zwei Jahren töten lassen, um sicher zu sein, dass er damit den Hoffnungsträger »miterwischt« hat. Viele Zeitgenossen Jesu trugen schwer daran, dass er nicht so aussah, wie sie sich die Erfüllung der Verheißung vorgestellt hatten. Ein Erlöser, ein Weltenheiland und Erretter, ein »Star« musste doch anders sein und auftreten … – Enttäuschte Erwartungen. Unscheinbare Gottesnähe. Verwechselbare Offenbarung. Immer gehört – wie zum Licht der Schatten – die Rückseite mit dazu, zu Erwartungen – so wichtig sie sind – die Möglichkeit, die »Gefahr« der Enttäuschung.

Impuls: Versuchen Sie einmal, Erwartungen als Präferenzen, als »Wünsche« oder »Vorlieben« zu empfinden und zu formulieren, versuchen Sie, diese von »Forderungen« zu unterscheiden. Das macht frei! Ich bin gelassener, wenn ich sagen kann: Es wäre mir lieber, wenn Du ..., oder dass ich ..., – als etwa verbissen zu verlangen: Du musst ..., ich muss ... Denn hier lauern Machtkampf und Enttäuschung, dort liegt eine Chance für Erfüllung!

Die Sehnsucht nach Hoffnung

Ja, Sie haben richtig gelesen, es ist wirklich so paradox formuliert: Es ist von einer Sehnsucht nach Hoffnung die Rede, nicht von der Sehnsucht nach Erfüllung. Adventszeit ist ja Hoffnungszeit, Zeit der Sehnsucht, des Wartens auf Erfüllung, auf Erlösung. Es ist lebensnah und realistisch, dass diese Gefühle und Sehnsüchte wochenlang betrachtet, erlaubt, thematisiert und gelebt werden.

Aber es scheint etwas ganz Eigenartiges um die menschliche Hoffnung zu sein, um die Fantasie, um Erwartungen und Sehnsüchte. Oftmals machen wir die Erfahrung, dass Erfüllung von Hoffnungen, wenn sie eingetreten ist, eine seltsame Leere hinterlässt und irgendwie auch enttäuscht. Dann ist zwar Erfüllung da – und doch ist man nicht glücklich und zufrieden. Haben Sie so etwas auch schon erlebt?

Dem Volk Israel ist es jedenfalls so gegangen: Jahrhundertelang hatte es einen Erlöser erhofft, einen Befreier, einen Messias, einen Davidssohn, der – wenn er kommt – alles ändert, durch den alles anders wird, durch den die Welt neu, die Gefangenschaft beendet, die Besatzungsmacht vertrieben wird, alle Hoffnungen und Wünsche erfüllt werden. Man hat in diesen Messias alle Hoffnungen und Wünsche hineinprojiziert. Und als er dann kam ...?! – Dann hat er ihnen nicht »gepasst«, nicht ins Bild gepasst, das sie sich gemacht hatten.

Wir machen uns ja immer Bilder von dem, was kommen soll, von dem, was wir ersehnen. Und was dann kommt, ist meist oder fast immer anders. Es herrscht Realität – das andere war Traum! Das Eingetretene ist nicht so ideal, nicht so allumfassend wunderbar, wie in unserer Vorstellung. So ist Hoffnungsgeschichte auch immer eine Enttäuschungsgeschichte. Träume können perfekt sein – Erfüllung ist anders. Sie ist das Ende des Träumens, somit auch ein Abschied davon.

Sind uns unsere Hoffnungen vielleicht lieber? Ist es vielleicht im buchstäblichen Sinne wahr, dass der »Mensch ohne Hoffnung nicht leben kann«, dass er also sich beinahe bedroht fühlt, wenn Erfüllung eintritt, weil ja dann die Hoffnungskraft nicht mehr tätig sein kann, weil der Hoffnungsstrom nicht mehr fließt, weil für Hoffnung keine Notwendigkeit mehr besteht. Eine Freundin sagte zu mir, als sie ihre große Liebe beschrieb: »Der Mann passt in allen Dingen, es gibt nichts, aber auch gar nichts, was ich an ihm auszusetzen hätte oder was mir fehlt – das Einzige: Er lässt mir keinen Raum zum Träumen. Alle Wünsche erfüllt er mir, alle Sehnsüchte stillt er mir.«

Nach Paul Watzlawick gibt es »nichts Tragischeres und Dramatischeres für den Menschen, nichts, was schwerer zu ertragen ist, als Hoffnungen, die sich nie erfüllen – oder aber Hoffnungen, die in Erfüllung gehen.« Er hat damit wohl etwas herausgefunden und in Worte gefasst, das sehr viele Menschen kennen und was vielleicht auch Sie selbst in Ansätzen erlebt haben: Wenn Hoffnung und Erwartung in Erfüllung gehen, dann stirbt etwas. Das ist wie ein Verlust. Die Hoffnung stirbt, denn sie ist nicht mehr. Sie braucht nicht mehr zu hoffen. Man sagt: »Es werden mehr Tränen geweint über *erfüllte* Hoffnungen, als über unerfüllte.«

In der Psychologie ist uns das vertraut: Hohen Zeiten folgt oft eine »depressive Nachschwingung«, Höhepunkten ein Nachwehen, eine Welle, nach deren Höhepunkt auch Tiefpunkt kommt. So kennt man Depressionen nach dem Examen, nach Premieren, nach dem Erreichen eines hohen Zieles, nach Erfolg, auf den man lange hingelebt hat. Es gibt auch Depression nach großen Festen – die depressiven Tage nach den Feiertagen sind ein Beispiel davon. Allgemein bekannt ist der »blaue Montag«, der nicht nur deshalb blau heißen muss, weil man am Wochenende vielleicht zu viel getrunken hätte. Dieses Blau ist eigentlich ein Wort für die kleine seelische Verstimmung, die manchmal nach uns greift, etwa nach einem Wochenende, vielleicht gerade nach einem besonders schönen! Im Amerikanischen gibt es die Bezeichnung »the Blues« für diesen Seelenzustand. Und viele kennen solche depressiven Tage nach den Weihnachtstagen ...

Impulse:

1. Wie ergeht es Ihnen oder Freunden, die Sie kennen, nach Festtagen und nach Tagen besonderer Freude und besonderen Glückes und Erfolges?
2. Suchen Sie nach Beispielen, sammeln Sie, wie Menschen das Loch und die Leere nach besonders schönen Ereignissen zu füllen und zu bewältigen versuchen. (Beispiele: Schauspieler nach Premieren; Sportler nach dem Gewinn einer Medaille; Politiker und ihre Anhänger nach dem Gewinnen der Wahl; Fußballclubs und ihre Fans nach dem gewonnenen Spiel; Orchester und Chöre nach der Aufführung usw.) Besprechen Sie das Erfahrene mit andern!

Vielleicht verhelfen diese Gedanken, die Beispiele und auch das, was Sie selbst gefunden haben, Ihnen dazu, besser zu verstehen, wie ambivalent unsere Gefühle in der Vorweihnachtszeit sind, wie gemischt, wie vermischt es uns dabei ergeht. Und vielleicht erklärt das auch ein wenig jene oben beschriebene, rätselhafte Umtriebigkeit und Unruhe mit, die gerade in der Vorweihnachtszeit unsere Straßen, Geschäfte, ja unser ganzes städtisches und dörfliches Leben erfüllt. Es äußert sich da vielleicht auch ein Davonlaufen vor der Erfüllung, damit uns die Sehnsucht nach der Hoffnung nicht verloren geht, damit *ja* die Hoffnung nicht stirbt ...! Wir sehnen uns nach Erfüllung – und wehe sie kommt. Und vielleicht ist es notwendig, zutiefst menschlich und für unsere Selbstkenntnis und Selbstbegegnung unerlässlich, dass wir uns etliche Wochen lang der Kraft der Hoffnung in uns stellen, auch der Notwendigkeit unserer Erwartungen und Sehnsüchte, auch ihrer oftmaligen Unerfüllbarkeit bzw. dem Dilemma, dass es uns manchmal gar nicht gut geht, wenn das, was wir uns wünschen, in Erfüllung geht.

Impulse:

1. Wie gehen Sie mit Ihren tiefsten Sehnsüchten um? Haben Sie (noch) welche? Lassen Sie sie sprechen – fühlen Sie sie? Oder haben Sie sie abgetötet, stumm gemacht, weil sie sonst wehtun?
2. Überlegen Sie einmal, wo Sie die oben beschriebene »Sehnsucht nach Hoffnung/Angst vor Erfüllung« vielleicht auch bei anderen oder in der Geschichte finden! Finden sich diese Strebungen möglicherweise auch in der Bindungsangst vieler Singles, im Unmut Heimatvertriebener oder mancher Asylbewerber, oder auch in Klagen mancher Arbeitsloser – lieber hoffen und sich eine Situation traumhaft wünschen und vorstellen können, als mit einer Erfüllung leben, die anders ist, als erwartet, weniger perfekt und ideal ...? Erwartungen, möglicherweise unrealistische Vorstellungen und Wünsche bleiben so erhalten, unkorrigiert und unkorrigierbar. Man kann sie auf diese Weise bewahren, »retten«, sie müssen sich nicht wandeln oder gar »sterben«. Finden Sie Beispiele – auch aus Ihrem eigenen Leben?! Es ist gut, sich auch in Gruppen darüber auszutauschen.

An Weihnachten nun feiern wir diese Ankunft des Ersehnten, Erwarteten, die Erfüllung – natürlich verbunden mit all den eben entdeckten Gedanken und Gefühlen. Kurz nach der Sonnenwende, dem Winteranfang, ist es da: das große Fest, das den Weihnachtsfestkreis eröffnet.

Licht im Dunkel: Weihnachten und der Weihnachtsfestkreis

Der Anfang im Winter

Eigenartig: Das Jahr beginnt bei uns im Winter – ob wir das Kalenderjahr betrachten, das 10 Tage nach dem Winteranfang beginnt, oder das religiöse, das Kirchenjahr, das wenige Wochen vor dem Winteranfang anfängt: In jedem Fall liegt der Anfang in der dunkelsten und kältesten Zeit des Jahres. Liegen vielleicht Anfänge immer im Dunkel, im Verborgenen, im von außen Unsichtbaren? Etwa so, wie sich die Natur zurückgezogen hat, in ihrer Brachzeit Ruhe findet, neue Kräfte schöpft, Erholung braucht, eine Zeit des Stillstandes, des Gewährenlassens, der Zurückgezogenheit, des Zu-sich-Kommens, im buchstäblichen Sinne der Inne-Werdung – alles ist ja ins Innere der Erde zurückgezogen: die Keime, die Tiere und letztlich auch – zumindest in unserem nördlichen Kulturkreis – die Menschen, die sich aus der Kälte in den Schutz wärmender Stuben und Wohnungen zurückziehen.

Im Dunkel also, fast im Geheimen, beginnt das neue Jahr und das neue Leben: die Geburt des Kindes an Weihnachten, des »Lichtes der Welt«, sowie die »Wieder-Geburt« des Lichtes bei der Wintersonnenwende. Am tiefsten Punkt der Dunkelheit, der Kälte und der Zurückgezogenheit beginnt der Winter und zugleich das Neue: außen sichtbar das Wiederkommen des Lichtes und seiner Wärme – fühlbar jedoch noch die klirrende Kälte, das Fehlen des Wachstums.

Der Winter ist »Brachzeit« auch für uns Menschen, für die Seele, Zeit für Ruhe, zum Innehalten, Insichgehen und Erkennen des Verborgenen, des Neuen im Dunkel, der Geburt in der Nacht.

Wir kommen aus dem Dunkel

Für den Jahresanfang gibt es bei den Völkern der Erde und in der Kulturgeschichte verschiedene Zeitpunkte. Die Christenheit feiert den Anfang ihres Jahreskreises in der dunkelsten Zeit des Jahres: Der 1. Advent bildet den Anfang des Kirchenjahres. Das ist auch eine uralte keltische Tradition. Warum nun dieser dunkle Beginn?

Uralte Schöpfungskenntnis, altes Naturwissen, drückt sich darin aus: Der Anfang alles Lebens liegt »im Dunkel«. Nicht nur in der Schöpfungsgeschichte der Bibel war am Anfang Finsternis und wurde als Erstes das Licht geschaffen. Auch unser eigener, ganz individueller Anfang geschah im *Dunkel* des Mutterleibes, in der *Tiefe* der Gebärmutter, als sich Samenzelle und Ei miteinander vereinten und miteinander verschmolzen – ein Geschehen im Dunkeln. Auch für die meisten Tiere gilt das. Aber auch für die Pflanzenwelt: Die Samenkörner und Zwiebeln müssen in die Tiefe des Erdreichs gesenkt werden, um dort keimen zu können. (Dieses Urwissen des Lebens wird uns bei Karsamstag und Ostern wiederbegegnen.)

Das Dunkel als etwas Fruchtbares. Ein Taizé-Lied heißt: »Im Dunkel unserer Nacht entzünde das Feuer, das nie mehr verlöscht«. In einem alten Weihnachtslied wird das so ausgedrückt: »Mitten im kalten Winter wohl zu der halben Nacht«. In der tiefsten Kälte, zur Halbzeit der Nacht, das heißt, da wo die Nacht am dunkelsten ist, da geschieht die Wende, da entsteht das Neue, entsteht neues Leben. Biologisch – so haben wir gesehen – tatsächlich auch. Psychologisch – so haben es viele erfahren und wir werden uns solche Erfahrungen im Lauf unseres Weges durch das Jahr immer wieder vergegenwärtigen – gilt das genauso, dass Neues und die Wende oft genau da eintreten, wo »nichts mehr weitergeht«. Symbolisch feiern wir das, wenn in der dunklen Jahreszeit im November und Dezember die Lichterzeit beginnt, die das Eintreten und Ankommen des »Lichtes der Welt« ankündigt. Mit dieser theologischen Deutung wird die Ankunft Jesu umschrieben.

Impuls: Dass das Dunkel nicht das Letzte ist, dass gerade in der tiefsten Ausweglosigkeit und Verlassenheit eine Wende geschehen kann: Kennen Sie dazu Erfahrungen? Von anderen oder von sich selber? Aus der Politik oder der Geschichte? Aus Literatur, in Gedichten? Suchen und sammeln Sie doch einmal!

Und so sind wir vorbereitet und gespannt auf das Licht, auf die Geburt, auf Weihnachten. Aber bevor wir uns *Weihnachten* als der *Geburt Jesu Christi* zuwenden, möchte ich mit Ihnen einen Blick auf *Ihre eigene Geburt* werfen:

Die Geschichte meiner Geburt

> **Impuls:** Wissen Sie eigentlich etwas über die näheren Umstände, als Sie geboren wurden? Haben Sie Ihre Eltern – besonders Ihre Mutter – einmal danach gefragt? Hat sie geantwortet? Versuchen Sie doch so viel wie möglich davon zu erfahren, wie das damals war.

Viele Menschen wissen nur sehr wenig von dem Ereignis, das im Grunde genommen das entscheidenste ihres Lebens war: von ihrer Geburt. Schon wieder ein kleines Stückchen subtiler Leib- und Lebensfeinlichkeit in unserer Welt, in unserer Gesellschaft? Ist uns damit nicht ein Stück urgesunden Verhaltens verloren gegangen, das sich in den Überlieferungen anderer Völker widerspiegelt und bei uns einfach nicht mehr üblich ist? In wie vielen Mythen ist davon die Rede, wie der Held oder die Heldin der Geschichte zur Welt kam. Die Weihnachtsgeschichte ist eine ganz ausführliche Erzählung einer Geburt. Hier wird die Geschichte der Geburt dessen erzählt, den die Christen »Sohn Gottes« und »Erlöser der Welt« und »Heiland« nennen. Und deswegen hat man seine Geburt ganz besonders gerne erzählt, ausgemalt und ausgeschmückt.

Aber überlegen Sie doch einmal, wenn wir ernst nähmen, dass Jesus der Sohn Gottes ist, und dass wir Menschen *ebenso wie er* »Kinder Gottes« genannt werden (wir werden diesem Thema bei Gründonnerstag und Pfingsten noch begegnen!), welch ungeheuere Bedeutung das *Ihrer eigenen Geburt* geben würde. Wieso also sollte nur die Geburt Jesu genau berichtet und immer wieder neu erzählt werden, und nicht auch Ihre?

Und dann gibt es noch ein Ereignis, das man beinahe Ihre »erste Geburt« nennen könnte: der Moment Ihrer Zeugung. Beide waren beteiligt, Ihr Vater und Ihre Mutter: das erste Betreten dieser Welt, in dem Moment, als die beiden Zellen sich vereinigten und miteinander verschmolzen sind. Sofort begann das Wachstum. Dieses ist der eigentliche *Eintritt in unsere Welt*. Wir könnten es auch Ihre »Urgeburt« nennen.

So könnten Sie in doppelter Weise nach der Geschichte Ihrer Geburt fahnden, Ihrer Urgeburt und Ihrer Geburt, bei der Sie »das Licht der Welt erblickten«. Und sicherlich sind für jeden Menschen die Einflüsse bei diesem Geburtsereignis prägend.

Weihnachten also feiert den Geburtstag Jesu.

So vielerlei bedeutet das Weihnachtsfest für die Einzelnen: Für die einen ist es das Fest der Familie und des Schenkens, für die anderen das Fest des Musischen im Singen, Flöten, Basteln, Backen, Krippen-Bauen – das alles spricht unsere ganzen Kreativquellen an und fordert sie heraus. So ist Weihnachten das Fest der Sinne, denn hier gibt es im Vergleich mit allen Festen des Jahres am meisten zu sehen, hören und zu schmecken, zu riechen, zu tasten und vor allem selber zu tun. Darum gilt es auch als eines der zugänglichsten Feste, das im Grunde von allen gefeiert wird.

Aber bevor wir uns der Fülle von Aspekten und Themen zuwenden, die Weihnachten anspricht und in uns wachruft, stellen Sie sich bitte einmal noch Folgendes vor:

Impuls: Ein Fernsehreporter macht mit Ihnen ein Interview für einen internationalen, weltweiten Fernsehsender. Sie bekommen 30 Sekunden Zeit, um zu sagen, was Weihnachten ist und für Sie bedeutet. Was würden Sie sagen? Am besten schreiben Sie es auf!

Stille Nacht, heilige Nacht?

Man kann ihm fast nicht entgehen, überall begegnet es einem und begleitet es einen, das alte Lied von 1818 des Lehrers und Musikers Joseph Mohr und des Pfarrers Franz Xaver Gruber, zu Weihnachten »auf die Welt gebracht«: »Stille Nacht, heilige Nacht, alles schläft, einsam wacht, nur das traute hochheilige Paar … schlaf in himmlischer Ruh.« – Aber von wegen stille Nacht, heilige Nacht, eher sollte es heißen: Schrille Nacht, laute Nacht! Und »alles schläft«? Nein, man findet kaum Ruhe – Stille und Frieden herrschen relativ selten in den Wochen vor Weihnachten und am Weihnachtsfest selbst. »Einsam« – ja das stimmt. Das sind viele bei uns. Aber wachen? Nein, manchmal meint man, alle schlafen eher so dahin, durch diese Tage und Wochen, durch das Leben überhaupt. Und von wegen »in himmlischer Ruh«: Unfrieden herrscht im Innern der Einzelnen, in Beziehungen und Familien, und in der Welt sowieso, denken wir an die vielen Auseinandersetzungen, Bürgerkriege und Kriege zwischen den Völkern.

Was ist also so besonders an Weihnachten? Was ist es, was es beinahe zum größten Fest der Christenheit gemacht hat? Was feiern Sie?

Auf jeden Fall ist es das *Fest des Schenkens*! Es ist die Freude des Schenkens, die viele in den Wochen vor Weihnachten ergreift. Es ruft auch die Pflicht des Schenkens, der viele gehorchen zu müssen glauben. Und weithin existiert auch der Zwang zum Schenken, weil man ja weiß, dass man etwas bekommt und glaubt, auch wieder etwas geben zu müssen. Sodass Zyniker oftmals anprangern, dieses Fest der Liebe sei ein richtiges Tauschgeschäft geworden. Aber schenken ist ja etwas Schönes. Schenken macht froh, besonders, wenn es freiwillig und von Herzen geschieht. Es hat auch etwas Ansteckendes: Deswegen ist die gesamte Vorweihnachtszeit davon durchdrungen, auch entsprechend ausgenützt von der Werbung, die gerade dieses Fest so gerne aufgreift und so erfolgreich kommerzialisieren konnte. Sicher liegt dies auch an den Ursprüngen und Wurzeln: Die Botschaft des Glaubens lautete, dass an diesem Fest Gott die Menschheit beschenkt hat. Und wenn wir uns davon anstecken lassen, dann macht sie uns selbst auch bereit, etwas zu schenken. Das wird seit Jahrhunderten in den traditionellen Krippenspielen ausgedrückt: Da kommen Hirten, die Gaben bringen, besonders die Magier aus dem Osten »breiten ihre Schätze aus«. Und so schenken wir denn auch …

»Einmal werden wir noch wach …«

Weihnachten ist das Fest, das eigenartigerweise in unserer Gesellschaft fast alle Menschen heute noch feiern und lieben, auch wenn sie mit der Kirche oder dem Glauben keinerlei Verbindungen und keinen Bezug mehr dazu haben: Am Heiligen Abend sind die Kirchen weithin voll, die Menschen feiern Heiligabend und die Festtage. Woran mag das liegen? Von den Inhalten, der existenziellen Situation, den Bildern und Symbolen, besonders auch von den damit verbundenen Gefühlen her betrachtet, erweist sich das Weihnachtsfest als eine große »Projektionsleinwand« all unserer Sehnsüchte, (erfüllten oder unerfüllten, erfüllbaren oder unerfüllbaren) Wünsche, Erwartungen und eben Projektionen: das Bild der Heiligen (= heilen) Familie, die Vorstellung vom Gelingen, vom Frieden in der Familie und »auf Erden«, das Umgebensein von »Engeln« als Garanten des »Himmels auf Erden«, die Anwesenheit des – aufgrund heutiger Arbeitsstrukturen so oft abwesenden – Vaters: in Bildern, in Abbildungen der Geburtsszene und in Krippendarstellungen; der Friede auch mit der gesamten Schöpfung (die Tiere an der Krippe) ... Selbst wenn wir das nie so erleben konnten und Familienleben, wie wir es kennen und erfahren haben, nie diesem Idealbild entsprach, so gibt wohl das Weihnachtsfest *dem* Ausdruck und der Ausmalung aller dieser unserer Wünsche und Sehnsüchte Raum. Und selbst wenn das Feiern des Festes in der Kindheit nie so ideal erfahren werden konnte, lebt vermutlich im Feiern jedes neuen Weihnachtsfestes eben diese Sehnsucht auf, es ideal zu erleben.

Der Weihnachtsstress oder: die Enttäuschung

Da kommt nun Weihnachten auf uns zu und löst so vielerlei in uns aus: Für die einen ist es Gipfelpunkt der Vorfreude und Spannung, Gegenstand hoher bis höchster Erwartungen, andere sehen ihm mit Skepsis und Sorge entgegen, fürchten den Festtagsstress, die Konflikte, die damit verbunden sind, die Enttäuschung oder die Einsamkeit. Eine Frau aus der Schweiz, etwa 40, schrieb mir: »Schon seit ein paar Jahren merke ich ganz stark, dass vor allem in der Zeit von Advent und Weihnachten bei mir die intensivsten Prozesse in Bewegung geraten. Ich bin dann voller Spannung, Anspannung und Unruhe, gerade in einer Zeit, wo sich andere auf Ruhe und Frieden ausrichten. Wo Licht und Wärme, Lebkuchenduft und freudige Erwartung angesagt sind, ist bei mir seit neun Jahren immer der Teufel los. Das ist vielleicht ein hartes Wort – aber es ist so. Mir wurde erst so langsam klar, warum das bei mir so ist: Schon als Kind war die Adventszeit ein Schreckgespenst für mich und uns alle, auch wenn ich das damals noch nicht so benennen konnte. Weihnachten, Erwartung großer Freude, war für mich Erwartung von Angst und Schrecken: Wie wird mein Vater sein an diesem Tag? Einigermaßen normal? Oder kommt er an Heiligabend wieder betrunken nach Hause? Wird der Christbaum stehenbleiben oder wieder einmal umgeschmissen vor Wut und angestauten Gefühlen? Ja kein falsches Wort sagen, am besten gar nichts sagen – aber auch das war nicht das Richtige. Schweigen brachte ihn noch mehr in Rage und dann konnte er unkontrolliert zuschlagen. Man wusste nie, was geschah, von einer Minute zur anderen war bei uns der Teufel los. Für die Feiertage hatte er uns immer wieder angedroht: ›Irgendwann werde ich euch töten.‹ Und so erlitt ich die Weihnachtstage immer wieder wie ein

Geiseldrama: Dauernd hat man den Tod vor Augen oder die angekündigte Gewalt. Was geht da verloren an Vertrauen und Kraft. Eine dauernde Kraftanstrengung ist es, nur wachsam sein zu müssen, nicht mehr schlafen zu können, bei jedem Geräusch in der Nacht aufzufahren und dann stumm zu schreien: ›Mama, ich habe Angst!‹ Doch wer hört schon einen stummen Schrei ... *Weihnacht – Schreckenszeit*: Was ich erst jetzt begreife, ist das, was mir immer gefehlt hat: die Musik, das Singen, gemeinsam oder allein. Bei uns gab es keine Lieder, keine Musik durchwehte jemals unser Haus. Jetzt erst gehen mir innere Türen auf, meine Ohren hören jetzt diesen heilsamen Klang, es weint und lacht aus mir heraus ...«

Von wegen also »Heilige Nacht« ... Nicht allen geht es so, natürlich nicht. Aber viele kennen Teile davon und fürchten Ähnliches. Eine Jugendliche berichtet, wie sie sich genervt und angeödet fühlt durch den Festtagsrummel, die Geschäftemacherei, das Geschäft mit den Gefühlen und dem Jesuskind, die Kommerzialisierung eines Festes, dessen tieferen Inhalt ja ohnehin keiner mehr versteht: »In den Städten überall Weihnachten. Weihnachtsartikel vom Strohstern über Lebkuchen bis hin zu Schokoladenweihnachtsmännern. Sogar in den Medien weihnachtet es. Im Radio kommen Weihnachtslieder von irgendwelchen Popgruppen, in der Werbung im Fernsehen kommen Weihnachtsmänner mit Geschenken. Alles blitzt und blinkt ... Nur das Kommerzielle zählt. Viele Jugendliche irren sogar an Heiligabend nach der Bescherung noch in den Städten umher, gehen in irgendwelche Kneipen und trinken sich voll, weil sie Weihnachten verabscheuen und mit dem Jesuskind in der Krippe schon gar nichts anfangen können. Das ist es, was mich an jedem Weihnachten abschreckt: Wie die Gesellschaft hektische Weihnachtseinkäufe erledigt und Lautsprecher laut kitschige Lieder spielen! Ich finde es schade, wie Weihnachten überall vermarktet wird und keiner so richtig die Botschaft spürt, die Weihnachten mit sich bringt.« So eine Sechzehnjährige.

All das produziert Anspannung und Stress – selbst wenn an der Oberfläche in manchen Familien scheinbar Frieden herrscht, selbst wenn man es schafft, schwelende Konflikte zu unterdrücken und unausgesprochen zu lassen und die Festtage ohne großen Krach zu überstehen. Viele Enttäuschungen und vor allem innere Einsamkeit kommen hoch. Oder äußere Einsamkeit. Viele haben also auch *Angst vor Weihnachten*: vor dem Fest, der Anspannung der Vorbereitungen, vor Konfrontation und Streit in der Familie, oder eben Angst vor der Einsamkeit, die an Weihnachten wohl am schmerzlichsten empfunden wird, vor den Tränen und den Gefühlen, die gerade dann wach werden, die hochdrängen und ins Bewusstsein kommen. Vor dieser Überschwemmung von Gefühlen haben viele, besonders auch ältere oder alleinstehende Menschen, sogar maßlose Angst. Weil die Kinder aus dem Hause sind, weil der (Ehe-)Partner fehlt, weil Familienangehörige, die sonst immer dabei waren, inzwischen verzogen, getrennt oder gestorben sind. Und so macht manchen Weihnachten gerade dadurch Angst, dass es Gefühle weckt, die man sonst ganz gut in Schach halten und unterdrücken kann. Da können Dämme brechen, da fließen Tränen, die sonst wohl verwahrt und gehütet sind.

»Wo viel Licht ist ...«

Mit gemischten Gefühlen also gehen wir auf die Weihnachtstage zu und durch sie hindurch. Wirklich ein Gemisch: Es ist das Fest des Lichtes und Dunkels, der Wärme und Kälte, für die einen Geborgenheit, für andere Verzweiflung, Einsamkeit und Tod, für die einen Lebensgewinn und Erlösung, für die anderen Qual und Streit, Überforderung und Stress, Suizid und Tränenflut. So gehört immer beides zusammen: dasselbe Fest – für die einen Segen und Glück, für andere Fluch und Not. *Beides* ist Weihnachten. Und wichtig ist es für uns, an Weihnachten exemplarisch zu sehen, dass alles im Leben diese zwei Seiten hat, immer eine Licht- und eine Schattenseite, dass zu *allem* immer unablösbar auch sein *Gegenteil* gehört.

Es gibt ganz typische Unterschiede, was zum Beispiel eine »deutsche Weihnacht« im Unterschied zu einer amerikanischen ausmacht, aber auch, was eine Weihnacht im Bergland im Unterschied zu einer Weihnacht in der Großstadt, auf dem Bauernhof oder in einer Arbeiterfamilie ausmacht. Verschiedene Familien, Schichten, Gegenden, Traditionslandstriche, Konfessionen, Völker, einheimische und fremde, gestalten ihr Weihnachtsfest jeweils verschieden.

Impulse:

1. Denken Sie sich einmal aus: Was wäre, wenn es Weihnachten nicht gäbe?! Was bliebe einem erspart? Was würde einem fehlen? Wovon wären

Sie befreit, wenn es dieses Fest nicht gäbe? Worum würde es Ihnen leidtun? Was würden Sie vermissen?

2. Stellen Sie sich bitte nun die folgenden Fragen: Wie wurde bei uns daheim, in meinem Zuhause, in meiner Herkunftsfamilie, Weihnachten gefeiert? Welche Elemente für das Feiern waren unverzichtbar oder konstitutiv? Wer in unserer Familie hat die Art des Feierns bestimmt – war das mehr die Tradition des Vaters oder die der Mutter, oder etwa die Tradition der Großeltern? Welche Traditionen haben dominiert? Welche wurden unterdrückt? Gab es jemanden, der *nicht* feiern wollte?

3. Wenn Sie in ein oder zwei Begriffe fassen wollten, was an Weihnachten für Sie bedeutsam ist: Was war es für Sie früher? Was ist es für Sie jetzt? Wie war es in der Kindheit, in der Jugendzeit, im frühen Erwachsenenleben und wie jetzt? »Nur nie wie bei uns zu Hause«, sagte einmal jemand zu mir über das Feiern von Weihnachten. »Ich will das einmal anders machen.« Geht es Ihnen auch so? Was würden Sie an Weihnachten gerne anders machen?

4. Wie würden Sie den folgenden Satz ergänzen: Es ist für mich kein Weihnachten, wenn ...

5. Was soll eigentlich jemand tun, der mit Weihnachten überhaupt nichts anfangen kann? Für viele bleiben ja nur Alkohol und Rausch! Was meinen Sie?

All diese – wie auch viele andere – Impulse können Sie für sich allein und / oder auch sehr fruchtbar mit anderen zusammen (in Gruppen) bearbeiten. Über das Gefundene miteinander ins Gespräch zu kommen, klärt dann manche Schwierigkeiten.

Im Unscheinbaren Gott erkennen

Was ist denn nun das Besondere an Weihnachten? Den Hirten in der Weihnachtsgeschichte werden von »Engeln« (das bedeutet in der Ursprache wörtlich einfach »Bote«) zwei Zeichen gegeben, an denen sie eindeutig Jesus, den Heiland und Erlöser, erkennen könnten. Haben Sie schon einmal darüber nachgedacht, was das für Zeichen sind? Sehr eigenartige Zeichen!

Das eine ist »Ihr werdet finden das Kind in Windeln gewickelt«. Als ob das etwas Besonderes sei. Das macht ja nun ein Kind nicht kenntlich und unterscheidbar von anderen. Alle Kinder liegen in

Windeln – Sie damals auch! Also, ist das nicht eigentlich ein untaugliches Zeichen? Denn daran können die Hirten das gesuchte Kind doch nicht erkennen …

Das zweite Zeichen: »In einer Krippe liegend.« Das ist auffällig, dass das Kind in sehr ärmlichen Verhältnissen zu suchen ist. In einem Futtertrog, das ist nun beileibe nicht die übliche Art von Wiege, auch nicht im Orient. Ich denke, das sind zwei ganz wichtige Aspekte, die erklären, wie das ist, *wenn Gott in die Welt kommt*. Dann geschieht das nämlich ganz *normal*! Uns wurde meistens gesagt, dass man Gott im Wunderhaften und Besonderen suchen solle. Aber hier erfahren wir: Das Zeichen, woran man Jesus erkennt, den Erlösergott, der da kommt, ist ganz normal und *unauffällig*. Sogar für die Soldaten des Königs Herodes ist er nicht zu unterscheiden von irgendeinem anderen Kind. Man konnte eben nichts Ungewöhnliches an diesem Baby sehen. Es trug weder einen Heiligenschein noch sah es sonst irgendwie »gottartig« aus. So normal war dieser Jesus, so unscheinbar, so verwechselbar, jedem Baby gleich!

Das eine Zeichen: Wenn Gott auf die Welt kommt, dann ist er verwechselbar, natürlich, *ganz natürlich*! Und das zweite Zeichen: Er kommt *arm*. Futterraufe, Stallgestank, Zwicken und Jucken durch Heu und Stroh, ohne medizinische Betreuung – und als psychologische Ersterfahrung dieses kleinen Kindes später auch noch eine Flucht. Aber vielleicht kommt Jesus uns dadurch auch *nahe*. Wenn wir sagen, dass er unser Schicksal teilt, dann ist es doch wichtig zu wissen: Es war kein tolles Leben; nicht das Leben eines Wunderkindes. Und Jesus sagt dann später, dass er in jedem Kind anwesend ist, überhaupt in jedem Menschen, der arm dran ist.

Impuls: Meditieren Sie einmal diesen Gedanken, dass wir – entsprechend dieser »Urgeschichte« des Christentums – nicht nach oben, ins Übernatürliche schauen dürfen, um Gott zu finden, sondern vor uns, um uns, ja buchstäblich *unter* uns, in den Dreck; dass wir Gott sogar da finden können, wo es unanständig riecht oder uns »stinkt«. Dort – so das Neue am Christentum –findet man Gott. Noch dazu in einem ganz normalen Menschenbaby!

Ein überraschender, »komischer« Gott eigentlich, den das Christentum anbietet. Der nicht dort zu suchen ist, wo die ganze Religions-,

Welt- und Kulturgeschichte ihre Götter immer ansiedelte: im Strahlenden, Hellen, im Lichtglanz, bei Kraft und Stärke. Das kennt der biblische Gott zwar auch, aber *gerade* auch im Niedrigen, Armseligen, Gebrechlichen, in allem, was wir sonst übersehen würden und zumindest nie mit ihm in Verbindung brächten, lässt er sich finden. Von diesem stacheligen Stroh einer Futterraufe/Krippe geht eine direkte Linie zum Folterbalken/Kreuz: Auch da – ebenso anstößig – sagt christlicher Glaube, begegnen wir wieder Gott. Theologisch nennen wir das Inkarnation (Fleischwerdung) und Kondeszendenz (Herablassung oder Selbsterniedrigung). Psychologisch führt dies zu einer Wertschätzung aller kleinen und unscheinbaren Dinge; es lehrt uns die Bedeutung von Symbolik: In kleinen Gesten, Dingen, Gegenständen und Lebenserfahrungen ist Großes zu finden. Spirituell/Religiös bedeutet das eine *»Spiritualität von unten«*, wie Anselm Grün das nennt.

Manchmal vertrat im Unterschied dazu die katholische Kirche eine »Theologie des Ruhmes«. Denn auch die Kirche war immer schon in Gefahr, Gott dort zu suchen, wo die Macht ist, im Glanz und Gold, nicht im Dreck und Stallgeruch, eher in Sauberkeit und Ordnung, nicht in schmutzigen Windeln. Es heißt aber: »Das habt zum Zeichen: Ihr werdet finden das Kind in Windeln gewickelt in einer Krippe liegend.«

Wir suchen Gott auch oft im Absoluten, im philosophisch Höchsten und Unwandelbaren, nicht im sich Entwickelnden, Wandelbaren, eben gerade nicht im »Kind«, das dies doch alles symbolisiert! Wie oft wollte man Gott »beweisen« durch Großartiges und Unwidersprechbares. Viele Menschen der New-Age-Bewegung suchen intensiv im Übersinnlichen, Paranormalen, in Bereichen jenseits wissenschaftlicher Überprüfbarkeit nach der Wirkung des Göttlichen, oder suchen Gott nur im Licht, im Positiven, Beeindruckenden, Unerklärlichen und Jenseitigen. Griechisch-philosophisch suchte man ihn meist im Fernen, Idealen, Schönen, Edlen und Reinen. Christlich ist das mit Weihnachten gesehen genau umgekehrt! Ganz anders.

Das unterscheidend Christliche

Es könnte sein, dass das entscheidend Christliche und auch das unterscheidend Christliche damit gewonnen oder verspielt wird, ob wir ernst nehmen können und gelten lassen, dass Gott unscheinbar begegnet, – und damit verwechselbar! Im Leben Jesu und im Jahreskreis der Feste kommt dieser Gott der Christenheit ja immer wieder uns unscheinbar entgegen: So wie er im Stroh in der Krippe liegt, so legt er sich in ein ganz normales Brot hinein, in den Festtagswein, macht sich sogar ermordbar und tötbar, liefert sich in Missverstandenwerden und Tod hinein aus. Und ist dann wieder in ganz unscheinbaren Menschen gegenwärtig, wie uns Jesus sagt: In seinen Freunden, die keine Akademiker waren, sondern Fischer und Landarbeiter; in kleinen Kindern, die eben nicht dumm, naiv oder vielleicht verrückt sind; besonders in den von Krankheit Geschüttelten, in Gefangenen und Armen, immer dort, wo man IHN gar nicht erwartet – so verkündet es Jesu Botschaft[7] –, dort begegnet Gott. Das erinnert uns an den Satz Teilhard de Chardins: »Gott erwartet uns in allen Dingen«.

Und unsere Aufgabe wäre es höchstens, dieses Geheimnis zu hüten und aufzupassen, dass es nicht durch Überhöhung verwässert wird, dass der Anstoß und die Anstößigkeit nicht dadurch weggenommen werden, dass wir alles zu schön machen: das Geschehen im Stall romantisch betrachten, behaglich im warmen Wohnzimmer sitzend, von Kerzenschein umgeben und mit frommen Liedern als Hintergrundmusik. Es wird darauf ankommen, dies als Versuchung zu entdecken und ihr entgegenzutreten.

Impulse:

1. Überlegen Sie selber und/oder mit anderen zusammen, wie das Weihnachtsfest positiv überhöht wurde und seines ursprünglichen Anstoßes, seiner Ärmlichkeit und Unscheinbarkeit beraubt wurde!
2. Warum wohl, glauben Sie, können wir das ursprüngliche Elend und die historische Kargheit der historischen Geschehnisse um Christi Geburt herum so schwer ertragen?
3. Stellen Sie sich einmal eine Liste von schwierigen, elenden und notvollen Erfahrungen Ihres Lebens zusammen. Machen Sie sich nun klar, dass die Verhältnisse bei der Geburt Jesu wohl in Wirklichkeit ähnlich unerfreulich waren. Was würde sich für Ihre Lebenseinschätzung verändern, wenn Sie zu denken versuchten: In all diesen Ereignissen kommt Gott in meinem Leben vor. Jedes dieser Ereignisse ist eine Begegnungsart und ein Begegnungsort Gottes. Wie würde das Ihre Sicht dieser Ereignisse verän-

dern? Sind Ihnen solche Gedanken überhaupt denkbar? Was steht ihnen entgegen? Wie widersprechen Sie dem?

Die historischen Forscher haben festgestellt, dass es unwahrscheinlich ist, dass Jesu Geburt mit so großen Ereignissen, wie sie in der Bibel erzählt werden, zusammengefallen ist: eine Volkszählung, Erscheinungen von Engeln bei Hirten, die dann die ersten Anbetenden an der Krippe waren, und das Auftauchen einer beeindruckenden Himmelserscheinung und einer Karawane von Reisenden aus dem fernen Osten, die in Ehrfurcht dem kleinen Baby in der Futterraufe huldigen wie einem König. Man hat diese Berichte »Legenden« genannt, eingedenk der oben beschriebenen Tatsachen, dass hier ein sehr profanes Ereignis in tiefer Armut geschah. Auch die Tradition von Ochs und Esel ist wohl eine romantisierende Zutat der späteren Überlieferung, der christlichen Malerei. Auch die Flucht hat nicht etwa auf einem Esel stattgefunden – alles sehr viel spätere Glättungen einer harten Wirklichkeit! Ebenso hatten auch die Hirten gar nichts Kuscheliges und Idyllisches an sich. Denn in der damaligen Welt waren sie eine Gruppe in der Gesellschaft, auf die man eher geringschätzig herabschaute, nicht angesehen, die man weithin für kriminell hielt, für unehrlich. Mit anderen Worten: Hirte sein war ein unehrenhafter Beruf. Frommen war es untersagt, von einem Hirten Wolle, Milch oder ein Lamm zu kaufen – es könnte ja Diebesgut sein ... Und Hirten besaßen keine bürgerlichen Ehrenrechte: Sie durften vor Gericht nicht Zeugen sein, waren für Ehrenämter nicht wählbar. Abschaum also für damalige Gesellschaft, Bild auch für das Abgelehnte, Dunkle, Anrüchige, Abgespaltene in unserer eigenen Seele. Gerade Hirten aber sind die erste Zielgruppe Gottes und seiner guten, frohen Kunde!

Vielleicht ist dies den Menschen der damaligen Zeit bereits ebenso schwer gefallen wie uns heutigen: Konnten auch sie beinahe nicht ertragen, wie ärmlich die Verhältnisse waren, in denen ihr Gottessohn zur Welt kam? Man möchte doch so gerne etwas vorzuzeigen haben. Man möchte doch so gerne beeindrucken. Und so ergab sich die Sammlung dieser anderen Geschichten, die wir sehr wohl auch in Augenschein nehmen müssen, weil sie ja nicht zufällig und ohne Grund von den frühen Gemeinden überliefert und von den Evangelisten festgehalten wurden: Dass da Weise kamen, Magier (von Königen sagen die Quellen wiederum nichts!), von einem Stern geführt, und Engel neben den Hirten. Aber wir dürfen dabei nicht vergessen, dass den Hintergrund immer dieses schwere, arme Geschehen bildet. Christen glauben an einen »armen Gott«. Und gerade diese Botschaft erreicht auch in unseren Jahrzehnten ganz besonders und neu die Menschen in der armen Welt: Arbeiter und Bauern in Südamerika, Geschundene in Mittelamerika, Vertriebene und um die nackte Existenz kämpfende Menschen in Afrika, in Nahost, im fernen Ostasien und überall auf der Welt. Sie können sich dort wiederfinden, in jenem nackten Gott in der Krippe, wie in jenem nackten Geschundenen am Galgen.

In Gegensätzen das Ganze

Von Anfang an gehört ja die Bedrohung mit ins Leben Jesu hinein: Bei Matthäus wird erzählt, wie Mordkommandos unterwegs waren, um die Kinder im Raum Bethlehem zu töten, um sicher zu gehen, dass das kleine Baby Jesus mit vernichtet ist. Deshalb passt auch in die Weihnachtszeit der Text des Philipperbriefes: »Er war Gott gleich, hielt aber nicht daran fest, wie Gott zu sein, sondern er entäußerte sich und wurde wie ein Sklave und den Menschen gleich. Sein Leben war das eines Menschen; er erniedrigte sich und war gehorsam bis zum Tod am Kreuz« (Philipper 2,6–8). In einem alten Weihnachtslied singen wir: »Er (ent-)äußert sich all seiner Gewalt, wird niedrig und gering, er nimmt an sich eines Knechts Gestalt, der Schöpfer aller Ding« (Evangelisches Gesangbuch 27,3). Die Geburt dieses wehrlosen Kindes weist so schon auf das gesamte Leben Jesu hin: auf eine Liebe, die dienen will und diesen Auftrag durchhält bis zum Kreuz. In der Liturgie der Kirche ist die *Verbindung von Krippe und Kreuz* immer gesehen worden.

Es fällt nämlich eine ungewöhnliche Häufung von Märtyrerfesten um Weihnachten herum auf: Thomas (21.12.), Stephanus (26.12.), Apostel und Evangelist Johannes (27.12.), die unschuldigen Kinder (28.12.), und andere haben hier ihre Gedenk- oder Feiertage. Wäre es nicht fast sinnvoll, diese frühen Märtyrer in die Szenerie der Krippe als Gestalten mit vorzusehen, und sie in das Gesamtgeschehen bewusst mit einzuordnen?! Denn sie bilden gleichsam die *Kehrseite* weihnachtlicher Poesie. Und wenn wir diese Zusammenhänge nicht begreifen, wird Weihnachten sehr schnell zu einer sinnentleerten, harmlosen, sentimentalen und verbürgerlichten Veranstaltung. Dann würde Weihnachten zu einer süßen Romanze im Seelengärtlein.

Impuls: Wie könnte denn eine eventuelle Neugestaltung der Weihnachtskrippe unter Berücksichtigung dieser Gedanken aussehen? Was würde/müsste sich verändern?
Wenn aber an Weihnachten die *Geburt des Lebens* gefeiert wird, wenn es wirklich die Geburt des Lebens schlechthin ist, und wir dadurch Mut zum Leben bekommen sollen und dürfen, dann ist es eben notwendig, hier von Anfang an die *Gesamtheit des Lebens* mit zu sehen, hier die Licht- und Schattenseiten zur Sprache kommen zu lassen, hier nicht eine Hälfte des Lebens überzubetonen und die andere verharmlosend wegzudrängen. Deshalb gehört zu Weihnachten *auch* der Kindermord. Deshalb wird immer wieder betont, dass das süße Kindlein in der Krippe der ist, der später eigenständig und mutig den Glaubensanschauungen und Moralvorstellungen seiner Zeit entgegentritt, die besseren Teile der Gesellschaft vor den Kopf zu stoßen wagt und schließlich seine unkonventionellen Einstellungen mit dem Leben bezahlt. Hier wird das Leben gesehen, wie es wirklich ist. Sonst würde das Feiern dieser Feste Verführung zum Fantasieren, aber nicht Lebenshilfe sein!

So wie also das Kindergeschrei, der Dreck im Stall dazugehören, so gehören auch die Schweißausdünstung und der vielleicht unangenehme Körpergeruch dieser Hirten mit in die Szene um die »heilige Familie«. Und all dies ist Teil des Weihnachtsfestes, das ja das Fest des Lichtes und der Liebe ist. Und ich halte diesen Aspekt für sehr wesentlich: *Zum Licht gehört* ja auch *der Schatten.* Immer! Zum Licht gehört das Dunkel, die Schattenseite, die Rück- und Kehrseite, die alles Helle, Beglückende und Angenehme auch hat. Wenn wir das nicht beachten, dass auch in diesen Geschichten *nicht alles nur schön* ist, dann laufen wir Gefahr, dass diese Botschaft uns weltfremd macht, lebensfern, und wir die Realität aus den Augen verlieren. Sie wird, wenn wir das nicht anerkennen, »Opium des Volks«, benebelt unsere Sinne, lullt uns in eine Stimmung ein, die zwar schön ist, doch zugleich auch zu schön ist, um wahr zu sein. Denn das andere ist eben immer auch da. Psychologisch wissen wir, wie entscheidend es ist, im Leben immer auch die Kehrseite mit einzurechnen.

Alle Elemente, alle Ursymbole haben dieses Doppelte, dieses Beidseitige, diese verschiedenen, gegensätzlichen Seiten in sich *vereinigt*. Und genau dasselbe gilt für das Weihnachtsgeschehen: Da ist das göttliche Kind – und die Armut. Da ist die neue Geburt – und das Morden. Da ist die in Krippenspielen liebevoll gestaltete Szene mit den Hirten im Stall – und da ist die Flucht. Da ist die Erscheinung von Engeln – und die Unbehaustheit der Verfolgung. Da ist die Botschaft vom »Heiland der Welt« – im stacheligen Stroh und im Dreck einer Futterkrippe. Da sind die stinkenden Hirten *und* die Magier, aus denen erst die Tradition Könige gemacht hat. Noch einmal: Um wahr zu sein, um der Wirklichkeit der Realität zu entsprechen, muss immer neu darauf hingewiesen werden: Es darf nicht nur schön sein, sonst wird es Opium. Es müssen immer beide Seiten gesehen werden, sonst werden wir lebensuntauglich!

Impulse:

1. Finden Sie weitere Beispiele aus der Natur, Ihren Gefühlen, Ihren Lebenserfahrungen für die Einheit und Verbundenheit von Gegensätzlichem! Versuchen Sie, sich mit anderen offen darüber auszutauschen!
2. Nehmen Sie dies in eine Atem-Meditation hinein: »Ich bin *(einatmen)* in Gegensätzen ganz *(ausatmen)*«.

Das innere Kind

Wenn wir die Ereignisse von Weihnachten jedoch als wirkliche Hilfe zum Leben erkennen wollen, müssen wir *noch* eine Stufe tiefer vordringen: Damit sie uns nicht nur helfen, unsere Ungeborgenheit deutlicher zu sehen, ihrer bewusst zu werden, sondern damit es auch zu einer wirklichen Veränderung kommen kann, kann es uns helfen, wenn wir die Begegnung mit dem Kind in der Krippe symbolisch erleben – zunächst als eine Begegnung mit unserem eigenen inneren Kind. Vor Jahren schrieb ich einmal in meinem Tagebuch die folgenden Gedanken nieder:

»Weihnachten – das Fest der Kinder. Ist es vielleicht deshalb so beliebt, weil es so stark jene Seite in uns anrührt, die wir als Erwachsene sonst so leicht vergessen, verleugnen, die wir uns ja ›nicht leisten können‹ im Kampf ums Dasein: unsere Kind-Seite!? Und hier ist nun eine Zeit, in deren Mittelpunkt steht die Erwartung eines Kindes

(Advent), seine Geburt (Weihnachten), das Leben eines Kindes also – und die Freude, die Freude von Kindern, die Freude des Beschenkens der Kinder, so kommerzialisiert und pervertiert es geworden ist …

Gibt diese Zeit vielleicht dem missachteten, geschlagenen, getretenen, fast verhungerten Kind *in uns* endlich die Gelegenheit, einmal Luft zu schnappen, zu fühlen, aufzuleben und zu zeigen: Ich bin auch noch da? Das eingesperrte, vernachlässigte Kind, das in jedem von uns lebt! Wir müssen so tun, als sei es nicht mehr da – weil wir uns ›groß‹, erwachsen, vernünftig und sachlich benehmen: Dieses, ›unser‹ Kind wird plötzlich ins Zentrum gerückt. Und alles dreht sich um ein Kind. Das Kind wird (symbolisch) zum Mittelpunkt: der Jahreszeit, der Kaufhäuser, des Kirchenjahres, des Interesses, der Zuwendung und Zuneigung. Ein Kind: Jesus – jedes Kind – auch ›unser‹ Kind in uns. Und weil das so öffentlich erlaubt ist, so offiziell genehmigt, so scheinbar ohne Bezug zu uns selbst, deshalb können wir uns darauf einlassen, ›unser‹ Kind zum Vorschein kommen zu lassen, es er-leben zu lassen, aufleben zu lassen.

Da ›dürfen‹ dann auch unsere Augen wieder leuchten, unsere Gesichter beim Kerzenschein sanft und selig strahlen, die Masken fallen und die Züge weich werden. Weil es ja erlaubt ist, Kind zu sein, am ›Fest der Kinder‹ und in seiner Vorbereitungszeit.

Ist das vielleicht *ein* Grund, warum Weihnachten ein unausrottbares Fest ist und immer gewesen ist? Und noch eine Frage: Wollen wir – wollen Sie – das weiterhin auf Advent und Weihnachten reduzieren, dass Sie Ihrem staunenden, spielenden Kind in sich Raum geben? Dass Sie sich das gönnen, selbst einmal wieder ganz Kind sein zu dürfen, freudig, versonnen, feiernd, außer sich und dabei doch ganz bei sich? Wenn nicht, so können Sie Weihnachten immer erleben: Dann ist das ganze Jahr ›Weihnachten‹! Einkehr und Hinkehr zum Kind – dem ewigen, dem eigenen, dem inneren Kind.«

Ich habe damals diese Zeilen geschrieben und die damit verbundenen Erkenntnisse in meiner psychotherapeutischen Praxis und in der Arbeit mit Menschen in Gruppen beachtet, sie auf dem Weg der Begegnung mit ihrem »inneren Kind« begleitet und gefördert. Ich habe miterlebt, was Frauen und Männern auf diesem inneren Weg begegnete und wie er sie verwandelt hat. Ich staunte, dass genau in denselben Jahren auch andere Therapeuten in einem ganz anderen

Teil der Welt sich mit diesen oder ähnlichen Gedanken beschäftigten: In Kalifornien entstand durch Erika J. Chopich und Margaret Paul das Buch »Aussöhnung mit dem inneren Kind«[8]. Seit seiner Veröffentlichung erscheinen immer neue Bücher über dieselbe Thematik. Es scheint, dass hier ein Nerv unserer Gesellschaft berührt ist. Und das Weihnachtsfest gibt uns alljährlich die Gelegenheit, einen Impuls, einen Anstoß, eine Erlaubnis und einen Raum, einen Zeit-raum, uns ganz bewusst diesem inneren Kind zuzuwenden, unsere Aufmerksamkeit darauf zu lenken, mit ihm in Kontakt zu kommen. Jedenfalls könnte es so sein. Einige Übungen mögen Ihnen dabei helfen, das selbst nun auch zu tun:

Heilung des inneren Kindes

»So wie wir als Kinder behandelt wurden, behandeln wir uns oft während unseres ganzen Lebens oder sorgen unbewusst dafür, dass wir so behandelt werden.« Diese Erkenntnis und die Erfahrung vieler Tiefenpsychologen sagt uns, dass in vielen von uns noch die Seele einer trotzigen Vierjährigen, oder eines todtraurigen Fünfjährigen steckt. Und dieses Kind kommt uns immer wieder in die Quere. Wir wollen uns erwachsen verhalten, wenn wir mit dem Chef oder der Chefin sprechen, und plötzlich sind alte Ängste, alter Hass wieder da, die mit dieser Person im Prinzip nichts zu tun haben. Schon eine Gestik, der Klang der Stimme dieser Person kann uns in Kontakt mit einer alten Angst vor dem Vater oder der Mutter oder sonst einer bedrohlichen Person der Kindheitswelt bringen. Eine bestimmte Wortwahl, die laute Stimme mögen Verbindungen herstellen zu einer Situation, in der wir getadelt worden sind, ohne uns wehren zu können. Oft ziehen wir uns vor einer Person zurück und finden keine rationale Erklärung dafür, warum wir sie ablehnen.

Alte verletzende Erfahrungen, die unerlöst in uns weiterleben, brauchen eine Lösung, Auflösung, innere Heilung. Denn das erwachsene Ich – das heißt: so wie wir leben, uns darstellen, uns nach außen geben – ist nur der sichtbare Teil von uns. In uns aber lebt auch noch der andere Teil, der unsere Erfahrungen und Erlebnisse in der Kindheit speichert, unsere innere Freiheit und Fröhlichkeit repräsentiert, der Teil auch, der dem intuitiv Göttlichen sehr verbunden ist. Dieser Teil wird heute von vielen Therapeuten als das »innere Kind« bezeichnet. Fühlt sich dieser Teil verletzt, so entwickelt das Kind oft später gesundheitliche oder seelische Störungen, Süchte, oder es entsteht ein Mangel. Erst wenn das innere Kind geheilt worden ist, kann sich unsere Persönlichkeit voll entfalten. Aber wie gehen wir mit diesem inneren Kind um? Ich kann es vergessen, lieblos behandeln, oder ich kann es wahrnehmen, entdecken, liebhaben, trösten, ihm Mut machen, es ernst nehmen. Aus diesem neuen, liebevollen Kontakt mit dem inneren Kind – mit der Person also, die wir als Kind waren – erwächst eine Gesundung des inneren Erwachsenen. Der Erwachsene ist es, der darüber entscheidet, ob wir dieses Kind in uns be-achten und schützen wollen oder es verhungern lassen.

Eine Frau sagte: »Ich habe immer von den Lehrern gehört, dass ich nicht zeichnen könne. Mein inneres Kind aber hat Lust daran, Stifte in die Hand zu nehmen und einfach zu malen. Ich hörte auf mein inneres ›Kind‹ und meldete mich zu einem Kurs an – und siehe da, es machte mir unglaublich viel Freude und ich hatte Erfolg.«

So können Menschen gesunden, wenn sie auf ihr inneres Kind hören. Ich schlage ihnen nun ein Treffen mit ihrem inneren Kind vor. Es lohnt sich, ihm zu begegnen, von ihm zu hören und mit ihm in Kontakt zu kommen und zu bleiben.

Solch eine Übung müssten Sie vielleicht öfter wiederholen. Vielleicht bedarf es auch unendlich vieler vertrauensvoller Gespräche mit einem Menschen Ihres Vertrauens, einem Therapeuten oder einer Seelsorgerin, um die vielen Verwundungen, Verletzungen und Defizits Ihres inneren Kindes zu bearbeiten, zu betrauern und zu heilen.

Impuls: Suchen Sie sich einen guten Platz, einen Ort, eine Haltung, eine Lage, vielleicht auch Musik dazu, lauter Dinge, die Ihnen hilfreich sind, sich wirklich wohlzufühlen, und gute Erinnerungen und Bilder im Inneren genießen zu können. Stellen Sie sich dabei bitte auch vor, wie Sie eine hilfreiche Person, die das alles schon integriert und durchlebt hat, was bei Ihnen selbst noch nicht integriert ist, begleitet. Versuchen Sie jetzt Kontakt zu bekommen mit Ihrem inneren Kind – als Fantasie, als Erinnerung oder als Gefühl. Wie alt ist es? Betrachten Sie es! Was tut es? Nehmen Sie es wahr! Sie können es sehen, hören, fühlen. Fühlt sich Ihr inneres Kind von Ihnen jetzt beachtet und wahrgenommen? Wie hat dieses Kind bisher gelebt? Haben Sie es ernst genommen, seine Existenz bewusst wahrgenommen? Entschuldigen Sie sich bei Ihrem inneren Kind für eine eventuelle Missachtung, für das Übergehen, wenn das so war. Sagen Sie Ihrem inneren Kind, wozu Sie es brauchen. Spüren Sie bitte, wie es sich fühlt! Was mag es, was mag es nicht? Wovor fürchtet es sich? Was fehlt ihm, was braucht es? Was können Sie tun, damit es sich sicher und geborgen fühlt? Wie können Sie selbst Spaß mit ihm haben? Nehmen Sie es doch einmal in den Arm, liebkosen und streicheln Sie es!

Wechseln Sie nun ganz auf die Seite des inneren Kindes, versetzen Sie sich ganz in es hinein und lassen Sie es all das aussprechen, was es schon lange sagen wollte. Lassen Sie es zu sich als der erwachsenen Person sprechen. Oft verstummen Kinder, wenn Sie jahrelang nicht verstanden werden: Ermutigen Sie Ihr inneres Kind also, zu Ihnen zu sprechen. Was sagt es? Was traut es sich nicht zu sagen? Ermutigen Sie es, den Mund aufzumachen.

Nun wechseln Sie wieder in die Erwachsenenposition. Mögen Sie Ihr Kind in der Fantasie vielleicht jetzt in den Arm oder auf den Schoß nehmen, ihm nahe sein? Stellen Sie nun Ihrer weisen Begleitperson die Frage: »Welches ist das liebende Verhalten meinem inneren Kind gegenüber?« – Möglicherweise möchten Sie jetzt gleich Ihrem inneren Kind etwas sagen, etwas versprechen. Möglicherweise erlauben Sie sich, dass in einem Traum, im Unbewussten, diese Information zu Ihnen durchkommt, oder in einem Gefühl, oder in einem plötzlichen Einfall. Aber geben Sie dem Kind Ihr Versprechen, dass Sie in Zukunft gut für es sorgen werden, dass Sie es wahrnehmen und mit ihm die Freundschaft pflegen und in Verbindung bleiben wollen.

Spüren Sie nochmals den Kontakt zu diesem inneren Kind und geben Sie ihm einen Platz in Ihrem Körper – wo ist der? Lassen Sie es tief in Ihren Körper hineinsinken. Gehen Sie nun mit Ihrem weisen Helfer und Begleiter wieder zurück zu Ihrem guten Platz und verabschieden Sie sich von ihm. Spüren Sie sich jetzt wieder im Hier und Jetzt auf der Unterlage, auf der Sie sitzen oder liegen.«

Religiöse Menschen haben auch gute Erfahrungen mit einem Heilungsgebet gemacht, das ich im Folgenden für solche Leser/innen, denen es entsprechen und hilfreich sein könnte, wiedergeben möchte. Es könnte ebenfalls die Tür öffnen und den Weg bereiten für *die Heilung Ihres inneren Kindes:*

Jesus, ich bitte dich, in mein Herz einzutreten und jene Erfahrungen zu berühren,

die es nötig haben, geheilt zu werden. Du kennst mich so viel besser, als ich mich kennen kann.

Deshalb: Bringe deine Liebe in jede Ecke meines Herzens.

Wo immer du das verwundete Kind entdeckst, berühre es, tröste es und befreie es.

Gehe zurück in meinem Leben bis zum ersten Augenblick, in dem ich empfangen wurde.

Reinige die Linien meiner Abstammung, befreie mich von allem, was in jenem Augenblick einen negativen Einfluss gehabt haben könnte.

Schenke mir das tiefe Verlangen danach, dass ich geboren sein wollte.

Heile alle körperlichen und seelischen Verletzungen, die mich während der Geburt beschädigt haben könnten.

Danke, dass du da warst, bereit, mich in deine Arme zu nehmen vom ersten Augenblick an,

mich auf der Erde willkommen zu heißen und mir zu versichern, dass du mir immer nahe sein würdest.

Jesus, ich bitte dich, umhülle meine Kindheit mit deinem Licht; berühre jene Erfahrungen, die mich daran hindern, frei zu sein.

Wenn ich mehr Mutterliebe gebraucht hätte, zeige mir, dass unser Gott auch Mutter ist, um mich zu versorgen mit allem, was mangelt:

dass er mich festhalte, wiege, mir Geschichten erzähle und jene leeren Stellen in mir auffülle, die Trost und Wärme benötigen, wie nur eine Mutter dies geben kann.

Vielleicht fühlt sich das Kind innen drin beraubt um die Vaterliebe.

Lass mich frei sein, dass ich ›Abba‹ – Papi – rufen kann mit jeder Faser meines Seins.

Wenn ich mehr gebraucht hätte an Liebe und Geborgenheit durch den Vater,

um mich gewiss zu machen, dass ich erwünscht und geliebt war, so bitte ich dich:

Halte mich und lass mich deine starken, stützenden Arme spüren.

Gib mir erneuertes Vertrauen und Mut, den Mühen des Lebens ins Angesicht zu schauen.

Ich weiß ja, dass mich die Liebe meines Vaters stützen wird, wenn ich stolpere und falle.

Gehe durch mein Leben, Jesus, tröste mich, wenn andere nicht freundlich waren.

Heile die Wunden von Begegnungen und Zusammenstößen, die mich erschreckt zurückließen, die mich dazu brachten, mich zurückzuziehen und Schranken gegenüber Menschen aufzurichten.

Wenn ich mich einsam fühle, verlassen und durch Menschen zurückgewiesen,

so schenke mir doch – durch deine heilende Liebe – ein neues Wertgefühl als Persönlichkeit.

Jesus, ich gebe mich dir anheim, mit Leib und Seele und Geist und ich danke dir, dass du mich ganz (= heil) machst. Danke, mein Jesus.[9]

Welchen Zugang und Weg als Ihnen gemäß auch immer Sie wählen – vor allem gilt: Üben und lernen Sie immer neu, die Kindseite in sich selbst wahrzunehmen, sie zu achten und in Ihr Denken und Entscheiden mit einzubeziehen. Fragen wie diese können dabei helfen:

Impuls: Ich bin ab-/angespannt: Was würdest Du, mein Kind, jetzt brauchen oder gerne tun – oder sein lassen? – Ich fühle mich depressiv oder unruhig: Was wünschst Du Dir, mein inneres Kind? Habe ich Dich übersehen? Bist du verletzt oder wütend? Höre ich Dir genug zu? Oder: Erzähle mir doch mehr davon! Ich würde gerne verstehen, warum Du (nicht) ...

Weihnachten führt uns, so verstanden, zu unserem eigenen ruhelosen, vereinsamten, verwundeten, verachteten oder missbrauchten inneren Kind zurück, es ist sozusagen ein Weg zu unseren Wurzeln. (Nicht zufällig muss Joseph – laut Weihnachtserzählung – mit Maria in seine Geburtsstadt (!) Bethlehem, zu seinen Wurzeln, zu seiner Herkunftsstadt, zurückkehren, zu den ersten Stunden, Tagen oder vielleicht Jahren seines Lebens!) In dieser heilsamen Regression, einer liebevollen Hinwendung unseres bewussten Menschen zu diesem verlassenen inneren Kind kann der Anfang zu einer nährenden, neuen, liebevollen Beziehung zu dieser bisher vernachlässigten oder abgelehnten Seite in uns selbst liegen. Dabei kann das Kind für unsere Gefühlsseite stehen, für die eher empfindsame intuitive Seite, im Unterschied zu unserer rationalen, zielstrebigen, gern nach männlichen Idealen ausgerichteten Lebensseite. Oder gerade umgekehrt: Das Kind kann die aktiven, neugierigen, zupackenden und vielleicht auch aggressiven Seiten repräsentieren, die in uns selbst bisher noch unterentwickelt oder unentdeckt schlummern und Entfaltung brauchen. Wichtig ist, dass Sie lernen, ein liebender Erwachsener zu werden, der in einem ständigen, achtenden und liebevollen Kontakt mit diesem inneren Kind steht, in einer Wechselbeziehung; der sich zwar von diesem Kind nicht dominieren lässt, aber es freundlich wahrnimmt, beschützt und begleitet, versteht und versorgt.

Impuls: Was hat Ihnen als Kind eigentlich Freude gemacht? Nehmen Sie sich einmal Bilder oder Fotoalben Ihrer Kindheit vor, lassen Sie Erinnerungen kommen, was Sie damals gerne taten, was Sie erfüllte, erfreute und Ihnen besonders Lust und Spaß brachte. Können Sie etwas davon wiedergewinnen, etwas wieder-holen? Jetzt – heute?!

Und in einem weiteren Schritt können wir dieses manchmal auch in unseren Träumen auftauchende innere Kind sogar als den Versuch Gottes verstehen, in uns zur Welt zu kommen, so wie damals in Bethlehem. Dann gliche unsere Seele Maria, in der und durch die dieses Kind heranwächst und das in unserem Innern geboren wird.

Impuls: Gehen Sie diesem Gedanken doch einmal nach! Schreiben Sie Träume auf, die Sie selbst schon von Kindern, Babys und Geburtsereignissen hatten. Suchen Sie sich einen vertrauten Menschen, mit dem Sie über solche Innenerfahrungen sprechen können!

Diese Impulse und Anstöße können hier natürlich nur Anregungen sein. Aus Erfahrung ist mir bewusst, dass das ein langer Weg und ein tiefgehender Prozess ist, der sehr oft auch gar nicht ohne liebevolle Begleitung eines anderen Menschen möglich ist.

Aufforderung zur Neugeburt

Aber wir müssen vielleicht *noch* eine Stufe weiter vordringen, um der Tiefe des Geschehens von Weihnachten auch in spiritueller Weise noch ein Stück näherzukommen: Ich weiß von Menschen, die berichten, dass sie ausgerechnet in der Weihnachtszeit oder in den Wochen vor der Wintersonnenwende Träume hatten, die von Geburten handeln oder von kleinen Kindern, von Babys und dem Schicksal kleiner

Kinder. Einige dieser Träume habe ich mit Gruppen bearbeitet; ich war sehr davon berührt, in welche Tiefe uns das geführt hat. Denn an dieser Stelle ist es vielleicht am deutlichsten sichtbar und erfahrbar, wie nahe Psychologie und Glaube einander sind, wie nahe die psychologisch-biografische Ebene mit der spirituell/geistlich-religiösen verbunden ist. Wenn wir von einem Kind träumen, so können wir das ja durchaus auch äußerlich, objektiv (»objektstufig«) betrachten als etwas, was sich in unserem Leben mit einem wirklichen Kind zugetragen hat, mit einem Menschen, der wir durchaus nicht unbedingt selber sein müssen. Oder wir können es innerlich, subjektiv (auf der »Subjektstufe«) anschauen als ein Stück von uns *selbst,* als eine Seite in uns, eine Erinnerung an die eigene Kindheit; oder wir erfahren das geträumte Kind als ein Symbol von etwas, was sich in uns regt, wo eigene Eigenschaften, Aspekte, Gefühle von uns selbst zu Wort kommen.

Zugleich geht durch die Jahrhunderte der christlichen Mystik und auch der Mystik anderer Religionen die Botschaft, dass *das göttliche Kind* in uns geboren wird, dass die Gottheit selbst in uns Wohnung nimmt, dass sie eingepflanzt, in uns hineingesät ist und in uns wachsen und Raum gewinnen will. Von dieser Sichtweise her würden wir von einer »inneren Geburt« sprechen, in einem ganz umfassenden, tief geistlichen, völlig neuen Sinn. In diesem Sinn sprechen ja auch Lieder von dem Ereignis von Weihnachten. Angelus Silesius sagte: »Und wäre Jesus tausendmal in Bethlehem geboren und nicht in Dir, so wärest dennoch Du verloren.«

Auch das also ist eine Möglichkeit der Wirkung von Weihnachten in uns: Es könnte das Anklopfen einer Kraft sein, die über uns selbst hinausgeht, die auch unser Unbewusstes noch übersteigt: Eben dieser »ganz andere«, der im Traum anklopft und auf diese oder auch auf ganz andere Weise in uns Eingang finden, Wohnung nehmen und zum Leben und zur Welt kommen will.

Denn es geht ja in der Tat um den Prozess einer inneren, eigenen, neuen Geburt. Äußerlich von der Jahreszeit her vollzieht sich am Weihnachtstermin ja die Zeit der Lichtgeburt: Wochen- und monatelang zieht sich das Licht zurück, das Dunkel wächst im Herbst. Es nimmt zu, nimmt überhand, bekommt die Oberhand und besiegt schließlich fast das Licht, bis der Umbruch kommt: Wintersonnenwende! Und um dieses Datum herum begeht die Christenheit die

Geburt des Lichtträgers. Geburt selbst ist ja der Prozess, der Weg hinein ins Licht: Wir sprechen davon, dass jemand »das Licht der Welt erblickt« hat, wenn wir von einer Geburt sprechen. Wenn nun die Geburt des »Lichtes der Welt« in der dunkelsten Zeit des Jahres, am dunkelsten Tag des Jahres überhaupt geschieht – und dann noch um Mitternacht, also am dunkelsten Punkt dieses Tages, dann ist das ein deutlicher Hinweis darauf, dass man das Licht besonders in der Dunkelheit findet! In Johannes 1,5 heißt es: Das Licht kam in die Dunkelheit, »es scheint in der Finsternis«. Die Alchemisten des Mittelalters drückten das so aus: Das Wesentliche, was sie suchen, sei in den Bereichen zu finden, wo Menschen nicht bereit sind, überhaupt nur hinzuschauen, weil es ihnen viel zu dreckig, zu schmutzig, zu dunkel ist. Aber sie wussten, dass in dem, wo Menschen nicht hingehen, hinfassen, das Eigentliche gefunden wird, der eigentliche Lichtträger. Ein uraltes Geheimnis: Man findet das Licht nicht in der Helligkeit, sondern am dunkelsten Punkt. Das ist der Grund, warum Weihnachten zu *dieser* Zeit gefeiert wird.

Und genau dies meint *Geburt in uns*, wenn wir Weihnachten als Aufforderung zur Wiedergeburt im Geist, zur Licht- und Gottesgeburt in uns verstehen. Nur *hier* kann sich Weihnachten eigentlich verwirklichen! Auch die Lichtgeburt im Menschen kann sich erst dann ereignen, wenn es außen dunkel geworden ist. Jener Prozess, der sich vor einer Lichtgeburt im Menschenleben, in seiner Seele zeigt, wo die Außenwelt schal wird, ihren Reiz verliert, nicht mehr zum Handeln herausfordert, wo das Äußere, Verlockende zerbricht, durchsichtig und reizlos wird, ist manchmal mit einer Depression verwechselbar. Erst wenn der Mensch bereit geworden ist, in das tiefste Dunkel seiner eigenen Seele hineinzusteigen, das Urgrauen des eigenen Schattens auszuhalten, zu ertragen, zu durchwandern, erst wenn er hinuntergestiegen ist, seine eigene Schwärze, seine Finsternis, seine Schatten angeschaut hat, erst dann kann er in diesem Dunkel die Geburt des Lichts erleben. Denn »das Licht kam in die Dunkelheit« (Johannes 1,5). Dem entspricht in der Symbolik der biblischen Weihnachtserzählungen, dass das eigentliche Licht in der Tiefe, in einer Höhle gefunden wird, nicht oben, in der Hauptstadt, bei Herodes in Jerusalem – daher also der Stall in der Höhle.

Das gibt den Tiefen, den Dunkelheiten unseres Lebens eine besondere Bedeutung. Das uralte Gesetz von »stirb und werde« verdeutlicht, dass es immer das Opfer der bisherigen Formen, der bisherigen Möglichkeiten braucht, damit etwas Neues entstehen, geboren werden kann. Und in diesem neuen Sinn ist es unser aller Aufgabe, *selbst* »Maria« zu werden, *selbst* der Ort der neuen Geburt zu werden. Meister Eckhart drückt an zwei Stellen sehr deutlich aus, dass er *Maria* nur *als Symbol unserer eigenen Seele* versteht und dass – so verstanden – gewissermaßen in jedem von uns und durch jede von uns diese Geburt – immer neu – geschehen muss: Es spricht geradezu von einer Gleichsetzung Marias mit der menschlichen Seele: »Der Vater spricht das Wort in die Seele, und wenn der Sohn geboren ist, wird *jede* Seele Maria«. Und an einer anderen Stelle: »Maria ist gesegnet nicht, weil sie Christus leiblich trug, sondern, weil sie ihn geistig gebar. Und hierin vermag ein jeder ihr gleich zu werden!«[10].

Wir selbst können Maria werden, in uns das Neue empfangen (ausführlicher betrachten wir das noch beim Fest Mariä Verkündigung am 25.3.), es wachsen, sich entwickeln lassen und zur Welt bringen: Das ist auf der innersten Stufe die Aufforderung von Weihnachten. Ob diese Geburt sich als Traumgeschehen, als meditative Erfahrung, als innerseelischer Prozess oder wie auch immer vollzieht: Ausschlaggebend ist, dass wir von einer bloß historischen Betrachtung der Weihnachtsereignisse hin zu einer gegenwärtigen, heute sich ereignenden Erlebensweise kommen.

Impulse:

1. Wie wirkt der Gedanke einer »neuen, zweiten, inneren Geburt« auf Sie jetzt? Denken Sie einmal darüber nach, was an völlig neuer Zukunft eröffnet würde, wie unwirksam Vergangenheit würde, beim bloßen Gedanken daran, man könne *völlig* von vorne anfangen, neu beginnen, wie ein »unbeschriebenes Blatt« sein, »gleichsam neu geboren«.
2. Vielleicht gibt der Gedanke der Geburt des Lichtes gerade in den dunkelsten Wochen des Jahres, dann auch sogar in der dunkelsten Stunde der Nacht, und auch im Dunkel einer »Höhle«, also in Zeiten der Tiefe, *solchen* Zeiten Ihres Lebens eine besondere Bedeutung (der Tiefe, dem »Down«-Sein, der Dunkelheit, der Depression – Zeiten der »dunklen Nacht der Seele«, wie Johannes vom Kreuz das nennt). Haben Sie womöglich auch schon *gerade* in *solchen* Zeiten Anfänge des Neuen, Aufbrüche von Lebendigkeit, Durchbrüche zum Licht, Anbrüche neuer Tage und neuer Klarheit erlebt?

3. Setzen Sie sich einmal vor eine Lichtquelle und meditieren Sie das Wort »Licht« oder einfach diesen Anblick. Entdecken Sie, dass vor dem Licht die Finsternis einfach weicht. Es ist kein Kampf nötig. Licht siegt, Dunkel löst sich auf!

4. Verstehen Sie jetzt den bekannten Satz besser: »Die Mitte der Nacht ist der Anfang des Tages«? Warum es wirklich »Mitte« der Nacht heißen muss?! Wenn Sie das verstehen, geschieht vielleicht auch Versöhnung mit Ihren eigenen Dunkelheiten, Schattenseiten, mit dem Grauen und dem Düsteren in Ihrer Seele und in Ihrer Erfahrung!

(Auch diese Impulse können Sie allein für sich bewegen oder im Austausch mit Vertrauten oder in Gruppen.)

Geburt in uns

Der Gedanke von der Gottesgeburt im Menschen durchzieht die Schriften der christlichen Mystiker. Nach Johannes Tauler sind alle Leiden in unserem Leben nur die Geburtswehen für die Geburt Gottes in unserer Seele: »Ein Kind ist uns geboren: das will sagen: Er ist unser, er wird zu aller Zeit, ohne Unterlass in uns geboren … Soll jene Geburt zustande kommen, muss eine entscheidende Einkehr statthaben, ein Einholen, eine innere Vereinigung aller Kräfte, der niedrigsten wie der höchsten, eine Zusammenfassung gegenüber allen Zerstreuungen, sind doch alle Dinge vereint kräftiger denn jedes für sich allein: wie denn ein Schütze, der ein Ziel genau treffen will, ein Auge schließt, damit das andere um so genauer sehe … dies ist die Einkehr … damit sein Werk in dir gedeihen möge, seine *Geburt in dir* vollzogen werden könne und von dir nicht gehindert werde.« Und für C. G. Jung ist die Gottesgeburt im Menschen das Ziel der menschlichen Selbstwerdung. Wenn Gott im Menschen geboren wird, dann kommt er von seinem kleinen Ich weg zu seinem großen, eigentlichen Wesen, zum Selbst – oder in der Sprache der Mystiker: zu seinem Seelengrund, in seinen Kern, in dem er wirklich er selbst ist.

Für die deutschen Mystiker ist das *Schweigen* der Ort, an dem Gott in uns geboren wird. »Im innersten Wesen der Seele, im Fünklein der Vernunft, geschieht die Gottesgeburt. In dem Reinsten, Edelsten und Zartesten, was die Seele zu bieten vermag, da muss es ein: In jenem tiefen Schweigen, dahin nie gelangte eine Kreatur noch irgendein Bild«, so drückt es Meister Eckhart aus.[11] – Gott »ist unserem Herzen näher als wir uns selbst sind. Er ist uns innerlicher als wir. Wenn wir tief genug in uns hineinschauen, dann stoßen wir eben nicht nur auf den eigenen Seelenmüll, sondern unter der Schuttschicht unserer lärmenden Gedanken ist ein Ort des reinen Schweigens, ein Ort, in dem Gott wie ein kleines Kind liegt, verwundbar, wehrlos uns ausgesetzt. Es ist der Ort in uns, an den unsere Gedanken keinen Zutritt haben, den weder unsere Probleme noch unsere Ängste, weder die Menschen um uns herum noch die unserer Vergangenheit betreten können, ein Ort, an dem wir allein sind mit unserem Gott. Dort, wo Gott in uns wohnt, da kommen wir in Berührung mit uns selbst, mit dem unverfälschten Kern, mit dem Bild Gottes in uns. Dort ahnen wir, wer wir eigentlich sind. Dort spüren wir unser wahres Wesen.« – so beschreibt es Anselm Grün[12].

Impuls: Setzen Sie sich einmal still vor eine Weihnachtskrippe, nehmen Sie das Bild in sich auf und stellen sich vor: Dort innen, wo weder meine Gedanken noch mein Wollen und mein Planen hinreichen, da ist die Krippe in mir. In mir ist Gott, genauso zärtlich und leicht übersehbar wie dieses Kind.
Und vielleicht geht etwas vom Geheimnis dieses Kindes auf Sie über, Sie werden ganz still, ganz behutsam und zärtlich. Vielleicht entdecken Sie in dem Kind Ihr eigenes unverstelltes Wesen und erfahren einen tiefen Frieden in sich, wenn Sie so schweigend mit sich eins geworden sind.

Wage zu träumen! Die Bedeutung des Träumens und der Träume in den Weihnachts-Traditionen

In den Weihnachtsgeschichten bei Matthäus spielen das Träumen und die Träume eine herausragende und bestimmende Rolle: Im Traum wird der Name des Erlösers der Welt mitgeteilt. Ein »Engel«/Bote sagt Joseph zum Beispiel, wie er das zu erwartende Kind nennen soll. Die Weisung im Traum bewahrt den Embryo Jesus vor der Steinigung im Mutterleib, weil Joseph ein Ja zur für ihn unbegreiflichen Existenz dieses Kindes finden kann – eine Wirkung von Träumen, so stellt es Matthäus in Kapitel 2 dar.

Und als die Weisen aus Babylonien kommen, um dieses Kind zu verehren, wird ihnen im Traum Kunde gegeben, dass sie ihren Heimweg anders gestalten sollen als geplant: Nicht ihre Gedanken und Pläne sollen sie verwirklichen, sondern einen »anderen Weg« nehmen.

Josef träumt, er solle nach Ägypten flüchten. Er folgt dieser Anweisung. Das hat zur Folge (nach der Erzählung des Matthäus), dass dadurch (!) wieder als Wirkung einer Traumbotschaft der »Welterlöser« am Leben erhalten wird, denn alle anderen Knaben Bethlehems unter zwei Jahren werden getötet. Und so wird Joseph auf Schritt und Tritt geleitet durch die Träume: rechtzeitige Flucht vor diesen Hinrichtungskommandos des Herodes, spätere Rückkehr aus Ägypten nach Nazareth. Viermal ist dabei von einer Weisung des »Engels im Traum« die Rede.

Was bedeutet das für uns? Vielleicht ist es Ihnen ganz selbstverständlich oder aber auch vollkommen ungewohnt, ihren Träumen irgendeine größere Bedeutung zuzugestehen. Im Volksmund sagt man ja »Träume sind Schäume«. Im Talmud dagegen heißt es: »Jeder unverstandene Traum ist wie ein ungeöffneter Brief.« Seit dem Jahr 1900 und dem Beginn der Psychoanalyse und Tiefenpsychologie mit S. Freud und C. G. Jung haben wir ungeheuer viel Neues und Bahnbrechendes über die Bedeutung des Träumens und unserer Träume erfahren. Sie sind ein unverzichtbarer Bestandteil des Lebens, sie versuchen, unser Seelenleben auszubalancieren, bewusst zu machen, was wir verdrängt haben, dienen nicht etwa nur der Wunscherfüllung, sondern arbeiten auch an Problemlösungen und kreativen Wegen. Träume können wichtige Ratgeber werden, wenn wir anfangen, mit ihnen zu leben und uns auf sie einzustellen. Oft zeigt sich in Träumen schon, was wir mit unserem Bewusstsein (noch) gar nicht wahrnehmen können oder wahrhaben wollen. Sie arbeiten allnächtlich an der Lösung innerer Konflikte und an unserer Ganzwerdung. In ihrer Bilder-, Symbol- und Gefühlssprache drücken sie Inhalte aus, die nicht nur rückwärts schauend unsere verdrängten Impulse, Wünsche und Bedürfnisse zeigen, sondern ebenso auch nach vorne gerichtet, ermutigend, stärkend, neues Verhalten bereits anbahnend, vorbereitend oder einübend sein können oder als Warnung dienen.

Aber nicht erst die Tiefenpsychologie unseres Jahrhunderts hat den Träumen Bedeutung beigemessen: In allen Kulturen, zu allen Zeiten, in der ganzen Menschheitsgeschichte spielte die Beachtung von Träumen eine große Rolle. Auch die Bibel spricht sehr klar, häufig und ungeschminkt von der Bedeutung der Träume und vom Gehorsam ihnen gegenüber. An vielen Stellen werden sie – wie es in der Antike allgemein üblich war – als »*vergessene Sprache Gottes*«[13] betrachtet. Die Seele ist – so verstanden – ein »Landeplatz« für die Offenbarungen und Weisungen Gottes.

Im Grunde ist es atemberaubend, was die Weihnachtsgeschichte des Matthäusevangeliums uns zumutet: Nach dieser Erzählung wird der Name des Erlösers der Welt in einem *Traum* dem Joseph geoffenbart. Im Traum bekommt er gesagt, wie er das Kind, das Maria bekommen wird, nennen soll. Solche Achtung kannten die Menschen der damaligen Zeit gegenüber Träumen! Noch erstaunlicher vielleicht, dass Joseph ein Mann ist, der auf seine Träume *hört*, sie *versteht* und ihnen auch tatsächlich *folgt*. Er hatte einen Konflikt in sich getragen – gewiss für längere Zeit – seit er entdeckt hatte, dass Maria schwanger ist. Er hatte sich mit dem Gedanken befasst, sie einfach zu verlassen – was für die damalige Rechtslage und das Leben in Palästina zur Folge gehabt hätte, dass Maria vermutlich gesteinigt worden wäre. Dann wäre das Leben Jesu schon im Mutterleib beendet gewesen! Durch einen Traum nun wird Joseph bewogen, *zu seiner Liebe* zu Maria *zu stehen*, bei ihr zu *bleiben* und diesen Weg *weiter mit ihr zu gehen*. So hat er sich für Liebe und Menschlichkeit entschieden, nicht für Recht, Gesetz und bürgerlichen Anstand. Und Matthäus berichtet tatsächlich, dass diese Wendung in seinem Inneren, diese *Wandlung durch einen Traum* ausgelöst wurde. Joseph wird uns also als einer geschildert, der die leisen Töne des Lebens zu hören vermag, der die Sprache seines Innenlebens versteht – und befolgt!

Ich glaube, wir können die Provokation, die in dieser Geschichte liegt, oftmals noch gar nicht fassen: Das Leben dessen, den Gott selbst auf die Welt sendet, ist gefährdet – und es wird behütet durch Weisungen im Traum. Nicht nur der Name Jesu erscheint im Traum, sondern auch sein Auftrag. Es wäre sicherlich verfehlt, hier leichthin infrage zu stellen, ob diese Texte historisch zuverlässig seien. Der Evangelist erzählt es so, und so hatte es dann seine Wirkungsgeschichte in den darauf folgenden Jahrhunderten und Jahrtausenden! So wird der Traum – wie schon im Alten Testament – an entscheidender Stelle auch im Neuen Testament als ein ganz wesentliches Element der Lebenshilfe gewürdigt, als eine Stimme Gottes im Sinne einer Stimme des Lebens und der Liebe! In diese *Seelentiefe* also führt uns die Weihnachtsgeschichte ein und hilft uns so, das Leben wieder leise zu lernen und zu träumen.

Die Advents- und Weihnachtszeit ist ja auch jahreszeitlich eine Zeit zum Träumen, diese tiefste Winterzeit, wo die Nächte so lang sind wie nie sonst im Jahr. Und in dieser Zeit des Träumens geht ein Menschheitstraum in Erfüllung: dass die Kluft zwischen Gott und den Menschen überwunden wird, dass das Göttliche irdisch menschlich wird, – wenn auch nicht fassbar, so doch anfassbar, wenn auch nicht begreifbar, so doch greifbar: in einem ganz normalen Kind eben.

Von daher ist es auch nicht zufällig, dass im Glauben der Alten auch heute noch, in Anschauungen, wie sie auf dem Lande noch weit verbreitet, aber auch in den Städten nicht vergessen sind, den zwölf Nächten zwischen Weihnachten und dem Epiphanias- / »Dreikönigs«-Fest (6. Januar) besondere Bedeutung zugemessen wurde. Der Volksmund spricht davon, dass das, was man in diesen Nächten (den »Rauhnächten«) träume, auch in Erfüllung gehe. Manche ordnen den einzelnen Nächten auch die entsprechenden Monate des kommenden Jahres zu. Hier werden wir durch den Volksglauben mit den Tiefenschichten unserer Seele verbunden und hingewiesen auf eine Dimension unseres Lebens, die sonst weithin zu kurz kommt. Wage zu träumen und auf deine Träume zu achten und ihnen zu folgen; denn Träume können Ratgeber fürs Leben sein, können Lebenskrisen lösen helfen, Spiegel unserer Seele sein und Entwicklungshelfer in unserem Innern.[14]

Impulse:

1. Suchen Sie nach Möglichkeiten für sich, wie Sie Zugang zu ihrer Traumwelt bekommen könnten. Das kann geschehen durch einführende Seminare, durch Gespräche mit Menschen, die sich damit auskennen, durch helfende und begleitende Literatur zum Thema »Träumen«. Dabei sollte es nicht um eine autoritative Deutung von Träumen gehen, sondern einfach um das Achtsamwerden und Erspüren dieser allnächtlichen Welt in uns und um ein Offenwerden für die »Be-deutung«, die sie für unser Leben haben oder bekommen könnte!
2. In meiner Arbeit mit Gruppen und Einzelnen beobachte ich immer wieder, dass in der Vorweihnachtszeit in den Seelen Träume von Bedrängnis, inneren Wirrungen, auch von Geburt und Neuwerden auftauchen. Es

scheint fast so, dass unser kollektives Unbewusstes in der Winterzeit genau die Themen inszeniert und artikuliert, die auch im Weihnachtsfest gefeiert werden: Aufbruch und Neubeginn, Sehnsucht nach Erlösung und neuer Geburt. Können Sie diese Erfahrung bestätigen? Haben Sie schon ähnliche Beobachtungen gemacht? Oder können Sie Vergleichbares von Ihren Freunden und Vertrauten oder in Ihren Gruppen in Erfahrung bringen?

3. Beachten Sie einmal speziell die Träume der zwölf Nächte zwischen Weihnachten (24. Dezember) und Epiphanias/Dreikönig (6. Januar).

Am 6. Januar werden wir beim »Dreikönigsfest« noch einmal mit einem anderen Akzent Weihnachten feiern: Für die Christen der gesamten Ostkirche ist das bis heute der Termin des Weihnachtsfestes. In den ersten Jahrhunderten folgte der überwiegende Teil der Christenheit dieser Datierung.[15] Bevor wir zu den Weisen und »Dreikönig« gelangen, geht aber erst noch das alte Kalenderjahr zu Ende und das neue beginnt.

Abschluss und Neubeginn: Silvester und Neujahr

Silvester

Silvester ist der Altjahrsabend, der letzte Tag des Jahres. Das Kirchenjahr beginnt zwar für uns mit dem 1. Advent und endet mit dem Toten- / Ewigkeitssonntag oder »Christkönigsfest«, das Kalenderjahr jedoch endigt am 31. Dezember mit Silvester und beginnt mit dem Neujahrsfest am 1. Januar. Silvester ist ein sehr wesentlicher Teil des Jahres. Wo liegt die Chance, wo die Gefahr dieses Tages?

Silvester ist eine Chance für uns, Bilanz zu ziehen. Aber wer tut das schon an diesem Tag? Wer nimmt sich noch die Zeit und vielleicht seinen Kalender oder ein großes Stück Papier und versucht, was jeder Betrieb, jedes wirtschaftliche Unternehmen mindestens einmal im Jahr leistet: Inventur, Jahresbilanz – mit Selbstverständlichkeit, unausweichlich, unverzichtbar?! Im Geschäftsleben ist uns das also vertraut und üblich. Auch beim TÜV erledigen wir alle paar Jahre fraglos einen Check-up, ebenso beim Arzt. Wir gehen zur Krebsvorsorge oder zur regelmäßigen Jahresuntersuchung und möchten wissen: Was ist gewesen, was zeichnet sich ab, wo sind Gefahrenpunkte, wie muss ich leben? Wir ziehen Bilanz: schauen zurück auf das Gewesene und schauen voraus auf das Kommende. Der Monat, der kommt, heißt Januar. Der Name kommt vom römischen Gott Janus, der zwei Gesichter hatte – nach vorne und nach rückwärts schauend. An der Schaltstelle zwischen den beiden Jahren, dem zu Ende gehenden und dem kommenden, sollten oder könnten wir dasselbe tun: Rückschau halten, uns Zeit nehmen, um die Hände in den Schoß zu legen, um Gedanken kommen und gehen zu lassen, um – wie bei der Zwischenetappe eines Wanderweges – einmal Einkehr zu halten, Orientierung zu suchen: Wo stehe ich – wie weit bin ich – wie weit ist es mit mir gekommen – wo will ich hin – stimmen die (Zwischen-)Ziele noch – muss ich Neues suchen, wählen – wo lagen Fehler, Schäden und was ist aus ihnen zu lernen – wo waren Begegnungen, für die ich danken kann – wo welche, die weiter bedacht, gepflegt werden sollten – wo Beziehungen – welche sind abgebrochen, abgestorben, eingeschlafen und warum – will ich sie wieder beleben – wo stehe ich auf meiner Lebenslinie – wo in meinem

Familien- / Freundes- / Beziehungs- / Mitweltgeflecht – welche Verantwortungen übernahm ich neu, will ich übernehmen, welche abgeben – wo stehe ich im Beruf – zunächst mit mir, meinem Lebensweg, mit Mitmenschen, in meinem Glauben, mit meinen Plänen?

Impulse: Stellen Sie sich das doch bitte einmal vor wie das Stehen auf dem Gipfel eines Berges: Sie halten Rückschau (Silvester) und schauen voraus (Neujahr). Hierzu einige Übungen, die Ihnen für das Bilanzieren hilfreich sein könnten:

1. Nehmen Sie sich die Fragen von gerade noch einmal in einer ruhigen Situation vor, am besten mit sich allein, und gehen Sie diese ganz bewusst, langsam, Schritt für Schritt der Reihe nach durch.
2. Zeichnen Sie einen »Energiekuchen«: einen Kreis, eine Mitte und Abteilungen wie Kuchenstücke, mit denen Sie kennzeichnen und abgrenzen: Was setzte ich im vergangen Jahr wofür ein? Wie viel Zeit/Kraft/Liebe/Energie? Will ich das so? Wo möchte ich etwas verändern? Wie möchte ich weitermachen? Und eventuell zeichnen Sie einen neuen, alternativen »Energiekuchen«, wie Sie es sich wünschen, vorstellen und im kommenden Jahr vielleicht *anders* einteilen möchten.
3. Nehmen Sie sich Ihren Terminkalender des vergangenen Jahres oder einen Kalender anderer Art, der Ihnen hilft aufzufrischen, in Erinnerung zu rufen und wieder zu vergegenwärtigen, was Sie zum Teil vielleicht schon vergessen haben: Erfreuliches und Unerfreuliches, Gelungenes und Misslungenes. Das wäre ein chronologischer, monateweiser Rückblick.
4. Wem das mehr liegt, der kann statt der chronologischen Reihenfolge auch eine sachliche Ordnung als Orientierungsrahmen nehmen: Was hat mir das alte Jahr in den verschiedenen Bereichen meines Lebens gebracht?

- im Beruf
- in der Familie
- für mein persönliches Wachstum
- in Beziehungen/neuen Begegnungen
- für Kreativität/Projekte
- für körperliches Befinden und Gesundheit
- in Freizeitgestaltung/Abenteuer/Hobby/Reisen
- an Krisen

(Beides lässt sich auch sehr gut miteinander verbinden: Die verschiedenen Wochen und Monate nach diesen sachlichen Gesichtspunkten abzufragen und durchzugehen.)

Es besteht die Gefahr, dass wir diese Chance zum Rückblick und zur Bilanz übertönen und überglitzern mit Lärm, Raketen, Musik, mit Bällen, Alkohol und Ausgelassenheit. Dass wir so uns selbst die Ruhe zerstören, uns zerstreuen, statt uns zu sammeln, statt zu sichten und uns neu zu orientieren nach einer solchen Bestandsaufnahme. Als Anregung und Ermutigung für Sie teile ich Ihnen die Berichte von einigen Menschen mit, die einen ganz konkreten Jahresrückblick vornahmen und mich ihre Erfahrungen und Kommentare wissen ließen:

Annegret S. aus B., 18 Jahre schreibt: »Es ist das erste Mal, dass ich so etwas so ausführlich gemacht habe. Da mein Gedächtnis zurzeit nicht das beste ist, nahm ich meinen Kalender zur Hand und ging ihn von Anfang an durch. Es war spannend: Viele Dinge, die schon ›so lange her‹ schienen, waren erst dieses Jahr passiert. Und während man die Stichpunkte, ja eigentlich nur die oberflächlichen Worte liest, durchlebt man einiges noch einmal – man sieht sich davor, fühlt Angst, Aufregung und Freude dabei. Was man alles geleistet hat in diesem Jahr! Einige Dinge waren ganz schön gewagt – man hat sie zum ersten Mal ausprobiert. Seltsamerweise aber lässt sich so ein Jahr in einigen Stichpunkten zusammenfassen. Die Höhepunkte: schöne und schwierige Begegnungen, auch ganz sachliche Dinge. Aber die Begegnungen sind doch das Wichtigste – oder Stimmungen, Gefühle? Hinter der sachlichen Realität des Führerscheins steht immer der vertraute Anblick des Fahrlehrers, die Prüfungsangst, die Freude – und niemand kann es nachvollziehen. Ein Jahresrückblick ist nie austauschbar, sondern immer persönlich. Wenn man so die Monate durchblättert, gibt es meist nur einen ›Höhepunkt‹ pro Woche, aber was ist der Rest? Der Stress, in dem man so tief drinsteckte, auf den man so viel gegeben hat – ist jetzt vorbei, ist jetzt nur noch einen flüchtigen Gedanken wert. Das sollte einem zu denken geben … Am Schluss hat man seine Gedanken wieder ein bisschen geordnet, kann man auf ein reiches, volles Jahr zurückblicken (auch wenn es nicht immer gut war), hat man fast richtige Entdeckerfreude, hat man einen objektiven Überblick, kann aus Fehlern lernen, kann sich auch mal auf die Schulter klopfen, kann vielleicht Führung entdecken, kann getrost ein neues Jahr aus Gottes Hand nehmen.«

Herr G. aus M., 42 Jahre alt: »Ich mache das jedes Jahr am Silvesterabend für mich. Es ist wie eine bewusste Verabschiedung des alten

Jahres für mich, noch einmal alles anschauen, das Gute und das Schwere. Fast wie noch einmal Kontakt machen, die Ereignisse nochmal herholen, wie zum Adieu ›drücken‹ – und dann loslassen. Genau hinschauen. Ich gliedere das etwas auf, nach beruflichen, persönlichen, inneren, äußeren Entwicklungen und gesundheitlichen Gesichtspunkten. Wenn ich dazu meinen Terminkalender in die Hand nehme und es genau mache, merke ich, was und wie viel das alles war. Wenn ich es ohne mache, muss ich oft lang nachdenken, was in der und der Zeit war, was ich eigentlich in diesem Monat da und in jenen Wochen dort erlebte und tat. Es ist ein zufriedenes Gefühl für mich, diesen Rückblick zu machen. Wie eine Ernte, meinen Reichtum erkennen, aber auch dem Gescheiterten und Versäumten und Schiefgegangenen mich noch einmal zu stellen. Und dann kann ich das ablegen, weglegen, bewusst aus der Hand geben – in die ›innere Ablage‹, oder ›zurück in Deine Hände, Gott‹ oder einfach ins Licht halten und (an-)erkennen: So war es. Es ist vorbei. Ich bin nun bereit und offen für Neues«.

Eine schwer kranke Frau, Gerda B. aus B., 72 Jahre: »Das war schön, das zu machen! Es war beglückend, darüber nachzudenken. Was mir da alles eingefallen ist, wie viel und was ich im vergangenen Jahr erleben durfte. Wo ich doch so vieles auch nicht mehr machen kann. Da war vieles wie ein Geschenk, Sachen, wo ich gedacht habe: Das kann ich in meinem Leben nie mehr. Dass das möglich war! Da kann ich staunen und danken. Und nun habe ich das in meinem Frauenkreis den anderen erzählt, wie ich das gemacht habe und was ich dabei erlebt habe, und habe es denen weiterempfohlen!«

Impulse: Ihre Bilanz können Sie vielleicht mit der Beantwortung der drei folgenden Fragen beenden:

1. Wenn ich dem vergangenen Jahr zusammenfassend ein Thema oder ein Motto geben würde: Wie würde es heißen? Oder gab es mehrere? Welche?
2. Woran erfreue ich mich, wenn ich zurückschaue? Wofür bin ich dankbar? Wo fühle ich mich bereichert, angenommen, gewachsen und gestärkt?
3. Wenn ich etwas ändern könnte, was würde ich gerne ungeschehen oder anders machen? Wo bin ich jemandem oder mir selbst etwas schuldig geblieben? Was kann ich dazu jetzt noch tun?

Die letzte Frage richtet unseren Blick bereits nach vorne, auf das beginnende Neue. Schaffen Sie sich also ein paar stille Stunden, um so Ihren Jahresrückblick und -vorausblick zu halten. Vielleicht ist das ja eine gute Alternative, Ihren persönlichen Silvester- und Altjahresabend zu gestalten!

Neujahr: Neubeginn

Unser Kalenderjahresanfang liegt etliche Tage nach der Wintersonnenwende, etliche Tage nach Weihnachten. »Die Mitte der Nacht ist der Anfang des Tages« heißt eine alte Weisheit. In unserer Zeit- und Jahresrechnung wurde das auf das Jahr übertragen: In der Mitte der dunklen Jahreszeit fängt das Jahr an, in der Mitte der Kälte und Zurückgezogenheit der Natur.

Alle Kulturen, auch die Moderne bis in unsere jetzige Zeit hinein, haben das Ende des alten Jahres und den Anfang des neuen mit sehr viel Lärmen, Umtriebigkeit und Aktivitäten verbunden. Man sagte, man wolle böse alte Geister vertreiben. Heute glauben wir (angeblich) an solche Geister nicht mehr. *Was aber wollen wir vertreiben?* Besinnlichkeit, bilanzierende Gedanken, Fragen oder Zweifel? Oder vielleicht Rührung und Sentimentalität, die wir uns nicht zuzugestehen wagen? Oder Ängste, Schuldgefühle und Bedauern über manches Versäumte, Schiefgegangene im alten Jahr? Oder Scheu, gar die Weigerung, manches Scheitern, Verluste oder zerbrochene Hoffnungen genauer anzuschauen und uns ihnen zu stellen? Oder auch jene Scheu, Erfolge, großartige Leistungen und Gelungenes dankend anzuschauen, mich und andere zu loben und zufrieden mich zurückzusetzen und aufzuatmen? Mir selbst, anderen oder dem »ganz anderen« ein Lob auszusprechen, eine Anerkennung oder einen Dank? Was würde sich breitmachen, wenn ich den Rummel, den Lärm und das Getöse, das bei uns am Silvesterabend üblich ist, einschließlich der Alkoholisierung, des Benebelns und Vernebelns der Sinne und Gefühle – wenn ich das nicht mitmachen würde: Was würde *stattdessen* kommen? Was würde sich in meiner Seele regen? Welche Gefühle oder Gedanken oder Erinnerungen würden sich zu Wort melden? Was würde in mir aufsteigen an Bildern, an Anteilen in mir, denen ich sonst keinen Raum gebe? Wenn ich nicht mit allen mitmache, sondern bei mir bleibe: Was kommt dann? Beim Rückblick ins alte

Jahr – oder auch beim Vorausschauen ins neue Jahr: Ist dieser Blick mit Bangen und Sorgen verbunden, mit Plänen und Grübeln, mit Unruhe und Zweifeln überschattet? Oder geprägt von hoffnungsvoller Erwartung, von Freude auf das, was kommt, auf mich zukommt, oder worauf ich zugehe, worauf ich mich einlassen möchte oder einlassen werde? Fühle ich Lähmung oder Tatendrang? Ist da Zuversicht oder Hoffnungslosigkeit? Oder brauche ich »Rausch«, damit nicht Depression, Enttäuschung, Befürchtung oder gar Resignation angeschlichen kommen, mich anstecken oder gar übermannen?

Impuls: Überlegen Sie jetzt einmal für sich selbst ganz persönlich: Was ist Ihr eigenes Fest-Jahr? Welches sind die Höhepunkte Ihres *eigenen* Jahreslaufes? Welches Ihre speziellen Jubiläums-, Freude- und Feier-Tage? Welches Ihre geheimen oder bekannten Trauer- und Klagetage? Was ist für Sie die schönste Zeit im Jahr – und was die schwerste und schlimmste? Ihr individueller Jahreszyklus ist ja unvergleichbar! Halten Sie ihn einmal fest und beschreiben sie ihn!

1. Januar

Unser Kalenderjahr beginnt mit dem ersten Januar. Der Monat Januar – so hörten wir – hat seinen Namen von »Janus«, einem römischen Gott mit zwei Gesichtern: eines schaut nach vorne und eines nach hinten. Dem Zurück folgten wir beim Nachspüren und bei den Impulsen von Silvester bereits. Nun wenden wir unseren Blick nach vorne, weg vom Vergangenen, hin zur Zukunft.

Kann es sein, dass wir in der Neujahrsnacht so viel lärmen müssen, weil es so viele innere Stimmen zu vertreiben gibt? Dass so viel Licht gemacht werden muss – auch unter Einsatz von Feuerwerk –, weil sonst so viel Dunkel in uns aufsteigt, dem wir ausweichen und das wir vermeiden wollen? Kann es sein, dass deswegen so viel getrunken werden muss, damit wir trunken und benebelt durch den Rausch geschützt sind vor der Tatsache und Einsicht, dass etwas Altes zu Ende geht und etwas Neues, Unbekanntes beginnt?

Möglicherweise verhindern die üblichen Rituale um die Jahreswende, dass wir uns dem stellen, dass ein wesentlicher Abschnitt zu Ende geht und etwas Neues beginnt; dass wir vielleicht auch *Trauerarbeit* leisten müssen, weil manches nicht so gegangen ist, wie wir es uns gewünscht hätten; dass wir vielleicht auch Dinge falsch gemacht haben, Fehler gemacht, Schuld auf uns geladen haben und Dinge bedauern, wie sie gekommen und geschehen sind; und dass das Neue nicht nur als Herausforderung und positiver Impuls empfunden wird, sondern dass wir uns auch ein bisschen davor fürchten, was denn die Zukunft nun bringen wird. Sicherlich auch deshalb werden am Altjahrsabend so viele Karten gelegt, wird Blei gegossen, werden andere Methoden praktiziert, mit denen man den Vorhang zum Ungewissen ein bisschen lüften und öffnen möchte, um zu wissen, was vor uns liegt.

Den Weg durchs Jahr bewusst begehen heißt jedoch auch, sich den Fragen zu stellen, die wir an dieser Schaltstelle gerne verdrängen, verleugnen, beschönigen und vermeiden möchten.

Impulse:

1. Wenn ich auf das neue Jahr schaue, welche Ziele, Vorhaben, Pläne, Wünsche verbinde ich damit in den verschiedenen Lebensbereichen?
- beruflich
- familiär
- im persönlichen Wachstum
- für Beziehungen
- für Kreativität/Projekte
- für Körperliches Befinden und Gesundheit
- für Freizeitgestaltung/neue Begegnungen/Abenteuer/Hobby

2. Welche Befürchtungen, Ahnungen und Ängste habe ich beim Gedanken an das neue Jahr?

3. Suchen Sie nun für sich selbst einige positive Sätze, Affirmationen, die Ihnen das Hineingehen in das neue Jahr erleichtern können.

Zum Beispiel Sätze wie:
- Es geht mir in vielerlei Hinsicht besser.
- Ich werde immer klarer, wacher, stärker und sicherer.
- Mut und Entschlusskraft wachsen in meinem Leben.
- Ich bin jetzt nur noch gut zu mir.
- Vieles, was geschieht, dient zu meinem Wachstum und ist zu meinem Besten.

Vom Suchen und Finden: das »Dreikönigsfest«/ Epiphanias

»Die Heiligen Drei Könige mit ihrem Stern ...«

Ursprünglich wird in der alten Weihnachtsgeschichte ja »nur« von »Weisen, Magiern vom Morgenland« gesprochen, die nach Jerusalem kamen und nach dem neugeborenen König der Juden suchten. »Wir haben seinen Stern gesehen im Morgenland und sind gekommen, ihn anzubeten«, so sollen sie in Jerusalem bei ihrer Ankunft gesagt haben. Eine Karawane also vom fernen Ende der damaligen Welt, so erzählt es Matthäus[16] seiner weltumfassenden Theologie gemäß, findet sich an der Krippe des Welterlösers ein. Zahlen werden keine genannt, genauere Herkunft und sonstige Merkmale fehlen im ursprünglichen Evangelienbericht. Dennoch ist die Provokation deutlich: Magie ist nach dem jüdischen Gesetz verboten – und ausgerechnet Magier lässt Matthäus als Erste an der Krippe erscheinen. Es ist zudem durchaus lohnend, sich anzuschauen, was an Symbolik hinter den Aussagen der kirchlichen Tradition stehen könnte, die von *»drei Magiern«* oder *»drei Königen«* spricht, deren Namen die Legende mit Kaspar, Melchior und Balthasar benennt. Balthasar wird traditionell als ein Schwarzer beschrieben und dargestellt. Astrologen also nach dem einen Überlieferungsstrang, Himmelswissenschaftler nach den Erkenntnissen der damaligen Zeit – Könige, die sich vor einem Kind beugen nach der anderen Tradition. In Weihnachtsspielen wird diese Geschichte immer neu wiederholt: Kinder führen sie auf, Sternsinger ziehen von Haus zu Haus, verkleidete Kinder und Jugendliche genießen den Spaß und verbinden ihn mit jährlichen großen Sozial-Aktionen; sie erbettelten sich früher oftmals das einzig mögliche Zubrot oder gar den Lebensunterhalt für die karge und schwierige Winterzeit. Dabei handelt es sich um eine der ältesten bibliodramatischen Aufführungen von Bibeltexten. Wenn in den letzten Jahren viele Geschichten der Bibel in Szene gesetzt, buchstäblich durchlebt werden, sodass sie uns wirklich »unter die Haut gehen« können, in Form des *»Bibliodrama«*, dann geschah das jahrhundertelang im Brauchtum und in den vornehmlich ländlichen Darstellungstraditionen unserer Länder beim Krippenspiel und an »Dreikönig«.

Die Geschichte von der Suche und vom Ziel

Schauen wir uns nun diese Geschichte genauer an. Da ist zunächst Erregung: Gelehrte, Magier, Astronomen haben etwas Neues am Himmel entdeckt. Es reißt sie mit, es reißt sie fort. Es herrscht Aufbruchstimmung: Eine große Karawane wird ausgerüstet mit Ziel nach Westen. Der Weg nach Westen – das war der Traum schon vieler Menschen. Sie gehen weg – wie Jahrtausende vorher Abraham, als ihm gesagt wurde: »Geh weg aus deinem Vaterland, aus deiner Vaterstadt und aus deinem Vaterhaus – ins Neue, Offene, Unbekannte!«[17] Es folgt ein langer, schwerer, gefährlicher und sehr strapaziöser Weg. Aber Hoffnung ist da, ohne Hoffnung schafft man ihn nie. Daher braucht man einen »Stern«, der einem zeigt: Auch wenn es ganz ganz finster ist, bin ich auf dem richtigen Weg, auch wenn ich jetzt noch so sehr im Dreck stecke.

Die Weisen träumen von etwas Neuem, vom neuen Zeitalter. Sie sind wie jene, die auch heute daran glauben, dass ein Aufbruch, Umbruch, Anbruch einer »neuen Zeit« ansteht, ein Einbruch einer anderen Lebensart, Vernunft und Wirklichkeit, ein Durchbruch zu mehr Frieden, Freiheit, Menschlichkeit, Gerechtigkeit und auch Bewahrung dieser Welt. Auch damals hoffte man auf eine »Zeitenwende-Wendezeit«, auf den Abbruch alter Systeme, alter Verkrustungen, Ungerechtigkeiten, auf Bruch mit dem Alten und Platz für das Neue.

Sie wollten *dabei* sein, wollten die Ersten sein, waren bereit, sich das etwas kosten zu lassen. Es drängte sie. Sie waren anders als die ewig Unzufriedenen, die dann *doch* nichts tun. Waren anders als die ewig Träumenden, die dann doch nur sehnen, bleiben, ruhen, träumen. Sie waren anders als die Diskutierenden, endlos lang, unentwegt und engagiert, – und unfruchtbar! Nein: Sie machten sich auf. Im Doppelsinne des Wortes: Sie machten sich auf – den Weg und öffneten sich, dem Neuen, Unbekannten, Ungreifbaren, »nur« Erhofften.

Sucher sind die Männer, eine Gruppe, nicht allein! Man ist froh, wenn man noch zwei oder drei Weggefährten hat, die mit einem denselben Weg gehen. Das genügt ja. (Haben Sie auch einige solcher Menschen um sich auf Ihrem Weg?) Hier also, bei Dreikönig, dem Epiphaniasfest hat *unser Suchen* Raum, unsere Sehnsucht und Rastlosigkeit, unser Fragen, Forschen, Denken: Das waren ja Wissenschaftler, Denkende, Gebildete. Daher suchten sie auch »oben«, bei den Sternen und im Königshaus. Sie wendeten auf ihrer Suche ihren Blick hinauf, zum Besonderen, zum Herausragenden, – dahin, wo jeder die Rettung und das Auffallende suchen würde. Dass das im Kleinen und Unscheinbaren zu finden sei, mussten auch sie erst lernen …

Da kommen Astrologen, Leute mit anderen Religionen, von denen unklar ist, ob sie aus »richtigem« Glauben, guten Motiven anreisen. Hier ist symbolisch sozusagen alle Welt zusammen. Die Botschaft lautet: Der geboren wurde, ist kein Sonderheiland, kein Heiland *nur* für Deutsche, nur für Katholiken, Bibelleser, Charismatiker, kein Heiland *nur* für Abendländer, kein Heiland *nur* für … Er ist da *für alle, die suchen*, selbst wenn unklar ist, ob sie wirklich »das Richtige« (Was ist das schon?!) und aus der richtigen Motivation heraus suchen. *Wir alle* sind in diesem Sinne sehnsüchtige Magier!

Sie investierten viel: viel Zeit und Geld, Verzicht auf Komfort, Sicherheit, Bequemlichkeit. Sie suchen eben. Wer von uns weiß, wie lange?! Ob die Geschichte von den Weisen aus dem Morgenland historisch ist oder nicht, ist auch hier nicht entscheidend. Die Tradition erzählt sie. Ob sie dies erfand oder nicht: Sie zeigt uns nur *uns selbst* – wie in einem Spiegel: So sind wir, das sind wir. Jeder von uns sucht etwas, sah *einmal* wohl im Leben – oder öfter – einen / seinen »Stern«, sein Leitbild, Ziel, Symbol für Sinn und Richtung. Wohl dem, der dann dem folgt – der zu träumen wagt. Ein Stern ist ein Ziel. In Managementtrainings und Seminaren in Industrie und Wirtschaft erfahre ich immer wieder die Bedeutung klarer Ziele. Zielklärung steht am Anfang allen Tuns, bewusste Ziele formulieren, setzen. Daraus folgt dann Motivation und Handeln (fast wie) von selbst. Daher die Frage: Was ist dein Ziel / dein »Stern«? Völlig unabhängig von der historischen Frage nach der Konjunktion zweier Planeten, die von Wissenschaftlern der Neuzeit vermutet und berechnet wird, ist die Entdeckung eines Sterns, der alle Energien weckt, die Männer in Aktion bringt, auf einen Weg lockt.

Impulse:

1. Was ist Ihr Stern – Ihre Orientierung? Was bringt Sie heraus aus der Routine, aus Ihrem Alltags-, Berufs- und Familientrott auf einen »verrückten«, neuen, großen, weiten Weg? – Nicht bloß den Stern sehen und erkennen, sondern ihm auch folgen, etwas tun!

2. Welche Schritte, welche »Wege« stünden an in Ihrem Leben, wenn Sie sich nur zu gehen trauten?

Und auf dem Weg fanden sie Vertrauen, nicht mehr nur in ihr Wissen, ihren Stern, sondern Vertrauen ins Innere, in die Stimmen, Bilder, Weisungen der Träume. Sie folgten dem, was innen ist und spricht. Die Traumstimme warnte sie. So fielen sie dem Ränkespiel der Macht dann nicht zum Opfer, wurden keine Handlanger für Rivalität, Intrige, Mord und Grausamkeit. (Sie wissen schon: Herodes' Kindermord.) Ihr Inneres erfühlte intuitiv, wie Herodes ist, alarmierte sie, durchschaute ihn, und führte sie »auf einem anderen Weg in ihr Land«. Andere Menschen haben auch ihren Weg gefunden haben, weil sie ihrem Stern und ihrem Traum folgten. Für beides braucht es Raum!

Nur in der Nacht ...!

Einen Freund hörte ich sagen: »Nur in der Nacht siehst du die Sterne«. Eigenartig, denke ich – das stimmt! Merken Sie es auch? Wenn an Weihnachten / Epiphanias von einem Stern die Rede ist, dann setzt das die Nacht voraus. Und Sie kennen das doch? Wenn es Nacht ist – keine Aussicht –, alles dunkel und trüb aussieht, wenn ich nicht durchblicke und mich nicht hinaus-, sondern nur schwarz-sehen kann ...

Hier liegt die Lebenshilfe: Lassen Sie die Nacht zu! Nicht gleich »Ersatzlichter« anknipsen, Kerzen aufstellen – durch Ratschläge, Aktivismus, mentale Techniken, esoterische Rituale, religiöse Praktiken. (Wie vertreiben Sie üblicherweise die »Nacht«, die Rat-, Hilf-, Kraftlosigkeit?!) Sondern versuchen Sie, all das zu lassen, jene Versuche, – und auch die Nacht lassen wie sie ist – und warten – und geschehen lassen, dass Licht kommt, ein »Stern« mir aufgeht, »mir ein Licht aufgeht«. Nicht alles gleich begreifen wollen im Licht des Denkens und Erklärens, sondern mich greifen, ergreifen lassen von Nichtsteuerbarem, vom Gefühl, von dem Licht, das erst in der Nacht zum Leuchten kommt.

Licht: Was ist das? Es erinnert an Erleuchtung, Klarheit, Sehen und Erkennen, Durchblick und Übersicht.

Impuls: Wenn es in Ihnen wieder dunkel ist, lassen Sie es einmal zu, stellen Sie sich dem Dunkel, sprechen Sie mit ihm, als sei es eine Person. Stellen Sie Fragen oder hören Sie zu, lauschen Sie und warten – bis das Licht kommt, bis Klarheit eintritt!

Von *Orientierung in der Nacht* ist hier also die Rede, von *einem neuen Weg*, den man sich etwas kosten lässt, und auch *vom Finden*: Weise Magier aus dem Osten kommen zur Krippe. Was heißt das für unsere Innen-, Welt- und Lebenserfahrung?

Gefunden

Gefunden hatten sie, was sie suchten – doch erdnah, bodennah: in einem Stall, in einer Höhle vielleicht, dreckig, unscheinbar und verwechselbar! Im Natürlichen, im Normalen hatten sie es gefunden. So wie Meister Eckhart sagt: Wenn man nicht in der Lage ist, Gott in allem zu finden, draußen auf dem Feld, auf dem Acker, zu Hause, im Stall, im Unrat, überall, dann würde man ihn nie finden. So wie Ignatius von Loyola uns lehrt, »Gott in allen Dingen zu suchen und zu finden«, so hatten auch diese Männer gelernt, das Ziel ihrer Suche im Niedrigen zu finden, wo sie ganz gewiss nie gesucht hätten.

Impuls: Gibt es eine Suchrichtung, in der Sie nie etwas erwarten würden oder erwartet hätten? Vielleicht ist gerade *dort* das Ziel Ihrer Sehnsucht zu finden …

Was die Magier fanden, war ein Kind: Symbol von Entwicklung, Entfaltung, vom Anfang eines Prozesses. Da ist nichts Fertiges, sondern etwas, was im Werden begriffen ist. Wenn wir finden wollen, müssen wir uns auf einen Prozess der Wandlung, der Veränderung, des Unterwegsseins einlassen. Das hatten diese Männer hinter sich. Sie erfuhren, dass am Ende wieder ein Anfang steht; dass am Ende auch nichts Fertiges da ist, sondern etwas Neues beginnt. Sie fanden ein Kind – vielleicht auch den Zugang zu ihrem »inneren Kind«, zu inneren Anteilen, die sie vorher noch nicht in ihrem Leben wahrnahmen.

Noch eines ist wichtig: Sie haben zu träumen gelernt. Haben gelernt, einer anderen, inneren, vageren Stimme zu trauen als sie es vorher als Wissenschaftler zu tun gewohnt waren. Sie haben die

Sprache der Bilder, der Gefühle, der Intuition gelernt. Und trauen dieser Stimme, vertrauen sich ihr an und folgen ihren Träumen. Matthäus, der Traumtheologe, beschreibt, dass sie Warnung und Weisung im Traum empfingen und dieser Weisung folgten. Stellen Sie sich das einmal vor: Männer, die träumen, sich ihre Träume bewusst machen und sich danach richten! Aus meinen vielen Traumseminaren weiß ich, dass dies oftmals die Domäne der Frauen zu sein scheint. Das hier sind andere, neue Männer! Männer die zu träumen wagen und nicht sagen: »Träume sind Schäume«, sondern ihren Träumen nachgehen im wortwörtlichen Sinne.

Und so gehen sie verändert weg, »einen anderen Weg«, heißt es. Sie gehen nicht den Weg des Gewohnten, sie gehen nicht dorthin, wo sie für gewöhnlich hingingen, in die großen Städte, zur Hautevolee oder zu den Herrschenden. Sie folgen nicht mehr den vorherrschenden Ideen, sondern haben am Unscheinbaren Hingabe gelernt, sind erdnah, bodennah, sind Träumende geworden. So folgen sie ihrer Intuition und gehen neue Wege; und natürlich *zurück* in ihre alte Umgebung. So ist das immer: Wir müssen zurück in das, wo wir herkommen – aber wir sind nicht mehr dieselben. So geschieht Wandlung: Im ganz buchstäblichen Sinne ist das ein Wandeln, Gehen, Wandern – und nach dem langen Weg des Wanderns kommen wir wieder, aber ganz anders, in unseren Alltag zurück.

So sind uns diese Männer Modelle, Muster und Vorbild für unseren eigenen Weg der Individuation.

Impuls: Erforschen Sie einmal bei sich, wo auf dem Weg Ihrer eigenen Entwicklung (»Individuation«) Sie selbst zurzeit gerade stehen! Welche Schritte haben Sie getan, welche scheuen Sie noch, wovor schrecken Sie zurück? Was könnte Ihnen helfen weiterzukommen? Sind die Etappen des beschriebenen Weges Ihnen eine Ermutigung? Wir werden noch viele solcher Ermutigungen durch das Betrachten des Weges Jesu finden und durch den weiteren Gang der Feste im Jahreskreis.

Die Weisen in uns: Magier, Schwarzer und König – auch ich!

In der von C. G. Jung so genannten »subjektstufigen Deutung« gehen wir davon aus, dass *alles* in einer Geschichte (wie bei einem Traum) *ein Teil von uns selbst* ist.

Ich frage mich nun der Reihe nach und so tief ergründend, wie es mir möglich erscheint:

Impuls: Wo bin *ich* das auch: das umherziehende Ehepaar, das irgendwelchen Weisungen zu folgen hat (Joseph und Maria unterwegs wegen der »Schätzung«)? Wo bin ich auch einer von diesen Herbergsvätern, die die »heilige Familie« abgewiesen haben – ahnungslos sicher, selbst von den eigenen Pflichten so eingenommen, dass man im Unscheinbaren, das vor einem steht, das Heilige nicht sehen kann. Und wie bin auch ich selbst raumlos, voll, angefüllt und zu – wie die Häuser und Herbergen – und nicht bereit, mich aufzumachen, etwas Neues aufzunehmen?

In den Krippenspielen der Jahrhunderte wurde diese Geschichte ja immer neu als Ritual inszeniert. Das zeigt uns, wie sehr sie die Seelen schon immer angesprochen, vielleicht auch umgetrieben hat. Und vielleicht sehen wir uns zu leicht nur auf der Seite derer, die Jesus, Gott und das die Welt Verändernde bei sich gerne einlassen und aufnehmen. Aber zu unserem Schatten und zu seiner Integration gehört es auch, dass wir *auch das andere* in uns erkennen, anerkennen und dazu stehen: Wir sind *auch* die, die nein sagen, wir sind *auch* oft die, die nicht im Unscheinbaren Gott erkennen. Wir sind *auch* oft wie jene Herbergsmütter und -väter, die gesagt haben: Wir haben keinen Platz …

Impuls: Wo bin ich auch so ein ehrfürchtiger Weiser, der weite Reisen und große Mühen auf sich zu nehmen bereit ist, um einem inneren Ruf zu folgen, um etwas zu finden, wonach ich lange gesucht habe? Was habe ich schon an Mühen auf mich genommen, um zu finden, das Ersehnte, das lang Erwartete? Wo bin ich auch der Schwarze, den die Tradition der Jahrhunderte aus dem einen der Weisen gemacht hat? Kenne ich auch das Dunkle in mir, meine Schattenseite? Oder gar die Frage: Wo kenne ich auch das an mir, dass ich sein kann wie Herodes (solche Gestalten sind Archetypen in unserer Seele!), angsterfüllt, aus Angst hassend, mordend – wenn nicht mit Waffen, so doch mit Gedanken, meinem Ärger, meinem Groll und meinen Worten. Denn auch die kindermordenden Soldaten haben wir in uns. Auch wir haben unsere eigene Kindseite sehr oft misshandelt, überhört, überschrieen, missachtet, unterdrückt und abgetötet. Vielleicht merken wir es oftmals gar nicht mehr, weil wir alles abgetötet haben.

Und wenn wir der Tradition folgen, so gehören in dieses Bild ja nicht nur Menschen, sondern auch Schafe, Ochs und Esel. Auch das gehört zu uns, zu unserer vitalen, animalischen Seite:

> **Impuls:** Wie steht es um den Kontakt mit meiner eigenen Tiernatur? Lehne ich sie ab, gestehe ich sie mir ein, gestatte ich ihr auch zu leben? »Den Wolf umarmen« nennt Luise Rinser das. Viele Tai-Chi-Übungen werden jeweils mit einer Übung »Ich umarme den Tiger in mir« abgeschlossen. Kann ich diese Teile meiner selbst achten? Kann ich dazu stehen, ihnen danken, dass sie da sind, kann ich mir erlauben zuzugeben, dass ich das auch bin – oft genug ein Esel, ein Schaf oder ein Ochse (warum fehlt in diesem traditionellen Bild eigentlich die Kuh?! Das nährende und bergende Element, – statt des kastrierten Ochsen ...)[18].

Könnten wir das Geschehen um Krippe und Magier nicht nur als ein äußeres oder gar als ein äußerlich, bloß historisches betrachten, sondern so, dass in jedem Teil der Geschichte, in jeder Figur auch »ein Stück von mir« steckt, lebt und zu Wort kommt, so würde uns auch diese Geschichte wieder ein Stück weiter hinein in die Begegnung mit uns selbst führen, hin zu unserer Ganzwerdung, Vervollständigung und zur Versöhnung mit der Fülle unserer inneren Anteile und Aspekte: Auch ich selbst bin auf der Suche in meinem Leben wie die Weisen. – Wenn es denn Könige waren: Bin ich mir selbst meiner eigenen Königswürde bewusst? (Wir werden diesem Gedanken im weiteren Verlauf noch öfter begegnen!) Wenn nach der einen Traditionsrichtung einer davon ein Schwarzer war: Welche meiner Seiten ist damit angesprochen und ausgedrückt? Was ist für mich ein »Schwarzer«, das Dunkle, Schwarze in mir? Und Vorsicht: Welchen merkwürdigen rassistischen Vorurteilen sitzen wir dabei womöglich auf ...?

Diesem leicht misszuverstehenden Aspekt lohnt es sicherlich, noch ein wenig nachzuspüren. Weckt er in mir eventuell sogar Aspekte auf, die auch in meiner *eigenen* Seele, bis dahin mir nur noch nicht bewusst, – eben unbewusst – ruhten und ruhen? Für viele sind »Schwarze« ja einerseits Inbegriff von Vitalität, Lebensfreude und Lebenslust, auch von Stärke und Körperkraft, zugleich auch ein Bild für freundliche Fröhlichkeit, Gewitztheit und Humor. Andererseits für manche auch bedrohlich, fremd und angsterregend.

Impuls: Nun könnten Sie überlegen, was die Vorstellung eines/einer Schwarzen in Ihnen auslöst: Weckt es in Ihnen Sehnsucht und Begeisterung? Oder eher Skepsis und vielleicht Voreingenommenheit? Vielleicht gibt es da Erfahrungen, die Ihnen in den Sinn kommen, oder Gehörtes, das ohne eigene Erfahrungen als Vorurteil in Ihnen wohnt? Was jedenfalls bedeutet es für Sie, wenn *einer* von diesen drei Weisen ein Schwarzer war?!

Ein Blick zurück

Zum Abschluss unseres Weges durch die Erfahrungen mit Weihnachten und mit »Dreikönig« noch ein Hinweis: Wenn Ihnen Weihnachten, Lichter, Stress und Familienfest, Romantik, Rummel und Friedenslüge zu oberflächlich, zum Davonlaufen erscheinen oder gar zum Hals heraushängen, so *steigen* Sie doch einfach einmal *aus* und machen es ganz anders: Statt Weihnachtsgans und Völlerei: Fasten Sie einmal! Statt Halleluja und »Liederplärren«: Schweigen Sie einmal! – Oder machen etwas ganz anderes!

Impuls: Wie werden Sie an Weihnachten dieses Mal herangehen? Was werden Sie (anders/neu) machen?

Freudenzeiten

Wie wichtig Vorfreude auf ein bestimmtes Ereignis ist, kennen Sie sicher noch aus Kindertagen, von Vorurlaubszeiten oder besonderen Höhepunkten des Lebens. Wir sind diesem Phänomen bei Advent bereits begegnet: Jedem großen Fest im Jahr geht eine mehrwöchige Vorbereitungszeit voraus: Weihnachten kommt nach Advent (der früher sogar oft noch mehr als vier Wochen dauerte!), Ostern nach den vielen Wochen der Fasten- und Passionszeit. Auch alle anderen Feste brauchen *Vorbereitung*, mehr oder weniger lange.

Wie aber steht es um eine »*Nachbereitung*« – eine Nach-Freu-Zeit?! Ein Ihnen ungewohnter Gedanke, wochenlang bewusst von einem schönen Erlebnis zu zehren, eine richtiggehende Freuden-Zeit zu genießen? Das übersehen wir leicht in unserem Lebenstrubel, auf unserem Weg von Aufgabe zu Aufgabe, von Fest zu Fest, oder von der Erholungsfreude zur nächsten Pflicht. Leicht wird dann »abgehakt«:

Freuen, Genießen und Weitergehen ... Umschreibt dies vielleicht eine verbreitete Mentalität bei uns?

Hier ist die »Lebensschule« des Festkreises wieder ein wichtiger Lehrer: Konsequent sind nach den großen Festen lange Freuden-Zeiten eingebaut: nach Weihnachten 5–7 Wochen (je nach Lage des Ostertermines), nach Ostern 7 Wochen. Was bedeutet das?

Ich weiß noch sehr genau, wie ich nach Vollendung meines zweiten Studiums zu mir und anderen sagte: »Jetzt müsste ich mich genauso lange, wie ich gelernt und gebangt, mich geplagt, diszipliniert habe, *nur* freuen!« Mich genauso viele Jahre, wie ich hart arbeitete, freuen und genießen, dass ich es geschafft habe und alles gut vorüberging. Geschafft habe ich eine solche jahrelange Freuden-Zeit leider nicht. Es blieb bei dem Gedanken, und schnell kamen neue Sorgen, Aufgaben, Projekte und Probleme ... Aber alles braucht ein Nachklingen, Nachschwingen, Auslaufen, Ausklingen, ein Nachspiel, ein Nachgenießen.

Impuls: Wo/Wie können Sie solches Nachklingen umsetzen? Wie könnten Sie auch freudige Ereignisse noch wirksamer nachgenießen? Können Sie es in der Sexualität? Können Sie es bei anderen Höhepunkten? Wie könnten Sie das üben?

Nach mehreren Wochen »Freu-Zeit« kommt mit Aschermittwoch die Wende: Eine vielwöchige Vorbereitungszeit auf Jesu Leiden und Sterben beginnt, die Passions- oder Fastenzeit. Sie thematisiert – nach all der Freude und Erfüllung von Weihnachten – die Schattenseite des Lebens, Enttäuschung, Leiden, Verzagtheit, seelischen und körperlichen Schmerz, bis hin schließlich zum endgültigen Sterben und Tod. Viele Wochen bietet das Kirchenjahr während der Fastenzeit zur Beschäftigung mit diesen schmerzhaften Lebensthemen an.

Gewinn durch Verzicht: Fastenzeit/Passionszeit

Da liegt nun eine Zeit vor uns, die seit vielen Jahrhunderten als Zeit des Gedenkens der Leiden Christi begangen wird: die Wochen der Passions-, Leidens- oder Fastenzeit. Mehrere Wochen sind zum Fasten vorgesehen. Kennen Sie diesen Brauch? Haben Sie das schon einmal gemacht, eine Zeit lang auf Essen zu verzichten? Ob Sie das mehrere Tage oder etliche Wochen tun: es ist eine Zeit des Weges nach *innen*. Zunächst wenden wir dabei unsere Achtsamkeit und Aufmerksamkeit speziell auf unseren Körper, dann zugleich auch auf unsere Seele und unsere geistige und spirituelle Seite.

Der Körper – dein Freund

Viele sind weithin noch sehr geprägt von einer leib- und lebensfeindlichen Tradition des Christentums und in unserer Gesellschaft. Da wurde der Körper, der Leib mit seinen Wünschen, Begierden und Bedürfnissen als Feind betrachtet. Das ist im Grunde ein pervertiertes Erbe alter griechischer Philosophie. Jedoch war auch bei Plato und den Griechen der Körper wichtig und wertvoll: Man pflegte ihn, versorgte ihn, gab ihm, was er braucht: frische Luft, Bewegung, gute Ernährung und Berührung (Massagen, Zärtlichkeiten, Bäder). Obwohl Plato den Leib als »Grab« der Seele bezeichnete, als »Gefängnis«, war der Leib doch hochgeachtet als »Behältnis« der Seele. Er war wichtig als »Form« dieses wertvollen »Inhalts«. Die wirkliche Abqualifizierung kam wohl erst über den Neuplatonismus in Verbindung mit dem persischen Manichäertum ins Christentum. Dadurch wurde das Genießen verboten, die Freude an Lust, am Leib und am Leben vergällt. Und sogar das heilsame Fasten wurde in dieser körperfeindlichen Weise propagiert – verstanden als Absage an die Welt der Begierden und Triebe, benutzt als Kampfansage gegen irdische Freuden und Bedürfnisse.

Leibfeindliche Tradition

Was die Bekämpfung unseres Körpers, seiner Regungen und Gefühle betrifft, kennen wir bei uns vielleicht noch eine besonders strenge

Tradition. Ich denke an das alte »Gelobt sei, was hart macht«, an die vielen Sätze »Nur keine Schwäche zeigen«, »Nur nicht sich gehen lassen«, »Sich bloß nichts anmerken lassen« …, bis hin zum schamhaften Verstecken, Verleugnen und Übergehen von Menstruationsbeschwerden. Es wurden so viele Missachtungen unseres Körpers und auch seiner Bedürfnisse gelehrt: »Ein Junge weint nicht« – aber dürfen es Mädchen? – Jeder Schmerz wird mit einer Schmerztablette wegretuschiert, unangenehme Regungen des Seelenlebens werden in Alkohol ertränkt oder durch Psychopharmaka beseitigt, innere Leere oder Gefühle von Einsamkeit mit Aktivität oder Fernsehkonsum übertönt. Auch in der Medizin wird allzu oft nicht etwa auf die Krankheiten gehört, was sie uns zu sagen haben könnten, oder die Organsymbolik befragt, der Körper wieder in die Balance mit dem Innenleben gebracht. Da wird zu selten zu einer neuen, gesünderen Lebensführung angeleitet, wie das wenigstens in der Alternativmedizin sehr oft verbreitet ist. Man »zerstückelt« weithin immer noch den Körper in den Zuständigkeitsbereich verschiedener Spezialisten: Jeder davon betrachtet nur sein umgrenztes Gebiet, dabei gerät die *Ganzheit* aus dem Blick, die Verbundenheit jedes Organs und jeder Beschwerde und Krankheit mit allen anderen Organen, mit dem Innenzustand und der Gesamtlebensführung des Menschen.

So haben wir einerseits verlernt hinzuspüren, den Weisungen und Anregungen zu folgen, die der Körper uns durch Schmerzen oder Krankheiten geben möchte – wie ein weiser Ratgeber; haben andererseits gelernt, ihn zu bekämpfen, zu unterdrücken, mundtot zu machen oder gar in einer so genannten christlichen Leidensideologie Krankheit und Schmerz zu verherrlichen mit Sätzen wie: »Unser Herr hat noch viel mehr gelitten!« und »Wen Gott lieb hat, den züchtigt er eben«. Solche Sätze einer »schwarzen Pädagogik«, die ja sogar vor dem Missbrauch von Bibelzitaten nicht zurückschreckt, verhindern wiederum, dass wir in unseren Körper lauschen, dass wir spüren, was er uns zu sagen hat, geschweige denn eine wirklich positive gesunde Beziehung zu ihm entwickeln. Man vergleiche dagegen jene *körperfreundlichen* Aussagen der christlichen Mystikerin Teresia von Avila: »Tu deinem Leib etwas Gutes, damit deine Seele Lust hat, darin zu wohnen.« Darin zeigt und äußert sich eine zutiefst christliche Erlaubnis zum Genießen, zum Wohlbefinden des Körpers, die ja in der »Leib- und Körperwerdung Gottes in Jesus« ganz explizit wurde, durch die Krankenheilungen Jesu unterstrichen wurde und vielleicht in Aussagen vom Körper als »Tempel Gottes« im Neuen Testament (1. Korinther 6,19) ihren Höhepunkt fand.

Viele haben dagegen den Körper bekämpft, anstatt ihn zu lieben, von ihm zu hören, was er braucht und was ihm gut tut. Viele seelische Beschwerden zeigen sich über den Körper. Viele geistige Nöte, auch die Sinnlosigkeit oder die Sinnsuche, äußern sich in somatischen Beschwerden. Ein Chemieprofessor, der den Menschen und das Leben nur als einen sinnlosen Ablauf chemischer Prozesse sehen konnte, und so auch keinen Sinn im Leben finden konnte, hatte unglaublich viele körperliche Beschwerden. Die Probleme des Geistes und des Inneren äußern sich eben oft durch den Körper: Der Körper ist radikal ehrlich, er »lügt nicht«.

Neue Körperverbundenheit

Besser achten und pflegen, fördern und auch fordern wir also unseren Körper, ohne ihn zu überfordern. Wir geben ihm die nötige Bewegung durch Wandern, leichten Sport, der Freude macht und nicht mit verkniffenem Gesicht »absolviert« wird, frische Luft und Sauerstoff, Lichtbäder (Sonnenbäder kann man sich heute wegen der schwindenden Ozonschicht aus bekannten Gründen fast nicht mehr leisten!), vollwertige und ausgeglichene Ernährung. Wir pflegen ihn liebevoll mit Ölen, Zärtlichkeit, Massage, Bädern, Sauna und genügend Ruhe. Wenn man dabei immer das rechte Maß beachtet, wird daraus kein »Körperkult« – in der Sprache von oben kein »Tempelkult« – sondern eine sinnenhafte, liebevolle Beziehungspflege unseres Körpers, und damit unserer selbst: »Ich *bin* mein Leib« (Graf Dürckheim).

Es ist ein weiter Weg von Bewusstwerdung, Ausdrücken alter Verletzungen und Kränkungen, innerer seelischer und geistiger Neuorientierung auf ein positives Leibverhältnis hin, bis wir wieder lernen, was wir verloren haben: ein freundliches, liebevolles und freundschaftliches Verhältnis zu unserem Körper. So war es ursprünglich, – das ist uns nur abhandengekommen! Paulus z.B., der sehr oft im Christentum für Leibfeindlichkeit »herhalten« musste, findet intensive Liebe und Freundschaft zum Körper selbstverständlich: »Niemand hat doch je seinen eigenen Leib gehasst!« (Epheser 5,29).

Hilfreiche Affirmationen

Hilfreich zum Aufbau einer neuen, lebendigen und liebenden Beziehung zum eigenen Körper – im Sinne einer sinnvollen »Leibsorge« (»Seelsorge« war für Jesus immer zugleich Leibsorge – so zeigen uns nachdrücklich seine Heilungswunder) und im Sinne eines recht verstandenen »Tempeldienstes« (vergleiche den schon erwähnten Satz des Paulus: »Wisst ihr denn nicht, dass euer Leib ein Tempel Gottes ist?!«) – ist auch der Einsatz positiver Affirmationen: Affirmationen sind positive Sätze, die wir uns in einem entspannten Zustand innerlich zusprechen und die – wie Samenkörner in unser Unterbewusstsein hineingesenkt – ihre positive Wirkung entfalten.

Impuls: Lassen Sie sich durch die folgenden Sätze bitte anregen, nehmen Sie sich einen davon heraus oder entwickeln Sie eigene, speziell für Sie formulierte und auf Ihre Situation passende Sätze!

- Mein Körper ist mein vertrauter und lebendiger Freund.
- Ich bin durchstrahlt von positiver Lebenskraft.
- Meine Körperzellen wirken in harmonischem Miteinander und Füreinander.
- Ich bin gut zu meinem Körper, und mein Körper ist gut zu mir.
- Ich gebe meinem Körper so viel Bewegung und Aufmerksamkeit wie er braucht.
- Ich atme tief, natürlich und entspannt.
- Ich nehme all meine Gedanken und Gefühle, Empfindungen und Bedürfnisse gerne wahr.
- Ich genieße die Bedürfnisse, Empfindungen meines Körpers und drücke sie spielerisch-leicht aus.
- Mein Körper ist im Gleichgewicht und in vollkommener Harmonie mit mir und dem Universum.

In Rhythmen leben

Unser ganzes Leben ist durchzogen von Rhythmen: Ein- und Ausatmen, Schlafen und Wachen, Essen und Ausscheiden; jeder Pulsschlag ist ein Rhythmus. In einem Bereich haben wir heute weithin die Balance und den Rhythmus verloren: Im Aufnehmen, Zu-uns-Nehmen, im Essen. Wir sind gewohnt, immer Neues in uns hineinzustopfen:

Essen, Nachrichten, Informationen, Eindrücke, Anregungen, Impulse. Aber wenn Leben wie ein Pulsschlag gelebt werden muss, wenn es im Wechsel von Anspannen und Entspannen besteht, im Aufnehmen und Wiederloslassen, dann kommt die Dimension des Loslassens oft zu kurz. Auch hier schafft das Angebot des Festjahres eine heilsame Balance: Wie seit alters die Wochen der *Adventszeit*, so werden traditionell die Wochen vor Karfreitag, die so genannte *Passionszeit* als eine *Fastenzeit* begangen: um loszulassen, sich wieder auszugleichen, um wieder in den Rhythmus einzuschwingen von Ein und Aus, von Viel und Wenig, von Fülle und Leere. Etliche Wochen der Besinnung, des Aufgebens geliebter Gewohnheiten (zum Beispiel beim Essen), des Verzichtens – um einer *Vertiefung des Lebens* willen. Schauen wir uns dieses helfende Angebot einmal näher an:

Was bedeutet Fasten?

Es wirkt zunächst einmal rein körperlich betrachtet wie eine große »Entrümpelungsaktion« bis hinein in jede Körperzelle. Man könnte Fasten vergleichen mit dem üblichen, uns allen vertrauten Ritual des »Frühjahrsputzes«: Nicht zufällig liegt ja die »Fastenzeit« in der Zeit des aufkommenden Frühlings und auch der aufkommenden »Frühjahrsmüdigkeit«, gegen die immer schon besondere Entschlackungs- und Reinigungsmaßnahmen empfohlen waren.

Unter Ärzten ist Fasten umstritten: Ärzte wie O. Buchinger, F. X. Mayr, H. Lützner u.a. berichten von wahren Wunderwirkungen des Fastens auf den Menschen: Gesundheitsförderung, Entgiftung, Erneuerung des gesamten Organismus, Revitalisierung und Stärkung des Immunsystems werden als heilsame Wirkungen benannt. Andere wiederum sehen das kritischer, halten gewisse Formen des Fastens gar für gefährlich, warnen vor gesundheitlichen Spätfolgen – besonders bei gewissen Vorerkrankungen – und davor, dass Fasten sogar zu Übergewicht führen *kann* – besonders durch den bekannten Jo-Jo-Effekt. Betont wird *vor* einer solchen Heilfastenzeit zumindest die vorherige Absprache mit einem kundigen Arzt.

Nun bin ich selber ja kein Arzt, kann das also nicht hinreichend beurteilen oder entscheiden. Im Laufe meines Lebens habe ich selbst jedoch viele Heilfastenzeiten erlebt und dabei im Prinzip alle der beschriebenen unterschiedlichen Wirkungen und Folgen erfahren und werde im Folgenden besonders den psychologischen, geistigen und spirituellen Gewinn von Zeiten des Verzichts, des Fastens, besonders des Teil-Fastens (keine Nulldiäten!) beschreiben. Sehen Sie selbst:

Offen werden

Zunächst wird im Fasten alles Überflüssige angegriffen: unser Übergewicht, die Fettdepots; auch alternde, kränkelnde und nicht mehr voll funktionstüchtige Körperzellen werden dabei abgebaut und ausgeschieden. Es geschieht also eine notwendige und heilsame »Generalinventur«, die man auch als »Tempelreinigung« im guten Sinne bezeichnen könnte: Aller Unrat, alles Fremde, alles Unangemessene, Überholte und Schädliche wird aus dem Körper »vertrieben und hinausgeworfen«, auch alle Hast und Unrast weicht nach etlichen Tagen des Fastens einer großen Ruhe, Gelassenheit und Gelöstheit. So kommt es zu einer Neuorientierung des gesamten Organismus, auch der Seele und des Geistes.

Diese *Reinigung* geschieht durch eine *innere Öffnung*: Es öffnen sich alle Ausscheidungspforten in einem Maße wie sonst nicht: Der Körper scheidet aus über den Darm, die Nieren, die Atmung, die Haut – sein größtes Organ. So wie sich der Körper von innen nach außen öffnet, so öffnet er jedoch auch seine *Aufnahmefähigkeit* in einer Weise, die dem sonstigen Leben ebenfalls nicht vergleichbar ist: Alle Eingangspforten öffnen sich, alle Eindrücke werden intensiviert, alle Sinne geschärft: Man riecht, schmeckt, fühlt intensiver, man hört, sieht und empfindet stärker. Das hat zwar auch einen negativen Aspekt: Jedes leiseste Geräusch stört viel mehr als sonst, laute Musik wird unangenehmer empfunden, die Bilderflut des Fernsehens wird einem fast unerträglich, man wird dünnhäutiger und vielleicht reizbarer, aber dennoch ist solche Sinnenöffnung auch ein Gewinn.

Gewinn durch Verzicht

Im Fasten werden wir sensibler und dadurch auch achtsamer für kleinste Impulse. Wie salzig eine Brühe, wie süß ein Teelöffel Honig schmeckt – überwältigend! Auch das Tasten/Spüren und das innere Fühlen werden intensiver – alles geht tiefer. Was wir optisch wahrnehmen, berührt uns tiefer, wird vieldeutig und erschließt sich in seiner Symbolkraft, wie sonst oft nicht. Das heißt: Wir gewinnen eine Buntheit und Fülle, die uns sonst, wenn wir einfach essen und alles zu uns nehmen, was wir möchten, entgeht. So bereichert uns die Reduzierung, und *weniger wird mehr*.

Diese Entdeckung ist hilfreich und notwendig, besonders für unsere immer schneller, voller und intensiver werdende Welt mit ihrem Immer-mehr-neuer-schneller-Stil, der uns bis in weltweite ökologische Katastrophen treibt.

Impuls: Bedenken Sie auch einmal den Weltbezug der Erkenntnis des »Weniger ist mehr« und die entscheidende Hilfe, die in einem ökologischen Sinn für die gesamte Welterhaltung darin bestünde, wenn wir auch im wirtschaftlich-technischen Bereich zu »fasten« beginnen würden! Bremsen und reduzieren zugunsten des Weltklimas?!

Den negativen Auswirkungen der beschriebenen Reiz-, Erlebnis- und Stressüberflutung entgehen wir nur durch *Konzentration* auf Wesentliches, durch *Reduzierung* auf *eines*. Reduzierung ist in sich schon wieder ein doppeldeutiges Wort: Es bezeichnet einerseits den angesprochenen »Gewinn durch Verzicht«, dieses Mehr, das uns durch Weniger begegnet, und ist zugleich vom lateinischen Ursprung her ein Hinweis auf die Rück-Bindung und Rück-Führung zur Quelle: Re-duzierung. Und damit erfolgt ein Hinweis auf die spirituelle Dimension des Fastens.

Impuls: Was würden Sie gewinnen durch die Reduzierung:
- Ihrer Arbeitszeit,
- Ihrer Ausgaben für Zigaretten,
- Ihres Alkoholgenusses,
- Ihres Fernsehkonsums,
- Ihrer Autofahrten,
- Ihrer Sorgen,
- durch Verzicht auf destruktive, negative, abwertende Gedanken?

(Vergleiche die Aktion »Sieben Wochen ohne« – ein Fasten *im übertragenen Sinn*. Oder worauf könnten Sie es *noch* anwenden?

Wir gewinnen also sehr vieles durch das Fasten: Nach einigen Tagen stellt sich der Körper so sehr auf die neue Situation um, dass das

Hungergefühl fast verschwindet: Es werden Endorphine produziert, so genannte körpereigene Glücksstoffe, die zu einer Art »Fastenhigh« führen. So entstehen ein enormes Glücksgefühl und eine große, innere, geistige Klarheit, Konzentrations-, oft auch Entscheidungsfähigkeit. Man befindet sich wie in einer Art Dauertrance-Zustand, ist wohlig entspannt, gelassen, glücklich, empfänglich für das Durchscheinende: Symbole sprechen einen an, alles beginnt zu sprechen und zu einem zu reden. Das Bild einer Brücke, eines Wasserfalls, einer geöffneten Blüte, eines spielenden Kindes: Alles wird »vielsagend«. Welch Gewinn!

Von der Freiheit loszulassen – die »Entdeckung der Langsamkeit«

Im Fasten lassen wir los: das Essen und auch die Pfunde, die uns belasten, das Übergewicht. Im übertragenen Sinn gilt das jedoch auch: Wir lernen die so genannten Wichtigkeiten in unserem Leben loszulassen, auch unsere Sorgen, das, was uns bedrängt. Loslassen also nicht nur der überflüssigen und der schädlichen Stoffe in unserem Körper, sondern Loslassen auch als eine innere Übung: Man wird empfänglicher für die Ruhe, wird meditativer, langsamer: in unserer schnelllebigen Zeit, wo alles immer »zack-zack!« gehen muss, wo Denken, Reagieren, Entscheiden, aber oftmals sogar Liebe und Sex flott ablaufen müssen, wo wir die »Kunst der Langsamkeit« so oft verloren haben …

Das Fasten und die Ruhe holen uns aus der üblichen Lebenshektik heraus. Da der Kreislauf etwas labiler ist, ist es besonders wichtig, achtsam mit dem eigenen Körper umzugehen. Man lernt wieder, *langsam* zu trinken, zu gehen, aufzustehen – und erlebt in dieser Verlangsamung etwas Therapeutisches. In der »Entdeckung der Langsamkeit« meinte Sten Nadolny (2012), dass jeder Mensch das für ihn gültige Zeitmaß finden sollte – in einer Art Zurückgezogenheit, die man für das sinnvolle Betrachten, das tiefere Empfinden und bewusstere Reflektieren braucht. Sie wird damit zur unbedingten Voraussetzung für jeden Forscher, Maler, Schriftsteller, Philosophen, für alle Menschen also, die sich nicht vom raschen, flüchtigen Eindruck beherrschen lassen wollen, sondern innehalten, nachdenken, nachfragen und immer wieder auch von vorne anfangen können.

Zugleich spürt man in Fastenzeiten auch heftiger die innere Unruhe und Umtriebigkeit. Wir erkennen wieder deutlicher die Notwendigkeit von Pausen, spüren jene leichte Müdigkeit, der nachzugeben besser ist, wie vielleicht auch das Gefühl echten Hungers. (Wann erleben wir das schon noch? Wir haben ja meistens nur noch Appetit und essen eher nach einem Stundenplan als nach dem wirklich dringenden Bedürfnis!) Auch das Schlafbedürfnis kann sich ändern: Vielleicht ist man eher müde. Dann ist es gut, viel zu schlafen. Nach einiger Zeit der Reinigung und Entgiftung braucht man dann sogar weniger Schlaf als sonst; man ist vielleicht abends lange wach und früh schon bald munter. Und diesen Rhythmus sollte man annehmen, ihm folgen. Denn es ist ein Rhythmus, den man nur spürt, wenn man nach innen lauscht.

Verschiedene Zielsetzungen

Menschen fasten aus unterschiedlichen Gründen und mit verschiedener Motivation: Bei manchen stehen die Gesundheit, Entgiftung und Heilung im Vordergrund (Heilfasten), bei anderen die Gewichtsabnahme, – die allerdings die Gefahr des Jo-Jo-Effektes in sich birgt. Das Fasten findet sich in allen Kulturen zu allen Zeiten. Auch in den Religionen hat es immer eine besondere Rolle gespielt – sicher nicht nur wegen der körperlichen Aspekte und der steigenden Vitalität von innen. Im Judentum hat man gefastet wegen eines besonderen Anliegens, vor besonderen Schwierigkeiten, aus Trauer, zur Sühne oder zur Intensivierung des Gebets. Jesus zwar war als »Fresser und Weinsäufer« verschrien, kündigte aber an, dass seine Freunde und Nachfolger in späteren Zeiten durchaus fasten werden; selber fastete er vierzig Tage, wie schon Mose am Sinai, und Elia am Berg Horeb. Fasten ist denn auch mit besonderen inneren Erfahrungen und Wandlungen verbunden – das zeigen nicht nur die noch zu betrachtenden Erlebnisse Jesu nach seiner langen Fastenzeit: die Auseinandersetzung mit dem Dunklen und danach die Begegnung mit lichten Elementen, sondern auch die vielen Erfahrungen von Wüstenvätern, Mystikern und anderer Menschen, die ihre Fastenerfahrungen festgehalten und veröffentlicht haben.

Fasten – Weg nach innen

Wenn man etliche Tage auf Essen verzichtet, so löst das vielerlei Erkenntnisprozesse aus. Einerseits merken wir, wofür Essen in unserem Leben steht: Es hat eine soziale Komponente, ist eine Gelegenheit zum Gespräch und Miteinander, hat den Aspekt der Befriedigung eines elementaren Bedürfnisses. Oftmals essen wir aber auch, um andere Bedürfnisse damit zu stillen (vgl. Ausdrücke wie »Kummerspeck« oder »etwas Warmes braucht der Mensch«). – Man fragt sich: Wofür brauche ich das Essen eigentlich? Wonach hungere ich in Wirklichkeit? Was fehlt mir denn *wirklich*? Welche Leere fülle ich eigentlich mit dem Essen?

Impuls: Erforschen Sie sich einmal, welchem Zweck das Essen bei Ihnen dient. Ist es Ablenkung – wovon? Trost – wofür? Flucht – wovor? Ersatz – wofür? Erst wenn Sie das wissen, wahrnehmen, sich selbst ein- und zugestehen, können Sie daran etwas verändern!

Denn im Fasten merke ich, wie wenig ich eigentlich brauche, weil ich von fast nichts lebe. Das wirft die Frage auf: ›Wovon lebt der Mensch? Was braucht der Mensch wirklich?‹ Was sind wesentliche Bedürfnisse? Was *brauche* ich unbedingt? Was ist der Unterschied zwischen Hunger und Appetit? Fasten konfrontiert uns auch mit dem Thema Sucht: Brauche ich das Essen *unbedingt*? Brauche ich das Trinken unbedingt? Wofür?! – Und zugleich lernt man, mit wie wenig man leben kann und übt, genügsam zu werden. Man kommt zugleich in Berührung mit existenziellen Grundthemen: der Furcht vor Mangel, der Angst, zu kurz zu kommen, der Angst, »es reicht nicht«. So weckt Fasten auch Erinnerungen: Wunden, Traumata in unserer Seele melden sich, Gefühle kommen hoch; vielleicht längst vergessene Erfahrungen drängen ins Bewusstsein und werden formulierbar, bearbeitbar. Lebenshilfe!

Und die Fastenerfahrung bewirkt noch mehr: Nichts brauchen, nichts von außen, keine Nahrung, keine Reize, keine Anregungen – sondern eine Zeit lang ganz von innen leben, sich einlassen auf das, was *da* ist, nicht holen / suchen / benötigen, sondern haben, oder besser: sein. »Ich habe alles in mir, was ich brauche« – umschreibt eine Fastenerfahrung und zugleich eine positive Affirmation.

Impuls: Arbeiten Sie schon mit Affirmationen? Mit positivem Zuspruch, Trost, Ermutigung, die man zu sich selber spricht? Wenn nicht, dann fangen Sie doch jetzt damit an: In entspannter Haltung/Situation sagen Sie zu sich einen stärkenden, aufbauenden, unterstützenden oder beruhigenden Satz, immer wieder. Formuliert, als sei das schon Wirklichkeit, als sei das schon *eingetreten* und sei schon so. Und stellen Sie sich bildhaft dabei vor, wie das *dann ist*, wenn das Wirklichkeit geworden ist, wie Sie sich dabei fühlen.

So kann uns Fasten ein völlig neues Lebensgefühl geben: »Es ist alles da, in mir«. Fasten holt uns heraus aus dem zwanghaften Gefühl der Bedürftigkeit und eröffnet uns einen neuen Horizont, der sich mit Angelus Silesius' Worten umschreiben lässt: »Halt ein, wo rennst Du hin. Der Himmel ist in Dir! Suchst Du ihn anderswo, (ver)fehlst Du ihn für und für.«

Öffnung nach oben

»Wenn du nicht fastest, siehst du das Geheimnis nicht«, heißt ein Sprichwort der Zulus in Afrika. Im Fasten können wir besondere Weisungen, auch Einfälle und Impulse empfangen, für die man gerade dann ganz offen ist. Viele Dichter, Schriftsteller, Maler und Musiker haben das Fasten als wertvolle Kraft-und Ideenquelle erfahren, als Quelle ihrer Einfälle und schöpferischen Impulse, überhaupt zur Stärkung ihrer Kreativität. Ich selbst erlebe in Fastenzeiten immer besondere Gedanken-Klarheit; kreative Vortrags- und Seminarideen oder Schreibimpulse für meine Bücher kommen hoch. Vielfach helfen auch Träume, die während des Fastens besonders intensiv und wegweisend sein können. Manche haben mit Erfolg vor besonders schwierigen Entscheidungen gefastet, um noch intensiver mit der Entscheidung ringen zu können und offen zu sein für eine neue Richtung und Lösung, die sich auftun kann. Besonders wegen dieser spirituellen Dimension spielt Fasten in allen Kulturen und Religionen eine entscheidende Rolle als Zeit der Stille, der inneren Offenheit, auch des intensiven Gebets als einem Hören und Empfangen und Sich-Öffnen für die Transzendenz.

Die *Ganzheitlichkeit* macht das Fasten so wichtig: *für den Körper* gibt es eine Generalreinigung, Heilung für viele Krankheiten und eine Vitalisierung; *für die Seele* neben einer enormen Ichstärkung durch die Bestätigung der eigenen Willenskraft (»ich bin Herr im Haus«, »ich schaffe, was Tausende nicht schaffen«), Selbstbewusstsein und Selbstvertrauen; *für den Geist* Klärung, Problemlösung und Hilfe bei Entscheidungen, eine Klarheit, Brillanz des Denkens und Offenheit für kreative Einfalle und Lösungen; *für die spirituelle Tiefe* Einsichten und Klarheiten, tief innere Stille und Ruhe, Offenheit für Gebet oder gar Visionen.

Innere Weiterentwicklung und Integration

Antoine de Saint-Exupéry schreibt: »Jeder Mensch braucht ein bisschen Wüste.« Es fällt auf, dass in den Traditionen der Bibel besondere Ereignisse ans Ende langer Fastenperioden gestellt werden: *Mose* hatte vierzig Tage am Gottesberg in der Wüste Sinai gefastet, dann geschah ihm die Offenbarung von Gottes »Lebensrezept« (ursprünglich ist ja »Weisung« gemeint, nicht etwa »Gesetz«, wie das hebräische Wort bei uns oftmals übersetzt und zwanghaft missverstanden wird). *Elia* hatte nach 40 Tagen in der Wüste (auch ein Symbol für Rückzug, Stille und Ruhe, für »Fasten« im Hinblick auf Begegnungen und Außenanregungen) und Fasten in dieser Zeit seine entscheidende Gottesbegegnung: dass Gott nicht gewalttätig ist, nicht laut, polternd und donnernd auftritt (nicht im Erdbeben, nicht im Gewitter, nicht im Sturm!), sondern dass er sanft und zärtlich begegnet: in der sanften »Stimme verschwebenden Schweigens«, wie Martin Buber übersetzt. Und nicht zuletzt *Jesus*, der nach seinem sechswöchigen Fasten den besonders dunklen und lichten Seiten des Lebens begegnet: Er begegnet dem »Versucher« – im ursprünglichen Text nicht mit einem anderen Namen benannt –, wo er sich augenscheinlich auch seiner eigenen »Schattenseite« ausgesetzt sieht und ihr standhält! Auch mit seiner »animalischen Seite« kann er Frieden und Freundschaft schließen (»die wilden Tiere« »dienten« ihm). Nicht zuletzt kommen dann gute Mächte (»Engel«), die ihm ebenfalls dienen und ihn stärken. Fasten also als eine eminent wichtige Zeit der inneren Auseinandersetzung, der Selbst- und Lebenserkenntnis und besonders der *Integration*; eine Zeit des Bewusstwerdens all der vielen verschiedenen Anteile, die zu uns gehören, denen Jesus sich aber nicht etwa unterwirft, sondern die er für sich fruchtbar machen kann – all das ist in sich ein wichtiges Stück Lebensberatung und Lebenshilfe! Erst *nach* diesen Ereignissen und nach dieser Zeit der Initiation kann Jesus öffentlich auftreten, seiner Vision gemäß leben. So können Fastenzeiten der inneren, ganz persönlichen individuellen *Gottesbegegnung* dienen und uns Orientierung verleihen (vergleiche Mose), können unsere falschen, krankmachenden Gottesbilder heilsam korrigieren (vergleiche Elia), uns hineinführen in die Tiefen unserer Seele und der Welt, in die Begegnung mit dunklen und hellen Mächten und nach bestandener Auseinandersetzung gefestigt daraus hervorgehen lassen, gestärkt für ein mutiges, nonkonformistisches Auftreten (vergleiche Jesus). Fasten kann so eine ganz wesentliche Hilfe auf dem Weg zu unserer Individuation und Ganzwerdung sein.

Aber auch der *Missbrauch* des Fastens muss benannt werden: Nur allzu oft wurde in der Kirchengeschichte das Fasten und Verzichten auch zur Disziplinierung der Gläubigen eingesetzt. Sie wurden zur »Bekämpfung des Fleisches«, zur Abtötung der Lust, zur Unterdrückung der Triebe angehalten. So diente Fasten der Propagierung von Lust- und Lebensfeindlichkeit, wurde als Regel für jeden Freitag eingeführt, für jede Advents- und Fastenzeit und schaffte so ein erneutes Sünderbewusstsein, stürzte in eine Autoritäts- und Gehorsamsproblematik. All dieses ist mit dem Plädoyer für die heilsame Wirkung des Fastens auf den verschiedenen Ebenen natürlich *nicht* gemeint. Ich möchte einer solchen kirchlich propagierten Lebensfeindlichkeit nicht Vorschub leisten!

In dem dargestellten vielschichtigen Wirkungsspektrum erweist sich Fasten als Lebenshilfe – ganz im Sinne einer Körper- und Psychotherapie und einer spirituellen Therapie. Gewiss nicht zufällig bietet daher der kirchliche Festkreis alljährlich ein bis zwei Perioden an, um diese wertvollen Erfahrungen immer wieder, immer neu zu er-innern und auch zu verinnerlichen![19]

Impuls: Wenn Sie fasten, lohnt es sich, ein gründliches Tagebuch zu schreiben. Das macht diese Zeit auf Dauer noch wertvoller. Der Strukturierung der Eintragungen diene folgendes Raster: Nacht/Schlaf/Träume – Befinden/körperliche Beschwerden – seelisches Befinden/Stimmung – Erkenntnisse/Einsichten – Fragen.

Die Wende

Irgendwann im Verlauf der Fastenzeit/Passionszeit, der Leidenszeit Jesu – je nach Lage des Ostertermins –, beginnt sich draußen in der Natur bereits die *Wende* anzudeuten, zeichnet sich der *Wechsel* und *Wandel* der »Auferstehung« im Kommen des Frühlings bereits ab: Dann feiern wir den Frühlingsanfang und kurz danach Mariä Verkündigung, das Fest der Empfängnis Jesu, ebenfalls ein Fest, das mit keimendem Leben, dem Wachsen und Gedeihen zu tun hat bzw. darauf vorbereitet. Frühling: Aufbruchszeit – Aufbrechen, Neuwerden, Neuanfang sind hier die Themen – vergleichbar denen der »Geburt« an Weihnachten.

Der Ostertermin richtet sich ja »nach dem Mond«[20], dem Ur- und Sinnbild des Empfangens (des Lichtes), des Wandels, des Stirb-und-Werde und der Neugeburt. (Auch der Zyklus der Frauen entspricht ja ursprünglich – wenn er nicht beeinflusst wird von Pille und Stress und anderen Faktoren – dem des Mondes!) Ostern wird seit einer Vereinbarung im vierten Jahrhundert am ersten Sonntag nach dem ersten Frühlingsvollmond gefeiert, kann also zwischen den 22.3. und den 25.4. eines Jahres fallen. Und mit dem Osterfest verbunden verschieben sich so Vorfasten- und Fastenzeit, die Karwoche vor Ostern und die siebenwöchige Zeit danach mit Himmelfahrt, Pfingsten und Trinitatis. Der Mond als Sinnbild der Veränderung veranlasst also auch die stetige Veränderung der Osterzeit von Jahr zu Jahr! Erst muss Frühling geworden sein – Frühlingsanfang, dann ein Vollmond kommen und dann der Sonntag danach!

Gleich an einem der ersten Tage des Frühlings begegnet uns ein großes Fest: Die Verkündigung, d.h. die Ansage der Geburt Jesu, an Maria. Welch tiefgreifende Symbolik:

Mariä Verkündigung: Im Schoß der Mutter Maria ruht keimendes Leben und entwickelt sich. Ganz im Verborgenen bereitet sich das Leben schon vor.

Frühling: Im Schoß der Mutter Erde ruht keimendes Leben und entwickelt sich. Ganz im Verborgenen bereitet sich das Leben schon vor.

Doch außen, öffentlich, bereitet sich der Tod vor und siegt: Im Leben Jesu, am Karfreitag, und verliert dann doch, an Ostern, wenn dann Jesu »Frühling« aufscheint …

Gelassenheit siegt: empfangen und annehmen: »Mariä Verkündigung«/Verkündigung des Herrn (25. März)

»Maria« – eine Lebenshaltung

Je nach Lage des Ostertermins fällt in die Zeit vor Ostern oder ganz knapp in die beginnende Osterzeit ein Marienfest: *Mariä Verkündigung* am 25. März. Es fällt also auch fast zusammen mit dem Frühlingsanfang (21. März), wurde in den vergangenen Jahrhunderten manchmal schon als Jahresanfangstermin oder als Beginn des Kirchenjahres gefeiert. Darum verdient es sicherlich besondere Beachtung.

Inhaltlich passt das Fest in die Zeit des beginnenden Frühlings hinein, des Aufbruchs, des beginnenden Keimens und Sprießens draußen in der Natur, denn hier wird gefeiert, dass *Maria* die *Geburt eines Kindes verkündigt* wird. Was auch immer sich hinter den biblischen Erzählungen in ihrer legendenhaften Ausdrucksweise an Historischem verbirgt, herausragend ist bei alledem die große Überraschung: Eine »Jungfrau soll schwanger werden«. Unendliche theologische Diskussionen sind daran vorbeigegangen, dass *»Jungfräulichkeit« ein Lebenszustand* ist, den wir alle kennen, der uns – im symbolischen Sinn – vertraut ist, oder uns zur heilsamen Vertiefung unseres Lebens und zu unserer Bewusstseinserweiterung vertraut werden sollte: *Jungfräulich* sein bedeutet: noch in Erwartung, noch nicht »voll« sein. Wir sind doch alle so voll in unseren Herzen, in unseren Terminplänen – unsere Kalender, unser Kopf, alles ist voll. Nicht etwa offen, leer, wartend, erwartungs-voll, bereit.

Sie merken schon: Es ist eine Grundhaltung, eine Lebenshaltung angesprochen, die uns Modernen weithin abhandengekommen ist, die wir aber vielleicht wieder finden und wecken könnten. Jungfrau sein heißt: Da ist noch Platz – im Herzen für eine große Liebe, im Denken für Pläne und Hoffnungen, im Bauch für ein Empfangen. *Unser* Bauch dagegen ist voll, *unser* Denken ist voll, *unser* Herz ist voll von so vielem! In diesem Sinne wäre es Hilfe für uns alle, Vertiefung unseres Lebens, Erweiterung unseres Bewusstseins, wenn wir wieder »jungfräulich« würden – wir alle! Immer neu uns öffnen, immer neu mich öffnen, es wagen, bereit zu sein. Empfangen: Ideen, Liebe, etwas Neues, was nie dagewesen ist, was vielleicht völlig unerwartet, unverhofft, ungewöhnlich oder gar »unnormal« in mein Leben tritt. Empfangen heißt so: Nicht nur im Machbaren leben, nicht alles steuern, sondern mich einlassen auf das Unverfügbare, neues Leben zulassen, neue Impulse. Erfüllt werden und erfüllt sein vielleicht von etwas Revolutionärem, nie Dagewesenem, und damit brechen mit dem üblichen Trott, ausbrechen aus dem Zwang der Konvention, aus dem Normalen, aus dem »Das-wird-eh-nie-etwas«, dem »Das-war-doch-immer-schon-so«, aus dem »So-bin-ich-halt«. Denn das ist es, was hinter den Worten steht, eine »Jungfrau« könne »schwanger werden«.

Impuls: Schauen Sie einmal in sich hinein, erforschen, beachten und würdigen Sie die Fülle in sich – im Denken, Fühlen, Planen und Verhalten, ja in Ihrem ganzen Leben. Merken Sie, wie »voll« und »zu« das alles ist? Wie geordnet, vorherbestimmt, strukturiert, gesteuert und geplant alles ist in Ihrem Alltag? Was würde in Ihrem Leben die »Empfängnis« neuer Impulse, neuer Lebensfreude, Lebenslust, revolutionärer, ungewohnter Denk- und Verhaltensweisen bedeuten? Was würde geschehen, wenn Sie sich öffneten, für das Überraschende, Unglaubliche, Unnatürliche, für das, was keiner von Ihnen erwartet, keiner Ihnen zutraut, keiner von Ihnen denkt?!

Mit alledem haben wir es im Blick auf Maria zu tun, von der erzählt wird, dass sie mit keinem Kind rechnete, eine Schwangerschaft nicht für möglich halten konnte, schon gar nicht auf eine »Geburt« vorbereitet war, da die Voraussetzungen dafür nicht gegeben schienen. Nun könnten wir all das rein *historisch* betrachten, es als einen umstrittenen Punkt der Biografie Marias oder als Teil der kirchlichen Lehre von uns wegschieben, weit nach hinten verlagern oder in den Himmel hinauf *projizieren* als ein Ereignis, das der »Gottesmutter« allein zuteilwurde. Aber Sie haben durch die *symbolische* Betrachtungsweise gemerkt, dass es sich bei »Empfängnis«, Offenheit oder Offenwerden, und auch bei »Geburt« um Ereignisse in unserer *eigenen* Seele, in unserem *eigenen* Lebensvollzug handelt.

Es ist auffallend und folgenschwer, dass aufgrund der Trennung des Luthertums vom Katholizismus eine tief greifende Abspaltung vor sich ging: Das »Marianische«, wie ich es nennen möchte, ging den Evangelischen dadurch weithin verloren. Was bedeutet diese »marianische« Lebenshaltung? Sie äußert sich in jenem gelassenen »Mir geschehe« aus der oben angesprochenen Verkündigungsgeschichte. Und hier liegt im Fest Mariä Verkündigung, im Advent und auch in Weihnachten ein gewichtiger Aspekt, von dem uns die Streitfrage »Jungfrauengeburt – ja oder nein?« abgelenkt und durch die Verdrängung Marias aus Glaube, Denken und Leben in den evangelischen Kirchen größtenteils abgeschnitten hat: Man kämpfte *fundamentalistisch* um die Tatsache, die Existenz einer biologisch möglichen und zu glaubenden *Jungfrauengeburt*. Obwohl man *historisch-religionswissenschaftlich* die Selbstverständlichkeit und Verbreitung solcher Anschauungen und Glaubensinhalte im damaligen religionskulturellen Umfeld inzwischen erforschte und erkannte. *Psychoanalytisch* könnte man in den Ereignissen gar eine »Verkehrung ins Gegenteil« vermuten: Maria ließ sich mit Josef »ein«, gegen die aufkommenden Schuldgefühle verhalf eine Abwehrreaktion der Seele: »Du bist zu Besonderem erwählt!« Wirklich weiterhelfen kann uns aber – wie wir sahen – eher ein *symbolisches* Verständnis. Jungfrau sein und schwanger werden und gebären heißt: Ohne eigenes und fremdes Zutun vollzieht sich, was hier geschieht. Nicht etwa (wieder) eine Geschichte der handelnden Männer! Sogar eine Kränkung im Grunde für das »Machertum«. So wirkt das Göttliche ein, nicht mit Macht. Nicht schaffen, sondern lassen, geschehen lassen, empfangen. So »empfing« Maria Jesus und sagte nur »mir geschehe«.

Diese für uns besonders bedeutsame Sichtweise möchte ich »*prototypisch*« nennen: Maria betrachten als eine *wie wir*, exemplarisch. Sie öffnet sich, ist bereit, stellt sich zur Verfügung, lässt sich füllen – überraschen.

Wo ist das bei den Evangelischen hingekommen? Wir haben zwar »sola fide« (allein aus Glauben) auf unser Banner geschrieben; aber es entstand eine weit verbreitete Selbst-Verantwortungs-Gewissens-Heils-Haltung; es kam – wie im Pietismus oder Calvinismus – wieder sehr auf *unser* Tun und Machen an; weit entfernt von Maria, jener zutiefst evangeliumsgemäßen Urzeugin und -repräsentantin des »sola fide, sola gratia, extra nos« (allein durch Glauben, allein aus Gnade, außerhalb von uns).

Durch mich kommt Gott zur Welt

Maria, eine zutiefst evangelische Frau, Maria, eine Haltung, die uns fehlt und not-tut?! Auch Katholiken hätten meines Erachtens hier zu lernen – es wäre eine ökumenische Neubegegnung mit Maria, *unserem* Maria-Sein nötig! Denn im Katholizismus wurde das Marianische eben *auch abgespalten*, in den Himmel *hinaufprojiziert*, entmenscht wurde Maria, hochgehoben, ausgesondert, zur Rechten Gottes befördert; so wurde gerade vermieden, dass wir sie – subjektstufig – als *Teil von uns*, als Teil unserer eigenen »Gestalt« integrieren, greifen, auf- und be-greifen konnten.

So diente die *Vergöttlichung* (katholischerseits) und die *Vermenschlichung* (evangelischerseits) der Verhinderung von Wiedererkennen, Integration, Lebendigwerdung des »Marianischen« *in uns*. Ebenso sehr wie theoretisch-theologische Diskussionen um Jungfrauengeburt und Heilsbedeutung Mariens uns abhalten können von der uns (be-)treffenden Frage: Wo und wie kann ich (wie) Maria sein / werden, dass Gott durch *mich* in die Welt, ins Leben, ins Fleisch kommt, dass die Jesus-Wirklichkeit, -Art, -Dimension aus mir kommt? Denn das ist doch das Anliegen von Christen: Christus auf die Erde bringen. Dass durch uns – genauso wie durch Maria – Gott zur Welt kommt.

Lasst uns Gott gebären!

Ein blasphemischer Gedanke? Mitnichten: Von Maria wird es so erzählt – die alte Kirche nennt sie die »Gottesgebärerin«. Durch sie kam Gott zur Welt. Und ist es das, was *sie* besonders macht, von uns allen unterscheidet und trennt? Oder nicht vielmehr das, was als Sinn, Ziel und Aufgabe *uns alle* eint?! Maria und uns, Sie und mich, uns eint in dem Willen und Bewusstsein: »Durch mich kommt Gott zur Welt. « *Jede/r kann Maria sein.* So sehen wir Maria als in evangelischen Kreisen zwar ausgeblendetes, sehr vernachlässigtes – aber so sehr wichtiges Symbol unserer Durchlässigkeit für Gott. Werkzeug sein, Gebärerin Gottes: Durch mich kommt Gott in die Welt – wie auch immer!

Noch einmal Angelus Silesius: »Und wär Gott tausendmal in Bethlehem geboren und nicht in Dir – so wärest dennoch Du verloren«. So weit, so gut, doch nicht genug! Er soll und darf nicht nur in mir geboren werden, meine ich, sondern auch *in mir* und *durch mich*

Gestalt annehmen, sich verkörpern, weitergegeben werden. Dass durch mich Gott sich schenkt, verschenkt wird, dass durch mich Licht, Kraft, Leben, zu den Menschen, Tieren, Pflanzen und zur Erde Beistand kommen: Wie das konkret dann aussieht, wird man sehen. Maria gebar einen Sohn, den Menschen Jesus, und brachte so Gott zur Welt. Ob es nun geistige Kinder, Stunden vertrauenden Gespräches sind, tröstend streichelnde Hände oder gemeinsames Schweigen, ob es das Bauen und Bewahren in der Natur ist, oder ... Wohl nicht nur durch den Schoß kommt Gott zur Welt. Wohl aber mit allen Sinnen, mit den Ohren, mit den Blicken, durch meinen Mund, durch Deine Füße, Ihre Hände. Durch meine Stimme kann jemand Gott begegnen, so wie im Boten ER sprach. So wie in Jesus ER den Menschen begegnete ...

So gesehen ist Maria ein Symbol, ein Vorbild, ja ein Prototyp für die Haltung: Durch *mich* soll Gott zur Welt gebracht werden. Sodass andere »schmecken und sehen« – ich ergänze hören und fühlen, tasten und spüren – können, »wie freundlich der Herr ist« und wie »wohl dem ist, der auf ihn traut«.

Impuls: Meditieren Sie einmal den Gedanken: Durch mich – wie durch Maria – kommt Gott zur Welt. Oder konkreter, leibnäher: Durch meine liebenden Hände/meine ermunternde Stimme/meine strahlenden Augen/tragenden Füße usw. kommt Gott zur Welt ...

Wenn wir in diesem Sinne Maria exemplarisch, prototypisch betrachten, dass in ihr und durch sie geschah, *was in uns und durch uns alle* geschehen soll, so wird die Geschichte lebendig, alltagsnah und konkret. In gewissem Sinne können alle Symbolisierungen, alle Darstellungen dieses Ereignisses, alle Kunstwerke und hochgeistigen Diskussionen von genau dieser Aufgabe ablenken. Die Aufgabe hieße also: Gefäß werden wie Maria, marianisches Dasein lernen – genau dies ist auch die Grundhaltung der Meditation: offen werden, offen sein, geschehen lassen, mich einlassen: »Einlassen, Zulassen, Loslassen, Seinlassen«, – so die Worte einer Atemmeditation.

Impulse:

1. Nehmen Sie diese vier Worte doch einmal in Ihr Atmen hinein: Das erste in das Einatmen (Einlassen), die nächsten beiden in das Ausatmen (Zulas-

sen, Loslassen). Das letzte in die Atempause (Seinlassen). Und lassen Sie einfach geschehen, was geschieht. Denn es muss auch nichts (Besonderes) geschehen ...

2. Oder Sie nehmen eine Affirmation in Ihren Atem hinein, wie »Ich atme Liebe (Licht) ein und Zärtlichkeit (Stärke) aus« oder »Ich bin jungfräulich offen in meiner Seele und erwarte getrost die Fülle des Lebens.«

Grundhaltung der Meditation

Im Fest der Verkündigung Mariens, ihrer »Empfängnis Jesu«, geht es also letztlich um die Grunderfahrung der Meditation: Nach dem Bericht des Lukasevangeliums, der als biblische Tradition hinter diesem Fest steht, ist Maria eine Frau, die zuhört. Sie hat offene Ohren. Über dem Westportal der Würzburger Marienkirche am Marktplatz wird die Art, wie sie Jesus empfangen hat, sinnbildlich, konkret dargestellt: wie ihre Empfängnis über das Ohr geht – buchstäblich durch das Ohr (durch einen Schlauch, der dem Munde Gottvaters entspringt und der direkt ins Ohr Marias mündet – im Volksmund nennt man diese Darstellung »die Rutsche«: Vom Munde des Vaters aus rutscht das »Baby Jesus« leibhaftig in Marias Ohrmuschel – »das Wort wurde Fleisch« ...). Es geschieht also ein Empfangen im Hören, im Offensein – das Ohr ist ja ein Organ, das von Natur aus immer offen ist! Wir müssten uns die Ohren zuhalten, sonst sind sie immer offen. Dies sind die beiden Lebensäußerungen, die sich beim Menschen nicht einfach steuern lassen: das Atmen (die Nase ist auch von Natur aus immer offen) und das Hören. Die Augen können wir leicht schließen, den Mund ebenso, auch die anderen Öffnungen unserer Schließmuskel, der Ausscheidungsorgane. Bei Ohr und Nase allein ist das anders, die sind immer offen. Durch die Nase kommt der Atem, der Wind (in der Ursprache der Bibel dasselbe Wort wie »Geist«). Durch das Ohr kommt das Wort, der Klang, die Uranrede eines Du.

Maria also lässt sich anreden. Sie hört. Sie ist Hörende, offen sind die Muscheln ihrer Ohren. Offen und bereit auch das Becken ihres Schoßes. Sie ist wie eine Schale, die bereit ist für das, was hineingelegt wird. Das einzige, was sie dazu sagt, entspricht der *Grundübung der Meditation*: »Mir geschehe« ... Alles geschehen lassen: Empfindungen, Gefühle, Bilder, Erinnerungen, Gedanken: Alles geschehen lassen, zulassen, einlassen, so sein lassen, wie es ist. Etwas anderes tut der Meditierende nicht! Er versucht, nicht einzugreifen, nichts zu verändern, nichts zu be-greifen, im Gegenteil: Er liefert sich dem aus, was ist, was wirkt – setzt sich der Wirk-lichkeit aus. Jüdisches und christliches Beten endet mit dem Wort Amen – »so ist es. Ja, das ist wahr«. Auch dieses Wort ist ein Urbild dessen, worum es letztlich geht, auch und gerade in der Meditation: Amen sagen können. Ja sagen können zu dem, was ist. Und genau das tut Maria, jenseits aller Rationalität, jenseits aller Kritik und auch aller Verstandeszweifel.

Natürlich hätte es genügend Einwände gegeben. Sie hatte ja auch einige formuliert, hatte widersprochen: »Wie soll das zugehen?«, so fragt sie, weil sie sich – so die Überlieferung – das Angekündigte nicht erklären kann. Mit dem anschließenden »Mir geschehe« lässt sie jedoch diese Ebene hinter sich, verlässt sie die Dimension des kritisch rationalen Denkens, Zweifelns und Prüfens, die sie natürlich *auch* besitzt und *auch* äußert. Diese Seite gehört zu uns wie andere Regungen unseres Menschseins auch, wie Sinneswahrnehmungen und alle unsere Gedanken und Gefühle! Aber das ist nicht *alles*! In der Meditation gehen wir über dieses begrenzte Sein hinaus. Denn so richtig und wichtig diese Dimension ist, so gehört zu einem vollständigen Leben die *Ergänzung* durch und die Haltung der Offenheit für das, was darüber hinausweist – mit anderen Worten: die Weitung unseres kritisch-rationalen Bewusstseins. Wir brauchen die Ergänzung durch das Potenzielle, Mögliche, durch Offenheit, das Wissen um die letztliche Unverfügbarkeit, durch die letztendliche Hingabe an etwas Größeres, wo wir unsere Bedenken und Einwände aufgeben (können), aufgehoben wissen, wo wir in diesem erweiterten Bewusstseinszustand sagen können: Ja, mir geschehe …

Impuls: Löst das eben Gelesene in Ihnen vielleicht Ärger, Auflehnung und Widerstand aus, weil Sie schon so oft – in Erziehung und Religion – zum Hinnehmen gezwungen, zum Jasagen verpflichtet, zur Demut genötigt wurden? Weil das hier als heilsam betrachtete »Marianische« gegen Sie, zu Ihrer Unterdrückung und Unterwerfung missbraucht wurde? Dann ist es besonders wichtig, genau dieses innere Echo, diese Angst, diesen Schmerz liebevoll und behutsam zu achten und wahrzunehmen; und jenen Missbrauch von dem hier geschilderten, lebensbejahenden und entfaltenden Verständnis unterscheiden zu lernen.

»Mir geschehe«

Ob in den kurzen Sätzen dieser Erzählung der Begegnung Marias mit dem »Boten Gottes« sich vielleicht ein langer Prozess ausdrückt? Ob die Worte des Einverständnisses erst das Ende eines womöglich schweren, langwierigen Weges bezeichnen – »Mir geschehe«? Ob in diesen Worten verdichtet, komprimiert – als ein einziges Gespräch – dargestellt wird, was in Wirklichkeit in Wochen und Monaten der Angst, des Zweifelns, der Not, der Auseinandersetzung als Frucht harten inneren Ringens entstand? Schließlich wollte ihr Gatte Josef sich ja von ihr trennen, als er merkte, dass sie schwanger ist. Immerhin drohte ihr und dem Baby Jesus in ihr der Tod durch Steinigung, wenn er sie verlassen hätte. Und viele meinen, der so oft romantisierend dargestellte Besuch Marias bei ihrer Verwandten Elisabeth im Gebirge sei im Grunde eine Flucht gewesen, um sich zu verstecken, die Schwangerschaft zu verbergen. Sie braucht und sucht Stärkung bei einer anderen, einer älteren, erfahrenen Frau und findet durch sie Halt und Hilfe in ihrer schweren Situation.

Gar nicht selbstverständlich also, gar nicht leicht über die Lippen des Herzens kommend – dieses »Mir geschehe«. Immer bedeutet es ein *Wachsen, Werden*, ein *Wagen*, einen *Weg*. Und vielleicht hat Jesus das im Verlauf der Jahre von seiner Mutter gelernt, denn in seinem Auflehnen und Kämpfen, im Ringen mit seinem Schicksal im Garten Gethsemane ging er einen ebensolchen Weg. Zwar sagte er zunächst: »Bitte, wenn es möglich ist, dann lass mich verschont bleiben ...«, – aber am Ende: »Dein Wille geschehe«. Das war sein »Mir geschehe«. (Wir werden das an Gründonnerstag wiederfinden!)

Das ist Hingabe, die nichts mit Selbstaufgabe zu tun hat – ein Mich-Überlassen, das nicht identisch ist mit Unterwerfung. Ein Loslassen, das einem tieferen oder höheren Vertrauen entspringt! Maria tut nichts, sie arbeitet nicht, sie kämpft nicht, sie erwirbt nichts, auch keine Verdienste! Maria ist offen, empfängt, nimmt, lässt zu, erlaubt, wird zur Schale, zur Erde, in die der Samen gelegt wird, gibt sich hin in der Offenheit der Empfangenden, die wartet auf das, was geschieht; die nicht versteht, aber fühlt; nicht wollte, aber bejaht; nichts dazu tat, aber es in sich wachsen fühlt: einfach da sein – ohne Erwartung, ohne Bewertung, ohne Zweck, ohne Ziel, frei von Vorstellung und Beurteilung. Nur da sein – absichtslos! Darum geht es. Nichts tun, es lässt sich nichts erzwingen. Raum geben – Frei-Raum.

Das, was Maria tun kann, ist, guter *Mutterboden* zu sein, in dem das wächst, was letztlich unverfügbar ist. Genau darum kreist auch die Meditation. Genau darum rangen auch die Reformatoren vor Jahrhunderten. In diesem Sinne ist Maria eine ganz evangelische Frau – und eine ganz meditative Frau! Eine Frau, wie sie gerade Männer in sich zu entdecken und zu entfalten lernen sollten: Weithin haben sie noch zu wenig erkannt, dass zur Integration einer vollständigen Persönlichkeit immer beide Geschlechterpole / Prinzipien und beide Seinsweisen gehören: »Männliches« und »Weibliches«. Und so wie es gegen eine einseitige Weiblichkeit wichtig ist, dass Frauen auch ihre »männlichen Anteile« entdecken, entwickeln und entfalten können, so ist es für die Männerwelt wichtig, in sich die empfangenden, akzeptierenden, sich öffnenden, hingabefähigen und -willigen Fähigkeiten zu entdecken, zu entwickeln und zu entfalten.

Impulse:

1. Spüren Sie diesen beiden Seiten in sich nach, die jeder Mensch in sich trägt: der aktiven und der passiven, der tatkräftigen und der geschehen lassenden ...
2. Setzen Sie sich hin und üben Sie Meditation im oben beschriebenen Sinn: einfach wahrnehmen, was ist, ohne einzugreifen, ohne zu bewerten, ohne zu beurteilen. Setzen Sie sich nur der Wirklichkeit aus, wie sie ist, jetzt, in Ihnen und um Sie herum! Schauen Sie sich einfach bei allem zu, was Sie in sich und um sich herum wahrnehmen, körperlich, seelisch, geistig. Seien Sie nur ein »innerer Beobachter« und Zeuge dessen, was geschieht.
3. Besorgen Sie sich ein Stück Ton oder Fimo/Evaplast oder einfach gewöhnliche Knetmasse, formen Sie daraus eine Kugel und machen Sie dann einen Eindruck, einen Druck hinein in die Geschlossenheit dieser Kugel, der sie öffnet: So entsteht eine Schale, ein Becher, ein Gefäß. Versetzen Sie sich ganz und gar in Ihre Hände hinein, die dieses tun. Und wenn Sie damit fertig sind, so stellen Sie den nun entstandenen Gegenstand vor sich hin, schauen ihn an, und nehmen nur diesen einen Satz in Ihr Bewusstsein hinein, diese eine Wirklichkeit, die Sie immer wieder umkreisen, betrachten, vertiefen: »Schale – auch ich«, »Becher – auch ich«, »Gefäß – auch ich«. Dadurch erfahren Sie handgreiflich und konkret und

zugleich meditativ, was die Verkündigung Mariens, Jesu Empfängnis meinen und für uns bedeuten kann: Gefäß werden wie Maria.

Nachdem wir nun bisher bei diesem Fest – das auch für Luther übrigens eindeutig als Herrenfest zu verstehen und für unser Inneres wichtig ist – den Gedanken der Jungfräulichkeit, der Offenheit und Bereitschaft betrachtet haben und auch den des Geschehenlassens, der Grundhaltung der Meditation, gehört jedoch unbedingt zum *Ausgleich* noch die folgende Seite dazu, die Maria ebenso und unverzichtbar verkörpert: die kämpferische, tatkräftig-aktive, aggressive.

Die »streitbare« Kriegerin

Diese Maria ist keine bloß hinnehmende, alles akzeptierende, dankbar ergebene, meditativ wispernde »Alles-OK-Frau«. Wie Yin und Yang als Grundkräfte, als Prinzipien und Grundbewegungen im Menschen zusammengehören, so gehört zu der empfangenden, bereiten, bejahenden Maria auch notwendigerweise die ganz andere, kämpferisch-starke, Macht verneinende und zugleich Macht ergreifende, mutig-tatkräftige Maria. Diese andere Seite darf für gelingendes Leben und für eine vollständige, gesunde Persönlichkeit nicht fehlen! Sie drückt sich bei Maria in einem »streitbaren« Lied, das sie singt, aus: im Magnifikat. Es soll ein altes ägyptisches Lied sein, das sie da zitiert, das zugleich an den Kampfesruf ihrer Namensgenossin Mirjam beim Auszug des Volkes Israel erinnert. Damals sang Mirjam (Maria ist die griechische Form genau dieses hebräisch-aramäischen Namens!) kampfeslustig, anfeuernd und siegestrunken: »Singt Jahwe, hocherhaben ist er. Ross- und Streitwagenfahrer warf er ins Meer« (Exodus/2. Mose 15). In Lukas 2 singt Maria: »Er stößt die Gewaltigen vom Thron und erhebt die Niedrigen. Er wendet sich den Armen zu und die Reichen gehen leer aus …«. Solche Sätze, noch dazu aus dem Munde einer Frau, noch dazu in der patriarchal strukturierten, männlich dominierten Welt des Vorderen Orients: Das ist wahrhaft *revolutionär*!

Hier die eine Seite, dort die andere: Wir *brauchen* in unserem Leben immer *beides*: Es gibt Zeiten des Hinnehmens und Annehmens – und Zeiten des forschen, tatkräftigen, zupackenden und auch aggressiven Tätigseins. Wir benötigen die *Unterscheidungsfähigkeit*: Ist dies eine Situation, in der ich mich in Geduld, Abwarten und Geschehenlassen üben muss, oder wo ich widersprechen, auftreten und handelnd, verändernd eingreifen muss?

Impuls: Sammeln Sie Einfälle zu Situationen, in denen Sie Ihre empfängliche, einfühlsame, liebevolle Seite brauchen, und zu Situationen, in denen Sie eher Tat- und Durchsetzungskraft, auch Unbeugsamkeit und Härte aktivieren sollten.

Die Ohnmacht der Liebe

So wichtig es ist, auch diese kämpferisch-revolutionäre, streitbare Seite an Maria zu sehen, wie sie den »heiligen Umsturz« (Kurt Marti) beschwört, so nüchtern müssen wir allerdings auch den Missbrauch in der Geschichte konstatieren: Wie fatal dieses Banner der »Himmelskönigin« im Lauf der Kirchengeschichte kriegerisch verzerrt und missbraucht wurde zur Gewalt und Machtausübung gegen Menschen, die anders waren, anders dachten, lebten, glaubten. Wie sehr wurde diese Seite Marias doch auch als Alibi für Kreuzzüge, Inquisition, Hexenverfolgung und für eine oft grausam herrschende Männerkirche *benutzt*! Oft gerade auch *gegen* die Frauen …

Daher müssen wir erkennen: Die tatkräftig-aktive Seite war nicht der Abschluß: Maria musste auch vieles lernen. Bei einer Hochzeit in Kana setzt Jesus ihrem Engagement Grenzen: »Was geht's Dich an?!« Als sie ihn heimholen will, ignoriert er sie. Und unterm Kreuz schließlich erkannte, ja erlitt sie: Gottes Weg ist nicht der der Macht, der All-Macht (»Steig herab vom Kreuz!«), sondern der Weg der sich hingebenden, ausliefernden Liebe. Seit Karfreitag können wir nicht mehr ungebrochen und unwidersprochen von der Macht oder gar Allmacht Gottes reden. Denn wir alle, nicht nur Maria, müssen schmerzhaft erleben, dass dahinter zwar verständliche menschliche Wunschprojektionen stehen, nicht aber die Wahrheit über das Leben, über die Urquelle der Liebe. Die »Macht der Liebe«, die wir »anbeten«, ist die Ohnmacht der Liebe und des Leidens.

Und wieder kann Maria nur die Arme öffnen, Schale werden, aufnehmen – jetzt den Leichnam Jesu – und erneut ihn liebend hergeben, in die Erde betten, in den Schoß der anderen »großen Mutter« … wie einen Samen. Und ihn lassen, los-lassen.

Impuls: Meditieren Sie diese Frage: Ich – wie Maria – auch im Lassen? Im Tun *und* im Lassen?!

So steht sie also – wie anfangs bei der »Verkündigung« – wieder als Empfangende da: Diesmal empfängt sie nicht das Leben, sondern den Tod – ihren Sohn als Leiche. Darstellungen der Pieta inszenieren das ergreifend. Buchstäblich *nimmt sie das Leben an,* mit allen Extremen, so, wie es wirklich ist. An ihrem Sohn lernte sie, dass sein Gott anders ist als der des Zeitgeistes und der unserer wunderbesessenen Macht-Erwartung. Wieder bleibt nichts anderes zu sagen, als ihr »Mir geschehe«. *So* empfängt sie von dem unbegreiflichen Gott, der »alles schafft, das Heil und das Unheil«[21]. Wo wir ihr in der Bibel dann zum letzten Mal begegnen, da ist sie wieder Schale, wieder in Sehnsucht, Erwartung – nicht eines Kindes, sondern in Erwartung seines Geistes: Zusammen mit den anderen Jüngerinnen und Jüngern Jesu wartet sie auf die Erfüllung mit »Kraft aus der Höhe«[22]. – Bin auch ich offen – ein Becken – eine Schale?

Aber das ist weit vorausgegriffen: Es geschieht erst noch viel bis dahin ...! An dieser Stelle des Jahreskreises wird uns für unser Leben ein Modell der Persönlichkeitsentwicklung gezeigt:

Integriertes, vollständiges Leben

So steht Maria vor uns als eine integrierte Frau, mit ihren weichen, sanften und auch dynamischen, starken Seiten. So lebt sie uns ein Modell vor, Jesu Mutter. Das mag auch ihn geprägt haben: hier die duldsam-annehmend Aufnehmende, dort die unduldsam-revolutionär Angreifende. Und beides braucht Raum in uns, *beides ist wichtig,* je nach Situation: Beides muss zusammengehören, darf nicht als Alternative sich bekämpfen. Seit Jahrtausenden erklären fernöstliche Weisheitslehrer, männliche und weibliche Seiten müssen zusammenkommen, einander durchdringen, sich vereinen, Hochzeit halten. Modern psychologisch halten wir fest – besonders betont und herausgearbeitet in der Tiefenpsychologie C. G. Jungs –, dass jede/r beides hat: der Mann auch eine weibliche Seele (anima), die Frau auch einen männlichen Teil (animus). Maria lebt und zeigt uns *beides.* Gelingendes Leben braucht beides, jedes zu seiner Zeit!

Impulse:

1. Lesen Sie einmal Prediger/Kohelet 3,1–8 (»Alles hat seine Zeit ...«) unter diesem Gesichtspunkt: Es gibt solche und solche Zeiten, wir brauchen manchmal mehr unsere eine, dann mehr unsere andere Seite. Und erst in der Einheit von beidem geschieht das ganze Leben.
2. Hilft Ihnen in diesem Zusammenhang der Satz Johann Christoph Oetingers: »Gott gebe mir die *Gelassenheit*, die Dinge hinzunehmen, die ich nicht ändern kann, den *Mut*, die Dinge zu verändern, die ich ändern kann, und die *Weisheit*, das eine vom anderen zu unterscheiden«?

Es dient als Lebenshilfe im buchstäblichen Sinn, wenn wir Maria in diesem Sinne »verehren«, dass wir sie uns gerade in dieser Integriertheit zum Vorbild nehmen. Denn diese Sicht, dass jeder Mensch »männliche« und »weibliche« Anteile hat, könnte weiterhelfen, Klüfte und Gegensätze überbrücken auch im »Kampf der Geschlechter«, könnte zu neuer Verständigung führen, auch Wertschätzung für die jeweiligen Stärken des oder der anderen wecken und uns herausführen aus der Konfrontation, in der wir in Kirche, Gesellschaft und Politik oft stecken geblieben sind. Es geht nicht um Feminismus *oder* patriarchale Strukturen, es geht nicht um Alternativen, sondern um die Erkenntnis der Stärken und Grenzen, Möglichkeiten und Gefahren, die in *beiden* Grundkräften liegen. Es geht um das Ende der Einseitigkeit, der Verabsolutierung *eines* dieser beiden Grundprinzipien, des so genannten männlichen *oder* weiblichen Prinzips, als sei immer das je eigene besser, wichtiger und wertvoller. Es geht um die Entdeckung, dass *in jedem von uns diese beiden* Richtungen schlummern und wirksam werden wollen. Es geht um deren *Vereinigung und Versöhnung*. Keine dieser Grundkräfte und Grundstrebungen ist besser oder schlechter, keine gut oder böse: Beide sind wichtig, beide sind richtig, beide sind notwendig, je nach Situation, je nach Sachlage, je nach den Gegebenheiten und Möglichkeiten. Wir brauchen sie beide in uns, in »versöhnter Verschiedenheit«, und um uns, in Berufs- und Arbeitswelt, in Gesellschaft und Politik: das Bewahrende und das Verändernde, das Beschützende und das Streitbare, das fürsorglich Bergende und das Kämpferische.

Impuls: Ziehen Sie die Linien dieser Gedanken einmal aus bis in Diskussionen, die Sie kennen, in denen Sie im Privat- oder Berufsleben ste-

> hen, auch zwischen den Parteien oder Konfessionen und Religionen: Integration *statt* Konfrontation und Bedrohung oder Vernichtung anders gearteter Impulse oder Elemente. Malen Sie sich aus, wie ein Seelenleben, ein Beziehungsleben und ein Gesellschaftsleben aussieht, wo nicht mehr in Alternativen von »Entweder-Oder«, sondern in einem heilsamen »Sowohl-als-auch« gedacht und gelebt wird. Wo Menschen so mündig sind, dass sie sorgfältig prüfen, welche Situation vorliegt: Ob hier in diesem konkreten Fall jetzt mehr unsere Yin-Kraft oder die Yang-Kraft herausgefordert ist.[23]

Im Fest Mariä Verkündigung wird also das kommende Leben angekündigt und beginnt dann zu wachsen und sich zu regen – Verheißung einer Geburt, und das Wunder des Empfangens, die Offenheit und das Geschehenlassen werden thematisiert: Ein Same wird gelegt, ruht und wächst und harrt der Entfaltung entgegen im »Mutter«-Boden. Während wir also drinnen im Inneren, im Innenraum das Wunder des Neuen betrachten und bestaunen – wie es kommt ohne unser Zutun und wir nur Zeugen der Ankündigung einer großen Entwicklung werden –, und während draußen in der Natur sich alles auf das Kommen von Sonne, Licht und Wärme vorbereitet und sich nach Wachstum und Aufbruch sehnt und nach Entfaltung drängt, nimmt im Kirchenjahreskreis zunächst noch das Dunkle und Schwere zu, wächst das Leiden und erreicht seinen Gipfel mit der Karwoche, seinen Höhepunkt am Karfreitag und seinen »Tiefstpunkt« am Karsamstag, wo Jesus selbst wie ein Same in die Erde gelegt wird, ins Dunkle des Grabes gesenkt. Not, Elend, Verlassenheit und Einsamkeit kommen hier als Lebensthemen auf uns zu.

Abschied gestalten und ringen um den Weg: Gründonnerstag

Als ich meine Tante Paula in ihrem Sterben begleitete, fiel mir auf, wie vorbildlich, ja modellhaft sie ihr Sterben, ihren Tod und alles, was damit zusammenhing, vorausorganisierte. Sie sprach ganz klar darüber, ohne jegliches Tabu. Sie regelte und ordnete, besprach die Gestaltung ihrer Beerdigung, die Verteilung ihrer Güter, wir sagten einander vertrauensvoll letzte Dinge, Klärungen, tauschten Dank und Erinnerungen miteinander aus.

Psychologisch ist es wichtig, dass wir gründlich Abschied nehmen und dabei alles noch Anstehende erledigen: Was wäre noch zu sagen zu einem Menschen, was zu fragen, was zu klären? Was wäre noch zu tun, wo eine Brücke zu bauen, eine Hand auszustrecken? Was brauche ich noch? Was kann ich tun zur Gestaltung meiner letzten Stunden? Wen möchte ich um mich, bei mir haben?

Abschiede behandeln wir oft wie Tabus. Weithin werden sie vermieden, verdrängt, kurz abgehandelt: besonders der Abschied aus dem Leben. Man kann ihn jedoch planen und gestalten! Sonst bleiben »unerledigte Geschäfte«, wie Ruth Cohn das nennt. Und die belasten, drücken, quälen oft noch jahrelang. Und irgendwann müssen sie »erledigt« werden, damit die Seele Frieden findet. Am Abschied Jesu fällt mir auf, wie *ausführlich, gründlich und sorgfältig* er ihn plant und durchführt: Ein großes Abschiedsmahl, viele Gespräche, vieles, was noch gesagt werden sollte. Überraschenderweise füllt Johannes ein Drittel seines ganzen Evangeliums mit dem Bericht von den Abschiedsreden und dem Abschied selbst. Welch eine Ausführlichkeit, welch ein Schwerpunkt! Und doch so wichtig für unsere Psychohygiene!

Gründonnerstag erinnert an *verschiedene Themen*: Abschied, Trennungsgespräche, Abschiedsrituale, die Fußwaschung, Symbolik von Brot und Wein, Enttäuschung über Freunde, alleingelassen sein und Einsamkeit, ausgeliefert sein und hilfloses Opfer von Aggression sein: alles sehr grundlegende menschliche Erfahrungen!

Impulse:

1. Wie gehen Sie mit Abschieden um? Vermeidend oder sie gestaltend? Haben Sie schon einmal an Ihren großen, endgültigen Abschied gedacht?

Sind Sie darauf vorbereitet? Haben Sie ein Testament gemacht? Was wäre Ihnen wichtig an der Art, wie Sie sterben – wenn Sie darauf Einfluss nehmen könnten? Tauschen Sie sich auch mit anderen – in der Partnerschaft, Familie oder in Gruppen – über diese Fragen aus!

2. Wir sprechen in zweierlei Formulierungen von Abschied: Abschied nehmen – Abschied geben. Das weist uns auf *zwei wichtige Elemente* des Abschiedes hin: Dabei muss etwas genommen und etwas gegeben werden. – Was kann das für Ihre eigenen Abschiede heißen? Fallen Ihnen Abschiede womöglich dadurch so schwer, weil Sie eines dieser beiden Elemente dabei oft vernachlässigen oder vergessen? Geben und Nehmen!

Eucharistie und Abendmahl: Lebenshilfe?!

Was – herkommend von Ursprüngen an Gründonnerstag – in unseren Kirchen als Hl. Abendmahl oder Hl. Messe gefeiert wird, ist zwar gläubigen Kirchenbesuchern bleibend wertvoll, vielen Menschen heute jedoch sehr fremd und unglaubwürdig geworden. Manchen erscheint dies in der Form erstarrt, anerzogenes Wohlverhalten: Auf ernste Gesichter, Niederknien und sich Bekreuzigen, stumm, starr, isoliert und voll feierlicher Stimmung und Erwartung – darauf hat sich weithin das Ritual des Empfangs der »Gegenwart Christi in Brot und Wein« reduziert. Dazu kommt ein für viele unverständliches Zeremoniell, wo oft von »Geheimnis« die Rede ist, wo z.T. unverständliche Worte gesprochen werden – früher immer in lateinischer Sprache, heute immerhin auf Deutsch: Wer nicht mit all dem aufgewachsen ist, bekommt schlecht einen Zugang zu diesen für Außenstehende höchst eigenartigen Riten und Zeremonien; und wer damit aufgewachsen ist, der fragt sich, wenn er nicht ungebrochen glaubend durch seine Lebensjahrzehnte hindurchgeht, irgendwann einmal: Was geschieht da eigentlich, was soll das – was hat das mit meinem Leben zu tun?

Gehen wir zunächst von den Ursprüngen aus: Da gab es ein Fest, ein richtiges Festessen, auf das sich alle gefreut haben – verbunden mit der Feier der großen Befreiung (das Passah-Fest als jüdischer »Unabhängigkeitstag«, als Befreiungstag und Feier des Endes der Unterdrückung), hier fand Jesu Abschiedsfest statt! Und bei der Feier dieses Festes spielen dann Brot und Wein eine besondere Rolle. Brot – das ist etwas Alltägliches, Wein – der ist im Orient auch alltäglich! Und zugleich birgt er etwas Feierliches, »Geistvolles«. Aber im Grunde geht es sicher auch hier wieder um die Heiligung des Alltäglichen, um die Erfahrung der Gegenwart Gottes im ganz *Normalen*. Nicht irgendwo oben und fern ihn erwarten, sondern im Brot und im Wein. Und Brot ist das, was jeder von uns braucht, was uns nährt und wovon wir leben. Weltumspannend verbindet uns unser *Hunger* nach Brot. Das ist allen gleich, das ist nichts Besonderes. Und da ist der Wein, der uns erfreut, erfrischt, erheitert, der unseren *Durst* löscht: Lebensdurst, Durst nach Glück und Liebe, Zuwendung und Anerkennung, unser großer Durst nach …

Impuls: In diesem übertragenen Sinn könnten Sie fragen: Wonach hungern Sie letztlich? Wonach dürsten Sie? Wo und wie finden Sie Sättigung? Was löscht *wirklich* diesen Durst?

Teil dieses Abschiedsmahles Jesu mit seinen Jüngern war nun dieses eigenartige Ereignis, das wir heute in der Feier des »Heiligen Abendmahls«, in der Eucharistie vergegenwärtigen. Was damit alles verbunden und im Grunde gemeint ist, wird immer ein Mysterium bleiben. Es handelt sich um das Angebot der Christusgegenwart in sichtbaren, greifbaren und zu schmeckenden Nahrungsmitteln: im alltäglichen Brot und im festlichen Wein. Dass Gottesnähe und Christusbegegnung so buchstäblich *über unsere Lippen* geschehen können, ist uns in seiner vollen Bedeutung vielleicht noch gar nicht aufgegangen. Denn Jesus mit unseren Lippen zu empfangen, stellt wohl die elementarste Aufnahmeweise, intime Hingabe und sinnliche Erfahrung dar, Begegnung zugleich im tiefsten Grunde unserer Seele. Denn jede/r von uns war einmal ein »Lippenwesen«. Für das kleine Kind ist der Mund weit mehr als eine Öffnung zur Nahrungsaufnahme: Er ist sein erster Lehrmeister, sein erstes Begegnungsorgan und sein zentrales Lustzentrum. Wir erforschen die Welt mit den Lippen in der elementarsten, ursprünglichsten Form des Erkennens überhaupt: die intensivste Möglichkeit, mit der Umwelt im wahrsten Sinne des Wortes in Berührung zu treten. Wenn diese äußerst sensiblen Zonen des Körpers – Lippen, Zunge und Gaumen – Kontakt mit etwas aufnehmen, so ist man von der Existenz des »Einverleibten« viel stärker erfasst und erfüllt, als wenn man das nur aus der Entfernung begutachten würde. Als hilflose kleine Wesen haben wir tiefe Geborgenheit und Zufriedenheit zum ersten Mal durch unsere Lippen erfahren: als wir nämlich, an die Brust der Mutter gekuschelt, Milch, Wärme und Nähe aufnahmen. Deswegen sind wir als Heranwachsende und Erwachsene immer bestrebt, diese Urerfahrung mit der ersten, lustvoll besetzten Zone unseres Körpers, den Lippen, immer wieder zu machen. Deswegen beglückt und stabilisiert das sinnliche Element der Lippenerotik die Beziehung von Liebenden so unglaublich.

Diese psychologisch-physiologischen Aussagen[24] zur Bedeutung unserer Lippen für Erfahrung überhaupt, für Begegnung, für innige Kommunikation und Verschmelzungserlebnisse lassen uns ahnen, welche Tiefe und Weite darin liegen, dass die Eucharistie / das Abendmahl ein »Lippenereignis« ist: Wir bekommen Brot und Wein durch die Lippen und über unsere Lippen geschenkt.

Impulse:

1. Vergegenwärtigen Sie sich einmal lustvolle und nicht lustvolle Erfahrungen mit ihren Lippen: Vielleicht können Sie sich noch an ihre Kindheit erinnern? Was bedeutete das Schmecken für Sie? Und heute? Die sinnlichen Erfahrungen des Essens, Trinkens, des Küssens?
2. Wenn wir uns vergegenwärtigen, welchen elementaren Urkanal von Erfahrung Eucharistie und Abendmahl im Ursprung ansprechen (Leib Christi über die Lippen), dann stellt sich die Frage: Wie verhält sich das zur gängigen Praxis unserer Kirchen? Stellen Sie einmal zusammen, in welch verschiedenen Formen Sie die Feier der Kommunion bisher erlebt haben! Was daran hat Sie ergriffen? Was verwirrt? Was vielleicht auch gestört oder abgestoßen? Haben Sie den Vollzug als erstarrt und leblos empfunden? Oder wodurch wurde er Ihnen lebendig? Oder haben Sie sich zunehmend abgewandt? Haben Sie auch andere, lebendige Formen der Mahlfeier erlebt? Wann, wo und wie? Wie könnte oder müsste eine erneuernde oder erneuerte Art der Kommunion/des Abendmahls für Sie gestaltet sein? Tauschen Sie sich auch über kritische Gedanken dieser Art mit Freunden, überhaupt anderen Menschen aus! Gott kommt als Brot und Wein zu uns, um von uns aufgenommen zu werden, nicht nur wie ein Gast, ein Fremdling, ein Fremdkörper, sondern assimilierbar, integrierbar, verdaubar bis in unser Innerstes.
3. Wenn Sie die nächste Mahlzeit und ein Getränk zu sich nehmen, so konzentrieren Sie sich einmal ganz bewusst auf diesen Vorgang. Schauen Sie

hin, riechen Sie, was Sie vor sich haben, betasten Sie es vielleicht, schmecken Sie es ganz bewusst – dazu gehört auch der Aspekt der Verlangsamung: in Zeitlupe kauen, in kleinen Bissen und Schlucken Essen und Trinken aufnehmen, lange im Mund behalten und schmecken und genießen. Versuchen Sie, wieder genießen zu lernen!
Bei einer Wanderung am Ende einer Heilfastenzeit hatte ich folgendes Erlebnis: Ich war eingekehrt und hatte eine Apfelschorle bestellt. Während ich trank, entstand in meinem Innern plötzlich der Gedanke: »In allem DU«. Das traf, ergriff und beglückte mich, denn ganz unversehens war mir plötzlich diese profane Apfelschorle in einer Berghütte zur »Kommunion« geworden. Versuchen sie doch, ihr nächstes Essen, ob Frühstück, Mittag- oder Abendessen oder was auch immer Sie zu sich nehmen, in dieser Haltung zu sich zu nehmen. Das ist dann natürlich noch kein »Heiliges Abendmahl«, keine Kommunion, aber es ist erlebte Spiritualität im Alltag!
(Auch diese Impulse eignen sich sowohl für die eigene Selbsterfahrung allein als auch für den vertrauensvollen Austausch mit anderen oder die Bearbeitung in Gruppen!)

Gott erwartet uns in allen Dingen

Bei der Eucharistie/dem Abendmahl geht es also im Grunde gar nicht allein um Brot oder Wein, nicht um das Brot oder den Wein selbst, sondern um den Gedanken der *Vereinigung*, der Einheit, der *Einswerdung*, eben den Gedanken der »Kommunion« (lat. Einswerdung, Vereinigung) – trotz unserer Verstehensschwierigkeiten – um innigste Vereinigung, nahezu mystische Einswerdung. Göttliche Wirklichkeit gibt sich hinein, ergießt sich in menschliche Existenz, bis in den menschlichen Körper. Im Grunde eine Fortsetzung und Vertiefung des Gedankens der Inkarnation: An Weihnachten haben wir staunend die Natürlichkeit des verwechselbaren Babys und die Unscheinbarkeit und Armseligkeit einer Krippe als Wiege betrachtet, haben geübt, »im Unscheinbaren Gott zu erkennen«, haben so die Botschaft von Weihnachten zu verstehen versucht: Die allumfassende Wirklichkeit Gottes begrenzt sich und entäußert sich hinein in einen konkreten, fassbaren, exemplarischen Menschen. Hier im Abendmahl wird das auf die Spitze getrieben: Da gibt sich die göttliche Wirklichkeit (Jesu) hinein in jeden Menschen, ja, sie wird uns auf die Zunge gelegt, dringt bis in jede Zelle, jeden Muskel, jede Sehne, jeden Knochen, jede Stelle unseres Körpers. Einfaches, sogar ohne Sauerteig gebackenes Brot und ganz normaler Wein: »Gott erwartet uns in allen Dingen« (Teilhard de Chardin). Meister Eckhart sagt: »*Der* erkennt Gott recht, der ihn in *allen* Dingen gleicherweise erkennt ..., denn Gott ist gleicherweise in allen Dingen und an allen Stätten und ist bereit, sich in gleicher Weise zu geben.«[25].

Impuls: Spüren Sie den revolutionären Charakter dieser Gedanken: Etwas ganz Normales, etwas zum Essen und Trinken, wird zum Begegnungsort mit der Christuswirklichkeit erklärt und damit zur Aufnahme-Möglichkeit und zum Integrations-Prozess göttlicher Wirklichkeit in unsere menschliche Existenz hinein. Jene Wirklichkeit wird buchstäblich einer Verwandlung unterzogen durch unser Aufnehmen, durch die Verwandlung im Körper bei der Verdauung, die Assimilation, den Einbau in den Körper und wiederum durch die Verwandlung in Lebensenergie. Können Sie das denken? Oder bestaunen?!

So also wollte Jesus bei uns sein, immer gegenwärtig, gleichsam in *jedem* Brot, in *jedem* Becher, jedem Getränk uns sagen: »Schau, da bin ich: der Ich-bin-bei-euch!« Es geht also wahrlich nicht um Geheimnistuerei, Mystifizierung oder kirchliches Sakramenten-Monopol: In meinen Augen bedeutet das Abendmahl für unser Leben eine Gabe: Mit Achtsamkeit und Bewusstheit genossen, können uns Alltägliches und Besonderes zu Orten der Gottesbegegnung werden – eine Grundwahrheit, die wir an Ostern in der »Begegnung mit dem Auferstandenen« in einem unscheinbaren Menschen wiederfinden werden, in dem die Damaligen zunächst Jesus nicht erkennen konnten.

Der Herr als Knecht

Nun noch der andere Aspekt an Gründonnerstag: die Fußwaschung. So recht bewusst wurde er mir in Olympia/Oregon in den USA. Ich erlebte an einem Gründonnerstag den Gottesdienst in einer katholischen Kirche und Gemeinde und war »bass« erstaunt, als vorne der Priester plötzlich anfing, einigen Gemeindegliedern öffentlich die Füße zu waschen, gründlich in einem Wännchen – abtrocknen, noch etwas reiben – fertig.

Ein mir bis dahin unbekanntes Ritual. Mir fiel »Enthierarchisierung«, »Zärtlichkeit« und »Scham« ein. Ich fing an zu verstehen, was das heißt, dass Jesus *so* Abschied nahm von seinen Freunden: viele intensive Gespräche, gemeinsames Essen, Verheißung seiner Gegenwart in Brot und Wein – »oral« uns einverleibend – und ganz neue Gemeinschaft übers Füßewaschen durch den »Chef«. Das haben wir Heutigen sehr eindrücklich durch die rituellen Fußwaschungen an Gründonnerstagen durch Papst Franziskus beobachten können – z.B. an Gefangenen, Behinderten, Flüchtlingen. Vorbildlich und revolutionär hat er vorgelebt und vergegenwärtigt, was Jesus mit dieser Umkehrung anregte:

Dass Jesus seinen Jüngern die Füße wäscht, *kehrt alle Machtverhältnisse um.* Man kontrastiere damit das Macht-Verhalten der Kirchen durch Jahrhunderte, Jahrtausende! Der Herr als Knecht: Das ist ein völlig neues, anderes Bild von Herrschaft, eben in Wirklichkeit etwas völlig anderes als Herrschaft! Christlich gesehen, darf es keine Herrschaft ohne Dienen geben.

Impuls: Betrachten Sie die Kirchengeschichte auf diesen Gedanken hin! Und erschrecken sie ruhig auch über eine eventuelle Fehlmeldung bei der Frage: Wo ist denn jenes *neue* Bild von Herrschaft geblieben!? – Im Verhalten der Kirchenoberen, -leitungen und -vertreter ...

Was mit diesem »Füßewaschen« *noch* angerührt und gemeint ist, erfasste und erreichte mich ganz tief, als ich einmal ganz bewusst erlebte, wie meine Frau mir die Füße hielt, sie streichelte, mit Öl massierte, salbte und küsste. Mir wurde klar, als wie wenig zu mir gehörig ich meine Füße bis dahin empfand, wie ich mich ihrer in gewisser Weise schämte, wo sie doch in meinem Leben eine so große Rolle spielen. Wenn wir äußern »Es geht mir gut«, verwenden wir ein Geh-Wort. Und wenn wir vom Auftreten sprechen, von Fortschritt und Rückschritt, davon, dass wir für uns selbst, für eine Sache oder für jemanden ein-stehen, jemandem etwas zuge-stehen oder gar ge-stehen, so wird das alles über unsere Füße artikuliert. – Vielleicht schämen wir uns der Füße: Zugegeben, sie sind am weitesten weg von unserem Kopf. Aber deswegen ist es ganz besonders wichtig, uns immer wieder neu mit ihnen zu befassen, mit ihnen Beziehung aufzunehmen, sie zu berühren oder berühren zu lassen.

Gebet als Lebenshilfe? Ringen mit Gott!

Nach dem großen Abschiedsfest, nach der Fußwaschung, den letzten Gesprächen mit seinen Jüngern und vor seiner Gefangennahme, geht Jesus mit seinen Freunden in den Garten Gethsemane. Er zieht sich dorthin zurück, um zu *beten*, so heißt es. Das klingt dem einen vertraut, dem andern »fromm«, dem andern fremd. Wie aber betet Jesus? Mir fällt mehreres auf:

Er möchte nicht alleine sein. Er bittet drei seiner engsten Vertrauten, mit ihm zusammen zu stehen, mit ihm zu »wachen und zu beten«. Er sucht, ersehnt und wünscht sich Gemeinschaft, die Unterstützung durch eine »Kleingruppe«. Er möchte in dieser schweren Stunde nicht alleingelassen sein mit seinen Ängsten, seinen Befürchtungen, seinen Gefühlen und Gedanken. Hier erleben wir ihn in seiner ganzen Menschlichkeit, uns so ähnlich und nah: Er fing an »zu trauern und zu zagen«. Er sagte zu ihnen: »Meine Seele ist betrübt bis in den Tod. Bleibet hier und wachet mit mir!« (Matthäus 26,37f.)

Impuls: Kannten Sie Jesus so, so schwach, so unendlich menschlich, zitternd, bedürftig? – Und kennen Sie sich selbst so? Spüren Sie die Ähnlichkeit und Verbundenheit?

Jesus wünscht sich das Zusammensein mit und Zusammenstehen von engen Freunden, nur wenigen: gemeinsam sein, zu viert (er und die drei: Petrus, Johannes und Jakobus sollen zusammen wachen, sprechen, beten). Auch das ist zu lernen für uns, therapeutisch für unser Leben: Wir brauchen *Menschen*!

Und dann geht er hin, alleine – und ringt! Er nimmt nicht, wie uns manche, sich als besonders gläubig Empfindende raten, einfach Gottes Willen »demütig« als gegeben hin; er willigt nicht etwa gegen seinen Willen im »Gehorsam« in sein Los ein: Nein, er kämpft. Eine alte, weithin vergessene und uns verloren gegangene Tradition: Man kann *mit Gott ringen*, sich auseinandersetzen, ja schimpfen. Solche Kraft und solcher Mut setzten ein reifes, erwachsenes Gottesverhältnis voraus. Der erwachsene Sohn ringt mit dem Vater: »Vater, ist's möglich, so gehe dieser Kelch an mir vorüber.« Das heißt doch: »Bitte nicht! Ich will nicht, ich kann nicht.«

Aufbegehren, Auflehnung, ja Aufstand gegen Gott. Da stehen also nicht zuerst Ergebenheit und »Demut«, sondern ein entwickeltes, starkes Ich wirft sich Gott entgegen. Entwicklungspsychologisch ist das der einzige, richtige und gesunde Weg. *Zuerst* – so beobachten wir an Kindern immer wieder – entwickelt sich die Fähigkeit zum »Nein«, zum Widerstand: sehr zum Leidwesen vieler Eltern und Erzieher, die das die »erste Trotzphase« nennen. Aber es ist wichtig für ein Kind, diese Phase ungestört und ungehindert zu erleben und zu durchlaufen. Ein »seelisches Muskeltraining« nenne ich das als Familientherapeut in der Erziehungsberatung im Gespräch mit Eltern oder im Kindergarten – unerlässlich für eine stabile Ichentwicklung. Für die Entwicklung einer gesunden, lebenstüchtigen und starken Persönlichkeit ist es lebenswichtig, dass dieser Wille, dieser Trotz nicht etwa gebrochen, sondern gehört, geachtet und berücksichtigt wird. Hier entsteht Selbstvertrauen, Vertrauen in die Wirkungsfähigkeit und Wirkungsmacht der eigenen Worte und der Person. So wächst der Mut, später im Leben seinen »Mann« und seine »Frau« zu stehen.

Wichtig ist jedoch die Reihenfolge, die sich psychologisch immer wieder zeigt: *Zuerst das Nein, dann das Ja.* Erst muss jemand sich widersetzen können, um dann auch die Fähigkeit zu lernen, sich jemandem oder etwas zu öffnen, anzuvertrauen und zu überlassen. Zuerst gesunder Selbstschutz und die Selbstvergewisserung: Ich *muss* nicht, ich bin selbst Herr der Lage, ich bin nicht etwa ausgeliefert, sondern ich kann bestimmen. Was ich sage, zählt. In dieser ganz entscheidenden und sensiblen Phase fallen folgenschwere Entscheidungen für das Selbstbild und die seelische Unversehrtheit eines Kindes und heranwachsenden Menschen.

Denn existenziell und philosophisch gilt das ja genauso: Jedes Ja schließt viele Neins ein und setzt sie voraus. Alles, was ich wähle im Leben, beinhaltet, dass ich viele bzw. alle anderen Möglichkeiten abwähle. Ich sage zu einem Menschen »ja« im Blick auf eine Beziehung fürs Leben, und schließe damit die Möglichkeit aus, dies gleichzeitig mit anderen auch endgültig zu praktizieren. Ich entschließe mich für einen Beruf und schließe damit die anderen Möglichkeiten aus. Ich wähle eine bestimmte Stadt als Wohnort und nehme mir damit die Möglichkeit, an anderen Orten auch zu wohnen. Das heißt: Jedes Wählen, jede Entscheidung *für* etwas, jedes Ja, ist *zugleich* der gelebte

Verzicht auf all die anderen, durchaus möglichen Alternativen, ist bewusste Selbstbeschränkung.

Um aber bewusst und reif in etwas einwilligen zu können, mich für etwas entscheiden zu können, muss ich vorher (!) gelernt haben, mich abzugrenzen, Möglichkeiten ungenutzt stehen zu lassen, mich den *vielen* Chancen zu verweigern und mich zu beschränken auf *eines*. In Kursen über Zeit- und Selbstmanagement übe ich mit meinen Teilnehmerinnen und Teilnehmern die Fähigkeit, Prioritäten zu setzen, Tätigkeiten zu gewichten, klare Ziele zu setzen und sich für *eines* zu entscheiden, das jetzt zu tun nötig ist. »Weniges, ja nur eines ist not(wendig)«, so drückte Jesus sich Martha gegenüber in einem Konflikt aus[26]. Wir müssen uns entscheiden für etwas Einziges – und dann auch im Frieden leben mit dem, was wir gewählt haben. Wir können nicht dauernd nach der anderen Möglichkeit hinüberschielen, die nun nicht lebbar ist.

Impuls: Haben Sie diese Entschiedenheit gelernt? Hatten Sie Vorbilder und Anleitung im Leben, die Sie ermutigten, ohne Zögern, Bedauern und Schuldgefühle gelegentlich ein klares Nein zu sagen?! Hat man Ihren Willen geachtet, als Sie ein Kind waren? Oder hat man ihn – vielleicht bewusst und systematisch – gebrochen? Vielleicht sogar mit religiösen Begründungen?

Der erwachsene »Sohn« Jesus ringt mit seinem himmlischen »Vater«. Ich vermute, dass das, was hier in wenigen Sätzen ausgedrückt wird, in Wirklichkeit »verdichtete« Wahrheit ist und einen langen Weg spiegelt. Vielleicht eine Entwicklung über Jahre hin. Ein Weg wird sichtbar, den dieser Mensch mit seinem Schicksal und mit Gott ging, immer wieder fragend, vielleicht auch immer wieder zweifelnd: Muss das so gehen? Soll das sein? Was ist mein Weg? Geht es denn nicht anders? Vorbilder solchen *erwachsenen Gegenübers zu Gott* und eines solch mutigen Verhaltens finden wir durchaus in den biblischen Geschichten. Sie wurden nur weithin in der religiösen Erziehung übersehen, vergessen oder gar unterschlagen. *Abraham* zum Beispiel steht Gott so gegenüber, als er mit Gott handelt wie auf einem Basar (Genesis/1. Mose 19). Hartnäckig bleibt er am Ball, fordert Gott immer neu heraus, fordert immer mehr, verhält sich wie ein schwieriger Geschäftspartner. Von *Jakob* heißt es, dass er mit einem

Engel, dann sogar mit Gott selbst ringt – und siegt (Genesis/1. Mose 32)! Er bleibt ein Leben lang gezeichnet von seinem Gotteskampf: Ein Hüftleiden wird mit diesem Ringen in Verbindung gebracht. Aber er trägt in seinem dabei verliehenen neuen Namen, was er gewagt hat und was ihm gelungen ist: Der Name »Israel« bedeutet »Er hat mit Gott gekämpft und dabei gesiegt!«. Andere Vorbilder eines solch widerstrebenden und widerspenstigen Umgangs mit Gott erkennen wir in *Jeremia,* der nicht folgen will, als er von Gott einen Befehl bekommt (Jeremia 1,6f.), in *Jona,* der vor einem Auftrag Gottes davonrennt, einfach alles liegen und stehen lässt und flieht, in *Hiob,* der mit Gott hadert bis dahin, dass er Gott härteste Vorwürfe macht und auf seine Geburt und auf den Schöpfer flucht (Hiob 7.10.16.17.30 u.a.): *Aufbegehren* bis zum Äußersten!

Diese heilsamen Traditionen des jüdischen Volkes sind im Christentum weithin einer Demuts-Ideologie und einer Überbetonung von Gehorsam, Selbst-Verleugnung und Verzicht zum Opfer gefallen. Umso wichtiger, sie wieder neu zu entdecken, auszugraben und für unser Leben fruchtbar zu machen. Umso erfreulicher, bei dem Menschen *Jesus* im Zusammenhang mit Gründonnerstag genau diesen Weg beobachten zu können, diese Haltung Gott gegenüber: Beten ist für Jesus neben Schweigen, Stille, Lauschen und Offensein eben auch: mein Leid, meinen Schmerz, meine Not herausschreien, Angst haben dürfen (Jesus, ein Mann, der »Blut und Wasser schwitzt«! Wie befreiend!): ein Mann, der zu Gott zu sagen wagt: »Ich will nicht. Geht es nicht auch anders?« Welch stärkendes Beten![27]

Jesus war kein »Jasager«, er hat gerungen und wollte leben. Da ist nicht einer, der kuscht und wie ein Kind – in einer frommen Regression, wie sie in manchen Kreisen gar als vorbildlich empfunden und empfohlen wird – brav zu allem »Ja und Amen« sagt. – Ich kenne viele Menschen aus spirituell orientierten oder auch esoterischen Kreisen, denen schnell über die Lippen kommt: »Ja, wenn es so sein soll … Ich nehme alles, wie es mir bestimmt ist …« Das klingt zwar immer ganz fromm und ergeben; aber ich bin misstrauisch, wenn alledem nicht *auch* Auflehnung vorausgeht. An Jesus am Gründonnerstag lernen wir, dass es notwendig und psychisch gesund ist, *erst* zu kämpfen, *erst* sich auseinanderzusetzen und die Stirn zu haben, sich dem Schicksal zu widersetzen, zu trotzen und auch zu sagen: Nein, ich will es nicht, ich will leben!

Als Jesus mit dem Tode rang ...

Da heißt es: »Es kam, dass er mit dem Tode rang« (Lukas 22,44). Vorher hatte er zu Gott gesagt: Ist's nicht möglich, dass dieser schwere »Kelch« an mir vorübergeht? Da ruft nicht ein ergebener, hingebungsvoll Ja sagender, alles hinnehmender, gehorsamer Kirchen-Jesus. Wer mit dem Tode ringt, will ihn nicht, der willigt nicht ein, der weigert und wehrt sich. Nicht so, wie viele uns in traditionell bürgerlich-moralischer Auslegungsweise glauben machen wollten. Nein: Dieser Mann ist ganz anders. Kernig, stürmisch, mutig, das Leben wollend steht er da, noch nicht zum Abschied bereit. Er ringt, er kämpft! Keine Gehorsams- und Unterwerfungsmoral beherrscht Jesus, im Gegenteil: Er tritt dem Tod, dem Schicksal, dem Gott, der das zulassen oder etwa gar wollen könnte, entgegen.

Wie gesagt, ich bin sicher: Ein langer Prozess wird hier verdichtet dargestellt. Ein Weg von Ahnen, Erkennen, Auflehnung und Widerstand wird hier wie im Zeitraffer beschrieben. Das ging nicht in einem Nu: Ringen, Flehen: »Ist's möglich, dann ...«. Und kurz darauf: »Nicht mein, sondern Dein Wille geschehe.« Schon in der biblischen Darstellungsweise zeichnet sich ab, dass es Stufen gibt, Etappen: Jesus braucht Unterstützung durch seine Freunde, sucht Anschluss, bittet um Beistand und Unterstützung, ein dreimaliges Kommen und Gehen, sein Schweiß sei wie »Blutstropfen« gewesen. Was an Leben, Leiden und Kämpfen verbirgt sich hinter so knappen, dürren Worten!

Impuls: Malen Sie sich das einmal aus, reichern Sie es an mit Erfahrungen von sich selbst und Freunden. Mit welcher Entscheidung, welcher Zumutung, welchem Weg haben Sie in ähnlicher Intensität selbst einmal gerungen – wie Jesus mit seinem Weg?

Und wahrscheinlich kann man erst *nach* solchem Kampf, nach intensiver Auflehnung und aktivem Widerstand zu jenem *Einwilligen* hindurchkommen (wie es Elisabeth Kuebler-Ross über die Sterbephasen beschrieb): »Nicht wie ich will, sondern wie du willst. « Denn psychologisch gesund geht ein solches Einwilligen und Aufgeben erst, wenn man den eigenen Willen haben konnte, ihn auszudrücken und einzufordern wagte. Erst dann kann man sich auch einem anderen, einem Gegenüber, oder auch einem Höheren überlassen, ihm vertrauensvoll einwilligen. Aber dieser zweite Schritt darf nicht vor dem ersten Schritt erfolgen oder verlangt werden. Das führte sonst wahrscheinlich zum in bestimmten Kreisen propagierten »Kadavergehorsam«.

Bewusster, wacher, er-wach-sener und mündiger Glaube – so sehen wir an Jesu Beispiel – ist ein *Weg*: Er setzt die Persönlichkeit und die Stärke des Einzelnen nicht außer Kraft, sondern voraus, er ist ein Vertrauen, das nicht einem blinden Sich-Ausliefern gleicht. Kein Gehorsam *vor* der Auseinandersetzung, keine Ergebung *vor* dem Ringen, kein Hinnehmen *vor* dem Auflehnen. Das Ganze ein Prozess, ein Werden, ein Weg! Wie alles im Leben!

So tritt Jesus Gott, dem »Vater«, entgegen, nicht als »Kind«, sondern als »Sohn«, als erwachsen gewordenes Gegenüber. An vielen Stellen, wo im Neuen Testament und im christlichen Glauben die Aussage von unserer »Gotteskindschaft« vorkommt, ist übrigens im Urtext in genau derselben Weise von »Sohnschaft« die Rede. Die Christen werden da in gleicher Weise wie Jesus selbst als »Söhne« bezeichnet (und natürlich ergänzen wir heute immer gleich »Töchter«).[28] Es ist also ein *mündiges Vertrauen*, ein bewusst verantworteter Schritt, ein zitternd und zagend begangener Weg, den Jesus beschreitet. Jesus lehrt uns in seiner großer existenziellen Not so zu beten und sich so vor Gott zu stellen.

Trotz seiner Angst und *mit* seiner Angst ging Jesus seinen Weg. Man darf nie warten, dass/bis die Angst vergeht. Dann könnte man nie gehen …

Impulse:

1. Nehmen Sie sich ein Stück Papier und wählen Sie zwei oder drei Lebensbereiche, in denen Sie in den letzten Jahren wesentliche Entscheidungen getroffen haben und zeichnen Sie diese nach Art eines Entscheidungsbaumes auf: Welche Möglichkeiten standen offen, welche Alternativen boten sich? Wie haben Sie sich dann entschieden? Welche neuen Möglichkeiten boten sich dadurch? Für welche haben Sie sich dann wiederum entschieden? Welche haben Sie abgewählt, auf welche verzichtet?

Es entstehen dabei Figuren wie die eines Baumes oder von Blumendolden, wo sich Äste immer weiter verzweigen bzw. umgekehrt: wo verschiedene Möglichkeiten reduziert werden auf eine, die gewählte.

2. Wie wurden Sie in Ihrer Kindheit und Jugend geprägt in Bezug auf Ihr Gottesverhältnis? Befanden Sie sich in der Rolle des Objektes, abhängig, unterworfen, ausgeliefert? Oder standen eher das Bewusstsein von Güte, Verständnis und bergender Zuwendung und Ihr Vertrauen diesem Gott gegenüber im Fokus? Hat sich Ihr Verständnis des Gottesverhältnisses oder Ihre innere Haltung im Laufe der Jahre und Jahrzehnte verändert? Und wie?
3. Lesen Sie einmal die angegebenen Kapitel des Hiob-Buches, um sich die Vehemenz dieses Ringens klarzumachen und sie zu erspüren! Lassen Sie sich davon ergreifen und lernen Sie, selbst so mit Gott zu reden!

Die Not und Notwendigkeit von (All-)Einsamkeit

»Einsamkeit ist der Weg, auf dem das Schicksal den Menschen zu sich selber führen will«, schreibt Hermann Hesse. Oft verdrängen wir jahrelang mit allen Techniken und Hilfskonstruktionen diese Grundwahrheit, dass wir im Letzten ganz allein in der Welt dastehen und einsam sind, dass alle Halterungen und Verankerungen durch Erfolg, Anerkennung, Leistung, Freunde, Kinder, Partner/innen, Häuser usw. brüchig sind, letztlich nicht tragen können. »Leben heißt einsam sein«, so wieder Hermann Hesse. »Jeder ist allein.« Sich dem zu stellen, das anzuerkennen und zu durchleben macht erst wirklich stark.

Einsamkeit hat ja durchaus zwei verschiedene Seiten: eine *furchtbare,* aber auch eine *fruchtbare.* Können Sie sich das vorstellen? Haben Sie das in sich auch schon entdeckt?

Jesus kannte sehr wohl beide Seiten der Einsamkeit: ihre Not und ihre Notwendigkeit. Im Kirchenjahr wird das zwar besonders durch die Erfahrungen in der Nacht vom Gründonnerstag thematisiert, zieht sich aber durch das ganze Leben Jesu: Nicht verstanden von seiner Familie, oft auch von seinen engsten Freunden, können wir uns die Einsamkeit seiner Seele wahrscheinlich nur andeutungsweise vorstellen. Den Höhepunkt bildet schließlich die Verlassenheit am Kreuz, wo er sich nicht nur von Menschen, sondern sogar auch von Gott, »seinem« Gott verlassen fühlt. Jesus musste allein ringen. – Einsamkeit!

Und auch Sie und ich, wir kennen diese *Qual,* sich anderen nicht mitteilen zu können, keinem zu vertrauen zu wagen, fast zu ersticken an freudigen oder erdrückenden Gefühlen, und alles immer nur mit sich selbst abmachen zu sollen oder zu müssen. Einsamkeit – wir flüchten vor ihr, wir fürchten sie – oder suchen sie auch, als eine *Quelle* von Muße, Erholung, als einen Ort zum Auftanken. Es ist immer beides: Leere und Fülle!

Dass Einsamkeit nicht nur Not bedeutet, sondern auch eine Notwendigkeit, darauf weist Jesus immer wieder hin: Man solle Freunde, Familie und Liebgewonnene verlassen, um den *eigenen* Weg zu gehen. Dass es sich dabei um einen einsamen Weg handelt, das lebte er. Es ist der schwerere, aber auch der reichere Weg, *der Einsamkeit standzuhalten*. Ein Meister, den seine Schüler fragten: »Wenn alles hoffnungslos ist, wie kann man dann noch hoffen?« antwortete: »Immer gilt: Haltet der Einsamkeit stand und wartet, denn alle Hoffnungslosigkeit kommt aus der Angst vor der Einsamkeit und aus der Ungeduld.« Auf immer neue Nachfragen und die vielen Beispiele von Hoffnungslosigkeit antwortete der Meister wieder: »Der Einsamkeit standhalten und warten!« Und weil sie ihn um ein Zeichen nach diesen dunklen Worten baten, gab er ihnen ein Samenkorn. »Wenn das Neue kommen soll, muss Altes sterben«, sagte er und entließ sie.[29]

Gründonnerstag ist Lebenshilfe auch darin, dass er uns Verständnis für die Not der Einsamkeit gibt, aber auch die Ermutigung zu notwendiger Einsamkeit. In ihr fand auch Jesus Stärkung, Klarheit und Einverständnis mit seinem Weg.

Impulse:

1. Nehmen Sie sich einen freien Tag oder ein Wochenende, sagen Sie niemandem, wohin Sie gehen. Machen Sie sich »ins Blaue« hinein einfach alleine auf den Weg, nicht nur mit dem Auto, sondern auch zu Fuß. Wandern Sie, und erleben Sie ganz bewusst aus freier Wahl das Alleinsein! Suchen Sie keine Menschenkontakte, keine Informationsmittel, benutzen Sie kein Handy, bleiben Sie möglichst auch ohne Uhr, ganz allein auf sich gestellt. Schreiben Sie hinterher oder während des Ausflugs Ihre äußeren und inneren Erfahrungen auf, auch Ihre Gefühle, ob angenehm oder unangenehm! Gibt es jemanden, dem Sie Ihre Erfahrungen mitteilen (wollen oder können)? Wem? Tun Sie es!
2. Kennen Sie auch fruchtbare Phasen von Einsamkeit in Ihrem Leben oder nur furchtbare? Wann/wie waren die, wozu führten sie?

3. Welche Menschen oder Kräfte stärken Sie auf Ihrem inneren einsamen Weg? Die Bibel nannte solche Kraft für Jesus einen »Engel«: »Ein Engel/Bote kam und stärkte ihn« (Lukas 22,43).

»Dein Wille geschehe«

Am Ende dieses Aufbegehrens, des heißen Ringens Jesu mit Gott steht ein Satz, eine Einwilligung. Er kann jetzt (!) sagen: »Dein Wille geschehe«. Das ist das Ergebnis dieses harten Weges. Nach der – psychologisch notwendigen – Phase der Auseinandersetzung, *danach,* dahinter, wenn auch das Nein gewagt und durchlebt ist, ist erst Versöhnung möglich, ein *echtes* Ja.

Es ist die Haltung eines Menschen, der mit seinem Schicksal kämpft, auch die Auflehnung und den Aufstand gegen Gott riskiert und gewagt hat, der seine Ängste nicht ausgesperrt, sondern durchlebt hat, in einem Maße, wie das sonst noch von keinem Menschen beschrieben wurde: dass sein Angstschweiß wie Blutstropfen auf den Boden des Gartens fiel, in dem er mit sich, mit Gott und seinem Weg rang. Eine *Geschichte vom Wunder des Nullpunktes* bedenken wir an Gründonnerstag: in Todesbedrohung, von den engsten Freunden missverstanden, von den allerengsten auch noch seelisch und geistlich verlassen zu sein. (Jesus hatte sie gebeten, mit ihm zu beten und zu wachen, ihn geistlich und »moralisch« zu unterstützen, und sie hatten geschlafen, etliche Male hintereinander. Er kehrte zurück, jedes Mal neu hoffend: Diesmal sind sie vielleicht »bei der Stange geblieben«, diesmal haben sie sich nicht von der bleiernen Schwere ihres eigenen Schlafes übermannen lassen, diesmal stehen sie mit mir meine Krise durch! Nein: Schmerz und Enttäuschung müssen durchgestanden und durchlebt werden – seine Helfer schlafen.) Es gibt keine Hilfe von außen, die Kraftquellen und Ressourcen, die wir sonst haben und gebrauchen, sie fließen für Jesus nicht. Er ist alleingelassen im größten Kampf und in der schwersten Krise seines Lebens. Allen Zulauf, die Unterstützung des allerengsten Freundeskreises, auch die Übereinstimmung mit seinem eigenen Weg und Schicksal hat er verloren – auch das Gefühl der Übereinstimmung mit Gott.

Durch dies alles gehen, dies wirklich erleiden, nicht beschönigen, nicht verharmlosen und bagatellisieren, nicht vermeiden durch die uns normalerweise vertrauten und üblichen Ablenkungsmanöver – sich der Katastrophe stellen und der ausweglosen Kapitulation: *Das ist der Weg zum Frieden.*

Diese Hingabe an den Willen des »ganz Anderen« darf aber nicht vorschnell geschehen, der Weg darf nicht übersprungen werden. Es darf nicht als Erfüllung einer moralischen Pflicht angesehen werden, sich dem Willen Gottes etwa »unterzuordnen«, in irgendeiner Form von Moral Gott gegenüber »gehorsam« zu sein. Solche Kraftakte unserer Seele entsprechen nicht dem, was zu wirklicher Reifung, zu wirklichem Frieden und zu wirklicher Neuwerdung führt. Die Hingabe, die Jesus uns an den »anderen Willen« vorlebt, ist keine verkürzte, schnelle, die sich den langen Weg des Aufbegehrens, der Auflehnung, des Kampfes und der Auseinandersetzung etwa erspart hätte.

Und doch ist dieses »Nicht mein, sondern Dein Wille geschehe« der Zugang zum inneren Reichtum, zum Reich des »Friedens, der höher ist als alle Vernunft« – sozusagen zu einem »unvernünftigen Frieden« …

Impuls: Kennen Sie solchen Frieden? Wo haben Sie ihn erlebt? Wodurch/wie entstand er?

Dieser Frieden verzichtet grundsätzlich nicht auf das Kämpfen. Aus dieser Ruhe, diesem Frieden, dieser Mitte heraus ist jedes Verhalten in Liebe möglich. Da gilt keine Regel. Kein »fauler Friede« ist dies, kein Friede, der automatisch tatenlos hinnimmt, sondern zu diesem Frieden gehören Aktivität, Gegenwehr in der Vielfalt des Lebens. Bei Bonhoeffer wird sogar die Möglichkeit des Tyrannenmordes bewusst! Aber dieser Frieden hat sozusagen im Inneren einen Kompass, wo fühlbar ist, welches die Richtung ist, die in Liebe und klarer Festigkeit diesem Frieden dient.

Nach all dem – Mahl, Abschied, Kampf, Enttäuschung und schließlich dem Einverständnis – geht der Leidensweg, der ja auch den unseren widerspiegelt, weiter, steigert sich: Verrat und Verleugnung durch die Treusten – und schließlich Folter und Sterben. Wenden wir uns zunächst diesen »treuen« Freunden zu:

Judas und Petrus

Besonders Person und Handeln des Judas haben durch die Jahrhunderte der Kirchengeschichte hindurch sehr viele Gemüter bewegt, meist dazu veranlasst, ihn zu verurteilen. Man wusch sich selbst die Hände in Unschuld in dem glücklichen Bewusstsein, er sei der Böse und wir seien die Guten. Der Antisemitismus hat ihn als Begründung für seine Ideologie missbraucht: »Judas« und die »Juden« als die »Christusmörder«. Er war es, der Jesus »verraten« (ursprünglich »über-, ausgeliefert«) hat – was auch immer ihn dazu bewogen haben mag.

Aber nicht viel anders ist es mit Petrus, zu dem Jesus »Fels« sagte, der dann selbst auch nur gezittert und geschlottert hatte und ihn verleugnete, dreimal sogar. Ursprünglich nahm er den Mund voll mit großen mutigen Reden, dann wurde er schwach und weich.

Ich halte es für sehr entscheidend, dass im engsten Kreis um Jesus diese *Schattenseiten* so deutlich zu Tage treten, dass sie überliefert sind, nicht etwa wegretuschiert wurden. Denn auch das Unbegreifliche und Grauenvolle gehören hier mit dazu. Wir erkennen, dass im Grunde *alles* in uns steckt, dass uns nichts fremd ist, klinge es noch so unmenschlich, unsozial oder animalisch. Wir müssen die abgelehnte so genannte »andere Seite« in uns erkennen, anerkennen, sie integrieren, sie kanalisieren und steuern lernen, damit sie nicht unbewusst uns »von hinten« überfällt und dann doch die Oberhand gewinnt. Leugnen hilft hier gar nichts.

Viele humanistische, philosophische und idealistische Traditionen möchten es gerne anders sehen. Man möchte glauben und die Menschen glauben machen, dass es nur eine Frage der Bildung, des umfassend positiven Denkens sei, der positiven Erziehung, der Ausrichtung des Menschen auf das Licht und auf die guten Kräfte hin, dann würden schon lichtvolle Wesen aus uns werden. Seit Auschwitz, Buchenwald, Dachau spätestens, aber auch schon seit Verdun, Stalingrad oder Hiroshima, und in der Gegenwart seit den Ereignissen im Nahen Osten (Syrien, Irak, Afghanistan), oder sonst wo auf der Welt müssen wir anders vom Leben und vom Menschen denken als wir es gerne tun würden. Weder das Christentum noch andere Ideologien, Philosophien, Glaubensbewegungen, Meditations- und Menschenfreundlichkeits-Richtungen, pazifistische Strömungen, noch auch die Tiefenpsychologie vermochten die Menschen auf Dauer so tiefgreifend zu verändern, dass Unmenschlichkeit, die ich gerade andeutete, nicht geschehen wäre. Lebenshilfe muss darin bestehen, dass wir die Augen öffnen, und uns nicht mit einer Art Opium benebeln im fröhlichen Bewusstsein, dass das Gute schon siegen werde. Wir müssen auch unsere Schattenseite anblicken, uns mit ihr vertraut machen, sie »zähmen«, uns zu eigen machen und kultivieren. Gefährlich wäre jede noch so gut gemeinte Meditations-, Glaubens- oder Psychotechnik, die uns diese notvolle Arbeit zu ersparen nahelegt.

Die Bibel ist da realistischer, der Jüngerkreis, der »heilsame Lebenskreis um Jesus« greift es auf: Judas und Petrus, die Versager, Verräter, Verleugner, gehören zum engsten Kreis. Sie gehören *wirklich* mit dazu! Das ist die Wahrheit, die gesamte, ganze Wahrheit über uns selbst. Darum sind sie so wichtig. Das ist Lebenshilfe: diese Tatsache so ungeschminkt zu sehen.

War Judas Jesu Schatten?

Staunend stehe ich vor Riemenschneiders »Heilig-Blut-Altar« in der Jakobskirche in Rothenburg ob der Tauber. Wer steht hier eindeutig im Zentrum, im Blick- und Brennpunkt des Geschehens? Es ist *nicht* Jesus! Es ist Judas. Er ist nicht hinausgestoßen. Er ist dabei, steht im Bildmittelpunkt. Und das stimmt ja auch: Er gehört unverzichtbar und unbedingt *mit* in diese ganze Geschichte – und zwar notwendigerweise: Vielleicht als die andere Seite – wie in unserer Seele, wo der eine Teil nicht ohne den anderen sein kann, das Gute nicht ohne das Böse, das Positive nicht ohne das so genannte Negative, das Heilige nicht ohne das Teuflische. Das *Gegenteil* zu Jesu Botschaft vom Frieden und vom Hinhalten der Wange, die Beschreibung der souveränen Freiheit von einem, der nicht automatisch reagieren muss, vom Lieben der Feinde und von der Fähigkeit, auch in ihnen ein Stück von mir selbst zu erkennen – das *Gegenstück* dieses Pazifismus leben Judas als Partisan, als »Zelot«, wie auch Simon im Jüngerkreis, auch Petrus, als er dreinschlagen will. Auch Jesus selbst, wenn er – auch eine Evangelienlesung der Karwoche! – aggressiv den Tempel reinigt und die Händler hinaustreibt. Hier begegnet uns das Thema des »Schattens«, der zu unserem Leben dazugehört. Und das Christentum bezeugt als unsere Erlösung das Zusammenkommen der heiligen Seiten und der judasartigen Zerstörungskräfte: *Gegensätze verbinden sich.*

Jesus sprach vom Mitgefühl, davon, auch den Feinden zu vergeben, vom Mitgehen einer zweiten Meile, vom Hemd und Rock für den Bedürftigen – Judas wollte es anders. Judas ist nicht dieser Fried-Mensch, dieser Passive, dieser Typ des Geschehenlassens: Er will das neue Reich außen, sichtbar, politisch, – nicht innerlich, langsam, als Innenraum-Entwicklung. Er hatte wohl an Jesus, an dessen Person geglaubt, – daher auch seine Verzweiflung. Vor Jahren bin ich ihm und einer neuen Sicht seines Weges beim Hören der Matthäuspassion begegnet. Lange schon kannte ich die alten Texte, Melodien und Geschichten. An einem Karfreitag, als ich die Klänge dieser Musik wieder einmal vernahm und die vertonte Frage, die Jesus ihm in Gethsemane stellt: »Mein Freund, warum bist du gekommen?« – »Mein Freund ...«: Und plötzlich hakte es sich in mir fest: Jesus hat ihn seinen *Freund* genannt. Wie wäre es, wenn das *nicht* ironisch wäre, *nicht* als Entlarvung der größten Lüge und Unverschämtheit, wie es in Kindergottesdiensten, Predigten, Andachten und Religionsstunden uns immer dargestellt wurde? Wie, wenn Judas seinen Kuss ernst gemeint hätte als Zeichen größter Verehrung, Liebe und Nähe zu diesem Jesus, und Jesus ihn im Ernst seinen »Freund« nannte? Ein eigenartiges Entdecken begann in mir. Ich merkte, dass Jesus ihn als Einzigen von allen Jüngern Freund genannt hat. Den Petrus, auf den sich später sogar in der Kirche die Päpste zurückführten, nannte Jesus »Satan« (Matthäus 16,23 – genauso bezeichnete er den Versucher in der Wüste, Matthäus 4,10!). Zwar bezeichnete er seine Jünger insgesamt auch als seine Freunde, aber angeredet hat er nur Judas so – dies ist nicht einmal im Zuge der Überarbeitungen, Veränderungen und Redaktionen der Texte wegretuschiert worden! Das muss doch etwas bedeuten! Nachdem diese Gedanken immer tiefer mich durchdrungen hatten, habe ich ihm einmal einen Brief geschrieben, jener zwielichtigen, oft verhassten Figur im engsten Freundeskreis Jesu, um ihm meine ganze Verwirrung und meine vielen Fragen auszudrücken:

Ein Brief an Judas: »Danke, Judas!«

Dass du *auch* da bist, gibt mir Mut, Gelassenheit. Denn das bin *auch* ich, du bist auch *ich*, ich bin auch du, bin du *auch*. Ja, ich bin schon auch oft Johannes, der sich als der Geliebte weiß, auch oft Johannes als der Zornige, Aufbrausende, der Gewitter machen will, als sie Jesus nicht aufnehmen wollen. Bin auch oft Petrus, schnell entflammt, wagend, auf Wogen zu gehen, dann *doch* untergehend, hilflos aufschreiend: »Herr, hilf!«. Der, der sich selbst überschätzt, der verspricht: Wenn alle abhauen und sich ärgern, *ich* nicht – und der dann doch ... Der also nicht genug um seine Grenzen weiß, der nicht genug seine Schwächen kennt, seine Ängste berücksichtigt und in Rechnung stellt. In *jedem* dieser Zwölf steckt ein Teil von mir, sie alle symbolisieren ein *Stück meines Wesens*, eine Seite meines Lebens, einen Teil meiner Seele.

So auch du, Judas. Du verkörperst das Schwarze, den Schatten, den »Teufel in mir«, das Böse auch in meinem Herzen, um das ich mich oft herumdrücken will, das ich oft verleugne, verstecke – und mich dabei aber doch belüge ... Was in dir vorging, weiß ich nicht, ob es deine drängende Verzweiflung oder nur Geldgier war, oder Enttäuschung, oder Wichtigtuerei oder ein Missverständnis – vielleicht hast du Jesus so verstanden, als er sagte, er »müsse« verraten und getötet werden. Vielleicht empfandest du dich im Einklang mit ihm, »glaubtest« – wie so oft die Kirche beim Tun größten Unrechts –, nach seinem Auftrag und Willen zu handeln. Oder war es Ungeduld? Du wolltest ihn zum Handeln zwingen, wolltest erreichen, dass er nun endlich zeigen solle, wer er ist, woher er kommt und was in ihm steckt. Oder war es von all dem ein bisschen? Das verwirrte Chaos im Innern, das jeder von uns, der wach und ehrlich in sich hineinschaut, auch kennt ...

Danke, Judas, dass du dabei warst, dass er dich ertragen und gelassen hat, dass du sogar beim einenden Gemeinschaftsmahl dabei warst, die Kommunion mitfeiern durftest – jedenfalls erzählt Lukas das *ganz eindeutig* so! Das macht mir Mut, auch zu meinem »Verräter« in mir zu stehen, ihn zu sehen, ihn als Teil meines Selbst anzunehmen und trotzdem zu wissen: Das ist nur *ein Teil*. Und ich darf leben.

Wärst du doch ihm bloß noch einmal begegnet. Schade, Judas. Ich meine, er hätte dir, wie dem Petrus, vergeben. Du hast »für uns« gehandelt, an unserer Stelle, an unserer statt, denn ich, wir alle, wir hätten es vielleicht auch getan, umgetrieben vom Zweifel, gepackt von enttäuschter Begeisterung, in einer dunklen Stunde dem nachgebend, was da innen drängt, wohnt, meist schlummert. Und bei Euch damals, als Ihr zusammen dieses »Heilige Abendmahl« gefeiert habt, haben ja auch *alle* der Reihe nach gefragt »Bin ich's?«, als Jesus davon gesprochen hat, einer von Euch werde ihn verraten ....

Schade, Judas. Im Tod ward ihr dann vereint, beide am Holz hängend, er dort, du dort. Er als Opfer der anderen, du als Opfer deiner selbst, deiner Verzweiflung, deines Gewissens. Keiner von den anderen ist mit ihm gestorben, du warst der Einzige, der mit ihm bis in den Tod ging. Und selbst diese Möglichkeit, selber Hand an sich zu legen, repräsentierst du für uns alle, auch für mich. Du als eine der Schattenfiguren der Jüngerschaft. Dass du dabei bist, ist mir eine Gnade, macht mir Mut. Ich empfinde das als tröstlich und als Barmherzigkeit. Nochmals Dank!

Impulse:

1. Ich nehme an, dass Sie vielleicht noch nie so über Judas nachgedacht haben. Aber probieren Sie es ruhig einmal. Er war und blieb ja einer aus dem Kreis um Jesus. Und ich denke, jeder aus diesem Kreis einschließlich Jesus selbst ist auch ein Teil des Kreises, der Anteile und Stimmen in *unserem Seeleninneren*. Die Kirchengeschichte mit ihrer Brandmarkung des Judas, seiner Verteufelung, ist zugleich die Geschichte unendlicher Gewalttaten im Namen der Liebe, des Gottes und Schöpfers. So hat die Verleugnung und Verurteilung des »so genannten Bösen« in uns, die Projektion all solcher Regungen auf Judas und die stellvertretende Verurteilung in ihm also nichts dazu beigetragen, uns *selber* barmherziger und menschlicher werden zu lassen. Der einzig gangbare Weg zu unserer inneren Ganzwerdung, zur Versöhnung mit allen unseren Aspekten, und dadurch auch zu einem konstruktiven Umgang mit den verschiedenen Facetten unseres Seins geht nur über die Anerkennung dessen, dass *alle* Aspekte da sind, dass Judas auch in uns ist. Und in Ihnen?!
2. Wollen Sie auch einmal einen Brief schreiben an Judas, an Jesus, an Petrus oder an eine dieser Figuren aus den alten Geschichten? Es lohnt sich! Jedweder Person aus Geschichte und Gegenwart, aus religiösen Glaubenstraditionen oder aus Ihrem ganz persönlichen Leben: Alles formulieren, was Sie da irritiert, freut, stört, bewegt und umtreibt, alles ausdrücken ...

Das ist Lebenshilfe aus dem Jüngerkreis, das ist zugleich der Ansatz der modernen Psychotherapie: vollständig werden. In mir sind und zu mir gehören ganz verschiedene Typen, wie eine »Familie« an einem Tisch sitzend: wie beim Herrenmahl! So wie zur Liebe ganz innen, unbewusst – wie wir aus der Tiefenpsychologie wissen – auch immer ein Stück Ablehnung gehören kann. Damit wird deutlich, dass unser Bekämpfen des Bösen immer zum Scheitern verurteilt ist. Es ist ein vergebliches Bemühen, alles Negative ausrotten zu wollen. Zu oft wurde in der Geschichte im »Ausmerzen« des Bösen das Böse gerade ausgelebt. Das ist paradox! Betrachten Sie doch nur den Kampf gegen die Hexen, gegen das Weibliche, gegen Asylbewerber und Flüchtlinge, gegen Religionen und Konfessionen ...

Statt Bekämpfen hilft uns der Weg der Integration, der Zähmung dessen, was in uns rebelliert und aufsteigt, der Kanalisierung, der Weg des Erkennens und Anerkennens. Vielleicht ergibt sich eine Ehrfurcht vor dem Abgrund in uns selbst und dann eine Suche nach Wegen, im Wissen darum, verantwortungsbewusst zu leben, jene dunklen Kräfte an rechter Stelle zu nutzen, unter unsere Herrschaft zu bekommen, zu sublimieren, sie auf konstruktive Weise auszuleben oder ihnen in unserem Inneren einen Platz einzuräumen – anstatt sie nur auf Judas und Juden zu projizieren und so für uns selbst zu leugnen!

Ist in jedem alles?

Wir haben also Eigenheiten und Eigenschaften von Petrus und Judas als unsere *eigenen Möglichkeiten*, als *Aspekte unserer Persönlichkeit* erkannt. Je tiefer wir in unser Inneres steigen, je ehrlicher wir uns selber gegenüber werden, je unbestechlicher wir wahrnehmen, was *da* ist, welche Regungen es in uns gibt, desto mehr entdecken wir unsere Bandbreite und Vielfalt. Das meiste, was in uns steckt, wurde uns nur im Laufe der Erziehung, der religiösen und bürgerlichen Sozialisation, abtrainiert, haben wir aufgegeben aus Anpassung: Wir hatten nie Gelegenheit, es auszuleben, was wir aus Furcht vor den Konsequenzen vermieden. Vieles, was wir an anderen bekämpfen, verurteilen oder unerhört finden, ist im Grunde Projektion unserer eigenen, verdrängten Aspekte. Wir sehen, bewundern oder verdammen im anderen, was wir selber sind. Ich finde es sehr hilfreich, dass die

Menschen um Jesus so viele verschiedene Seiten des Menschseins verkörpern, typisieren, dass sie fast prototypisch für unsere Anlagen und Fähigkeiten dastehen. Da gibt es ja nicht nur Judas und Petrus, sondern auch den Zweifler Thomas, der natürlich auch in uns steckt. Da sind zwei Jünger, die am liebsten vor Wut Feuer vom Himmel fallen lassen wollten, als sie in einem Dorf abgelehnt wurden – eine geballte Ladung von Aggressivität tritt da zutage. Wie beim Choleriker Petrus, der bei Jesu Gefangennahme gleich mit dem Schwert dreinschlagen musste. Und einige Jünger und Freunde Jesu stammten aus dem Kreise der Zeloten, der Partisanen, der Guerillas der damaligen Zeit. Auch das politische Engagement und der hinterlistige Kampf sind vertreten. Matthäus war ein ehemaliger Steuereintreiber, einer von denen, die für ihre Betrügereien und rücksichtslose Grausamkeit bekannt waren. Andere Jünger sind als Zauderer, Zögerer und Skeptiker in Erscheinung getreten. Und *alle* waren sie voller Angst, voller Furcht um ihr Leben, jeder Hoffnung, jeder Zuversicht, jedes Glaubens beraubt, als Jesus nach seiner Kreuzigung ins Grab gelegt wurde. Sie flohen. Flüchten statt standhalten – auch das gehört mit dazu.

Der einzige Weg, wirklich zu sich selber zu kommen, ist das Eingeständnis all der verschiedenen Regungen, die in jedem von uns stecken. Nicht etwa zu sagen: »So etwas würde ich nie tun«, sondern aus der Verbundenheit heraus annehmen: »Da ist einer wie ich.« Eine Zumutung? Zugegeben. Das fällt uns schwer. Wir sind ja auch ganz anders erzogen. Aber wozu sollten so viele Ideale und Normen denn nötig sein, wenn da nicht ein gewaltiges Potential drängt, in unserem Inneren vorhanden ist und nach Ausdruck verlangt? *Dagegen* richtet sich doch all die Sozialisations- und Erziehungsgewalt.

Impulse:

1. Lesen Sie diesen Abschnitt noch einmal und achten Sie genau auf die Gefühle, die er in Ihrem Inneren wachruft! Widersprechen Sie ruhig! Schlucken Sie nicht einfach, was Sie da zu lesen und zu hören bekommen! Sprechen Sie auch mit anderen darüber!
2. Wenn Sie wieder über jemanden wütend sind, von jemandem sich enttäuscht fühlen, oder jemanden lobens- oder bewundernswert empfinden, so halten Sie bitte einen Augenblick inne und stellen sich die Frage: Ist er vielleicht »ein Stück von mir«? Sehe ich in ihm etwas, was ich selber auch

habe, gerne hätte, haben möchte, als Wunsch oder Sehnsucht – oder Furcht in mir trage? Oder regt es mich vielleicht gerade deshalb besonders auf, weil ich die Tendenz dazu auch in mir spüre und sie immer neu – vielleicht mit großem Kraftaufwand – zu beherrschen und zu bekämpfen suche? Aber dann wäre es ja auch ein Stück von mir, und der andere für mich nur wie ein Spiegel ...!

So führte uns nun Gründonnerstag – so wie er Jesus in große Tiefen geführt und getrieben hat – zu den vielleicht geheimsten Tiefen in uns selbst, zu unserer eigenen Schattenseite. So eng liegt das – auch in uns selbst – immer zusammen: Innigste, tiefste Gemeinschaft in der Kommunion, Eucharistie – und Verrat und Verleugnung. Jesu Ringen und Kämpfen mit seinem Schicksal und mit Gott – und sein »Dein Wille geschehe!«. Aber sein und unser Schmerzensweg geht noch weiter, an Karfreitag bis zum Äußersten:

Krisen durchleiden und bewältigen: Karfreitag

Man muss es selbst erfahren haben ...

Ich war öfter bei Freunden zu Besuch, die Tibeter-Teppiche besaßen. Sie hatten mir früher niemals gefallen oder überhaupt etwas bedeutet, bis ich selbst in Nepal gewesen war und zu den freundlichen, fröhlichen Menschen dieser wunderbaren Bergwelt, zur Ruhe und Weite ihrer Welt, zu ihren Symbolen und auch zu ihren Teppichen eine intensive Beziehung bekommen hatte. Und von da an »sah« ich diese Teppiche ganz anders, die Farben, ihre Formen. Sie sagten mir etwas, sie »sprachen« zu mir. Als ich das dann ausdrückte, hörte ich als Antwort: »Erst wenn man dort gewesen ist, wenn man das *selbst erfahren* hat, dann kann man das verstehen.«

Und plötzlich fiel mir auf, dass das mit vielen Dingen so ist: Man muss selbst in einem Betrieb gearbeitet haben, um zu verstehen, wie es den Menschen darin zumute ist. Man muss selbst krank gewesen sein, um diese Situation nachfühlen und nachvollziehen zu können. Und wenn ich neben meinem schwer kranken Freund Klaus sitze, seine Hustenanfälle begleite, die bei wachsendem Lungenkrebs immer schlimmer, anstrengender und erschöpfender werden, dann merke ich trotzdem: Ich kann wohl verstehen, wie das für ihn ist, aber ganz nachvollziehen werde ich es nie – es sei denn, ich wäre selbst ein Betroffener.

Die Beispiele ließen sich beliebig vermehren: Wie das ist, vom anderen übervorteilt zu werden oder verleumdet, wie es ist, Erfolg zu haben und dann die Show und den Ruhm geklaut zu kriegen, vom Partner misshandelt oder missachtet zu sein, von Menschen zur Lust, zur Ausbeutung oder für religiös-ideologische Indoktrination missbraucht zu sein, von Freunden verlassen, verraten, fallen gelassen, von allen angegriffen, verurteilt, missverstanden, abgelehnt zu werden. Jede andere Not versteht man erst wirklich und ganz, wenn man sie selbst erfahren hat.

Und *genau das* ist die Botschaft von *Karfreitag*: dass in Jesus und seiner Leidensgeschichte Gott selbst das Leid erfahren und so unsere vielseitigen Nöte kennen gelernt hat. Dass er nicht unbetroffen, unberührt und unberührbar »außen vor« stehen blieb, sondern sich darauf eingelassen hat, sich da hineingegeben hat und so das alles selber kennt.

Impulse:

1. Überlegen Sie, von wem Sie sich in Ihrem Leben wirklich verstanden fühl(t)en und warum? Was gibt Ihnen bei solch einem Menschen dieses gute Gefühl? Wieso versteht er Sie?
2. Wodurch und inwieweit verstehen Sie selbst andere Menschen und Schicksale? Ver-stehen heißt ja ursprünglich: dort stehen, wo der/die andere steht. Was hilft Ihnen zum Verstehen?

»Was wissen die, die nicht gelitten haben?«

So fragt der Kirchenvater Augustinus. In diesem Jesus aus Nazareth begegnet uns einer, der eben tatsächlich *gelitten* hat. Wir haben im achtsamen Nachspüren der Ereignisse von Gründonnerstag die Steigerung dieser Leidensgeschichte bereits mitvollzogen und werden nun an Karfreitag bis zum Höhepunkt der körperlichen und seelischen Qualen und Schmerzen gelangen und an Karsamstag den Tiefpunkt dieser Entwicklung nach-meditieren. Der Jesus des Christentums kennt das Leiden in seiner tiefsten Tiefe. Er kommt uns so in unserer eigenen Verzweiflung, Zermürbung und Erschütterung so viel näher als – wenn ich es vergleiche – der große Philosoph Sokrates, der als »Sterbensheld« ungerührt, souverän und mit heiterer Gelassenheit den Giftbecher zu sich nahm. Jesus ist darin auch ganz anders als Buddha, der Erleuchtete, der immer erhaben mit einem entspannten, gelösten Lächeln dargestellt wird, mit halbgeschlossenen Augen, trotz seines großen Mitgefühls jenseits von Schmerz und Leid, dies alles überwunden habend. Ganz anders eben Jesus, der auf ostkirchlichen Ikonen immer mit großen, weit offenen, wachen Augen dargestellt wird. Er, der Leidende, schreiend Sterbende scheint mir *unserem* Leben und Sterben am wahrhaftigsten nahe: Das Christentum nimmt Not und Elend, Leid und Verzweiflung so ernst, so wahr, dass es die Aussage wagt, *Gott selber* habe da gelitten! In der Geschichte von Karfreitag wird der unglaubliche Versuch unternommen, Gott und das Leid miteinander in Verbindung zu bringen. Das bedeutet, dass der Glaube unser ganzes, vollständiges Leben umfasst, so wie es wirklich ist, inklusive aller Schatten und tiefsten Abgründe. Mir selber geht es ähnlich wie dem oben zitierten Augustinus: Ich vertraue eher solchen Menschen, die selbst gelitten haben, auch verletzt, gebrochen sind, das Dunkel kennen und durchschritten haben. Da horche ich auf, da höre ich hin, das ist für mich beinahe bei Begegnungen ein Kriterium geworden für meine Aufmerksamkeit: Kennt der / die das Leben, wie es *wirklich* ist?

Impuls: Welche Kriterien von Glaubwürdigkeit haben Sie? Auch für die Glaubwürdigkeit einer Religion, Lebensanschauung oder Glaubenshaltung?!

Gehen wir also weitere Schritte auf dem Leidensweg des Menschen Jesus und damit auf dem Leidensweg des Menschen schlechthin, um mehr und mehr zu ergründen, welche Lebenshilfe darin liegen mag.

Heillose Fixierung?

Kennen Sie das auch, dass Sie von schwierigen Umständen, von einer schweren Erfahrung, von Problemen, die Sie zu bewältigen hatten, von einer aussichtslosen Situation vielleicht (zumindest wenn sie zunächst aussichtlos erschien!) berichten, – und dann kommt in Ihrem Erzählen der glückliche Ausgang womöglich *fast* zu kurz? Man spricht so intensiv von den Widerständen, den Widerwärtigkeiten, man erlebt vor seinem geistigen Auge noch einmal alles neu – und verliert aus dem Auge, dass dies alles im Grunde genommen gar nicht mehr wahr, dass es überstanden und bewältigt ist. Beim Berichten und Mit-Teilen entsteht alles noch einmal ganz deutlich, laut und klar vor dem inneren Auge, wie hart und notvoll, wie erdrückend und vielleicht unerträglich die ganze Situation gewesen war, – und für die Beschreibung dessen, wie erleichternd möglicherweise das herrliche Ende war, wie befreiend der glückliche Ausgang sich ausgewirkt hat, bleibt nicht mehr genügend Raum.

Impuls: Wenn Sie geliebten/vertrauten Menschen, Freunden, Arbeitskolleg(inn)en von durchstandenen Schwierigkeiten erzählen: Welchen Raum nimmt die Klage ein? Welchen die Beschreibung des Unglücks und der Not? Welchen Raum die detaillierte Beschreibung der Bewältigung des Gelungenen, des Erfolgs, der Freude und Befriedigung hinterher?

Man könnte manchmal fast von »*Fixierung auf das Negative*« sprechen. Natürlich kommt es auf den Grundtyp Ihrer Persönlichkeit an. Auch sind Menschen verschieden, je nachdem, welche Erfahrungen sie gemacht haben, auch wie sie von anderen Menschen vorgelebt bekamen, welcher Umgang mit Problemen konstruktiv ist. Denn im Grunde genommen stellt es sich nicht als weiterführend heraus, wenn wir immer *beim Negativen hängen* bleiben, uns dieses immer wieder vor Augen führen, statt uns auf das Gelingende, auf das Positive, auf die Tatsache zu konzentrieren, dass wir *schließlich durchgekommen* sind. Das andere könnte sozusagen nur der Hintergrund sein, auf dem die wunderbare Geschichte der *Befreiung* von diesem Problem dargestellt werden müsste. Wie leicht geraten uns hier die Perspektiven durcheinander, wie leicht verlieren wir den Blick auf das Eigentliche, das wirklich zählt: Das Leben am Ende, das Aufatmen und die Befreiung.

Ein guter Freund von mir hat das in seiner Kindheit selbst erfahren – ein schwerwiegendes Erlebnis für ihn als Siebenjährigen in einem gemeinsamen Urlaub mit seinen Eltern in Österreich. Eines Tages waren diese plötzlich verschwunden – zu einem Spaziergang aufgebrochen, während er tief versunken glücklich am Wildbach spielte. Als er wieder zu ihnen kommen wollte, konnte er sie nicht finden und war untröstlich bei dem Gedanken: Sie haben mich verlassen und sind alleine nach Hause gefahren. Er konnte sich auch später immer sehr genau an die Szene erinnern, wo er weinend und bodenlos verzweifelt in einem Liegestuhl kauerte, überzeugt davon, dass er nun endgültig verlassen und verloren sei – mit Plänen beschäftigt, wie er nun alleine über die Grenze zurück nach Deutschland wieder nach Hause gelangen könnte. Was allerdings in seinem Erinnerungsbild *überhaupt* nicht repräsentiert war, vollkommen vergessen, ist die Tatsache, dass seine Eltern später tatsächlich zurückkamen. Es *blieb* ja nicht bei dem Schmerz, bei der unerträglichen Not und Aussichtslosigkeit. Sie *kamen* ja zurück. In ihm aber war dieses Gefühl der Verlassenheit, des Vertrauensverlustes, der Mutlosigkeit und Verzagtheit haften geblieben. Als ob das Ende nicht so wichtig gewesen sei: ein leidvoll verkrampftes Festhalten am Schmerz, Leiden, Unguten und Hoffnungslosen! Heillos fixiert?!

Impuls: Überlegen Sie doch einmal, ob Sie selbst *auch* solche Erfahrungsfragmente in sich tragen – oder ob Ihnen diese »Halbierung« der Erinnerungen fremd ist. Denn es macht unglücklich, wenn wir nur die Schadens-, Schmerz- und Verlusthälfte unserer inneren Bilanz vor Augen haben, wenn wir uns nur mit dem Defizit beschäftigen, davon bedrängt werden, und nur dies innerlich präsent haben – anstatt die Gewinnhälfte, die Lösung und Erleichterung mindestens ebenso stark zu fühlen und zu genießen.

Das Bild der Waage zeigt uns, dass diese andere, positive Hälfte der Lebensbilanz eigentlich mehr Gewicht bekommen *muss*, damit es gut, gelöst und vertrauensvoll im Leben weitergehen kann. Eine klare *Akzentverschiebung* wird nötig, um die Aufmerksamkeit stärker auf das Gewonnene, Gelungene, Geleistete, das Geschenkte zu legen als auf das jeweilige Gegenteil.

Leiden wir vielleicht generell in unserer jüdisch-christlich eingefärbten Abendlandskultur unter einer Überbetonung des Negativen, des Leidens und des Schmerzes? Hat uns unmerklich eine *Ideologie des Leidens* befallen, ein Schmerzenskult – veranlasst nicht zuletzt dadurch, dass jahrhundertelang betont wurde, dass durch Schmerz, Verzweiflung, Leiden und Tod Jesu Christi die Erlösung für die Welt erworben sei? Dadurch gewinnt sein Schmerz und Leiden überdimensionale, allgültige, universale Bedeutung. Und wenn wir nicht aufpassen, vollzieht sich in unserer Seele eine unheilvolle Umwertung der Werte, als sei Leiden – auch unser eigenes – *immer* und grundsätzlich, *an sich* schon etwas Kostbares.

In meiner psychotherapeutischen und seelsorgerlichen Arbeit mit religiösen und anderen Neurosen habe ich immer wieder beobachten können, wie verbreitet und tiefsitzend das *Misstrauen dem Glück gegenüber* ist: ein Argwohn gegenüber dem Genuss und der Lebensfreude, ein Abwerten von Erfolg und Befriedigung, ein Nichtanerkennen von Glückserfahrungen oft gerade bei besonders religiös geprägten Menschen – wohl aus einem unbewussten Schuldgefühl heraus, dass man nicht genießen dürfe, sondern dass nur Leiden dem Leben, dem inneren Wachstum, auch der geistlich-spirituellen Entwicklung angemessen sei. Natürlich ist es unserer Erfahrung nach oft so, dass wir gerade durch Leiderfahrungen uns weiterentwickeln, neue Dimensionen entdecken, neue Qualitäten unserer Persönlichkeit entwickeln und entfalten können. (Damit werden wir uns im nächsten Kapitel noch eingehend befassen.) Aber wenn uns grundsätzlich die *Genussfähigkeit* abhandengekommen ist, wenn die Leidens-Waagschale ein höheres Gewicht bekommen hat, dann ist etwas sehr Wesentliches aus der Balance geraten. Denn auf Dauer macht es chronisch krank, wenn Menschen nicht mehr die Lust zu leben und die Freude am Sein genießen können. Leidenszeiten gehören zu den Durststrecken, die es in jedem Leben gibt, zu den schweren Phasen, die jeden Lebenslauf prägen, aber sie dürfen nicht als das Wichtigste verabsolutiert werden.

In neueren Psychotherapieformen der humanistischen Psychologie, und besonders deutlich auch bei der Technik des neurolinguistischen Programmierens (NLP) fällt auf, dass mit ganz besonderem Nachdruck immer auf unsere Kraftquellen, unsere »*Ressourcen*« hingewiesen wird. Es wird weniger als in anderen, früheren Therapieformen der Fokus der Aufmerksamkeit auf das Misslungene, auf die Problematik und deren Ausgestaltung gelegt, nicht so sehr auf das Schwere, Vergangene und Bedrängende, sondern vielmehr gefragt:

Impuls: Welche guten Kräfte stehen Dir zur Verfügung? Welche Fähigkeiten und Möglichkeiten hast Du, die Du anzapfen und einsetzen kannst? Wo sind Kraftquellen in Deinem Leben? In der »Selbstmanagement-Therapie« fragt man: Wo hast Du eine solche Situation schon einmal erfolgreich gemeistert? Wie ging es damals? Durch welche Faktoren und durch welche Hilfskräfte wurdest Du unterstützt? Hast Du Modelle und stärkende Vorbilder, die zur Nachahmung anregen und ermutigen?

Solches Fragen wendet unsere Aufmerksamkeit explizit und ausdrücklich vom Schatten *weg auf das Licht,* von der Kälte *hin zur Wärme,* von der Ausweglosigkeit *auf neue Horizonte,* von der Aussichtslosigkeit zum Blickwinkel, der Wege sieht. Sonst bleiben wir – wie gesagt – *fixiert* auf das Schwierige, auf die Aussichtslosigkeit und Not – und fixiert heißt wörtlich »festgenagelt«.

Was hat das alles nun mit *Karfreitag* zu tun, dem Höhe- und Gipfelpunkt des Leidens Jesu? Könnte es vielleicht sein, dass theologisch-ideologisch und infolgedessen im Seelenleben vieler glaubender Menschen durch die Überbetonung der Karfreitagsbotschaft, der Bedeutung des Todes Jesu für unsere Erlösung, in vielen Seelen etwas Ähnliches, Unheilvolles geschehen sein könnte: eine *Fixierung*, eine Festnagelung auf das Negative? Wir kennen ja eine »Fixierung« im buchstäblichen Sinne: In Kirchen, in vielen caritativ-diakonischen und sozialen Einrichtungen, in manchen Familien und alten Bauernhöfen hängt an der Wand oft ein Kruzifix, ein gekreuzigter Jesus: das Bild eines Menschen, der an einem Kreuz, einem Foltergerät, festgenagelt wurde und der, wenn man das jahrhundertelang und jahrtausendelang so darstellt und immer wieder ausstellt, durch diese Darstellung auch auf *diese* Haltung, auf *diesen* Moment und *diesen* Zustand seines Lebens *festgenagelt* wird ...Wie mag sich dieses Bild des gekreuzigten Jesus in die Seele von Kindern einprägen? ...

In den letzten Jahren ist mir zunehmend frag-würdig geworden, welche Bedeutung die Darstellung des Gefolterten, des ans Kreuz Gehefteten (lat. cruci fixus), und welche psychischen Wirkungen sie eigentlich in der Tiefe hat. Wird denn dabei vergessen, dass der Glaube der Christenheit immer wieder betont, dass dieses eben *nicht* das Ende gewesen sei?! Jesu Leben hat zwar so geendet, wurde aber – und *das* ist doch die Zentralbotschaft! – von einem *Neuanfang überrascht*, von etwas ganz anderem, etwas, das Grenzen sprengt, was wir nur staunend, vielleicht auch kopfschüttelnd, vielleicht lächelnd hören können: Das Leben hat gesiegt. Jesus ist nicht tot geblieben. Sein Werk ging weiter, sein Geist wirkt bis heute. Und wenn irgendetwas zählt, wenn es auf irgendetwas ankommt, dann doch darauf, dass die Aussichtlosigkeit nicht am Ende stand, das Scheitern nicht das Letzte gewesen ist, sondern, dass etwas Neues begonnen hat, etwas qualitativ anderes, das Tod und Leid überwunden hat – seit Ostern beschrieben als »Auferstehung«!

Impuls: Darum die entscheidende Frage: Wollen Sie in *Ihrem* Leben immer neu das »Trauma« wiederbeleben, wieder und wieder (Symbol: Karfreitag)? Oder vielmehr wieder und wieder das Leben, die Kraft, die Freude und den Durchbruch feiern und *beleben*? (Symbol: Ostern)? Wie wollen *Sie* leben?!

Welche Kräfte sind eigentlich in den Traditionen des Christentums am Werk, die diesen – in der Überlieferung eigentlich eindeutigen – *Schwerpunkt auf dem Leben* manchmal verschieben? Als sei Jesu Tod wichtiger als sein Leben; als hätten wir, wenn wir verkürzt von Jesu

Bedeutung sprechen, nur und allein von seinem Leidenstod zu reden; als sei nicht das Entscheidende, dass er, der diesen Leidenstod gestorben ist, zu neuem Leben erstand; dass das *Leben* das letzte Wort hat: dass all diese Schatten und Nöte von einem neuen, übergroßen Licht überstrahlt wurden – von Auferstehung, Auferweckung, Ostern!

> **Impuls:** Was ist für Sie das *Zentrale* an Jesus? Was ist *Ihr* Symbol für das Evangelium, die »froh machende Botschaft«? Was würden *Sie* betonen? Wie es darstellen? Wie sie zeigen, jene »*Kraft*«, die durch *alles* hindurch *trägt?*

Wie vielen Menschen bin ich begegnet, die das Leiden in ihrem Leben als einen Teil von Jesu Leiden empfanden, die sogar meinten, seinen Leiden noch die eigenen *hinzufügen* zu müssen, zur Vervollständigung seiner Erlösungstat. (Nicht allein in dem Sinne, dass sie sich in ihrem eigenen Leiden mit ihm solidarisch und verbunden fühlten und dadurch Hilfe und Kraft zum Durchstehen ihrer eigenen Situation empfingen. Das kann natürlich sehr wohl hilfreich sein und werden wir noch genauer betrachten!) Welche unbewussten (oder bewussten!) Kräfte haben hier die Schwerpunkte verschoben, als ob nicht mehr das Zentrale sei, dass am Ende des Tunnels *Licht* strahlt, dass der Tod Jesu der Anfang zu neuem *Leben* war: Er selbst vergleicht ihn ja – wie wir noch sehen werden – mit dem Schicksal eines Samenkorns, das sterben muss, damit ein neuer Halm entsteht, damit etwas wächst, das viel größer als das Korn ist. Wie bei einer Geburt kommt auch hier nach den Wehen und Schmerzen und der Enge des Geburtskanals für das neue werdende Leben das Licht, das Aufatmen im ersten Schrei. Dass jetzt ein neuer Mensch die Welt betritt, ist doch wichtiger als die Schwere des Weges, der dazu führte. Der Dank am Ende könnte die Schmerzen des Weges überleuchten … (Keine Frau würde noch zwei, drei oder mehr Kinder gebären, wenn die Geburt nicht überstrahlt wäre von Freude!) Die *Freude,* das *Feiern und Festen nach* dem schweren Weg zählen! Alles andere wäre unsinniges Festhalten am Leiden.

Passion und Karfreitag: Verletzung, die nötig ist

Aber neben der beschriebenen, gefährlichen Fixierung auf das Leiden und den Schmerz kann auch eine unheilvolle *Vermeidung* von unangenehmen Erfahrungen und Gefühlen folgenschwer sein und uns lebensunfähig machen:

Aus vielen Therapiegesprächen und biografischen Erzählungen von verschiedenen Menschen weiß ich, wie oft eine entscheidende Veränderung im Leben, ein neuer Weg, auch ein Erlösungs- und Befreiungsschritt, mit einer entscheidenden *Verletzung* begann, mit einer besonderen Notsituation, einer Katastrophe im sozialen Leben, im Beruf oder im persönlichen Leben, in der Gesundheit oder im Seelenhaushalt. Oftmals beginnt das Neue durch einen Zusammenbruch, mit einer Kapitulation. So können z.B. auch gerade schwere Erkrankungen – psychosomatisch als Symbole, als Hinweise und Helfer zu einer Lebensveränderung verstanden – zu einer Neuorientierung beitragen. So können Schwierigkeiten und Verletzungen, wenn sie beachtet und als *Impuls und Signal* für Veränderung verstanden und erlebt werden, fruchtbare Folgen für den Einzelnen haben: Ein Patient geht nach seinem Herzinfarkt mit seiner Zeit, seinen Beziehungen, seinem Inneren und seinen beruflichen Pflichten vielleicht völlig anders um als bisher. Eine Frau nimmt sich nach ihrem Hörsturz sehr viel mehr Zeit zum Hören, intensiver lauscht sie auch auf die weichen Töne im Leben, auch auf die leisen Stimmen in sich und um sie herum. Ein erfolgreicher Manager fängt, durch eine Herzmuskelentzündung gebremst, nun an, nach seinem Herzen zu fragen im Sinne von »Herz, was sagst du mir?«[30] ... Die Beispiele ließen sich beliebig erweitern.

Impuls: Fragen Sie sich: Kenne ich Erkrankungen, Schmerzen, Verletzungen, durch die ich auf meinem Weg *weiter*kam? Die mich zwangen oder mir halfen, mich neu zu orientieren, zu entscheiden, mich oder Umstände und Sachzwänge zu verändern? Krisen, die mich wandelten, mir zu einer Wende halfen, eine *Transformation* einleiteten? Fragen Sie auch andere nach ihren Erfahrungen!

Auch in Beziehungen können Verletzungen wichtige und heilsame Entwicklungen in Gang setzen, wenn sie recht verstanden und verarbeitet werden können, wenn man einen Menschen hat, mit dem man die Problematik durcharbeiten und sich innerlich weiterentwickeln kann. Sicherlich hatte im Märchen vom Froschkönig die wütende, gravierende Verletzung des Frosches durch die Prinzessin einen solchen Wachstums- und Wandlungsschritt zur Folge. In vielen Märchen spielen Verletzungen eine entscheidende Rolle, z.B. im Eisenhans, im Mädchen ohne Hände, in vielen Geschichten, wo am Anfang ein Elternteil oder beide Eltern sterben. Solch ein schmerzlicher Verlust, solch eine Wunde bringen die Helden auf einen Weg, setzen Schritte und Entwicklungen in Gang, die sonst vielleicht unterblieben wären. Wenn wir diesen Gedanken verstehen und aufnehmen, so *stärkt* er uns angesichts des Tabus gegenüber Schmerzen und dem Fühlen des Unangenehmen, das weithin herrscht. Es gibt Schmerzen, die Heilung und Leben schaffen, die, wenn sie wirklich durchgearbeitet werden konnten, zu einem neuen Weg und zu einer Erlösung werden können.

Ich erinnere mich sehr genau, wie ich innerlich ergriffen war, als ich Dorothee Sölle auf dem Kirchentag in Nürnberg 1979 den Satz aussprechen hörte: »Ich will den Schmerz! Ich will nicht so tot und gefühllos leben, wo ich nichts mehr spüre, aber auch zugleich leblos bin«. Sie sprach von ihrer Leidenschaft für das Leben und die Lebendigkeit und davon, dass sie gerne den Preis zu bezahlen bereit sei, den es koste, wenn man lebendig und spürend wird. Natürlich tut dann auch weh, was man zu fühlen bekommt. Aber es gäbe ja nie eine Geburt, wenn wir vor Schmerzen immer flüchten würden. Auch sonst im Leben gäbe es keine neuen Anfänge und keine neuen Geburten!

Unsere Zeit ist jedoch voll von *Schmerzvermeidung*: schnell eine Tablette, wenn Fieber oder Beschwerden da sind, möglichst rasch ein Antibiotikum, statt den mühevolleren Weg des Wartens zu gehen, die körpereigenen Abwehrkräfte aktiv werden zu lassen und den Selbstheilungskräften Raum zu geben. Alles Unangenehme wird möglichst schnell »weggemacht«: Probleme mit Arbeit, Rausch, Psychopharmaka oder Drogen übertüncht oder vernebelt, Beziehungskrisen verleugnet, Unwohlsein im beruflichen und familiären Leben möglichst nicht gespürt. »Ich dachte, meine Ehe sei gut, bis meine Frau mir sagte, wie sie sich fühlte«, heißt der bezeichnende Titel eines Buches von Augustus Napier[31], wo er beschreibt, wie er selbst jahrelang in seiner Ehebeziehung nicht hinschaut, nicht hinspürt, nicht fühlt, wie es ihm und seiner Partnerin eigentlich geht, nur um die Fiktion aufrechtzuerhalten, dass doch alles in Ordnung sei. – Unbedingt Schmerz vermeiden: Leben wir nach dieser Devise vielleicht viel zu oft?!

> **Impuls:** Wie ging man in Ihrer Herkunftsfamilie mit Schmerzen, Beschwerden und Unpässlichkeiten um? Und wie Sie mit sich selbst? Dürfen Sie *heute* Schmerz und Qual sich selber zu- und vor sich eingestehen und auch anderen zeigen? Erlauben Sie es sich, das wirklich zu fühlen und auszudrücken?

Es könnte vielleicht auch beinahe gefährlich sein, dass wir im Zusammenhang mit Leidenszeit und Passion solch *schöne Kirchenmusik* hören und lieben. Johann Sebastian Bachs Passionen oder Messen von Beethoven und Mozart z.B. sind so »große« und überwältigende, heilige und in einem sehr umfassenden Sinn »schöne«, ja, fast vollendete Musik, dass ich fast warnen möchte: Es darf nicht nur »schön« werden. Sonst verstellt oder verschleiert diese wunderbare Musik uns die Wahrheit, verhindert das Wahrnehmen, dass da *auch* Schmerz, Tod und Not sind; dass wir das *auch* zulassen, aushalten müssen; dass wir eigentlich *mit* hindurchgehen – symbolisch *mit* diesem Jesus hindurch – , nicht es aus-halten, nicht es fest-halten, sondern gehen, vorwärts, hinein und *dadurch* hindurch. Nicht also im Vermeiden, im Fliehen, auch nicht im Beschönigen oder Verschönern durch begeisternde, das Grauen verschleiernde Musik – nicht dadurch geschieht Hilfe zum Leben, geschieht unsere Stärkung zum eigenen Weg, sondern nur durch Kontakt, durch Begegnung, durch echte Konfrontation mit dem, was da wirklich ist: Schmerzen, Leid, Abschied und Tod. Und manche Not oder tiefe Verletzung, manches »Trauma« muss man vielleicht hundertmal erzählen, bis Frieden werden und Heilung geschehen kann!

Das klingt unpopulär und unangenehm in unserer leiderfüllten und doch leidensscheuen Welt. Es ist natürlich auch missverständlich, weil durch die Jahrhunderte kirchlicher und christlich-moralischer Prägung die Leidensfähigkeit und Leidenswilligkeit von vielen so schamlos *ausgenutzt, überzogen und missbraucht* wurde. Es soll ja nun beileibe hier nicht einer falschen Leidenswilligkeit oder gar einem Masochismus das Wort geredet werden. Aber es geht um Lebensgewinn und Zugang zur Fülle des Lebens durch die *Konfrontation* auch mit unserem Scheitern, auch mit unserem Schmerz. Nur *durch die Angst hindurch,* nur durch die *Auseinandersetzung* gerade an der Stelle, wo es schmerzt, nur durch das Wahrnehmen dessen, was fehlt oder zu viel ist, was klemmt und Beschwerden macht, nur durch echte Begegnung mit dem Problem gibt es Wandlung und Entwicklung.

Impuls: Wo kennen Sie selbst die beschriebene Schmerz-, Angst- und Konfliktvermeidung? Was hat Sie Ihnen eingebracht? Haben Sie auch andere Erfahrungen gesammelt: Wenn Sie sich dem Unangenehmen gestellt und hindurchgegangen sind? Was hilft, was heilt denn Wunden wirklich?

Jesus »für uns« gekreuzigt?! – Stellvertretung? Solidarität!

Wenn hier so nachdrücklich betont wird, wie wichtig es ist, uns mit unseren Nöten, Leiden und Problemen selbst zu konfrontieren, wie steht es dann aber mit der Botschaft des »stellvertretenden Leidens Christi«, der doch alles »für uns auf sich« genommen hat? Dass Verletzungen auch nötig sind und positive Auswirkungen auf die Entwicklung der Persönlichkeit haben können – recht und gut. Aber wo bleibt die Bedeutung von Jesu Erlösungs- und Heilstat für uns? So könnten sich manche jetzt fragen.

In der Tat wurde, um Jesu Leiden, Tod und Sterben zu verstehen, es fassen und für uns als sinnvoll darstellen zu können, in der gesamten Christentumsgeschichte ein besonderer Schwerpunkt auf die Bedeutung seines Todes als eines Todes *»für uns«* gelegt. Denn für viele gläubige Menschen besteht die Zentralbedeutung des Karfreitags und des Todes Jesu im Glauben, dass durch sein Sterben und durch sein Blut Vergebung und Sühne »für unsere Sünden« erwirkt wurden, und wir so von der Strafe für unsere Verfehlungen erlöst wurden. Darin allein wird vielfach die Heilstat Christi gesehen, in Sühne, Vergebung und Befreiung von Schuld, verbunden mit dem Vorwurf und der Selbstanklage, dass *wir* durch unsere Sünden verursachen und verschulden, dass Jesus sterben musste.

Dieser Denkansatz ist für weite Teile der Bevölkerung *heute* jedoch unverständlich, fremd und nichtssagend geworden oder wird als belanglos, veraltet und antiquiert abgetan. Wieder andere empfinden es als eine Verkürzung der biblischen Botschaft, die Hauptbetonung *nur* auf die Botschaft der Sündenvergebung allein zu legen und nicht *ebenso sehr* auf die Botschaft der Versöhnung und Verwandlung, der Gleichgestaltung mit Christus, auf das neue, veränderte Leben in Fülle, Liebe und Kraft (thematisiert im Feiern der Auferstehung an Ostern!).

Mir erscheint es nun bedeutsam zu betonen, dass die in unseren Kirchen am meisten verbreitete *Deutung* des Todes Jesu als Stellvertretung, als Sühnopfer *»für uns«* in Wahrheit *nur eine von vielen* möglichen und im Neuen Testament beileibe nicht die einzige ist. Diese etwa als die Hauptbedeutung von Jesu Sterben auszugeben, wie es in der mittelalterlichen Theologie geschah, verkürzt in der Tat die große *Bandbreite und Vielfalt* der biblischen Botschaft.

Denn das Neue Testament bietet *viele* Bilder, Metaphern und Vergleiche, um uns die Be-Deutung des Todes Jesu nahe zu bringen. Ich bin beim genaueren Forschen auf weit über ein Dutzend Modelle gestoßen, die uns die Bibel als Verstehenshilfen anbietet[32]. Der Tod »für uns« im Sühneschema oder als Stellvertretung ist *nur eines*, das bei uns besonders verbreitet ist und auch die meisten Schwierigkeiten macht – besonders seit dem Mittelalter, seit Anselm von Canterbury juristisches Denken, römisches Rechts- und Sühnedenken, ausdrücklich in die Glaubenslehren einbezogen hat. Neben der Fraglichkeit des dahinter stehenden Gottesbildes fällt auf, dass im Neuen Testament zwar oft davon gesprochen wird, dass Jesus »für uns« gestorben sei. Aber: das dabei verwendete griechische Wort hat eine *doppelte Bedeutungsrichtung*: einerseits *»anstelle von«*, andererseits aber auch *»zugunsten von«*. Was bedeutet das?

Impuls: Wie haben Sie das bisher mit dem »Für-uns« des Todes Jesu gesehen? Was bedeutet das für Sie? Was verstehen Sie unter »für uns«?

Im Sühnedenken wird nur daran gedacht, dass ein Recht fordernder Gott Strafen auferlegt, die vom Sünder selbst abgebüßt werden müssen oder eben von einem (himmlischen) Stellvertreter, der die Sühne erleidet »anstelle von« uns. Jene andere Wortbedeutung als Übersetzungsmöglichkeit, Jesus sei »zugunsten von« uns gestorben, lässt jedoch andere Möglichkeiten offen: Eine bezieht sich dann auf seinen *Weg*, den er ging, auf seine Lehre von der unendlichen Güte, liebevollen und akzeptierenden Grundhaltung, mit der Gott uns alle annimmt. Und für diese Lehre wurde er angefeindet, verurteilt, da er ein falsches Gottesbild vertrete; aber »zu unseren Gunsten« hat er daran festgehalten, niemals widerrufen, obwohl es ihn das Leben kostete. Er hat sich hingegeben, seinen Weg durchgehalten, ist sich und seiner Botschaft treu geblieben, zu unserem Glück. Und so war es in der Tat »zu unseren Gunsten«, dass er sich nicht hat mundtot machen lassen und sogar dafür gestorben ist.

Es geht also darum – so wird jetzt immer deutlicher –, die Bedeutung dieses »Für uns« genauer, tiefer, ja ganz neu zu verstehen. Unsere Denkgewohnheiten, die festen Verstehensgleise, die seit Anselm von Canterburys Erklärung festgefahren und fixiert waren, zu *verlassen* und den anderen Aspekt des biblischen Urwortes zu entdecken: »Für uns« heißt nicht nur »anstelle von uns, an unserer Stelle«, sondern vielmehr auch »zu unseren Gunsten, unserem Glück«. Es ist ein »Für«, wie wenn etwa jemand mir die Tür aufmacht – »für mich«, um mich willkommen zu heißen. Oder ein Päckchen »für mich« aufgibt. Oder wenn jemand ein Benefizkonzert »für« die Kinder in Nepal gibt. Merken Sie?

So betrachtet wäre es falsch verstanden, wenn wir von Jesu Sterben und Tod einseitig nur als »stellvertretend für uns« geschehen sprechen würden. Denn damit wäre dies alles sozusagen wie »ausgelagert«, wie in Jesu Tod und Sterben damals erledigt, aus und vorbei. Dann wäre es »Für uns«, aber auch ganz »ohne uns« geschehen. Es wäre damit nicht unsere ureigenste Erfahrung. Aber dieses neue Verstehen des »Für uns« als *Solidarität* Jesu, als ein *»zugunsten von und mit uns«* könnte nun heißen: Sozusagen wie ein *Prototyp* zeigt er uns, *wie* Sterben geht: Er zeigt es uns gerade auch in seinem Ringen auf dem Weg, vor dem Kreuz und am Kreuz. Er hat uns versöhntes Sterben vorgelebt; vorgemacht, *wie man sterben kann,* in welchen Etappen das geht; er hat uns ein *Modell* gegeben.

»Sterbe-Hilfe«: Sieben Schritte

In der Lebensschulung, die das Festjahr auch an dieser Stelle uns gibt, bekommen wir ein Modell, ein Vorbild, wie mit Leiden, Sterben und Tod umzugehen ist. »Erlösung« heißt nicht etwa, dass *wir* alles dies *nicht* erleben müssten, sondern Jesu Angebot besteht in einer neuen *Solidarität*. Er geht mit uns, wir gehen mit ihm durch all dies *hindurch*. Trotz seiner Angst und mit seiner Angst ging Jesus seinen Weg. Man darf nie warten, dass/bis die Angst vergeht! Denn dann könnte man nie gehen ..., nie vorwärtskommen. Nein, Jesus lebt uns vor, was zu tun ist auf dem Weg zum Ende: in seinem Ringen, seiner Auseinandersetzung mit dem Willen des »ganz anderen« (Gethsemane/Gründonnerstag), und an Karfreitag im Ausdrücken seiner Bedürftigkeit, ein letzter Wunsch, tiefste Menschlichkeit, Schwäche zeigen, wenn er am Kreuz sagt »mich dürstet – ich habe Durst«. In diesem Durst steht er bei allen, mit uns verbunden; das ist kein Theater, vollzieht sich jedoch auch nicht so souverän wie etwa bei Sokrates, der seinen Giftbecher lächelnd trinkt. – Ausdrücken unserer Bedürfnisse! Da äußert sich letzte familiäre Fürsorglichkeit: Alles wird geregelt. Auch für andere wird gesorgt, für seine Mutter, für Johannes, seinen besonderen Freund: »Siehe, das ist dein Sohn ... Siehe, das ist deine Mutter!« So geschieht Abschied in letzter Zuwendung, im Beenden »unerledigter Geschäfte« (Ruth Cohn): unverzichtbar für die Psychohygiene. Und Hoffnung bricht auf – dem Verbrecher neben ihm spricht er sie zu – auf eine Heimat und Aufnahme bei Gott ...

Da geschieht tieferes Verstehen, ein Einblick in das Wesen der Menschen, auch derer, die uns verletzt und zugerichtet haben: »Sie wissen nicht, was sie tun. Vergib ihnen ...«: Vergeben-Können als Ergebnis eines langen Weges – das werden wir noch sehen. Der letzte Schritt nach vielen *vorher*, solch ein Prozess lässt sich nicht verkürzen oder überspringen. Dann wird geklagt, gefragt: »Warum?« »Warum hast du mich verlassen?«: Wieder drücken sich die Einsamkeit, der Schmerz der Verlassenheit, die große Not, die Verlassenheit von Menschen, Freunden, ja selbst von Gott aus. »Warum« fragen dürfen, ist lebens-, sterbens-, seelennotwendig. Er lehnt sich auf – und doch nennt er ihn »mein Gott!«. Auch das werden wir noch genauer betrachten und ergründen. Und erst wenn *all* dieses ausgedrückt, herausgeschrien, in Worten formuliert und laut gesagt ist, dann kann auch Sich-Hingeben gelingen, im Vertrauen, ins Offene, Unbekannte, oder in »seine Hände«: »Vater, ich befehle meinen Geist, mein Leben in deine Hände.« *Dann* kann man wirklich sterben und sagen: Jetzt ist es genug. Es ist vorbei. »Es ist vollbracht.«[33] Vollendung!

Impuls: Gehen Sie die vorherigen Absätze noch einmal durch und vergegenwärtigen Sie sich dabei die sieben verschiedenen Etappen und Aspekte dieser »Sterbeschule«, dieser »Sterbehilfe« im besten Sinne!

Doch er starb nicht »für uns«, als ob wir etwa nicht *selbst* sterben müssten, als ob wir nicht selbst, jede/r von uns, Sie und ich, diesen dunklen Weg selber durchschreiten und durchleiden müssten. Aber er ging *»vor uns«*, geht *»mit uns«*, »zu unseren Gunsten – *für uns«.* All dieses geschieht nicht ohne uns, sondern als Stärkung für unseren *eigenen* Weg. »Wenn ich einmal soll scheiden, so weiche nicht von mir.« Begleitung bis zum Tod und durch den Tod hindurch ...

In dieser *Solidarität* mit uns bekommt auch die Darstellung des Leidenden, das Kruzifix, eine wichtige Bedeutung. Menschen z.B. in Südamerika, in den Kirchen der Leidenden und Unterdrückten, fühlen sich gerade dadurch besonders angesprochen, ausgedrückt und gestärkt. *Ihr* Leiden, ihre eigene Qual, spiegelt sich dort im Kruzifix. Und so geht es vielen Leidgeplagten und Sterbenden früher und heute hier bei uns!

Nicht also »Es ist vollbracht« – im Sinne von alles sei »geschehen, erledigt und erfüllt« durch ihn, ohne uns. Als ob nun alles – von selber, ohne Zutun – gut sei. Ist es ja nicht, das sehen und erleben wir! Sondern anders: Jetzt geht es los und an *unserem Tun* liegt es, es *auch* zu vollbringen. In moderner psychologischer Sprache nennt man das die *»subjektstufige Betrachtung«* der Ereignisse, wenn sie nicht nur als objektive Begebenheiten außerhalb von uns betrachtet werden. Wenn wir sie subjektstufig betrachten, dann wirkt, was Jesus gelebt und getan hat, als ein *Modell,* ein Zeigen, wie es geht, und wir sind *mit hineingenommen.* »Er in uns und wir in ihm« leben und erleben, erleiden und durchleiden *all* diese verschiedenen Stadien. Darin finden wir ja auch wirklich unser ganzes Leben wieder. Und werden vielleicht auch ermutigt, die verschiedenen Aspekte wacher, achtsamer und bewusster zu erkennen. Möglicherweise entspricht das paulinische Sprechen in eher mystischer Betrachtungsweise einem weiteren Entwicklungsschritt zu erwachsenerem Denken und Glaubensleben, wenn aus dem »Er für uns« ein »Wir mit ihm« wird.[34] So können viele der biblischen Aussagen für uns neue und andere Gestalt gewinnen und in dieser Form uns neu erreichen und ansprechen.

Impuls: Wie sehen Sie das jetzt? Können Sie die Hilfe erahnen, die im »Modell« Jesu, in seinem Vorausgehen *für uns* besteht? Kann Ihnen diese Solidarität tröstlich sein? Kennen Sie Schicksale von Menschen, Erfahrungen, wo sich das so bewahrheitet?

Erleben und erleiden, wie es ist

Wenn wir also das Leben anschauen und annehmen, wie es *ist,* es einfach auf uns wirken lassen mit all seinen verschiedenen Seiten und Aspekten, es im positiven Sinne »erleiden«, statt es zu tünchen und es uns *anders* zu wünschen oder vorzustellen, dann ist der Jahreskreis Lebenshilfe zur Begegnung und Konfrontation mit eben diesem Leben.

Diese Praxis des Durchlebens, bewussten Durchleidens auch von Schmerz und Not *setzt Ich-Stärke voraus und fördert sie zugleich.* In solchem Standhalten werden wir standhaft und standfest, um nicht in erträglichere Fantasien zu flüchten, in angenehme Bilder, sondern um zu fühlen, erleiden und zu durchleiden, was jetzt wirklich dran ist. »Was ist, ist« wiederholte immer wieder mein weiser Meditationslehrer. Und dadurch und darin geschieht Wandlung und Veränderung. Aber *vor* dieser Anerkennung, dass es nun mal *ist,* würde dem Veränderungssturm und dem Wandlungswillen die nötige innere Gesammeltheit und Kraft fehlen! In der Symbolik der Feste ausgedrückt: Auferstehung geht erst, wenn im Sterben die ganze Hineingabe in diesen Weg vollzogen wurde. Dann können auch Neuschöpfung, völlig neue Möglichkeiten, neue Potentiale erschlossen und entfaltet werden, wie das an Ostern mit dem Gedanken von der Auferstehung ausgedrückt wird.

Unsere Zerreißprobe

Der Kern von Karfreitag ist der Gekreuzigte. Er hängt da, ausgespannt zwischen Himmel und Erde, zwischen rechts und links, aufgerissen, geöffnet, hilflos, ausgeliefert. Hin- und hergerissen vielleicht auch zwischen Verzweiflung und Vertrauen, zwischen dem Aufschrei: »Warum hast du mich verlassen?« und dem vertrauend hingebenden »In deine Hände gebe ich meinen Geist«.

Da hängst Du,
ausgespannt zwischen Himmel und Erde,
zwischen rechts und links,
zwischen richtig und falsch,
zwischen Herz und Verstand.
Ausgespannt zwischen Himmel und Erde,
zwischen Oben und Unten,
unseren »Hochs« und unseren »Tiefs«.
Da hängst Du,
aufgerissen und zerrissen,
hingerissen und hergezerrt,
immer noch verspottet,
immer noch liebend.
Und da hindurch,
nur da hindurch, so lerne ich,
geht der Weg, der Weg zu neuem Leben!
So hilfst Du mir
in meinen Zerrissenheiten, Ver-zwei-flungen, Hoffnungslosigkeiten.
Ich und all dieses –
bei Dir »aufgehoben«
in jeder Hinsicht.
Ist das Trost?
Es ist das Wissen,
nicht alleine zu sein
mit meinem Schicksal, meinem Weg –
und ist die Hoffnung,
auch endlich auferstehen,
durchkommen und neu werden zu können.

Impuls: Stellen Sie sich bitte einmal so hin, aufgerichtet und mit ausgebreiteten Armen und spüren Sie dem nach, was in Ihnen durch diesen Text und diese Haltung ausgelöst wird, wie Sie sich dabei fühlen, was das mit Ihnen macht!

Seine und unsere »Zerreißprobe«: So sind wir miteinander verbunden. Im Hebräerbrief wird Jesus als einer bezeichnet, der auch »mitleiden musste mit unseren Schwachheiten« (Hebräer 4,15). Er konnte sich nicht heraushalten aus den Schwierigkeiten, Verwirrungen, Niederlagen und Katastrophen des Lebens. Er hat mitfühlen gelernt – in der modernen Psychotherapie nennen wir das »Empathie«. Weil er selbst so viel Schweres erlebt hat, kann er sich in uns einfühlen, tiefer verstehen als ein Mensch, der vielleicht nur teilnahmsvoll zuhört.

Auch aus den USA kenne ich das Konzept vom »wounded healer«, vom verwundeten Heiler. Bei den alten Griechen schon galt als anerkannter Grundsatz: Nur der Verwundete kann heilen. Mythologische Gestalten wie Apollo, Chiron und Asklepios vertreten den Archetyp des »verwundeten Heilers«.[35] Man spricht daher davon, wie wichtig es ist, dass Menschen in heilenden und helfenden Berufen selbst *auch* durch schwere Nöte hindurchgegangen sind. Wer heilen will, muss auch selbst verwundet worden sein und die Heilung erlebt haben. In den »Einführungswegen« für Schamanen müssen diese durch schwere körperliche oder auch seelische Krankheiten hindurchgegangen sein und diesen Weg hinter sich haben. – Glaubwürdigkeit verbinden wir sehr oft damit, dass der andere Mensch, dem wir uns anvertrauen, nicht nur die Sonnenseiten des Lebens kennen gelernt hat, sondern auch seine Schatten.

Und genau dies – so betont der Schreiber des Hebräerbriefes – bietet Jesus uns an: Er kennt Niederlagen, Enttäuschungen und Zerschlagenheit, äußerste Einsamkeit, Verlassenheit von Menschen und auch von Gott selbst. Er blickt nicht von oben herab auf uns, sondern ist neben uns wie ein Bruder und Freund, der alles versteht, alles selbst am eigenen Leib und in der eigenen Seele erspürt, erfahren und insbesondere erlitten hat. Einen solchen Weggefährten zu haben, könnte hilfreich sein!

Bei meinen Erlebnissen im Himalaja und mit den Indianern Nord- und Mittelamerikas, meinen vielen Begegnungen mit indianischen Medizinleuten, bei eigenen Erfahrungen und denen anderer auf dem Weg der Individuation und Selbstverwirklichung, der Entdeckung und Entfaltung des wahren Selbst, fiel mir eine *Parallele* auf zwischen diesen Entwicklungswegen und dem Leidens- und Schicksalsweg

Jesu. Je mehr ich staunte und forschte, desto deutlicher wurde mir, dass es nahezu ein »Muster« zu geben scheint, gleichsam bestimmte *Stadien* auf diesem Weg, die in allen Kulturen, zu allen Zeiten ähnlich verliefen und verlaufen. Auch, wenn man die Vielzahl der Bücher über Schamanismus und Einweihung von Schamanen/-innen überblickt, wird eine Struktur deutlich: Stationen, die auf dem Weg passiert oder durchschritten, ja durchlitten werden. Und ich finde es höchst bemerkenswert, erstaunlich – oder auch nicht! –, dass der Leidensweg Jesu sehr *vergleichbare Stationen* durchläuft. Ganz besonders verdichtet, prototypisch beinahe, sozusagen »archetypisch« sind sie am »Weg Jesu« zu beobachten. Sehen wir uns diese Etappen einmal näher an:

Stationen der Einweihung

Die wesentlichen Erfahrungen bei Jesus (und den Schamanen) lassen sich in 7 + 1 Etappen zusammenfassen:

1. Berufung, auslösende Vision: Durch ein Erlebnis, eine Krankheit, oft einem Traum (bei Jesus die Taufe verbunden mit einer Vision, einem »Tagtraum«).
2. Ahnung und Ankündigung von Schwerem, einem leidvollen Weg, der aber zugleich unausweichlich erscheint.
3. Als Reaktion darauf Unverständnis der anderen in der Familie, auch der Freunde. Einsamkeit infolgedessen, Verlust von Freunden und Popularität. »Verraten, verleugnet, verlassen.«
4. Identifikation mit dem Problem, der Krankheit, dem Schmerz, der Sünde (oder auch dem Regen, den man braucht, oder einem Bären, der der Heiler dann selbst »wird«). Jesus »trug« für den Glaubenden die Sünden, »wurde selbst zur Sünde gemacht«.
5. Hilflosigkeit und Ohnmacht: Hineingehen in die Identifikation ohne Hilfe; »sich selbst nicht helfen« können, anderen aber sehr wohl.
6. Seelische und körperliche Zerstückelung: Man meint, es »zerreißt« einen, fast wie psychotische Schübe, Schizophrenien. Auch spirituelle Krisen zeigen sich so.
7. »Höllenfahrt« in »andere Welten«: verschiedene Zeiträume – es geht in die Unterwelt, in den absoluten Tiefpunkt.

8. Neues Leben, neues Bewusstsein, Auferweckung, große (Heil-) Kraft, Existenz für andere. Damit werden wir uns im Folgenden im Zusammenhang mit Ostern ausführlich befassen!

Ich spreche von 7 + 1 Etappen, weil die Sieben in ihrer Symbolik das Abgeschlossene, Heilige, Vollendete bedeutet. Der weitere Schritt ist ein ganz *neuer*, entspricht der Symbolik der acht: Sie ist »Beginn« – einer neuen Woche, einer neuen Seinsweise am Ostermorgen (= 1. Tag der neuen Woche), Symbol für neues Leben, Neuanfang; ist, waagerecht geschrieben, Symbol für Unendlichkeit.

Zunehmend mehr kristallisiert sich für mich die Erkenntnis heraus, dass dieser Weg einen gleichsam typischen Prozess darstellt, einen »Musterweg«, der sich auch in vielen inneren Entwicklungswegen von Menschen, Individuationswegen, widerspiegelt. Es handelt sich zwar um den Weg des Heilers, den »Weg des Erlösers«, möglicherweise also nicht um den von uns allen. Aber durch die Jahrtausende und die Kulturen wird dieser Weg ähnlich erlebt, erlitten und beschrieben; er ist so offenbar prototypisch, »archetypisch«, wie der überzeitliche, interkulturelle Vergleich zeigt. Solche Muster begegnen uns auch in den Berichten vieler Träumerinnen und Träumer, die bewusste Schritte auf dem Weg zu ihrer Selbstfindung gehen. Vieles an dem ermittelten 7+1-Schritt-Muster erinnert an den Weg Jesu. Manches wurde schon angedeutet, einiges sei noch erwähnt:

Auch Jesus kennt die Erfahrung und das Gefühl der Berufung und Beauftragung: durch die Taufe, durch die Erfahrung von Versuchungen hindurch, durch die Begegnung mit Menschen, insbesondere auch mit den Frauen, wird ihm zunehmend deutlicher sein Weg klar. Er spricht natürlich – wie auch etwa in Eingeborenenstämmen die Heiler mit ihren Familien, Freunden und Angehörigen – mit seiner Familie darüber, stößt auf Unverständnis, Ablehnung und Widerstand; er spricht mit seinen nächsten Freunden, seinen Jüngern, darüber und begegnet auch da wenig Solidarität, sondern sogar intensivem Widerspruch. Erinnern Sie sich? – In den »Leidensankündigungen« spiegelt sich diese Ahnung Jesu, sein wachsendes Bewusstsein davon, was ihm bevorsteht und droht.

Im archetypischen Grundmuster der Einweihung/Initiation, so auch bei Jesus, findet sich dann ein Prozess zunehmender Vereinsamung – auch daran erinnern Sie sich: Jesu Einsamkeit, vergebliche Bitte um Beistand in Gethsemane, sein Ringen mit seinem Weg, seinem Schicksal, seinem Gott. Auch dieses Sträuben ist typisch für den Einweihungsweg: So wie sich auch schon Propheten entschuldigten und weigerten, sich Moses wehrte (Exodus/2. Mose 3), sich Jeremia ungenügend empfand (Jeremia 1), Jesaja seine Defizite ins Feld führte (Jesaja 6), so bittet auch Jesus, der »Kelch möge an ihm vorübergehen«. Doch der Prozess schreitet fort und schließt immer, in irgendwelcher Form – alle Kulturen und Völker verbindend, für jeden Einweihungsweg verbindlich zugleich –, die Zerstückelung ein: Nicht nur seelisch fühlt man sich in Stücke gerissen, sondern auch buchstäblich körperlich zerbrochen oder gar zerschnitten. Jesu Hände und Füße werden tief verwundet, seine Herzseite aufgeschlitzt! Jedes Brechen der Hostie beim Vollzug der Eucharistie erinnert genau an dieses »Gebrochenwerden«!

Auch der beschriebene Weg ins Dunkel, in die Angst, ins »Grab« gehört dazu: unterschiedlich lang, ob die Person nun drei Tage auf den Bäumen hockt, neun Tage in einer wüsten Gegend verbringt, fastet und sich kasteit. Von Jesus wird berichtet, dass er ins Grab, ins Totenreich und in die Hölle gestiegen sei. Wir werden uns noch genau ansehen, was das alles bedeuten kann.

Viele Menschen auf ihrem Individuationsweg, dem Weg zu ihrer Eigenart und Einzigartigkeit, erleben solche Stadien – häufig auch in ihren Traumbildern. Ich erinnere mich sehr genau an das Entsetzen und Erschrecken eines erfolgreich im Leben stehenden 40-Jährigen, der in einem Traum wusste: »Das dort in einem Plastiksack sind herausgeschnittene Organe meines eigenen Kindes«. Und in der Hand hielt er das noch pochende, blutende Herz seines zerstückelten Kindes. Genau gegenüber, auf der anderen Seite des Platzes im Traum, gebar eine Frau ohne Hilfe und Zutun in einem Taxi ein Kind, ein vollständiges, unverletztes, gesundes Kind. Beides nebeneinander: Das zerstückelte, eigene, innere Kind – und der Vorgang einer heilen, heilenden Geburt. Fast wie Kreuz und Auferstehung.

Impulse: (auch hier wieder: allein und/oder mit anderen/Gruppen)

1. Haben Sie ähnliche Erfahrungen in der Alltagsrealität oder im Traum gehabt? Haben Sie diese vielleicht als massive Lebensbedrohung empfunden und abgewehrt, sie als Albtraum erlitten und problematisiert? Trafen manche dieser Ausdrücke auch schon auf Sie zu: »Es zerreißt mich, bricht mir das Herz, reißt mir das Herz in Stücke; ich zerbreche mit den

Kopf, heule mir die Augen aus; das hat mir das Kreuz gebrochen; ich fühle mich zerschlagen, niedergeschlagen, total am Boden zerstört«? Kann Ihnen die Beschreibung der Urstrukturen und Urbilder unserer Seele, des uns sozusagen eingepflanzten Entwicklungsweges, vielleicht Hilfe und Entlastung verschaffen? Ein tieferes Verstehen des not-wendigen, Lebenschaffenden Weges?[36]

2. Kommen Ihnen manche dieser Stadien bekannt und vertraut vor? Erkennen Sie sogar manches aus Ihrem eigenen Leben darin wieder? Was dadurch vielleicht verständlich und sinnvoll würde – in diesem Gesamthorizont? Dies wäre, wenn es sich – wie vermutet – um ein Grundmuster menschlicher Weiterentwicklung handelt, auch nicht verwunderlich!

3. Dass es ausgerechnet acht Stadien dieses Prozesses sind, ist auffallend: Acht, das ist der Neuanfang, wie Ostern am ersten Tag der neuen Woche; acht, das ist das Neue, das Unendliche. Malen Sie einmal eine Acht: immerzu, immer weiter, dann bekommen Sie eine Erfahrung, ein Gespür für die Endlosigkeit, flüssige Unendlichkeit, die darin liegt. Man wird »achtsam« ...

Ich will zwar nicht sagen, Jesus sei einfach ein Schamane gewesen. Nein. Aber der Weg des Schamanen, des Heilers, ist ein ganz eigener, individueller Weg im Bewusstsein einer Bestimmung, einer Berufung. Und dieser Weg ist oft schwer und hat bestimmte Merkmale. Und genau an dieser Stelle liegt der Vergleichspunkt mit Jesus und mit uns selbst. Denn »ein jeglicher sei gesinnt wie Jesus Christus auch war«, sagt Paulus (Philipper 2,5); und an dieser Stelle ist gerade auch von Entäußerung, Verlust, Knechtwerdung, Tod und Marter die Rede und von Erhöhung. »Wie Jesus Christus auch« – so »ein jeder«! Die Grenzen zerfließen – merken Sie es? Mexikanische Indianer lehrten mich ihr Leitwort: tehuan ni nehuan – nehuan ni tehuan: ich bin du – du bist ich. Auch hier die angesprochene Identifikation. Im Schamanismus gibt es letztlich keinen Unterschied, ob man anderen hilft oder sich selbst. Indem wir anderen helfen, werden wir selbst kraftvoller, selbsterfüllter und selbstbewusster. Der Zweck alles solchen Tuns ist Hilfe an der Menschheit![37]

Vergib ihnen, denn sie wissen nicht …

Wir können zwar in diesem Kontext nicht alle der so genannten »sieben letzten Worte Jesu am Kreuz« gründlich bearbeiten und die darin liegenden Schätze zur Lebensbewältigungshilfe umfassend heben, aber einige wollen wir genauer anschauen: Seine Bitte um Vergebung für seine Folterknechte, sein »Warum hast Du mich verlassen?« und seinen lauten Todesschrei. Wie hilft uns das für unseren Umgang mit *eigenem* Leid, mit *unserer* Verletztheit, Verzweiflung und Not? Konnte Jesus womöglich so frei leben und auch sterben, das Leben loslassen, weil er verstehen und vergeben konnte? Hierin liegt ein weiteres, schweres Stück Lebensweisheit:

So wichtig es ist, dass wir, bevor wir wirklich vergeben können, unsere Aggression, unsere Vorwürfe und all das Negative, das in uns haust und gegen den oder die anderen gerichtet ist, dass wir uns dies alles eingestehen, ihm auch Raum geben und es auf irgendwelche Weise ausdrücken, so unverzichtbar ist ein Schritt darüber hinaus: dass wir die *Zusammenhänge* durchschauen können, verstehen lernen und *dadurch vergeben* können. Wirklicher Friede entsteht erst im Vergeben. Dann bin ich nicht mehr das ausgelieferte Objekt des anderen, bin nicht mehr bloß blindes Opfer, sondern mache mich zum Subjekt, trete diesem Schicksal aktiv gegenüber und steige aus dem Kreislauf und der Tretmühle heraus. *Wer vergeben kann, steht darüber,* schaut auf das Ganze im Überblick und *ist frei*. Frei auch vom Hassen, frei vom Zwang zur Re-aktion, er tritt aus den Wiederholungszwängen heraus. Das geschieht vielleicht erst am Ende eines langen Weges, ist aber notwendig und heilsam.

Eigenartigerweise finden sich in der Betonung des Mitgefühls mit dem andern und des Vergebens das Christentum und der Buddhismus. Auf dem Münchner Kirchentag 1993 erlebte ich ein Interview mit dem Dalai Lama, bei dem dieser die Frage nach der Bedeutung des Todes Jesu, von Sühne und Vergebung durch das Kreuz, überhaupt nicht verstand. In seiner Antwort sprach er nur ständig von der Wichtigkeit »des Vergebens«. Dass Vergebung »durch irgendwen für irgendwen« erwirkt worden sei, das konnte er plötzlich sprachlich gar nicht mehr verstehen, obwohl er sonst in der ganzen Diskussion alles sprachlich mühelos mitvollzog und sich auch bestens auf Englisch äußern konnte. Aber diese Frage konnte er weder verstehen noch beantworten bzw. er beantwortete sie immer wieder mit dem Hinweis auf die Wichtigkeit von *Vergeben und Mitgefühl*. Das machte mich nachdenklich.

Verstehen Sie mich richtig: Es geht nicht um ein demütiges Vergeben, weil ich etwa gar nicht anders *kann*. Nicht ein Vergeben aus Schwäche im Sinne von nicht sich selbst eingestandener Wut und nicht zu leben und auszudrücken gewagter Aggression. Nein, dies alles sind wichtige *Stadien* auf dem Weg zur Bewältigung verletzender oder traumatisierender Ereignisse. Hilfe zum Leben aber ist es nicht, wenn wir in Hass, Unmut, Vorwurfshaltung und Bitterkeit stecken bleiben. Der Schritt in die wirkliche Freiheit, der als nächster folgt, ja beinah folgen *muss*, vollzieht sich im Vergeben. Dieses Vergeben jedoch, wenn es am Ende des beschriebenen Weges folgt, geschieht nicht aus Aggressionshemmung heraus, sondern ist ein *Symptom innerer Freiheit*!

Wenn ich nicht zurückschreien, zurückschlagen und zurückhassen muss, dann spiegelt sich darin Freiheit. So verstanden wirkt auch die Idee Jesu, wenn er sagt, man solle dem anderen die andere Wange hinhalten, wenn er auf die eine geschlagen hat, nicht etwa wie die perverse Ausgeburt einer masochistischen, lebensunfähigen, psychologisch ungesunden Fantasie, die den Menschen, den Umgang mit Gefühlen und die Dynamik des Seelenhaushalts nicht kennt. Sondern im Gegenteil: Hier formuliert jemand ein *Optimum an Freiheit*: Dass ich auf etwas, was mir geschieht, nicht reflexartig, automatisch, natürlich negativ reagieren muss, sondern herausgenommen bin aus dem zwangs-läufigen Verhalten, aus reflexartigem Zurückgeben von Kränkungen, Beleidigungen oder dergleichen. Ein völlig neues Potential wird hier angesprochen: Ich handle aus Freiheit heraus. Vergebung, Rücksichtnahme, Loslassen werden zum *Symptom von Souveränität*, zum Symbol von Freiheit! »Nicht du bestimmst mich, lebst mich, beeinflusst mich und mein Verhalten, indem du ›böse‹, negativ und destruktiv zu mir bist. Sondern ich bleibe Herr meines Lebens und Verhaltens und verhalte mich von innen heraus neu, anders, souverän.« So könnte *Vergeben* eine Folge nicht etwa von Schwäche, Hinnehmen, zwanghafter Nachgiebigkeit oder gar von Duckmäusertum sein, sondern *Wirkung von innerer Gelöstheit, Losgelöstheit und Freiheit.*

Was eventuell wie Schwäche aussieht, was auch als moralischer Appell missverstanden werden kann, spiegelt im Grunde genommen nur einen inneren Freiraum, den zugegebenermaßen nur sehr wenige Menschen haben. Daher erscheint dies uns wie eine Forderung, ja normalerweise wie eine Überforderung. Aber es geht hier um Vergebung, die aus einer inneren Würde entspringt, geboren ist aus einem inneren Darüberstehen. In diesem Verhalten zeigt sich eine innere Haltung der Gelöstheit, des Gelassenseins.

Jesus konnte vergeben, weil er zum inneren Hinter-Grund jener Menschen »hindurchsah«, die ihm das alles antaten. »Vergib ihnen, denn *sie wissen nicht,* was sie tun«. Er sah tiefer und wusste: Sie können nicht anders, sie ahnen nicht die Tragweite ihres Tuns, sie ermessen nicht, was sie anrichten, sind »unbewusst«. Diese Sicht schützte ihn auch und half zu vergeben! Wie oft mag uns das auch so begegnen: Menschen enttäuschen, bekämpfen, verletzten uns und »wissen nicht, was sie tun«. Wer hindurchschaut, »das Herz ansieht« oder »mit dem Herzen sieht«, erlebt die Leiden anders, sieht die Zusammenhänge, auch die Verstrickungen, Unfreiheiten, Prägungen oder Verbissenheiten des anderen – und kann so loslassen, vergeben.

Impulse:

1. Was würden Sie erkennen, sähen Sie einen Gegner mit den Augen des Herzens an? Können Sie Zugang gewinnen zu diesem »Durch-Blick« Jesu – hin bis zu den Unfreiheiten, Zwangsläufigkeiten und Unbewusstheiten des anderen –, der dann vergeben hilft?
2. Stellen Sie eine Liste von Lebenssituationen zusammen, wo Sie heute noch Bitterkeit, Groll und Unmut in sich tragen. Niemand verlangt von Ihnen, das erlittene Unrecht zu vergeben. Aber können Sie vielleicht heute manche Zusammenhänge *verstehen*? Welche Folgen in Ihrem Verhalten, in Ihrer Gesundheit, welche Wirkung auf Ihre inneren Organe haben Ihr innerer Groll und das Festhalten an der Not des Erlittenen? Spüren Sie bitte nach, was Sie an den alten ungelösten/unerlösten Situationen festhält oder warum Sie diese festhalten. Was würde geschehen, wenn Sie diese Erinnerungen und Situationen innerlich hergeben, freilassen? Welches Echo steigt in Ihnen auf beim bloßen Gedanken daran? Spüren Sie womöglich auch ein Gebundensein an die entsprechenden Menschen, Sachlagen und Situationen, die Ihnen diese Schmerzen und diese Not gemacht haben? Wie könnten Sie davon frei werden, oder besser: sich davon befrei-

en? Das griechische Wort für »vergeben« bedeutet im Ursprungssinn »loslassen« – nichts anderes.

Vergeben können als Symptom von Freiheit und Souveränität! So schafft recht verstandener Glaube freie, selbstständige, souverän handelnde und ichstarke Menschen!

Verlassen

Wir sind nun den Weg Jesu so weit mitgegangen, haben ihn mitgefühlt, achtsam und behutsam mit unserem eigenen Weg, unseren eigenen Enttäuschungen, Verletzungen, unserer eigenen Leidensgeschichte verglichen. Haben Sie gemerkt, dass dieser Weg eine ständige Steigerung ist bis zum endgültigen Sterben? Ein immer neues, immer schwereres Verlassenwerden.

Da war zunächst der Abschied – sein Leiden hatte Jesus nach dem Zeugnis der Evangelien ja schon etliche Male angekündigt. Dann ein vom Jubel getragener Einzug in Jerusalem – dann wird Jesus von dieser Popularität, Zuwendung und Begeisterung der Massen auch verlassen! Statt wie vorher »Hosianna« zu schreien, schreien sie nun »kreuzige ihn«. In Gethsemane wird er von seinem vertrautesten Freundeskreis, denen, die er extra um sich scharte, hilflos im Stich gelassen: Sie schlafen. Dieses *eine* Mal hatte er sie um Hilfe gebeten: Sie sollten mit ihm wachen und beten. Und jedes Mal, wenn er aus dem Abseits, in das er sich zurückgezogen hatte, zurückkehrt, sieht er: Sie schlafen wieder. Und da bricht sie aus Jesus heraus, die Enttäuschung, die Verletzung, die Traurigkeit. Wenn das unsere frommen Väter und Mütter hören würden, die uns beigebracht haben, dass Vorwürfe und das Ausdrücken von Kränkungen nicht erlaubt und absolut nicht christlich seien … Nein, er *lässt* es heraus, es bricht aus ihm die vorwurfsvolle Frage heraus: »Könnt ihr denn *nicht eine Stunde* mit mir wachen?!« – Je mehr ich dem nachspüre und nachhorche, desto bitterer und enttäuschter klingt mir diese Frage – auch ein Stück Aggressivität höre ich heraus: nicht einmal die paar Minuten – nicht dies eine Mal, wo *ich* euch gebraucht hätte … Aber nein – sie schlafen. Schließlich beim dritten Mal der Vorwurf: »Ach, wollt ihr *nun* schlafen und ruhen? Es ist genug!« Und er bleibt und ringt allein … Und nach der Gefangennahme »verließen ihn *alle* und flohen«[38].

Eine Klimax des Schmerzes, eine Steigerung der Verlassenheit, denn danach wird er seelisch auch von dem Freund verlassen, der ihm ganz besonders die Treue bis in den Tod geschworen hatte: Petrus. »Treulos« leugnet er, etwas mit ihm zu tun zu haben. Ein feiger »Fels«! Einiges hatte Jesus mit seinem »Freund« Judas besprochen, dem er auch Aufträge gibt – aber Judas fällt ganz am Schluss auch aus: Er hält das Ganze nicht aus und hängt sich auf. Auch er also verlässt Jesus. Vor Pilatus und vor dem jüdischen Gericht steht er ganz allein da. Allein auch mit seiner Enttäuschung: Was muss es für ihn bedeutet haben, dass die jubelnden Massen so plötzlich umkippen! Er hatte viel erlebt mit ihnen und sie mit ihm, sie hatten ihm zugehört, er hatte gehofft, verstanden zu werden. Er hatte seine Botschaft mit immer neuen Worten und Bildern versucht, ihnen nahezubringen, hatte in seinen Taten dementsprechend gelebt – und was bleibt? Wer bleibt? Wetterwendisch ihr Fähnlein nach dem Winde hängend, fallen alle um, schreien »hinweg mit ihm«. Was muss diese Abfolge von Verlassenheitssituationen für Jesus innerlich bedeutet haben?!

Und das steigert sich noch weiter: Historisch korrekt haben wohl *alle* seine Jünger ihn verlassen, keiner war unter dem Kreuz noch bei ihm. (Dass im spätesten Evangelium Johannes unterm Kreuz steht, ist wahrscheinlich dem Wunsche entsprechend formuliert, aber nicht historisch!) Nur die Frauen waren noch da – bis zuletzt! Sie waren auch die Ersten, denen er begegnete – am Ostermorgen. Welch eine Botschaft: die Frauen! Und wie sind sie in der Kirchen- und Kulturgeschichte missachtet worden! Wie werden sie behandelt – in vielen Teilen der Erde!

Er erleidet die *totale Einsamkeit*. Ich könnte mir denken, dass dieses seelische Leiden noch größer war als das körperliche am Kreuz. Zumindest hat eines sicher das andere verstärkt! Aber damit nicht genug! Hinzu kommt die »absolute Nacht der Seele«, die Verlassenheit von Gott. Denn zu »schlechterletzt« erlebt er sich am Kreuz auch noch von Gott verlassen: »Mein Gott, warum hast Du mich verlassen?« Jesus konstatiert die Verlassenheit: In seinem Aufschrei geht er davon aus, dass das so *ist*. Nicht etwa fragt er: »Hast Du mich – etwa – verlassen?« Nein, aus seiner Bibel weiß er, dass Gott das tun kann (Jesaja 54,8: »… dich eine kleine Zeit verlassen.«). Er fragt nicht andere – wie vielleicht wir, in seelsorgerlichen oder therapeutischen Gesprächen:

»Warum hat er mich verlassen?« Darüber wird nicht philosophiert oder diskutiert. *Er richtet die Frage an den Täter*, im Dialog, und *redet* paradoxerweise *mit dem Abwesenden*: »Mein Gott, warum hast Du mich verlassen?« Soll heißen: Dass du mich verlassen hast, ist klar, sichtbar, erlebbar – ich erleide es. Offen bleibt nur: warum?

Impulse: (entweder für Sie allein oder für Fragen und Austausch mit anderen, Gruppen ...):

1. Wie gehen Sie mit ihren Warum-Fragen um: Wohin richten Sie diese? Wie machen es andere?
2. Welches sind Ihre Strategien, Einsamkeit und Verlassenheit zu überbrücken, zu verleugnen, zu überstehen oder zu übertünchen? Oder stehen Sie das wirklich durch? Was hilft Ihnen dabei? Was anderen? Sprechen Sie vertrauensvoll darüber!
3. Vielleicht wäre es hilfreich, Sie nehmen einmal Ihr Tagebuch zur Hand und schreiben die Geschichte Ihrer Kränkungen, Enttäuschungen, Verlassenheiten und Einsamkeiten auf. Geben diesen Geschichten Ausdruck, eine Form. Klagen und weinen Sie vielleicht einmal ausdrücklich. Und dann nehmen Sie Abschied davon: Abschied vom Gewesenen, auch von all dem Schmerzhaften durch einen bewussten, letzten Kontakt – um es dann loszulassen. Wirkungsvoller noch wäre ein Gespräch mit einem vertrauenswürdigen, liebe- und verständnisvollen, zugewandten Menschen.

Leben und Sterben in tiefer Verlassenheit: von allen verlassen zu werden, dann ist keiner mehr da, der hinter einem steht, zu einem steht und einen mit hindurch begleitet. Einsam geht Jesus seinen Weg. Wir haben gesehen: Er ging diesen Weg »für uns«, auch im Sinne von »vor uns«, uns voraus. Wir heute können denken, hoffen, glauben: Da ist einer, der all dies kennt, der mich versteht, der mich begleitet – ich bin nicht allein.

... und Jesus schrie laut: unser Fragen und Schreien

Mit zwei verschiedenen »Äußerungen« ist nach dem Zeugnis des Markus Jesus gestorben: Er schrie zuerst in einem Satz und dann unartikuliert »einfach so«. Für die Bewältigung von extremen Situationen, Krisen und absoluten Verzweiflungsmomenten, glaube ich, liegt sehr viel Weisheit und Lebenshilfe darin, beide Weisen miteinander zu verbinden: das laute bloße Schreien und das artikulierte Hinausschreien eines Satzes, einer Frage, einer Anklage, hier der Klage: »Mein Gott, mein Gott, warum hast Du mich verlassen?!«

Bei meinen vielen Vorträgen, Seminaren und anderen Veranstaltungen fällt mir immer wieder auf, welche Erleichterung und Befreiung durch die Reihen geht, wenn gerade diese Frage, *die Frage nach dem Warum,* »Erlaubnis« findet, wenn sie nicht abgewehrt, abgewürgt, unterdrückt und verboten wird. Wurde vielleicht in der Lebensgeschichte von vielen Menschen diese Frage unterbunden? Bekam man immer wieder zu hören: »So etwas fragt man nicht!« »Frag nicht warum, das ist dumm!« »Du machst mich noch wahnsinnig mit deiner ewigen Fragerei!«? Und wie die Sätze alle heißen …

Impuls: Gab es auch in Ihrem Leben Fragen, die abgewürgt wurden? Können Sie sich noch daran erinnern? Welche Fragen durften bei Ihnen nicht gestellt werden? Durften Sie »Warum?« fragen – gegenüber Menschen und gegenüber Gott, dem Schicksal?
Zusatzfrage: Welche Interessen könnten dahintergestanden haben, wenn Erwachsene uns diese Frage verboten?! Wem diente es, dass oder wenn die Warum-Frage abgewehrt, verunglimpft, ausgelacht oder bagatellisiert wurde? Bedenken und ergründen Sie das auch mit anderen!

Weithin galt es als besonders christlich, demütig und dem Willen Gottes ergeben, diese Frage zu unterdrücken und nicht zu stellen. Haben Sie auch solche Sätze gehört: »Du bist viel zu klein, um dem großen Gott die Frage nach dem Warum zu stellen. Du wirst ihm auf Tausend nicht eins antworten können!«. »Frag nicht nach dem Warum, frag vielmehr nach dem Wozu!«? Die Umkehrung der Frage nach dem Warum in die nach dem Wozu – so konstruktiv sie auch gemeint sein mag und so wichtig es ist, dass man in der eigenen Entwicklung dahin gelangt – sie kann vergewaltigen und unterdrücken, woran ein Mensch in einer bestimmten Situation, in diesem Hier und Jetzt konkret leidet und sich reibt. Die Frage nach dem Warum ist *die Urfrage der Menschheit* überhaupt. Wer sie verbietet, stellt sich damit gegen eine Urkraft im Menschen, in der Seele und in der Welt überhaupt. *Die Frage nach dem Warum* hat Wissenschaften hervorgebracht, Selbstverständlichkeiten infrage gestellt, Revolutionen ermöglicht, steht am Anfang jedes Auswegs aus dem Status quo, jeder Überwindung unerträglicher Verhältnisse, in denen wir uns befinden. Jede Veränderung, jeder Wandel in der Seele, in Beziehungen, in der Gesellschaft, in Philosophie, Wissenschaft und auch Religion beginnt mit der Frage nach dem Warum. Sie ist wirklich eine *Urfrage,* wie ein *Generalschlüssel* – ein Zeichen von Eigenständigkeit, Selbstständigkeit im Denken, von beginnender und wachsender Ich-Entwicklung!

Umso schlimmer, dass in manchen Kreisen von Kirche und Gesellschaft diese Frage immer sehr verpönt, verboten war und als scheinbar gegen Gott gerichtet abgewehrt wurde. Und auch diese Lehre selbst wurde natürlich nie hinterfragt. Man durfte ja nicht etwa fragen: »Warum darf ich nicht ›Warum‹ fragen?!« So stabilisiert sich die Ablehnung und Abwehr, so werden Menschen gehorsam und unmündig gehalten. Wenn Sie sich einmal die Mühe machen würden, eine Konkordanz aufzuschlagen (ein Bibellexikon, in dem die Stellen aufgezählt sind, an denen bestimmte Wörter vorkommen) und nach dem Stichwort »warum« zu suchen, dann würden Sie staunen: Die Bibel ist an vielen Stellen *voll* von dieser Frage. Das muss natürlich so sein, weil das eine ganz natürliche Frage ist! Wir müssten uns vielleicht auch wieder davon anstoßen und überraschen lassen. In der Bibel wird »Warum« geschrien, es wird geklagt, es wird von Auflehnung und Auseinandersetzung mit Gott in einer Vehemenz und Heftigkeit berichtet, die uns kühleren Nordwesteuropäern der heutigen Zeit manchmal unfassbar erscheint. So gesund aber wäre es für unser Seelenleben, davon zu lernen! Viele Psalmen rechten und hadern mit Gott, klagen ihn an. Auch folgt auf das Warum nicht etwa immer ein versöhnlicher Schluss, wie er an anderen Stellen sehr wohl zu finden ist. Die Klagelieder Jeremias enden im Beschreiben der Verzweiflung.

Es ist wichtig, sich nicht den Mund verschließen zu lassen, sich auch nicht durch manche psychotherapeutischen oder esoterischen Richtungen unserer Zeit davon abbringen zu lassen, sich dieser Frage zu stellen, diese Frage an die Welt, das Leben, das Schicksal, an »Gott« zu richten, wie auch immer wir ihn verstehen. Im Markusevangelium war das Jesu letzter Satz: »Mein Gott, warum hast du mich verlassen?!« In der Frage nach dem Warum drückt sich ein Ringen mit dem Schicksal, ein Reflektieren dieser Fragen aus, man setzt sich emotional und zugleich rational mit der eigenen Situation auseinander.

Das ist die *eine* Seite von Jesu Sterbestunde: Worte klagen, schreien oder anklagende Worte sogar in der Form eines Gebetes gegen den Himmel richten. Die *andere* Form folgt nach dem Bericht des Markus danach; manchmal im Leben treffen wir sie auch davor an; jedenfalls gehören diese beiden Formen zusammen: der Schrei, der manchmal stumme Schrei, oder aber der blinde, verzweifelte, nicht mehr lautlose, sondern zum Aufschrei gewordene Ausbruch der Qual in Stimme und Urlaut: Jesus schrie laut und starb dann.

Von Südamerika hörte ich, dass die Menschen dort bis vor einigen Jahren noch in den Karfreitagsgottesdiensten schrien, weinten und laut der Trauer, dem Schmerz und dem Entsetzen über das grausame Schicksal Jesu Ausdruck verleihen konnten. – Eine Frau erzählte mir, dass sie mit etwa 7 Jahren das erste Mal in einem Karfreitagsgottesdienst gewesen sei und dass sie am liebsten geschrien hätte, als sie hörte, was da geschehen sei. Später habe sie sich das Schreien abgewöhnt … – Von Jesus jedoch lese ich beim ältesten Evangelisten, dass er schreiend gestorben ist.

Raum für Klage

Karfreitag bedeutet von der etymologischen Wortwurzel her ursprünglich »Klagefreitag«. Es hebt die Zeit des Klagens an, auch des Jammerns, Beweinens der großen Not – in Jesu *und* in unserem Leben, in seinem *und* unser aller Schicksal. Und dabei ist eben alles eingeschlossen, was auch zu unserem Klagen gehört: das Fragen, die Warum-Frage. Sie war es ja, mit der Jesus starb – ohne Antwort. Ja noch mehr: Nicht nur starb Jesus mit dem Warum auf den Lippen, ohne Antwort: Nach Erkenntnissen der Bibelwissenschaftler endete auch die Urfassung des ältesten Evangeliums nach Markus mit seinem Tod – ohne Hoffnung, ohne Fortsetzung und »Aufhebung« durch die Auferstehung. So lehrt uns das Kreuz, das Leid(en) ernst zu nehmen, ihm standzuhalten und es zu bestehen. Und das können wir nur, wenn wir den Schmerz *spüren und hinausschreien,* wenn wir die Fragen *stellen und ausdrücken,* wenn wir die Verzweiflung nicht verschlucken und daran ersticken.

Von Karfreitag lernen wir, für all diese Regungen in unserem Inneren *Raum* zu *haben* und ihnen *Raum* zu *geben.* In der Urfassung der Übersetzung der Psalmen hat Luther noch »trösten« mit »Raum geben« übersetzt. Das wurde später verändert, ist aber ein wertvoller Gedanke! Die Psalmen sind voll davon: Es gibt sogar ausdrücklich eine große Zahl von »Klagepsalmen«, es gibt Jeremias »Klagelieder«. In Jerusalem steht seit Jahrtausenden ein Teil der alten Tempelmauer mit dem Namen »Klagemauer«; von meinen Palästina-Besuchen weiß ich, wie viele Menschen davor stehen, weinend, tief bewegt, laut redend, betend, klagend, schreiend – das ist's, was unsere Seele braucht! Sie stecken Zettelchen in die Ritzen zwischen den Steinen, auf denen ihre Bitten, Nöte, Klagen, ausgedrückt und formuliert sind. Das ist es also, was wir benötigen: Ausdrücken, Formulieren, in Worte und Stimme, Klang und Sprache umsetzen, was in uns drängt.

Der Dirigent und Komponist Rudolf Mauersberger komponierte angesichts der gerade zerstörten und verwüsteten deutschen Städte am Karfreitag (!) 1945 eine Motette mit dem Titel: »Wie liegt die Stadt so wüst?«. Wenn man diese sensiblen, verhaltenen und zugleich eindringlichen Klänge und Harmonien auf sich wirken lässt, dann spürt man etwas von der Aktualität des Sterbens, des Todes, des Aufschreies »Warum?«, der die Völker, Kulturen und Generationen der ganzen Welt mit Jesus und ihn mit uns und unserem Leid verbindet. Ausgerechnet an Karfreitag vertonte Mauersberger diesen Text aus den Klageliedern des Jeremia, der jedem und jeder Leidenden Stimme gibt, die Not ausdrückt und so hinausschreit:

»Wie liegt die Stadt so wüst, die voll Volks war! Sie weint des Nachts, dass ihr die Tränen über die Backen laufen; es ist niemand unter allen ihren Freunden, der sie tröste; die Straßen liegen wüst, weil niemand auf ein Fest kommt; alle Tore stehen öde, ihren Feinden geht's wohl. Schauet doch und sehet, ob irgendein Schmerz sei wie mein Schmerz, der mich getroffen hat; denn der Herr hat mich voll Jammers gemacht am Tage seines grimmigen Zorns.

Darum weine ich so, und meine beiden Augen fließen mit Wasser, dass der Tröster, der meine Seele sollte erquicken, fern von mir ist. Der Herr ist gleich wie ein Feind; seine rechte Hand hat er geführt wie ein Widersacher und hat erwürgt alles, was lieblich anzusehen war, und seinen Grimm wie ein Feuer ausgeschüttet. Herr, schaue und siehe doch, wen du verderbt hast! Du hast ohne Barmherzigkeit geschlachtet.

Und wenn ich gleich schreie und rufe, so stopft er die Ohren zu vor meinem Gebet. Er hat meinen Weg vermauert. Er hat mich zerstückelt und zunichte gemacht. Er hat seinen Bogen gespannt und mich dem Pfeil zum Ziel gesteckt. Er hat aus dem Köcher in meine Nieren schießen lassen. Er hat mich mit Bitterkeit gesättigt, meine Zähne zu kleinen Stücken zerschlagen. Meine Seele ist aus dem Frieden vertrieben. Du hast dich mit einer Wolke verdeckt, dass kein Gebet hindurchkonnte. Du hast uns zu Kot und Unflat gemacht unter den Völkern.

Unsere Haut ist verbrannt wie in einem Ofen vor dem gräulichen Hunger. Sie haben die Frauen in Zion vergewaltigt und die Jungfrauen in den Städten Judas. Darum ist unser Herz betrübt, und unsere Augen sind finster geworden. Aber du Herr, der du ewiglich bleibst und dein Thron für und für, warum willst du uns so ganz und gar vergessen und uns lebenslang so gar verlassen?« (Ausschnitte aus den Klageliedern des Jeremias, Kapitel 1–5).

Wenn Sie das genau gelesen haben, so werden Ihnen die Vergleiche mit allen Kriegen, mit allen Not- und Leidsituationen in die Augen springen, die Sie selbst erfahren oder von denen Sie gehört haben, die uns die Nachrichten alltäglich in die Wohnung bringen. Präzise wird hier weltweit alltägliches Leid geschildert!

Impuls: Lesen Sie diese Kapitel der Klagelieder doch einmal in verzweifelten Stunden ausführlich – oder auch sonst, um zu spüren, wie sie uns allen aus der Seele sprechen!

Im Grunde folgen die Klagelieder wie viele Psalmen dem Weg, wie, psychologisch betrachtet, *Krisenbewältigung* allein möglich ist: nach dem Schock die Anerkennung des Schmerzes, der Not, der Verzweiflung …, dann die Formulierung und das Ausdrücken – in welcher Form auch immer, in Worten, Gesten, Riten, wortlosem Schreien, in Bildern, Formen, Tönen …, in Wut und Trauer, in Aggression und Depression, im Aufbegehren und Verhandeln – bis (vielleicht) eine Wende möglich ist, Einwilligen, neues Hoffen, bis Warten-Können und Zuversicht auf Änderung eintritt.

Impuls: Wie bewältigen Sie selbst Krisensituationen? Wie sind Sie mit den Schmerzen und Schock-Ereignissen in Ihrem Leben fertig geworden? Was hat Ihnen dabei geholfen? Wie könnte Ihnen das oben Dargestellte hilfreich werden?

Raum für unser Klagen, Fragen, für das ganze Sein also ist nötig, um das Leid(en) zu bewältigen. Das können wir an Jesus lernen, so hat er es uns vorgelebt. Und dies übt der Jahreskreis therapeutisch mit uns ein!

Wo ist bei uns heute noch Raum für den Schrei, die Klage, das Lautwerden im buchstäblichen Sinne von Verzweiflung, von Grauen, von abgrundtiefer Not, die wir doch in unserem Herzen tragen? Fahren wir deshalb so gerne in den Süden, weil dort Menschen noch wagen, ihren Emotionen *laut* Ausdruck zu verleihen? Wann habe ich, wann haben Sie das letzte Mal geschrien, um eine Anspannung, ein Gefühl, das uns innerlich fast zerreißt oder zerrissen hätte, auszudrücken, buchstäblich herauszudrücken, zu schreien? Musste extra eine eigene Therapieform dafür erfunden werden, die »Urschrei-Therapie« Janovs, um uns Erlaubnis und Freiräume dafür zu schaffen, dass in Lauten, im Schreien und nicht nur in Worten herauskann, was in uns steckt, was uns sonst vielleicht die Luft abdrückt, was uns innerlich zu vergiften droht?

Mich erstaunt die Erzählung des Evangelisten Markus, der Jesus so sterben lässt; ein *solches* Ende nach einem solch großen Leben … Mich erstaunt die frühe Christenheit, dass sie das *so* stehen ließ. Mich erstaunt nicht, dass spätere Evangelisten versöhnlichere Worte, heiligere Sätze hinzufügten, mit denen Jesus gestorben sei: die Bitte um Vergebung für die anderen, für seine Peiniger – die Gewissheit, in Gottes Händen geborgen zu sein – ein Siegesruf gar: »Es ist vollbracht«.

Impuls: Gehen Sie einmal hinaus in die Natur, zum Beispiel in einen großen Wald, wenn Sie verärgert, aufgewühlt und empört sind, wenn es Ihnen fast das Herz zerreißt über Dinge, die Ihnen geschehen sind, und versuchen Sie, in irgendeiner Form das »laut werden« zu lassen, was in Ihnen tobt, drängt und heraus will. Lassen Sie zu, was geschehen will: Sie müssen nicht schreien, vielleicht ist es zunächst ein Reden, ein Verteidigen oder anklagendes Reden, vielleicht sind es Schimpfworte oder Hasstiraden, vielleicht Worte, die Sie sonst nie verwenden, die Sie sich nie erlauben würden, dass sie über Ihre Lippen kommen. Vielleicht sind es aber auch Urlaute, die sich aus Ihrem Mund lösen, oder ein unartikuliertes Schreien und Toben. Was auch immer kommen will: Lassen Sie es geschehen! (Ein guter Ort dafür ist, meiner Erfahrung nach, auch das stehende

Auto, weil man oft Angst hat, andere würden einen hören. Man kann genauso gut in der Wohnung klagen, in Kissen oder Decken hineinschreien und toben – seien Sie findig und suchen sich dafür einen geeigneten Ort!)

Natürlich wäre es viel zu wenig, wenn nur an Karfreitag geschrien werden dürfte. Wir kennen aus südlichen Ländern und aus dem Orient den Brauch, dass bei jeder Beerdigung laut und demonstrativ geweint wird, ja sogar geweint werden *muss* – und das etliche Tage oder Wochen lang. Das ist für uns nicht nachahmbar, aber es zeigt ein Defizit, es zeigt die Möglichkeit des Fließens von Emotionen in anderen Völkern und Gegenden. Dies könnte als *Ermutigung* dafür dienen, dass wir selbst eigene, sicher andere, aber uns mögliche Wege suchen und finden, um *Schmerz, Not und Verzweiflung auszudrücken.*[39]

Impulse:

1. Überlegen Sie einmal, wie Sie selbst in Ihrem eigenen Leben in entscheidenden Notlagen mit der Situation umgegangen sind: Sind Sie laut geworden – oder eher ganz leise? Sind Sie explodiert und konnten alles herauslassen – oder haben Sie es in sich hineingefressen, sind eher in sich selbst zusammengesackt und mit dem ganzen Gift steckengeblieben? Überlegen Sie sich rückblickend einige wesentliche Krisensituationen, die Sie durchlebt und durchstanden haben: Wie habe ich das gemacht? Habe ich mir die beteiligten Gefühle ein- und zugestanden, sie mir erlaubt zu leben, auch auszuleben, sie nach außen zu zeigen? Oder habe ich sie – vor mir selbst und vor anderen – versteckt, verborgen, zugeschüttet, vielleicht in organische Beschwerden hineinverwandelt, sie nicht wahrhaben wollen, sie verleugnet und verdrängt?
2. Und überlegen Sie sich weiter: Wie sind die Menschen, von denen ich den Umgang mit Gefühlen gelernt habe, *selber* mit ihren Gefühlen umgegangen? Wie war das bei meinen Eltern, Geschwistern, Verwandten, Großeltern oder bei anderen Menschen, die mich entscheidend geprägt haben? Habe ich Vorbilder für einen offenen, zulassenden Umgang mit schmerzhaften Gefühlen, oder habe ich nur Hinweise und Modelle für das Zudecken, Bekämpfen, Nicht-Wahrhaben-Wollen vorgelebt bekommen und vielleicht für Ins-Gegenteil-Verkehren von überwältigenden, schmerzhaften, als negativ empfundenen Gefühlen?
3. Tauschen Sie sich bitte mit Menschen Ihres Vertrauens darüber aus, wie jene das bewerkstelligen! Lernen Sie voneinander. Entnehmen Sie Ermuti-

gung zum Äußern von Schmach, Frustration und Seelenqualen aus diesen Gesprächen, aus Ihrer eigenen Einsicht und vielleicht auch aus den diesbezüglichen Betrachtungen des Festjahres. Nur in der konkreten Umsetzung kann es Ihnen zur Lebenshilfe werden!

Ostern ohne Karfreitag?

In einer Meditationsgruppe bearbeiteten wir die Themen: »Mein Los: Ich lebe in Trennungen« und »Die Tatsache der endgültigen Trennung im Tod« ausführlich und tief. Wir legten uns auf unseren Decken ganz bewusst in unseren Tod hinein, in dieses letzte Einlassen und Zulassen, Loslassen und Seinlassen hinein. Eine sehr tiefgreifende, aufwühlende und ergreifende Erfahrung für viele der Teilnehmerinnen und Teilnehmer. Danach bearbeiteten wir das andere Daseinsthema: »Ich lebe mein Leben im Feiern und Festen«. Ein fröhlicher Tanz eröffnete diese Einheit und wir sammelten »Wörter der Zuversicht und Hoffnung«. Abschließend sagten einige: Das war ein wunderbarer, beglückender, gelungener Nachmittag. – Wodurch?

Wir hatten uns *dem Tod* gestellt und konnten jetzt *das Leben* genießen, uns den Trennungen und dem Verlust ausgesetzt, und konnten jetzt die Lebendigkeit und den Gewinn genießen. Das eine geht nicht ohne das andere. Und so wie wir auflebten nach dem Durchschreiten unserer eigenen (fantasierten) Todeserfahrung, so gehört das auch in unserem sonstigen Leben wie in unserem Gefühlsleben zusammen: Es kann die Freude nicht sein, wenn wir uns nicht durch die Traurigkeit und Verzweiflung hindurch bewegen, sie zulassen und erlauben. Und so kann die Freude des Lebens nicht ausbrechen, wenn wir nicht auch bewusst dem Tod ins Auge schauen. Tod und Auferstehung *gehören* eben *wirklich zusammen*. Und wer kennt das nicht, dass er nach Tränen und Verzweiflungsströmen wieder frei lachen konnte mit einem gelösten Gesicht, wie es in der Trauer und Zerschlagenheit nicht denkbar war.

Ein Klient bekommt auf einem Seminar von Leuten gesagt: »Diesmal bist du der Prinz der Gruppe. Welch eine Wandlung! Vor zwei Jahren sah man nur Ab- und Niedergeschlagenheit an dir. Du standst und gingst wie eine Leiche. Und jetzt voller Leben.« – Was war geschehen? Er war durch eine verlorene Beziehung zertrümmert, an den Rand seiner Existenz gekommen, hatte sich aber seinen Wunden und seinem Elend gestellt, die schmerzhaften Erfahrungen (auch therapeutisch) bearbeitet und verwandelt. Wie auferstanden nach dem Sterben stand dann da ein »Prinz«. Aber erst nach der Kapitulation im Leid! Ostern *nach Karfreitag*!

Erst Tod, dann Auferstehung

»Wenn ich nicht untergegangen wäre, wäre ich untergegangen«, schrieb Kierkegaard. Lesen Sie es ruhig noch einmal, was da so paradox formuliert wird. Auch in persönlichen und gesellschaftlichen Krisen, gerade in unserer Gegenwart ist das so: Erst wenn wir »untergehen«, erst durch Druck und Zusammenbruch, Kapitulation und Chaos kommen neue, kreative Möglichkeiten in den Blick, entstehen oft unvermutete, unvorhersehbare, nicht planbare Lösungen und Auswege. Biografien, ökonomische und sozialpolitische Beobachtungen, auch die Ergebnisse der »Chaostheorie« bestätigen diese Grunderfahrungen, die im »Stirb und werde« der Philosophen und in religiöser Sprache seit Jahrhunderten als der Zusammenhang von »Kreuz und Auferstehung« formuliert werden.

Impuls: Welche eigenen Beispiele fallen Ihnen dazu ein, selbst erlebt oder erfahren von anderen, dass oft erst nach dem verzweiflungsvollen Verlust von Beziehungen, Sicherheiten, Arbeit oder Gesundheit – oder wovon auch immer – ein »Raum« entstand für Neubeginn, ungeahnte Möglichkeiten, Weiterentwicklung und Entfaltung? Tauschen Sie sich auch mit anderen darüber aus!

Licht und Freude, Aufleben und Betreten »neuer Räume«, in der Festsprache »Ostern« genannt, kommt eben erst *nach* dem Leiden, nach dem Schmerz, der Verzweiflung, dem Tod (Passion und Karfreitag) und erst *nach* dem Hindurchgehen (!) durch die Abgestorbenheit, die Leb- und Kraftlosigkeit (Grab) und nach dem Durchgang durch »Höllen« (Höllenfahrt Christi). – Erst dann, erst *danach*, erst *dadurch* ist der Zugang zum anderen Raum möglich. Und das lässt sich nicht verkürzen, nicht überspringen!

Die Kirche wollte in ihrer Geschichte oft Macht, Herrlichkeit, Gloria und Ruhm ohne Leiden, ohne Armut, ohne die erklärte Solidarisierung mit den Unterdrückten. Wo führte das hin? Leere Kirchen weithin – und volle Kirchen dort, in jenen Ländern und Erdteilen, wo sie genau diese »Schatten« mitaufnimmt und einschließt. Auch die modernen Industrie-Nationen wollten Fortschritt, Erfolg, Luxus, permanentes Wachstum und hohen Lebensstandard ohne Verzicht, ohne Teilen, Leiden, Not. Wo führte das hin – und auf wessen Kosten?!

In meiner Erfahrung mit mir selbst, mit Klienten und vielen Seminarteilnehmer/innen habe ich wahrgenommen, dass das schnelle Heil zwar attraktiv klingt, unserer Schnelllebigkeit entgegenkommt, große Hoffnungen weckt und kurzfristig auch erfüllt, aber auf lange Sicht dauerhaft nicht trägt: Ostern ohne Karfreitag, Licht ohne Schatten, Freude ohne Arbeit, Genuss ohne Verzicht: Nichts lässt sich ohne Schaden ausblenden und überspringen, Licht, Leben und Lust von Ostern kommen erst am Ende all der »Kreuzwegstationen« – das ist wohl dem Leben selbst abgelauscht! Ernüchternd, aber absolut wahrhaftig: Nicht nur Jesu Weg, sondern *jeder Weg in die Freude* geht so.

Impulse:

1. Sammeln Sie Beispiele für den Zusammenhang von ehrlichem Durchleben von Leid oder Not – und dem Aufleben, Wieder-lebendig-Werden danach! »Stirb und werde« neu!
2. Kennen Sie das bei sich selber: Den Wunsch, schnell und ausweichend, ohne Zutun und »Liebes-Müh«, schmerzlos anders werden zu wollen (Ostern ohne Karfreitag)?

Begrabene Hoffnungen, Träume, Ideale: Karsamstag

Im Volksmund spricht man zwar oft vom »Ostersamstag«, ursprünglich jedoch heißt er »Karsamstag«: Klagesamstag. Geklagt wird über den Tod, das Ende. Das Grab bestimmt den Tag – Totenstille, Grabesruhe.

Im Gedanken von der Grablegung am Karsamstag begegnet uns ein weiterer lebenswichtiger, therapeutischer Ansatz voll Lebensweisheit: Das Wesentliche geschieht unsichtbar, im Verborgenen, im Dunkel. Jesus wurde vom Kreuz abgenommen und in ein Grab gelegt. Auf vielen Darstellungen der Kunst wird gemalt oder als Relief oder Skulptur gestaltet, wie Jesus bei der Kreuzabnahme in den Schoß seiner Mutter gelegt wird. Er geht dahin »zurück«, von wo er gekommen ist: zum Schoß seiner Mutter. Und Grablegung ist genau dasselbe: Dabei kehrt er – und wir alle – dahin zurück, woher wir alle gekommen sind: in den Schoß der Erde, der »Mutter« Natur. In den »Mutterboden« hinein werden wir begraben. Das Dunkle, Feuchte, nimmt uns auf, umschließt und verwandelt uns schließlich. Eine Höhle als Grab – das erinnert auch an die Bauchhöhle, die Gebärmutter. Aus einer Höhle heraus wird der Mensch geboren, aus dem feuchten Dunkel kommend »erblickt er das Licht der Welt«, und ins feuchte Dunkel geht er wieder zurück.

Dunkel ist die Erde, in Israel rotbraun, sandfarben oder braun, bei uns sehr oft dunkelbraun bis schwarz. Im Dunkel beginnt das Leben, das Wesentliche geschieht also immer im Verborgenen. Die Zeugung selbst geschieht auch im Inneren des Körpers der Frau, im Dunkel, wir können nicht Zuschauer sein. – Blumenzwiebeln, Gräser- und Getreidekörner, Samen aller Art beginnen ihren Lebensweg im Dunkel! Sie werden ins Dunkel der Erde versenkt, in deren Schoß. Dort drunten beginnt das Wachstum. Und noch einmal geht die Richtung nach unten: die Wurzeln zuerst! Immer nach unten gen Erdmittelpunkt. Biologen haben das festgestellt. Dies wird uns genauer im Zusammenhang mit dem Weizenkorn und der Ostererfahrung beschäftigen.

Grablegung: Dunkel die Erde, die Nacht dort unten, dunkel die Nacht der Einsamkeit und Isoliertheit von Licht und Wärme. Und darum auch die Stille und die Ruhe von Karsamstag. Jedoch diese Stille und Dunkelheit ist so oft der Weg zum Licht, das Sterben und

Begrabenwerden der Weg zu neuem Anfang und zum Leben. So wie Yin und Yang gehören Sterben und Neuwerden, gehören Kreuz und Auferstehung zusammen – wie Licht und Schatten untrennbar miteinander verbunden. So ist es auch in unserer Lebenserfahrung: Tränen sind die Kehrseite des Lachens, Abschiede die Voraussetzung für Kreativität und Neubeginn, jedes Ende ist in irgendeiner Weise auch immer ein Anfang – vielleicht von etwas ganz Unerwartetem, womit man gar nicht rechnen konnte, nicht zu rechnen wagte.

Impulse:

1. Überlegen Sie einmal selbst, wann für Sie ein Ende zu einem Anfang wurde! Wann und wie erfuhren Sie, dass ein schmerzhafter Abschied oder Verlust Möglichkeiten zu neuen, ungeahnten Wegen, Begegnungen und Ereignissen eröffnete? Fragen Sie auch andere!
2. Gehen Sie in einen Garten oder nehmen Sie einen Blumentopf und setzen Sie Samen oder irgendeine Pflanze hinein und begleiten Sie das Werden dieses neuen Wesens.
3. Nehmen Sie sich einmal Zeit, hinauszugehen in die freie Natur, setzen Sie sich auf den Waldboden, eine Wiese oder irgendwo auf den Erdboden und nehmen Sie bewussten Kontakt mit diesem Wesen auf: der Erde. Versuchen Sie hineinzuspüren in dieses Urelement. Viele Völker nennen Sie »Mutter Erde« und empfinden sie wie einen lebendigen Organismus. Vielleicht versuchen Sie es jetzt, den Pulsschlag von »Mutter Erde« zu spüren. Konzentrieren Sie sich auf Ihr Gespür und achten jede Erfahrung, die sich jetzt anbahnt.
4. Finden Sie – allein oder in Gruppen – weitere Beispiele für die Tatsache, dass die wesentlichen Ereignisse im Dunkel geschehen, dass das Entscheidende sich oft unseren Augen oder unserem gedanklich-wissenschaftlich forschenden Zugriff entzieht.

Leben aus der Stille

Karsamstag ist ein Tag voller Ruhe. Im Brauchtum wird dem Rechnung getragen, indem alle Glocken stillstehen – fast als würde die Welt den Atem anhalten. Hier herrscht Stille beziehungsweise hier *soll* Stille herrschen. Das Kirchenjahr erinnert uns an die Notwendigkeit von Stille, Ruhe, Abgeschiedenheit. In unserer Festtagsgeschäftigkeit und Alltagstätigkeit klammern wir das zu leicht aus. Oft bringen uns erst Zeiten der Schwäche oder der Krankheit wieder zur Besinnung. Wir brauchen Phasen des Anhaltens, der Unterbrechung unseres Lebensflusses, wo wir der Stille oder unserer Seele lauschen können, um zu hören, was sie braucht: Leben aus der Stille; Kraft schöpfen, auch aus dem Dunkel, dem Ein- und Abgeschlossensein heraus; wie Krankheitszeiten – nicht nur bei Kindern – oft wert- und sinnvolle Wachstums- und Entwicklungszeiten sind. Man geht gestärkt, gestrafft, erneuert daraus hervor.

Stille – viel ist darüber geschrieben worden, viel wird darüber geredet. Wir können nicht auf sie verzichten. Nie konnte ich mit Karsamstag etwas anfangen, bis ich in einer längeren Krankheitszeit mich einmal fragte: »Was geben mir eigentlich diese Tage Gutes? Was habe ich davon? Was *ermöglicht* mir die Krankheit? Was wäre sonst? Was täte ich jetzt/heute/in dieser Woche?« Sie hat mir Einhalt geboten, mich gebremst, mich heilsam unterbrochen, durch Fieber und Schmerz ans Bett gefesselt, ins Dunkel, mich wieder in Kontakt gebracht mit meiner Wohnung, mit Kerzenlicht, nährender Musik, Zärtlichkeit, und mit der Stimme meines Inneren. Die Krankheit hat mich zur Ruhe gezwungen und hat mir damit einen hilfreichen, entscheidenden Dienst getan.

Impulse:

1. Haben Sie diese Perspektive schon einmal ausprobiert: *Krankheiten als Ratgeber* oder wie die Stimme eines liebevollen Freundes oder einer wohlgesonnenen Freundin zu erleben? Krankheit wie ein *Signal*, wie eine *Warnung*, wie einen Hinweis, wie mein Leben besser gelingen könnte, wo ich mich überstrapaziere, wo ich eine Pause bräuchte, was mir fehlt …? Haben Sie schon gemerkt, dass wir, wenn jemand krank ist, ganz automatisch fragen: »Was *fehlt* Dir denn?« Wir fragen damit tatsächlich danach, wo im Leben diesem Menschen etwas fehlt …
2. Nehmen Sie sich doch jetzt beim Lesen sofort einen Moment der Stille. Setzen oder legen Sie sich hin, versuchen Sie, es sich so angenehm wie möglich zu machen, halten Sie die Augen offen oder lassen Sie sie zufallen und lauschen einfach, was *da* ist. Wahrnehmen, was an Körpergeräuschen und Empfindungen, an Gefühlen und Bildern aufsteigt. Schauen Sie diesem Karussell und diesen Eindrücken einfach zu und geben sich selbst Ruhe. Vielleicht verbunden mit dem Satz: »Beim Einatmen schenke ich meinem Körper Ruhe und beim Ausatmen lächle«.

Begrabene Hoffnungen

Wir haben die Ruhe von Karsamstag als eine fruchtbare, lebensnotwendige und immer wieder neu bewusst zu realisierende Übung der Stille betrachtet. Aber ursprünglich herrschte an Karsamstag Grabesstille. Denn hier wird das *Begräbnis* Jesu thematisiert. Und Jesus war für die Menschen, die um ihn waren, der Träger vieler Hoffnungen, Ideale, der Garant für etwas Neues, er war ihr Idol, sie sahen in ihm einen Erretter und Befreier – jetzt war er tot. Und diesen Toten sollen sie nun auch begraben, in eine letzte Ruhe betten und damit all das loslassen, was man in ihm gesehen und gehofft hatte: Dies konfrontiert auch uns mit dem Begraben unserer Hoffnungen, Träume, Illusionen. Den Hoffnungsträger begraben heißt: die Verkörperung des Neuen, Anderen, Guten aufgeben.

Insofern ist Karsamstag schwerer als Karfreitag: An *Karfreitag* war Jesus Objekt, *Opfer*. Er wird getötet. An *Karsamstag* sind *wir Subjekt* des Abschiedes: Wir müssen hier Abschied geben. Für die Frauen von damals hieß das: selbst das Grab herrichten, Hand anlegen, das Grab verschließen, das heißt, die Unwiederbringlichkeit des Verlorenen noch besiegeln – und schließlich gehen: weggehen und das Grab verlassen.

Alle meine Wünsche, meine Sehnsüchte und Hoffnungen verabschieden und begraben?! Das ist Karsamstag!

Stellen Sie sich das einmal vor: Da ist einer der Garant für eine neue Welt, neues Leben, neues Miteinander, das Reich Gottes auf Erden. So wie eine Traumfrau, ein Traummann ersehnt wird. Und *der* stirbt! Dann hat man das Gefühl: das ist alles *doch* nicht wahr gewesen, man hat umsonst gehofft – haben wir umsonst gehofft? Uns *doch* geirrt, uns getäuscht, uns täuschen lassen? Vielleicht spüren Sie die tiefe Trauer, die hier eigentlich zum Ausdruck kommt: Hoffnung und Zuversicht sind verloren. Wo soll da noch Lebenskraft herkommen, wo noch Durchhaltekraft und Zuversicht? Das ist die Geschichte vieler, vergleichbar vielleicht dem Abschied vom Berufsleben durch Verlust der Arbeitsstelle oder dem Übergang zum Rentendasein, dem Ende vieler Ehen, den Ablösungsprozessen von Eltern durch ihre Kinder, vergleichbar Orts- und Berufswechseln, Veränderungen durch Krankheit: alles Stationen unseres Lebens, wo viele Vorstellungen aufgegeben werden, wo wir hergeben müssen, wovon wir überzeugt waren, worauf wir zugelebt haben, woran wir uns geklammert haben. Und noch gravierender wirkt das beim Begraben von geliebten Menschen: jemanden endgültig hergeben müssen an den Tod.

Auch das haben viele Menschen als »therapeutisches Paradoxon« erlebt: den psychologischen Vorgang, dass Situationen sich dann verändern, wenn wir sie loslassen, wirklich *lassen*. Wenn man Glück, die Zuwendung eines Menschen, bestimmte Erwartungen und Sehnsüchte nicht mehr erwartet, nicht mehr einfordert oder gar einzuklagen versucht. Wenn man sie aufgibt, wenn die Forderung zerbricht, wenn der Traum von der Märchenwelt zerbricht – dann *kann* sich etwas wenden. Eine Klientin sagte nach ihrer Therapie: »Ich habe nach einer Sitzung meine Sehnsüchte verabschiedet und begraben. Das war für mich eine große Befreiung: Ich bin erwachsen. Ich bin frei.«

Impuls: Gibt es in Ihrem Leben starre Forderungen, brennende Sehnsüchte, illusionäre Träume, nagende Konflikte, kraftraubende Auseinandersetzungen, die Sie begraben müssen? Oder was ist es bei Ihnen, was Sie noch begraben müssen? Einstellungen, denen Sie den Abschied geben müssen, damit etwas Neues geschehen kann? Oder was sonst?

Wir haben das Begräbnis Jesu symbolisch betrachtet: was für die Menschen damals mit ihm und seiner Person alles mit ins Grab sank, und was das Begraben solcher Hoffnungen in *unserem* Leben bedeuten und bewirken kann ... Aber begraben wurde ja ein tatsächlicher Leichnam. Könnte auch das etwas mit uns selbst zu tun haben? Mit unserem eigenen Leben?

Begraben: Leblos!

Vielleicht empfinden wir es als eine Zumutung, uns selbst als Leichnam zu fühlen. »Lass die Toten ihre Toten begraben«, so sagte Jesus einmal, und: »Dieser mein Sohn war tot und nun ist er wieder lebendig« (Matthäus 8,22; Lukas 15,24). Kann man denn lebendig tot sein?! Inwiefern umfasst auch Karsamstag ein Lebensthema von uns, besser: weniger ein Lebens- als ein Todesthema von uns? Hier wird thematisiert, wo wir unlebendig, starr, kalt und tot sind. Was sind denn die Kennzeichen einer Leiche? Sie ist kalt, das Leben aus ihr ist entwichen, keine Bewegung ist mehr in ihr, keine Äußerungsmöglichkeiten, sie atmet nicht mehr, nimmt nichts mehr zu sich, gibt nichts mehr von sich. Erstarrt.

Impuls: Wenn Sie die letzten Zeilen noch einmal lesen, so könnten Sie sie einmal symbolisch abzuhorchen versuchen: Was ist mit diesen Worten *noch* gemeint? Aussagen über *unser* Innenleben, über unser Gefühls- und Seelenleben vielleicht? Horchen Sie einmal in sich hinein und versuchen Sie, ein ehrliches Echo zu hören auf die Frage: Was *in mir* ist verdorrt, abgestorben? Welche Hoffnungen, Wünsche, Träume sind inzwischen gestorben und begraben? Welche Gefühle können in meinem Leben jetzt oder in dieser Situation nicht (mehr) fließen? Bin ich kalt geworden – wann und wodurch? Wer leidet unter meiner Kälte in meiner Umwelt, im beruflichen Alltag oder im Familienalltag? Oder leide ich selbst vielleicht am meisten unter meiner eigenen Kälte, Distanziertheit, Ruppigkeit und Frostigkeit? Woher kommt das? Wodurch sind mein Feuer und meine Wärme gewichen? Wann verlöscht? Oder waren die Umstände, in denen ich aufwuchs, so, dass ich nie wirkliche Wärme empfangen habe, nie das Wohlwollen und die Wohltat der anderen so genießen und empfangen konnte, dass ich nun davon weitergeben und überströmen könnte?

Wagen Sie sich doch heute einmal vor, in sich hinein, auch dorthin, wo es kalt und unangenehm ist, wo es dunkel und kühl wird, in das innere »Grab«. Wo unsere Verzagtheiten wohnen, unsere Hemmungen, Gekränkt- und Verletztheiten, wo das Abgestorbene haust, uralte Geschichten vielleicht, niemandem erzählt, tief in uns vergraben und verborgen, und geben Sie all dem ihre liebevolle, liebende Aufmerksamkeit – jetzt. Wenn ich sprachlos bin vor Schrecken oder Angst, dann bin ich an *der* Stelle tot. Wenn sich kein Gefühl mehr regen kann, auch keine Träne fließt, kein Schrei, kein Wort des Kummers, der Freude oder der Trauer oder des Zorns mehr heraus kann, dann bin ich an *der* Stelle erstarrt und tot. Wenn Lust und Begehren sich nicht (mehr) regen können, wenn das Feuer der Begeisterung und der Liebe verlöscht und abgestorben ist, wenn ich mich eher davor fürchte, als darauf freue, dass der andere mich berührt, mich anspricht, etwas »von mir will« – wenn ich vielleicht an mir selber spüre, dass ich von ihm und von gar niemandem mehr etwas will: dann bin ich da ein Stück gestorben. Wissen Sie, *wann* Sie gestorben sind? Wann das zu Ende war, Ihre Lebendigkeit, ihr Aufbegehren, Ihre Begeisterung, Ihr Enthusiasmus und helles Feuer-und-Flamme-Sein? Vielleicht sind es ganz bestimmte und einschneidende Ereignisse gewesen, vielleicht ist der »Tod« auch ganz schleichend gekommen. Immer ein bisschen mehr, die Temperatur in der Beziehung, in der Ehe, in der Familie, an der Arbeitsstelle, mit den Kollegen/innen ist immer ein bisschen kühler geworden. Man hat vielleicht gar nicht gemerkt, wie sich langsam das Frösteln eingestellt hat, wie die Freude vergangen ist und ein Belanglosigkeitsgefühl ihre Stelle eingenommen hat. Wie einem langsam alles egal wurde, wie die Lust einem Gefühl der Last gewichen ist, und statt Lust nur Frust übriggeblieben ist ...

Wenn heute viele davon sprechen, dass sie »null Bock auf gar nichts« mehr haben, keinen Sinn, keine Ziele, keine Träume und keine Kraft – dann klingt das wie Sätze aus dem Grab. Auffallenderweise sind es oft sehr junge Leute, die solche antriebs- und hoffnungslosen Sätze sprechen. Die klingen so, wie sie es selbst nur den »Alten« und »Grufties« zusprechen oder zutrauen würden. So frisch und jung, doch so alt und abgelebt – jedoch nicht lebenssatt, sondern voll, randvoll mit ungelebtem Leben!

Impuls: Was fällt Ihnen ein, wenn Sie die Formulierung »ungelebtes Leben« lesen? Horchen Sie einmal in sich hinein, was sich da regt! Gibt es das bei Ihnen auch: Wünsche abgetötet, nie ausgedrückt, Sehnsüchte sich verboten – nie in Erfüllung gegangen, Ideen gehabt, hochfliegende vielleicht, und nie verwirklicht, viele Pläne im Kopf, was ist daraus geworden?! Und noch tiefer: Was ist da gestorben und behindert an mir? Eine Leiche – um die geht es ja am Karsamstag, wenn sie im Grab liegend meditiert wird – eine Leiche kann zum Beispiel nicht mehr *gehen*: »Wie geht es mir in meinem Leben? Wo trete ich wirklich auf, wo wage ich, eventuell auch anderen zu nahe zu treten? Wage ich es, mich hinzustellen und wirklich für mich einzustehen? Kann ich das durchstehen, was ich mir vorgenommen habe? Reicht meine Kraft und »Standfestigkeit«, den »Aufstand« zu wagen oder »Widerstand« zu leisten? Wage ich zumindest einen nächsten Schritt? Wie steht es um meine Selbst- und Eigenständigkeit? Mit meiner Fähigkeit, zu mir zu stehen, auch wenn andere gegen mich sind? – Und dennoch wage ich, meinen eigenen Weg zu gehen, mit meinen eigenen Füßen!

Wir können in diesem Sinn den ganzen Körper sinnbildlich betrachten und darauf abklopfen, was er uns über unser Seelenleben sagt, was es bedeutet, wenn die verschiedenen Funktionen erstarrt sind. Nehmen wir nach den *Füßen* die anderen Extremitäten: unsere *Hände*. Wie steht es um unsere Handlungsfähigkeit? Um die Fähigkeit, Hand anzulegen und mein Leben wirklich selber in die Hand zu nehmen und zu steuern? Oder habe ich das Gefühl, dass andere mich völlig »in der Hand haben«? Dass ich be-handelt werde in einer Weise, die ich entwürdigend oder entmutigend finde? Oder in der Symbolik des Gesichtssinns, des *Sehens* ausgedrückt: Wenn ich starr und tot daliege, dann habe ich weder gute Aussichten noch hilfreiche Einsichten mehr, dann blicke ich nicht mehr durch und ich sehe nicht mehr über Probleme hinaus. Dann ist mir »Hören und Sehen vergangen«. Ich kann die Dinge nicht unter verschiedenen Gesichtspunkten betrachten, nicht mehr die Perspektive und den Blickwinkel ändern und so flexibel und lebendig bleiben und reagieren. Oder es fehlt mir, wenn ich an dieser Stelle starr und tot bin, die Fähigkeit, die Dinge auch einmal »ganz anders zu sehen«, vielleicht aus der Vogelperspektive, vielleicht aus der Distanz, mit Umsicht oder Übersicht, vielleicht aus einer höheren Warte oder aus der Sicht des anderen oder Betroffenen. Wenn mir solche Lebendigkeit fehlt, dann kann ich nur noch schwarz sehen, dann ist alles dunkel und düster, vielleicht wie die »Tunnelsicht« des Depressiven, der ja gar nicht mehr über seine Situation hinaussehen kann.

Oder aber wir verstehen in ähnlicher Symbol- und Symptomsprache die des *Atems*: Damit beginnt ja das Leben: mit einem ersten Atemzug. Und damit endet es: mit einem letzten Atemzug. Oder wir sagen oft: Mir bleibt die Luft weg vor Schreck, Ärger oder Betroffenheit. Oder mir fehlt einfach der »lange Atem«, den man bräuchte, um durchzuhalten und die Schwierigkeiten durchzustehen und zu lösen, ich fühle mich unterdrückt und gefangen, sodass mir die »Luft zum Atmen« fehlt, ich mich wie »abgeschnürt« fühle, wie mit einem »Kloß im Hals«, fühle mich hektisch und kurzatmig und habe nicht mehr die Fähigkeit, durch- und aufzuatmen und frei zu sein.

Sie werden noch viele Beispiele finden, wenn Sie an die Sprachsymbolik der Symptome denken: Wenn wir über unseren Rücken oder unsere wichtigen Lebensorgane, das Herz und den Bauch, den Magen, die Verdauung sprechen: So viele Seelenzustände drücken wir mit Körpersymptomen aus, psychologisch und auch sprachlich. Der Zustand der Leiche ist jener, wo auch das Herzjagen vorbei ist, es auch kein freudiges Herzschlagen mehr gibt oder nicht die Möglichkeit, dass vor Freude oder vor Schreck einem das Herz stehen bleibt – dann ist es tatsächlich stehen geblieben. Dann ist das Leben gewichen. Oftmals fühlen wir uns mitten im Leben so. Das war ja die Ausgangsfrage: Wo kenne ich das in meinem Leben, abgestorben und leblos, kalt und regungslos zu sein, wie eine Leiche? Und es ist wesentlich und wichtig, sich das ehrlich bewusst zu machen, es anzuschauen, es auf sich wirken zu lassen und sich dem zu stellen: Auch der Kälte und »Totheit« in meinem Leben. Wir können dadurch beileibe nicht erzeugen, dass wieder Leben hineinkommt. Aber das Lebendigwerden beginnt mit dem Aufwachen und Bewusstwerden. Ob und wann das Wunder des Lebens geschieht in unseren vertrockneten und verdorrten Gliedern, können wir nicht beeinflussen und nicht wissen. Es bleibt uns nur die Hoffnung und vielleicht die Fähigkeit, unsere innere Achtsamkeit und Aufmerksamkeit auf die *Möglichkeit* zu richten, dass das Leben wieder strömt, die Liebe wieder fließt, dass Lebendigkeit wieder um sich greift. Auch wenn sie zur Folge hat, dass wir bei anderen anecken, weil von den anderen und von der Gesellschaft nicht nur willkommen geheißen wird, was an Impulsen und Regungen in uns aufsteigt und leben will. In diesem Sinne können wir uns ihnen stellen, unseren »Leichen im Keller« …

»Begraben – hinabgestiegen in das Reich des Todes«

Karsamstag führt uns also – so haben wir gesehen – helfend, therapeutisch an das Tote in uns heran, wenn wir symbolisch diesen Weg mit Jesus mitgehen, und hilft uns, wahr- und anzunehmen, hinzuschauen, -zufühlen: So kalt und tot ist das. Da fehlt noch Leben. Dieser Tag symbolisiert also nicht nur Ruhe, Vereinigung mit der Erde, Stille, sondern auch dieses Hineingehen in die Tiefe, das Dunkel, auch in die eigene Tiefe, in mein Abgestorbenes, Ungelebtes gehört hinzu. Und nun noch einen Schritt weiter in mein Abgelehntes, Abgespaltenes, in meine eigenen Höllen hinein. Ich sehe: die sind *auch* da: Dies alles kann ich mit annehmen, vielleicht, wenn es geht, Jesus, die Lebenskraft, da mit hineinnehmen, ihn auch *dort* finden! Das ist die Lebenshilfe von Karsamstag.

In der Tradition der Ostkirche gibt es Ikonen, Bilder, wo viel Grauenhaftes in das, was in den Tagen geschehen sei, wo Jesus in der Unterwelt war, mit hineingemalt wird: Im christlichen Glaubensbekenntnis wurde traditionell formuliert, Jesus sei *»niedergefahren zur Hölle«* oder später »hinabgestiegen in das Reich des Todes«. Wie es um die Möglichkeit einer faktisch existierenden Hölle steht, welche Deutungen die heutigen Theologen dafür gefunden haben, das lässt sich alles an dieser Stelle nicht ausführlich schildern.[40] Uns soll vielmehr beschäftigen, was es für unser Leben, die eigene Lebenswirklichkeit bedeutet, was da am Karsamstag ins Gedenken und Feiern hineingenommen wird: nämlich die absolute Ruhe, das absolute Hineinsteigen in die tiefsten Tiefen. Ob man sie nun Hölle oder Totenreich nennt; welche Bezüge auf klassisch antike Sagen oder die Traumwelt dabei in ihrer Vielfältigkeit möglich sind; wie notwendig auch der Verweis auf die tatsächlichen und faktischen gegenwärtigen und vergangenen Höllen, auch die ganz irdischen Höllen ist: Es geht darum, dass dieser wesentliche und abgrundtiefst schreckliche Anteil unseres Lebens *auch mit* in unser Wahrnehmen, Beachten und in unser Bewusstsein und bewusstes Leben hineingenommen werden muss.

Erschrocken stehen wir vor Darstellungen mittelalterlicher Höllenszenen, besonders bei Hieronymus Bosch. Erstarrung und Entsetzen befallen uns bei Berichten über KZ-Morde oder anderen Dokumentationen aus der Zeit des Dritten Reiches. Bilder des Vietnam-Krieges oder Berichte aus dem Irak, Afghanistan und dem blutigen Bürgerkrieg in Syrien mit der Millionenflucht traumatisierter Opfer, Kundgaben über die Gulags der ehemaligen Sowjetunion … bestätigen: Quer durch die Jahrhunderte und Jahrtausende, quer durch die Völker und Nationen, Ideologien und Glaubenssysteme zieht sich der Strang schrecklicher Höllenqualen, die Menschen *einander* bereitet haben. – Wer die Seelenqualen und Dramen zwischen Partnern oder in Ehen eingehend genug kennt, wie sie uns in Therapie und Seelsorge anvertraut und offenbart werden, der kennt ähnliche Dimensionen von Leid, Schmerz, Verzweiflung und entwürdigender Aussichtslosigkeit aus dem Alltagsleben vieler Menschen. So betrachtet, brauchen wir also keine jenseitige Höllenvorstellung, um zu »wissen«, dass es sie »gibt«, die Hölle, hier und jetzt, dass es sie immer gab, quer durch die Kontinente und Kulturen.

Es ist richtig, dass Karsamstag im großen Schweigen begangen wird. Angesichts dieser »Höllen«, im Bewusstsein von allgegenwärtiger Folter, wie sie z.B. Amnesty International oder die »Gesellschaft für bedrohte Völker« zu Tage fördern, und angesichts des Wissens um innere Höllen in der eigenen Seele, ist es vielleicht nicht nur angemessen zu schweigen, sondern auch zu reden, auszudrücken zu versuchen, die Qual, die Not in Worte zu fassen. Denn: Wie Licht und Schatten zusammengehören – seit Jahrtausenden wird in jenem Symbol von Yin und Yang hell und dunkel immer miteinander gepaart gezeichnet –, so gehört zum hellen Licht von Ostern die absolute Dunkelheit von Karsamstag, das Gedenken der grausigsten Finsternis und Hölle.

Heißt Karsamstag, so verstanden, vielleicht auch, dass wir selbst *uns mit hineinnehmen lassen* (müssen) in diesen Weg und ihn bewusst nachvollziehen, ihn bewusst beschreiten: hineingehen in die Schmerzen, Leiden und Höllen meiner eigenen Seelentiefe, meiner eigenen Vergangenheit und Lebensgeschichte, meines eigenen Beziehungsgeschehens in meiner Herkunftsfamilie und Familie der Gegenwart. Vielleicht ist es gerade deswegen so still am Karsamstag, weil kaum jemand es wagt, sich dem zu stellen, standzuhalten, mit offenen Augen stehen zu bleiben, es nicht wegzuretuschieren und schnell sich davon zu machen mit »positivem Denken«, lichtvollen »Affirmationen«, hilfreich scheinenden psychotherapeutischen Techniken, Symbolhandlungen und Ritualen. Ich wiederhole: Stark werden wir nur, wenn wir *hindurchschreiten* und dadurch dem Leben neu und anders begegnen! Insofern reichen manche der üblichen spirituellen oder esoterischen Techniken nicht wirklich an das Leben in seiner Gesamtheit heran. Vielfach werden der Schmerz und die Begegnung mit dem Brüchigen und Grauenhaften in und unter uns nicht genügend ernst genommen. Aber es gehört um der Wahrheit des Lebens willen mit dazu, sonst leben wir in Illusionen, werden lebensuntüchtig.

»Ein jeder Mensch trägt in dieser Welt Himmel und Hölle in sich; welche Eigenschaft er erwecket, dieselbe brennet in ihm, dessen Feuer ist die Seele fähig«, schrieb der christliche Mystiker Jakob Böhme[41]. Auf unserem Erlösungsweg müssen wir – wie Jesus – eben auch durch unseren Tod und unsere eigenen Höllen hier hindurchgehen auf dem Weg zum Leben.

Impulse:

1. Malen Sie eine Leidenskurve Ihres Lebens und bedenken Sie an dieser Stelle einmal ganz bewusst auch die Schreckensszenen Ihres individuellen, partnerschaftlichen oder sonstigen beruflichen wie auch sozialen Lebens. Am besten suchen Sie sich anschließend einen Menschen Ihres Vertrauens, mit dem Sie den Blick in diese Abgründe teilen können und durch den Sie Unterstützung erfahren bei diesem riskanten Wagnis.
2. Nehmen Sie die heutige Tageszeitung, ein Wochenmagazin oder die Nachrichtensendungen dieses Tages und richten Sie Ihren Blick einmal ganz bewusst auch auf die Schilderung der Katastrophen. Verbinden Sie diesen Blick auf das Dunkle mit dem Gedanken: auch *das* gehört *dazu*. In Gegensätzen erlebe ich das Ganze. Nur die Gegensätze zusammen sind die Fülle des Lebens. Meditieren Sie diesen Satz: »In Gegensätzen das Ganze«.
3. Wagen Sie es vielleicht einmal, auch einen *Albtraum* aufzuzeichnen? Und mit den verschiedenen Symbolen, Personen und Szenen in Kontakt zu kommen (bei Weihnachten haben wir dieses Thema schon berührt) – mit der Frage: Was in mir und meinem Leben kommt darin zum Ausdruck? Der Albtraum als Ausdruck von Schrecken, Nöten, »Höllen« im dunklen Teil Ihrer Seele ...! Wenn möglich, unternehmen Sie die Beschäftigung damit *nicht allein* – nicht ohne eine seelenkundige Begleitung!
4. Achten Sie darauf, dass Sie am Ende dieser Übungen und Überlegungen dafür sorgen, dass Sie den Blick vom Grauen bewusst wieder auf das Licht richten, ohne dabei das Grauen zu verleugnen. Das ist eine Übung der Achtsamkeit für die Wirklichkeit, wie sie *wirklich* ist: das andere hinter sich lassen, ohne es zu verleugnen und zu vergessen, im vollen Bewusstsein der »anderen Seite«, der Schattenseite des Lebens und sich dennoch dem Licht und der Freude und der Fülle öffnen können, und leben. Eine Möglichkeit dazu ist, sich in die Sonne zu stellen und das afrikanische Sprichwort zu meditieren: *»Wende Dein Gesicht immer der Sonne zu, dann fallen die Schatten hinter Dich.«* Stellen Sie sich in die Sonne und schauen Sie zunächst Ihren Schatten an – solange wie Sie brauchen, um zu spüren, zu fühlen und bewusst zu sein, was Sie tun. Dann wenden Sie sich halb zum Licht, sodass Sie halb zum Licht und halb zum Schatten gewandt stehen. Spüren Sie dem nach, wie das nun ist, wie anders als vorher, was es in Ihnen auslöst, wo es Sie hinzieht – und seien Sie ehrlich dabei, auch in dieser Bestandsaufnahme! Dann wenden Sie sich endgültig der Sonne zu, ins Licht hinein und lassen sich bestrahlen und bescheinen, einfach wie ein Mensch,

der sich sonnt, der das genießt und es sich gut gehen lässt. Denn auch im Weg durchs Jahr bleibt es entscheidend, dass wir nicht bei Karfreitag und Karsamstag stehen bleiben, sondern dass es weitergeht, dass das Leben siegt und »Ostern« wird.

5. Betrachten Sie die Symbolik der Raupe! Besorgen Sie sich Informationen darüber oder machen Sie selber Beobachtungen: Raupen verpuppen sich, machen sich damit hart, unzugänglich und bauen sich so etwas wie ihren eigenen Sarg. Sie werden starr und leblos. Hervorkommt – völlig verändert – nach diesem Schritt ein wunderschöner, leichter und feiner Schmetterling. Welch ein Unterschied, welch eine Wandlung! – Ein Bild für Ostern, Auferstehung?!

Ostern ist Überraschung, Geschenk: unverfügbar, unberechenbar. Aber es kann nur kommen, wenn wir bis ins Letzte durch alles hindurchgehen – das lehren Karfreitag und Karsamstag: bis ins völlige Aufgeben hinein loslassen – so geschieht Wandlung.

»Prinzip Hoffnung« – das »Stirb und werde«: Ostern und der Osterfestkreis

Wie ein Weizenkorn ...

In einem Naturbild gibt uns Jesus eine Verstehenshilfe für das, was an Ostern geschieht, was Auferstehung meint – für uns letztlich unfassbar und unbegreiflich: Auferstehung oder Auferweckung. Er vergleicht dies mit dem Bild vom Weizenkorn, das in die Erde gesenkt wird, stirbt, danach neu wächst und viel Frucht bringt.

Impuls: Ich nehme ein Weizenkorn in die Hand – tun Sie es doch auch! Es liegt da in meiner Handschale, klein, unscheinbar, hart und wie tot. Dass in diesem Korn Leben steckt?! Dass das etwas anderes in sich birgt als nur Härte? Fast wie ein Kraftwerk – voller Leben!
Wenn ich mich nun ganz in dieses Weizenkorn hineinversetze, selbst ein Weizenkorn *werde* und ihm nun eine Stimme gebe, dann verbirgt sich innen »in mir« zwar Lebendigkeit, ein Lebensimpuls, ein Lebenskeim, der aber nicht heraus kann, wenn es »normal« zugeht. Wenn kein Druck von außen kommt, wenn nicht die Kräfte von Wasser, Fäulnis, also Zerstörung, an mir wirken, und die Dunkelheit des Bodens, dann kann nicht heraus, was an Leben in mir steckt.
Aber wehe, wenn ich hinunter in die Erde muss. Da wird es ganz dunkel, einsam und kalt. Keine schöne Umgebung. Nasskalt, ungemütlich, und ein schrecklicher Prozess beginnt: aufgequollen werde ich, meine Schale platzt: ungemütlich ist es hier, niemals hätte ich mir gewünscht, hier sein zu müssen. Meine schöne Haut, meine stabile Fassade, mein Image nach außen – alles wird aufgeweicht und zerstört. Aufgeweicht durch Nässe, durch die Fluten der Tränen vielleicht, aufgeweicht meine Seele, mein Inneres.
Dass hier in dieser Dunkelheit, in der Tiefe, wo ich nicht nur *am* Boden, sondern *unter* dem Boden bin, dass hier Leben entstehen soll, ist unfassbar. Jetzt wird doch nur gestorben! Das ist das Allerletzte, meine letzte Stunde hat geschlagen. Ich fühle, wie ich immer weicher werde, aufgedunsen, wie irgendwann auch meine Haut rissig wird und springt. Das ist das Ende. Ich merke, wie sich etwas in mir regt, weiter wird, und wie der Raum viel zu klein wird.

Ich sträube mich, ich widerstehe dem Sterbensprozess, ich wehre mich dagegen, aufzugeben, mich aufzugeben, mich fallen zu lassen, mich wirklich dem Boden zu überlassen, nichts mehr tun zu können, ausgeliefert zu sein. Aber ohne dies alles wird kein Leben entstehen, gibt es keine Wandlung, keinen Veränderungsprozess. *Leben entsteht nur durch Wandlung.* Ich muss also aufgeben, damit Neues entsteht. Und nun geschieht etwas Überraschendes: Als Erstes entsteht ein Keim nach unten. Es beginnt also nicht nur tief in der Erde, sondern auch noch mit der Richtung nach unten. Zuerst ist Verwurzeln dran. Die Wurzeln sind wichtiger als alles andere. Ich muss *erst* nach *unten* wachsen und mich in der Erde verankern, bevor ich nach oben wachsen und vielleicht einmal auch das Licht erreichen kann. Darum beginnt das Keimen eines Samens mit dem Treiben eines Sprosses nach unten, noch tiefer hinein, noch tiefer hinunter. Als ob ich nicht schon tief genug drunten wäre ...

In dieser Tiefe entsteht ein Keim – einer nach unten und einer nach oben. Beide Richtungen sind wichtig! Aber damit ist noch nicht gewonnen. Der Keim hat es unendlich schwer. Er muss unglaubliche Kraft entwickeln, um gegen das Erdreich anzukommen. Endlich ein Lebenskeim, doch sofort sind die Gegner auch da: das harte, unbarmherzige, widerstrebende und Widerstand leistende Erdreich. Welche Kraft es kostet, sich dagegen aufzulehnen, anzustemmen, anzuwachsen. Die Kraft der sanften Gewalt lässt mich langsam nach oben kommen, Bruchteile von Millimetern, immer noch vom Dunkel umhüllt, oben ahnt keiner, dass hier Leben sein könnte. Und um mich her ist noch alles dunkel. Und unter mir fault das Korn, das früher meine Heimat war, weiter.

Dass wachsen so schwer ist: Kaum merklich geht es voran. Oft habe ich den Eindruck, als ginge gar nichts weiter. Und immer noch ist es dunkel. Erst irgendwann ein Schimmer von Licht. Da kann ich aufatmen, jetzt wird es leichter. Ein Trieb dringt durch die Erdkruste, durch die obersten Krumen hindurch nach oben, zur Sonne, zur Luft, zum Licht!

Aber das Wachsen bleibt langsam. Oft ist mir das Tempo zu langsam. Und die Schwierigkeiten hören nicht auf: Da oben ist es manchmal kalt, manchmal fürchterlich heiß, der Wind treibt mich umeinander, schüttelt und rüttelt mich und setzt mir zu. Es ist auch gefährlich: Tiere kommen, treten auf mich, zupfen an mir, Menschen oder Wagen fahren über mich hinweg, oder Tiere, Vögel picken, Rehe äsen. Aber selbst, wenn etwas abgefressen ist, wachse ich *trotzdem* weiter, dem Himmel entgegen.

Ich werde immer fester, immer stabiler, bekomme einen Halm und Kno-

tenstellen, die meine Stabilisierungspunkte sind. So etwas brauche ich unbedingt. Ich muss beweglich und fest zugleich sein. Klingt gegensätzlich, aber zum Überleben ist beides notwendig! Flexibilität und Stabilität, Wandel und Festigkeit. Und so werde ich größer, höher, fange an zu blühen und muss wieder warten, dass *mir etwas geschieht*: Befruchtung durch den Wind, den ich *nicht machen* kann, dem ich nicht befehlen kann, der nicht meinem Einfluss unterliegt. Wie nichts meinem Einfluss unterliegt an diesem ganzen Wachstumsprozess!
Und doch kann es gelingen, dass Befruchtung, dass weitere Reifung in meiner Ähre geschieht und sich Körner bilden. Und am Ende bin ich zwar nicht mehr das Korn, das ich einst im Ausgang war. Das Korn gibt es nicht mehr. Mich, der ich war, wie ich war, gibt es nicht mehr. Aber dafür gibt es viele neue Körner. So wie ich eines gewesen bin. Und bei denen kann der ganze Prozess von Neuem beginnen ...

Sie haben bei dieser Meditation vielleicht manchmal an sich *selber* gedacht, eigene Entwicklungsstadien wiedererkannt? Und sicher über die Vieldeutigkeit der Worte und Gedanken erspürt, was das Samenkorn uns *über das Leben* lehrt; eben auch über das *neue* Leben, über das, was mit *»Auferstehung« mitten im Leben* gemeint sein kann.

Impuls: Meditieren Sie einmal eine Blüte oder Knospe als Sinnbild des Erwachenden, als Symbol von Entfaltung neuen Lebens!
Versuchen Sie, diesen Weg aus der Enge in die Weite, diesen Wandel einmal zu verkörpern, indem Sie in die Hocke gehen, sich ganz kleinmachen, etliche Minuten verharren, und dann ganz, ganz langsam sich öffnen, recken, strecken, auftun wie eine Knospe! Aufatmen und aufblühen ...!

Osteranfang

Oft wird uns verschwiegen, dass der Weg ins Neue zunächst durch Grenzerfahrungen führt, durch innere Leere, durch Stress und durch Erfahrung von innerem Sterben. Der Düsseldorfer Maler Beuys erklärte diesen Prozess kurz vor seinem Tod mit folgenden Worten: »Die Entwicklung des Christentums ist nur so denkbar, dass sie zunächst einmal uns in die Einsamkeit führt und dieses ›Ich werde euch freimachen‹ zunächst überhaupt gar nicht geschieht. Denn zunächst muss der Mensch das einmal durchmachen, was Christus selbst durchgemacht hat. Er muss erst einmal auf der Erde ankommen, er muss das Todeselement erleben«.[42]

Auferstehung in unserem Leben ist nicht ohne Kreuz zu erleben, sagt auch die religiöse Erfahrung. Wir wehren uns gegen diesen Gedanken, aber in der Bibel taucht er immer wieder auf. Eine Wahrheit für unser Leben scheint immer erst eine bittere zu sein, bevor sie eine befreiende Wahrheit für mich wird. Einen Engel erkennt man immer erst, wenn er bereits gegangen ist – so drückt das die alte religiöse Sprache aus. Wir hören diese Einsicht, aber haben meist nicht die Kraft, ihr in unserem Alltag zu folgen. Viele Stimmen wollen uns unterdessen bewegen, insgeheim doch auf die große Veränderung durch irgendein Wunder von außen zu setzen. Irgendeine Wende soll es dann bringen. Diese Stimmen verstärken jedoch nicht unsere Fähigkeit zur Selbsthilfe, zur Eigenaktivität, sondern füttern uns von außen. Sie locken mit Magie als Ersatz für Anstrengung und verschweigen den Schmerz, der nötig ist, wenn wir uns wandeln wollen.

»Alle Rechnungen werden beglichen«, flüstern die Stimmen. »Alles kommt wieder in Ordnung«. Nur im Märchen aber wird aus der garstigen Kröte der schöne Prinz, nur im Wunschtraum der Völker ist das Osterwunder, die Auferweckung aus dem Tode, eine Erlösung, die von oben und von außen passiert, jeweils ganz ohne mein eigenes Zutun. Sicher: Auferwecktwerden ist auch im christlichen Glauben etwas, das von außen eindringt, angedeutet mit dem alten Wort »Gnade«. Aber Auferstehen ist zugleich eine persönliche Herausforderung für jeden von uns, ist eben auch *eine Kraft*, die man *lernen* kann, selber aufbringen muss. Wieder lebensstark werden, wie kann man das denn verstehen? Ich sehe manche symbolische Todeserfahrungen, ein Sterben lange schon vor dem Ende, gerade bei Jüngeren: das Abreißen von Beziehungen, das Ende der Geborgenheit, der Verlust von Zuversicht und Hoffnung …

Aber ich sehe auch *die* Erfahrung bei vielen, dass es ein Neugeborenwerden da geben kann, wo man nur Verlassenwerden erlebte. Dass Manna niederfällt, wenn man in die Wüste gerät, wie die Bibel erzählt. Wie Sterben eine Dimension meines Lebens ist, lange schon vor meinem Tod, so auch Auferwecktwerden. Wie Abbruch von leidenschaftlichen Lieben eine Sterbeerfahrung ist, so der echte Neuanfang eine Art persönliche Auferweckung. So jedenfalls erleben nicht wenige Menschen heute elementare Neuaufbrüche in ihrem Leben. Aufstehen, auferweckt werden: Ich denke an die 83-jährige Frau S., die bis vor sieben Jahren als Lehrerin tätig war. Sie erteilt auch heute noch einmal in der Woche an der Grundschule einer Gruppe von 20 Kindern Nachhilfeunterricht. Ich denke an Günter, den praktischen Arzt, etwas über 50 Jahre alt. Von anderen, nicht von ihm, erfahre ich: In seinem Sprechzimmer liegen die Anmeldebögen auch in griechischer und türkischer Sprache aus. Wenn Leute aus einer bestimmten Siedlung kommen, schreibt er keine Rechnung aus. Er wohnt noch immer zur Miete, das eigene Haus, Minimalziel der Medizinerzunft, er hat es nicht erreicht: Er hatte keine Zeit dazu. Günter ist kein Erfolgsdeutscher. Ist das der Grund dafür, dass er so heiter ist, dass seine Lebenslust so ansteckend wirkt?

Erfahrungen mit Tod und Auferstehung heute

Auch das Wiederaufleben nach einer schweren Krankheit oder Krise kann wie eine »Auferstehung« erlebt werden. Eine Frau erzählt: »Als ich erfuhr, dass ich Brustkrebs habe, war das für mich ein furchtbarer Schock. Ich war wie gelähmt, und eine ganz tiefe Angst stieg in mir auf vor dieser Todesbedrohung. Ich wusste ja nicht: Wie viel Zeit bleibt mir noch zum Leben? Wie lange kann ich meine Familie, meine Kinder noch erleben? Es war wie ein schwerer, dunkler Weg, den ich vor mir hatte. Als ich in dieser totalen Verzweiflung steckte, musste ich mich völlig zurückziehen. Ich konnte überhaupt niemanden um mich brauchen und musste alleine sein. Im Bett habe ich mich isoliert, die Decke über den Kopf gezogen und laut geweint. Da kam mir dann auch der Text: ›Mein Gott, warum hast du mich verlassen?‹ Diese dauernde Angst war zermürbend. Ständig die Zeituhr im Innern ticken zu fühlen und nie zu wissen, wann die endgültige Explosion kommt. Dauernd dem Tod ins Auge zu schauen. Ich stand in der Küche, habe abgewaschen, mir liefen die Tränen, ich war völlig verzweifelt und habe keinen Ausweg mehr gesehen. Ich wusste gar nicht, was da plötzlich mit mir geschah: Ich hörte plötzlich aus mir heraus einen Choral gesungen: ›Christ König, Halleluja.‹ Das kam aber nicht aus meinem Kopf, sondern richtig aus meinem Bauch heraus und ist hoch gestiegen in mir. Zuerst dachte ich: Das kann doch gar nicht sein. Du bist doch so verzweifelt. Das passt doch überhaupt nicht zu der Situation, die ich im Kopf hatte. Wie das kam, dass plötzlich dieser Halleluja-Ruf in mir entstand, das weiß ich nicht. Aber ich habe mir dann gedacht: Das wird dir geschenkt. Das ist etwas, was du *nicht machen* kannst, auch nicht greifen kannst, aber was unheimlich schön ist. Und was dir geschenkt wird – vielleicht von Gott. Für mich war das in dem Moment wie eine Auferstehung aus der tiefsten Verzweiflung heraus, in der ich selber ja gar kein Licht und gar nichts Positives sehen konnte – und dann plötzlich dieses Halleluja.

Meine Vorstellung von Auferstehung hat sich seither verändert, und zwar ist dieser Gott nicht mehr so weit weg, in weiter Ferne, so ungreifbar und versteckt und verborgen, sondern durch meine Krankheit mit Schmerzen, Leid und einem Stück Tod habe ich diesen Gott etwas näher bei mir oder in mir erfahren, und zwar in der Form, dass ich ihn als Hoffnung und als neue Kraft zu leben erfahren habe.«

Ein anderes Zeugnis: »Meine Berufsausbildung, meine große Familie, das Haus zum Umbauen – das waren sicher Überforderungsfaktoren. Dann merkte ich, wenn ich Alkohol trinke wie mein ganzes Umfeld, dann habe ich mehr Kraft, alles in den Griff zu bekommen. Gegen jede Form von Depression hilft ja Alkohol sofort – und das habe ich als sehr positiv empfunden. Ich habe überhaupt nicht damit gerechnet, dass ich abhängig werden könnte. Als ich es merkte, war es zu spät. Es ging immer weiter bergab. Ich begann immer mehr zu trinken. Ich hoffte, Gott könne meine Verzweiflung sehen. Ich habe mich an jeder Kirche gefreut, wo ein leidender Christus zu sehen war. Musste mich an dem Leid festhalten. Ich musste einfach deutlich machen: ›Ich will das ja ändern, aber ich bin vollkommen machtlos; ich schaff das nicht!‹ Dann dachte ich, wenn ich mit dem Trinken nicht aufhören kann, dann höre ich mit dem Leben auf und dann hat sich alles von alleine gelöst. Und schließlich habe ich mich auf den Weg gemacht, um meinem Leben ein Ende zu setzen. Wer dann wirklich eingegriffen hat und den Selbstmord verhinderte, weiß ich gar nicht genau. Man hat mich dann in die Klinik gebracht und dort haben Menschen für mich die Verantwortung übernommen. Ich habe es auch in der Klinik noch wiederholt versucht, mein Leben selbst zu beenden, aber man hat mich erfolgreich daran gehindert. Das war meine Chance! Das war das Wunder. Ich habe mich an die Erfahrung geklammert, dass Gott eingreift, dass Gott einen richtig Toten – nicht einen simulierten, einen gespielten Toten – aus dem Grab herausholt – damals in Jerusalem – und dass er das auch in meinem Leben tun könne. Und dass er ihn dann so verwandelte, dass die Menschen ihn nicht wiedererkannten – das war meine Hoffnung auch: Dass die Menschen mich buchstäblich ›nicht wiedererkennen‹. Dass im Sog der Auferstehung Menschen wieder aufstehen können, dass sie auferweckt werden, egal wie ihr Leben einst war. Das war meine Hoffnung – und für mich hat sie sich bestätigt. Mir hat nicht mein Studium geholfen, sondern meine Krankheit. Damit habe ich erlebt, dass es Auferstehung wirklich gibt, dass es Neuanfänge gibt, heraus aus dem ›Grab der Sucht‹. Und dass Gott einen tatsächlich wieder auf die Beine stellt. Von daher ist für mich Auferstehung, wie es in der Bibel heißt, ein Passivwort: es ist Auferweckung. Das tut Gott. Und ich lass mich auf die Beine stellen. Ich falle auch wieder um, aber ich hatte jetzt ein volles, intensives Leben, das keine Suchtmittel mehr erforderlich machte, aus dem ich etwas sehr Fruchtbares machen konnte.«[43]

Ein Mann in den Vierzigern berichtet: »Ich war erfolgreich und zugleich total leer. Ich war nicht traurig, aber völlig gefühllos. Ich konnte gar nichts mehr empfinden. Keine Freude, keine Trauer, keinen Zorn, keine Aggression – nichts! Es war die Hölle, denn zugleich war ich innerlich ständig total angespannt, aufgedreht und umgetrieben. Aber es konnte nichts hinaus und nichts herein. Die Antidepressiva machten mich nur müde, ich war dann ständig wie von einer Glasglocke umgeben. Ich zwang mich dazu, vollkommen normal weiterzuarbeiten und überall so freundlich wie immer zu sein. Aber dieses ›Doppelspiel‹ machte alles noch viel anstrengender. Das Schlimmste war, dass ich keinem sagen konnte, wie es mir wirklich ging. Weil wir in unserer Sprache gar keine Worte dafür haben. Was in den Lehrbüchern steht über Depression, das ist nur eine Ahnung davon, das ist nur ein geringer Teil. Das stimmt zwar, aber zum Teil ist es noch ganz anders, noch viel schlimmer. Wodurch es genau vergangen ist, weiß ich gar nicht. Ich habe irgendwann beschlossen, die Tabletten nicht mehr zu nehmen und wieder selbst zu leben. Ich konnte wieder Freude empfinden, es war im Frühling, ja, es war in der Osterzeit. Es war wie ein Wiederaufleben, wie wenn das Leben wieder neu beginnt. Ich denke: das Leid und den Tod jetzt in mein Leben einbeziehen zu können, ist eine ganz große Chance. Dadurch, dass ich beide Seiten erlebt habe, fühle ich mich mehr als ganzer Mensch, als runder Mensch. Wenn ich das Leid und die Krankheit und den Tod immer ausklammere, dann beraube ich mich selbst auch einer Chance. Einer Chance auch, ein volles, ganzes Leben zu führen. Vor diesem dunklen Hintergrund, den ich erlebt habe, erlebe ich auch Freude und Licht jetzt viel intensiver.«

Impuls: Können Sie die Reihe dieser Berichte fortsetzen mit eigenen Erfahrungen? Wo erlebten Sie eine ähnliche »Wende« als Neuaufleben, wie eine Auferstehung? Wie können Sie weitere Alltagsvergleiche für die Auferstehungs-Wandlung finden, ähnlich dem Ende einer Krankheit, Krise oder Depression?

Einwände?

Man könnte nach diesen Erfahrungsberichten einwenden, das sei doch »zu wenig«, hier sei Auferstehung ja nur übertragen gesehen. Aber dass es sich beim Geschehen von Ostern, von Auferweckung und Auferstehung, nicht einfach nur um etwas Historisches, sondern auch symbolisch um ein Geschehen *mitten* in *unserem* Leben, im Alltagsleben handelt, wird auch am Vergleich Jesu von Menschen mit Toten deutlich: »Lasst doch die Toten ihre Toten begraben« (Matthäus 8,22) – damit sind durchaus lebendige Menschen gemeint, die aber doch (noch) nicht lebendig sind! Oder bei Paulus: »Wache auf, der Du schläfst, stehe auf von den Toten, so wird dich Christus erleuchten« (Epheser 5,14): Hier wird das Bewusstwerden, das Aufwachen, Nüchternwerden und Zu-klarem-Bewusstsein-Gelangen mit der Totenauferstehung und Erleuchtung gleichgesetzt. Ein Hinweis für uns, dass die Arbeit an unserer Bewusstwerdung, also die Innenarbeit, in eins gehen kann mit dem, was mit »Auferstehung von den Toten« gemeint ist.

Wenn Paulus und die Evangelien also *in dieser Weise* symbolisch von Tod und Auferstehung reden können, warum sollten sie von uns nicht auch so verstanden werden können?! Paulus spricht (in Kolosser 2,12; 3,1) davon, dass »wir mit Christus auferstanden« sind: Das muss etwas mit *unserem Lebensalltag* zu tun haben! Es begegnet einem im eigenen Leben doch manchmal, dass man tot ist, ohne es zu merken. Wir stoßen oft auf Menschen, wo wir spüren, dass sie tot sind; wir möchten sie aufwecken (so wie Jesus sagt »weckt Tote auf« – Matthäus 10,8!), wachrütteln, aber es gelingt uns nicht. Sie müssen selber aufwachen, »auferstehen«.

Und wiederum: Was ich zu den Festen des Jahreskreises darstelle, reicht natürlich immer *noch* tiefer und wirkt auch noch *ganz anders;* es gilt – oder auch nicht, ist wertvoll und wichtig, soll und darf aber auch das *Ganze* nicht verstellen, darf nicht im Wege stehen. Man darf nicht diesen ausgeführten Teil für das Ganze nehmen. Immer steckt *noch mehr* darin und dahinter; es ist natürlich nicht nur noch tiefer psychologisch, sondern auch noch ganz *anders* wahr.

Wem das Historische genügt, das Glauben an das Was und Wie – gut. Wem das Dass der alten Ereignisse genügt, auch gut. Aber da könnten fünfzig Videofilme über verflossene Ereignisse gedreht und Jesus noch so oft auferstanden sein, dennoch bleiben *mein* Leid, *meine* Freude, *mein* Leben, *meine* Depression, und *da hinein* muss die Botschaft dringen, um Wirkung zu haben, um wirklich zu werden. In meine Beziehungen, in unsere Gesellschaft muss sie hineinwirken, um sozial und gesellschaftlich / politisch wirklich zu werden. Denn wir brauchen das doch jetzt, hier, heute! – Wir sagen ja manchmal: »Ich fühle mich zerschlagen« – was ist das anderes als tot? »Ich bin total kaputt, erledigt, nieder-geschlagen, am Boden er-starrt, steif, fertiggemacht« – Körperworte für Seelenzustände, für den Tod mitten im Leben! Und an Angelus Silesius erinnernd könnte man sagen: Und wäre Jesus vor zweitausend Jahren tausendmal vom Grabe auferstanden: Es nützt mir nichts, wenn es *mir* nicht hier heute *auch* geschieht!

Impuls: Welche weiteren Sprachwendungen, Bilder und Metaphern fallen Ihnen für den »Tod im Leben« ein? Und – weit wichtiger –: Welche für Ihre »Auferstehung im Leben«?

Wenn Jesus einem toten Mädchen damals »Talitha kumi – Mädchen, steh auf!« zurief (Markus 5,41), so kann das für uns Heutige heißen: *»Steh auf aus dem, was Dich bindet und hält, aus dem, was Dich fesselt und bannt!* Steh auf, Mensch, steh auf!«

Ostern – eine Geschichte der Frauen!

Ins Auge springt, dass etwas in der Geschichte des Christentums während zweier Jahrtausende kaum betont wurde: Die ersten Auferstehungszeugen waren *Frauen*! Das ist erstaunlich, und dabei auch nicht erstaunlich: In einer männerorientierten Kirche und Gesellschaft, eine Realität durch Jahrhunderte und Jahrtausende, hat »man« vielleicht unbewusst oder bewusst übersehen, dass Männer an diesem Wendepunkt der christlichen Botschaft gar nicht die entscheidende Rolle spielten. Das hat uns den Blick verstellt: Offensichtlich ist hier eine wesentliche Korrektur nötig, die dem Selbstbewusstsein von Frauen dient, aber zugleich auch dem Irrtums-Bewusstsein von uns Männern dienen müsste oder könnte.

Impuls: Überlegen Sie doch einmal selbst, woran es liegen könnte, dass die Botschaft von der Auferstehung Männern zunächst nicht zugänglich war! Sind Frauen dem Leben näher?! Der Hoffnung, der Überlebenskraft? Haben sie einen leichteren Zugang zu rational nicht vorstellbaren Realitäten? Zum »Möglichkeitsdenken«? Haben sie Fähigkeiten »zu sehen«, von denen wir Männer nur träumen könnten? Gibt es hier vielleicht etwas zu lernen für die eine Hälfte der Menschheit?

Der Befund der Erzählungen verdient auch darum *besondere* Beachtung, weil im alten Orient das Zeugnis von Frauen gar nicht ernst genommen wurde: Wenn Frauen vor Gericht etwas aussagten, so zählte das nicht. Auch das ein Faktum auf dem langen Leidens- und Unterdrückungsweg der Hälfte der Menschheit! Im Judentum der Zeit Jesu war das natürlich ebenso, in einer weitgehend patriarchalischen Gesellschaft. Damals mit einer Botschaft an die Weltöffentlichkeit zu treten, die zunächst von *Frauen* verantwortet wurde, wo als allererste Zeugnisse nicht die von Männern bestechen und überzeugen konnten – das war ein unglaublich provozierendes Phänomen. Wieder erhebt sich die Frage: Was geschah damals – und was lernen wir daraus? Wie müssten die Strukturen der Kirche, all ihrer Organisationen und auch überhaupt der Gesellschaft verändert werden, wenn wir jenes Zeugnis von Frauen ernst nähmen? Denn in den Ursprungstexten der Botschaft von der Auferstehung Jesu liegt ein ganz klar emanzipatorischer Befund vor, dem wir uns stellen müssen:

Frauen werden hier den Männern gleichgestellt, ja ihnen sogar *vorgeordnet*. Als *die ersten Zeuginnen* tragen sie eine ganz besondere Bedeutung – sogar *vor* den Männern. Längst bevor die Jünger (= Männer) glaubten, ja, als sie noch ängstlich zweifelnd zusammensaßen, glaubten die Frauen bereits. Welche Treue, welche Liebe, welche Kraft kommt darin zum Ausdruck, dass sie sich aufmachten im Doppelsinn des Wortes: sich aufmachten zum Grab und sich innerlich aufmachten und öffneten für das gänzlich Unvorstellbare und Unerwartete.

Und doch ist psychologisch beides wahr: Jede und jeder von uns trägt weibliche und männliche Anteile und Eigenschaften in sich. Gemäß der pränatalen Bio-Psychologie, wie auch der Weisheit der fernöstlichen Kulturen und speziell auch der Jung'schen Tiefenpsychologie – das haben wir bei »Mariä Verkündigung« schon gesehen – besteht der Mensch aus seelischen Anteilen *beider* Geschlechter. Seine Lebensaufgabe besteht darin, dass diese Seiten sich wie in einer »Hochzeit« verbinden, verbünden und vereinigen! Und so haben wir selbst – alle – auch diesen eingesperrten, zweifelnden und angstgeschüttelten Männeranteil in uns, skeptisch selbst der Hoffnungsbotschaft der »Auferstehungs-Zeuginnen« gegenüber – und zugleich den aufbrechenden, mutigen, offenen und an den Sieg des Lebens glaubenden weiblichen Anteil. Denn letztlich sind in beiden Jünger-Geschlechtern Figuren unseres eigenen Seelenlebens inszeniert und zum Ausdruck gebracht!

Impuls: Wenn Sie eine *Frau* sind, führen Sie sich vor Augen, was das für Ihre eigene Identität bedeutet, wenn Sie sich bewusst werden, wie Sie einerseits als Frau unter Frauen in der Geschichte oft übersehen, missachtet oder gar misshandelt und nicht ernst genommen wurden. Welche Veränderung es andererseits ausmacht, wenn Sie selbst erkennen und dazu stehen, dass Ihnen eine andere Würdigung und Würde zusteht, – wie es die Auferstehungstexte und emanzipatorischen Bibelstellen wie Galater 3,28 u.a. ausdrücken. (Dort steht: »Hier ist nicht Mann oder Frau ..., sondern alle sind eins in Christus«.)
Wie geht es Ihnen als *Mann* dabei, dies hier zu lesen und zu entdecken? Haben Sie sich die Unterdrückungsgeschichte der weiblichen Seite in der Geschichte und – vielleicht – in Ihrem eigenen Leben schon einmal bewusst gemacht? Was würde sich verändern (müssen), wenn Sie in Ihrer

Prägung, inneren Haltung und in äußeren Verhaltensweisen eine Wandlung zuließen? Welche Gefühle löst es in Ihnen aus, dass sowohl in der Weihnachts- als auch in der Ostergeschichte die Männer im Grunde nur als Randfiguren erscheinen? – Suchen Sie Wege zu einem neuen, tieferen Kontakt mit Ihrer eigenen Weiblichkeit!

Und sie erkannten ihn nicht ...

Eigenartig: Da feiert die ganze Christenheit an Ostern das Fest der »Auferstehung des Herrn«, glaubt, dass Jesus zu neuem Leben nach seinem Tod erstand – und: die Geschichten darüber im Neuen Testament geben uns doch so viele Rätsel auf. Nicht nur die widersprüchliche Berichterstattung über die ersten Ereignisse am Ostermorgen, nicht nur die umstrittene Frage des leeren Grabes, nicht nur die Zumutung an den so genannten »modernen Menschen«, an eine leibhaftige Auferstehung oder gar eine »Durchbrechung der Naturgesetze« zu glauben – nein, rätselhaft ist dabei auch, dass in den Berichten selbst davon gesprochen wird, wie befremdlich den Menschen damals, den Beteiligten, glaubend oder nicht so sehr glaubend, die ganzen Geschichten waren. Und rätselhaft bleibt, dass diese alten Glaubenszeugnisse – die man ja sehr oft auch als Tendenzberichte verstehen wollte und denen man unterstellen könnte, dass sie abgefasst wurden mit der Absicht, Glauben zu wecken und dass sie deswegen nicht ganz verlässlich seien – davon erzählen, dass man Jesus bei seinen Erscheinungen nach der Auferstehung oft nicht erkannte. Das empfinde ich als für Glaubenszeugnisse einer frühen Glaubens- und Religionsgemeinschaft erstaunlich, auch psychologisch überraschend, als so untypisch und ungewöhnlich für Berichte, die für einen Glauben werben wollen, dass ich entweder nur den Kopf schütteln und das Ganze aus der Hand legen kann – oder neugierig Augen und Ohren und alle meine anderen Wahrnehmungsorgane öffnen möchte, um zu fragen: Was will damit denn eigentlich gesagt werden? Vielleicht wird gerade durch diese Eigentümlichkeit *das Eigentliche* ausgedrückt?! Wie, wenn das symptomatisch wäre und das, was rätselhaft ist, zugleich ein *Schlüssel* für das Verständnis wäre?! Dann müsste man *dem* genau nachgehen, dieser Unscheinbarkeit, diesem Nicht-Erkennen, Nicht-erkennen-Können: In dem Nicht-Erkennbaren *ihn* erkennen, das ist dann das Besondere. (Wir sind diesem Grundvorgang schon bei dem unscheinbaren Kind in der Krippe an Weihnachten und bei Brot und Wein an Gründonnerstag begegnet: im Unscheinbaren IHN erkennen, denn ER »erwartet uns in allen Dingen«.)

Was wird berichtet? Maria Magdalena, die besonders vertraute Freundin Jesu, weilt im Garten beim Grab und sucht nach ihm. Untröstlich steht sie da und weint. Die Tränen fließen in Strömen, ihr Herz trauert in Schmerzen, sie beklagt den Verlust des geliebten Jesus. Und plötzlich ist jemand im Garten, sie sieht einen Mann, sie meint, »es sei der Gärtner«. Ihm erzählt sie ihr Leid, ihren Kummer und von der Frage, die sie umtreibt: Wo haben sie ihn denn nur hingebracht? Ein ganz normaler Mann muss da vor ihr gestanden sein, sonst hätte sie ihn ja nicht für den Gärtner gehalten. Und erst, als der sie anspricht, ihren Namen kennt und in der einst Jesus eigenen liebevollen, klaren, zugewandten und Vertrauen erweckenden Art zu ihr sagt »Maria«, erkennt sie ihn. Da will sie niederfallen vor ihm und ihn in die Arme schließen. Jetzt wird ihr bewusst: Der da vor mir steht, ist mein Jesus. Vorher nicht! Bis dahin sah sie einen »normalen Mann« vor sich. (Es wäre allerdings spannend, darüber nachzudenken, was es bedeutet, dass sie diesen Mann, der da vor ihr stand, ausgerechnet als einen *Gärtner* empfand und somit Jesus mit dem Gärtner verwechselte. Ein Gärtner ist ja ganz typisch und exemplarisch mit der Erde, dem Erdenen/Irdenen/Irdischen verbunden und zugleich mit der Lebens-, Wachstums- und Entfaltungskraft der Schöpfung.)

Weiterhin wird von Freunden Jesu erzählt, die über Land gingen und sich traurig während einer Wanderung unterhielten. Ein altes Lebensthema klingt an: Wir sind unterwegs. Wir gehen unseren Weg, fragen uns viel. Die beiden gehen nicht allein. Sie haben einander als Begleiter und Gesprächspartner. Und sie sprechen über die Hinrichtung ihres Hoffnungsträgers Jesus, sie sind bestürzt, … dass alles so kommen musste … Und dann gesellt sich jemand zu ihnen, er ist plötzlich *auch mit* auf dem Weg, mit ihnen unterwegs, er fragt sie: »Warum seid ihr denn so traurig?« Die einfühlsame Frage weckt ihr Vertrauen und lässt sie ausdrücken, was sie bedrückt. Und so kommt ein Gespräch in Gang, sie schütten ihr Herz aus, laden alles ab, was sie verwirrt und belastet. Und dieser eigenartige Fremde, seine Art des Zuhörens und Antwortens, macht ihnen im Gespräch die Augen dafür auf, dass die Ereignisse irgendwie auch verständlich sind (»musste nicht Christus …?«; sie konnten nachvollziehen, dass Christus »musste«!): Da geht ihnen das Herz auf.

Schließlich wollen sie einkehren, weil es Abend wird, laden den fremden Begleiter, mit dem so gut zu sprechen ist, mit dem zusammen einem so warm ums Herz wurde – alles wurde so klar, man selber wieder leicht und licht – ein, bei ihnen zu bleiben, mit ihnen zu essen und zu bleiben. Als sie mit dem Essen beginnen, bricht er das Brot – und ist verschwunden. Und *da*, so heißt es, in diesem Augenblick, oder mit anderen Worten: da erst, daran, erkannten sie ihn. Vorher nicht! – Eigenartig! Sie erkannten ihn (zunächst) nicht!

Und dann erzählt auch Johannes noch eine Geschichte, wo Jesus nicht erkannt wurde: Die Jünger waren fischen gegangen, sie waren in ihrem Alltag wieder voll eingebunden und engagiert für das, was sie vor dem Ruf Jesu auch getan hatten. Sie befanden sich auf dem See in der Nähe des Ufers und hatten von draußen jemand / »Jesus« gesehen – und hatten ihn *nicht erkannt*. Erst irgendwann sagt einer plötzlich: »Es ist der Herr«. Petrus wirft sich ins Wasser und schwimmt zu ihm an Land.[44]

Was aber bedeuten diese Verbergungsgeschichten? Christus Jesus ist anwesend und keiner erkennt ihn; und man erkennt ihn immer erst irgendwann. Offenbar ist er auch in seinem Erscheinen verwechselbar, allen anderen Menschen gleichend. Er ist unscheinbar wie jeder andere Mensch. Nichts Göttliches, nichts Besonderes ist an ihm erkennbar. Und genau darum geht es: *im Unscheinbaren Gott zu erkennen*. Der uns von Weihnachten her vertraute Gedanke taucht wieder auf. Christus begegnet uns *an ganz normalen Schauplätzen*: Maria Magdalena in einem Garten als Gärtner, den Emmaus-Jüngern auf dem Weg als ein Fremder – oder Freund – und den Jüngern am See: eigenartigerweise immer draußen in der Natur. Einmal nur erscheint er in einem Raum, nämlich als er sich den Jüngern gemeinsam zeigt und Thomas ihn sogar berühren darf. Die spezielle Begegnung des Thomas mit dem Auferstandenen geht über dessen Fühlen und Betasten seiner Wunden.

Diese Begegnungen erinnern an eine Erzählung der Chassidim: Ein Gelehrter kam zu einem Rabbi und sagte: »Jetzt habe ich so viel in Büchern gelesen und studiert, aber Gott ist mir noch nicht begegnet!« Der Rabbi antwortet: »Dann hast du dich noch nicht genug gebückt!«[45]

Für eine neue »Spiritualität von unten« hieße das also: Genau dann, wenn nur »normal Menschliches,« ganz Alltägliches zu sehen ist, gar nichts Übernatürliches oder Göttliches, kann die Gottes- und Christuswirklichkeit anwesend sein. Das heißt zugleich: *Alles* kann eine Erscheinungsform der Gotteswirklichkeit sein, eine Begegnungsweise des auferstandenen Christus, der Lebenskraft schlechthin. *Alles* Irdische, Menschliche und allzu Menschliche kann uns so das Wesentliche nahebringen, das »für die Augen unsichtbar« ist (Saint-Exupéry).

Impulse: Stellen Sie sich einmal in eine Bahnhofshalle, auf einen Marktplatz oder einen U-Bahn-Bahnsteig und schauen in Ruhe nacheinander die Menschen an – vielleicht mit dem Gedanken: »*Auch Du* ein Bild Gottes, Ebenbild des unsichtbaren Gottes, wie Jesus und ich!«
Setzen Sie sich vor einen Ihnen vertrauten Menschen etliche Minuten hin und meditieren: »In Dir kann ich Gott begegnen und erfahren«.
Schreiben Sie eine Geschichte mit dem Titel: »Spurensuche« oder »Meine Osterbegegnungen« – wo ist er mir/wo bin ich ihm begegnet, wo ist er mit mir gegangen? Ganz im Sinne der oben beschriebenen »Verwechslungsgeschichten«, wo Gott oder die Wirklichkeit des Auferstandenen im Unscheinbaren, im ganz Normalen begegnet.

Der Zweifler

Wie gut, dass Thomas dabei ist! Nach Ostern – so wird berichtet – hatten die Freunde Jesu, die Jünger, durch die Botschaft der Frauen glauben gelernt, dass die »Sache Jesu« weitergeht, dass nicht alles zu Ende ist, dass das Leben siegt und alle Grenzen, die für uns endgültig sind, sprengt: so unsere Weise, die Osterbotschaft auszudrücken.

Und nun wäre es doch gut denkbar, dass Sie oder ich dastehen und merken: Dazu habe ich keinen Zugang, ich habe nicht solches Vertrauen ins Leben. Ich bin zerrissen von Zweifeln, buchstäblich in »zwei« Stücke gerissen (Zwei-fel), habe zwei und mehr Seelen in meiner Brust, bin erfüllt von so vielen, verschiedenen, gegensätzlichen und widersprüchlichen Stimmen. – Gehört man nicht dazu, wenn das so ist?

Darum schrieb ich: Wie gut, dass Thomas dabei ist! Von den Jüngern Jesu, den Aposteln, wird ja zum Glück erzählt, dass sie anfangs generell von Angst geschüttelt und gepeinigt waren. Zum Glück gab es Skepsis und Gelächter über die Frauen mit ihrer Geschichte von Auferstehung, Auferweckung, neuem Leben durch Gott: Zum Glück hatten sie alle es schwer gehabt, haben gelächelt, gezweifelt und so gedacht wie viele von uns. Wie gut also, dass von Thomas, dem Zweifler, und auch all den anderen erzählt wird, die ja nicht etwa leichtgläubig waren, – auch von den zwei Entmutigten vom »Gang nach Emmaus«, die den Frauen nicht trauten. So bin auch ich – mit meiner Skepsis, meinem Zweifel – mit »repräsentiert« in diesem Kreis. Da bin *ich* einer *wie sie* – oder sie sind wie ich – und wie Sie, oder?

Es ist so schwer – besonders für uns Männer –, an das Leben und seinen Durchbruch zu glauben, zu sehen, dass etwas weitergeht, Visionen von Vertrauen und Lebenskraft zu entwickeln. Wie gut also, dass Thomas dabei ist! Dann ist auch diese Seite, die wohl in jedem und jeder von uns steckt, vertreten und wirksam. Natürlich gehört sie mit dazu – zum Jüngerkreis und zum Kreis der Stimmen in uns, zur Fülle unseres Seelenlebens.

Thomas drückt seinen Zweifel aus, »un-verschämt« genug ist er zu sagen: Ich glaube nicht. Ich glaube erst, wenn … Er möchte echten »Kontakt« zu der neuen Wirklichkeit haben, er möchte Jesus berühren können: Kontakt heißt ja »Berührung«! Mit anderen Worten: Er möchte *von Jesu Gegenwart und Wirksamkeit berührt* werden und ihn berühren. Das wünscht er sich. Und dies geschieht dann auch tatsächlich. Geschieht solches vielleicht wirklich erst, wenn wir einerseits unseren Zweifel leben lassen, zu ihm stehen und ihn ausdrücken und andererseits den Wunsch, die Sehnsucht fühlen und ausdrücken, der Zweifel möge oder könne durch neue Erfahrung und Begegnung überwunden werden, durch *Berührung mit einer neuen Wirklichkeit* sich wandeln. Der Zweifel darf nicht abgetötet, nicht verurteilt, bloß gebrandmarkt, verboten oder sogar als Sünde bezeichnet werden. Dadurch ändert sich nichts! In jahrelanger Erfahrung in Psychotherapie und Seelsorge konnte ich beobachten: Verurteilen, Bekämpfen, Nicht-Wahrhaben-Wollen oder Sich-Schämen ändern nichts. An keinem Gefühl, an keiner Regung in unserem Inneren lockert sich dadurch etwas. Von Thomas lerne ich: Er steht dazu. So ist er. Er ist »der Zweifler«, der aber auch zugleich der Sehnsüchtige ist und bereit für Neues.

Das ist wohl der Weg: dass unsere Zweifel-Seite mit der anderen Seite verbunden ist, ob wir die Neugier, Sehnsucht, Offenheit oder Bereitschaft nennen. Hier bin ich mit meinem atheistischen, nihilistischen Zweifel – und dort mit jener Seite, die glauben können *möchte*, Vertrauen sucht, Liebe und die Fähigkeit zu lieben ersehnt, die Hoffnung sucht: beides miteinander verbunden!

Und so wichtig es ist, dass Judas mit seinen verschiedenen Aspekten zu dem engsten Kreis der Freunde Jesu gehört, und dass auch Petrus mit seinen Eigenarten dazugehört, dass die flüchtenden, angsterfüllten Jünger, die mutigen Frauen dazugehören, die mit der Hoffnungslosigkeit ganz anders umgehen, indem sie etwas tun, einen letzten Liebesdienst, so ist es ebenso wichtig, dass auch Thomas dabei ist.

Impulse: Wie drückt sich Ihre Zweifel-Seite aus? Oder glauben Sie etwa, Sie besäßen keine? Sind Sie dabei wirklich ehrlich? Stehen Sie ruhig zu Ihren Ängsten, Zwiespältigkeiten und Zweifeln – an sich selbst, am Leben überhaupt, an Gott oder woran auch immer …
Setzen Sie sich gemütlich hin, halten Sie Ihre beiden Hände und Arme, locker – Handflächen nach oben – zur Seite, wie wenn Sie zwei Waagschalen bilden würden. Legen Sie innerlich in Ihrer Vorstellung in Ihre *eine* Hand alle Zweifels-Gedanken, die Sie hegen oder die Sie umtreiben. Füllen Sie alles da hinein. – Versuchen Sie dann, Ihre *andere* Hand mit Ihrer Fähigkeit, das Leben positiv zu sehen, zu glauben und zu hoffen und Vertrauen zu haben, zu füllen. Legen Sie Ihre Dankbarkeit und Ihre Zuversicht, das Gefühl der Geborgenheit und Sicherheit hinein. Und jetzt führen Sie ganz langsam die beiden Hände/Handflächen vor Ihrer Brust zusammen. Diese beiden Seiten sind in Ihnen *miteinander verbunden*. Durch das Zusammenführen der Hände drücken Sie diese Verbundenheit aus! So können symbolisch Frieden und Integration vorbereitet werden.

Vielleicht entdecken Sie, dass Sie sich beinahe wie bei einem »Kippbild«, je nach Perspektive, völlig anders sehen: Sie können Ihr Innenleben anschauen unter dem Aspekt »gespalten«, »zerrissen«, »entzweit« (wie im Wort Zweifel). Oder Sie sehen – dasselbe – verbunden, als Teile des Ganzen. Getrennt – verbunden, entzweit – versöhnt,

Zweiheit – Einheit. Vielleicht sollten wir – so wie Luther von »getroster Verzweiflung« spricht – von einer »verbundenen Verschiedenheit« sprechen.

Luther nennt den Zweifel eine »conditio sine qua non« (unverzichtbare Bedingung) für den Glauben. Das Judentum kennt durch die Jahrtausende gar eine *Pflicht* zu zweifeln: Der Zweifel als Gebot, existenziell und wichtig. Das ist realistisch, lebensnah und wahr. Auch dies ist ein Trost!

Begegnung mit dem Auferstandenen

Um die Erfahrungen von Ostern möglichst intensiv, existenziell und auch individuell innerlich nachzuvollziehen, machten wir während eines Seminars folgende Übung: In einen Entspannungszustand versetzt, stellten alle sich vor, sie seien in irgendeiner Landschaft, einem Raum oder sonst wo und könnten eine innere Begegnung mit dem »Auferstandenen« erleben, Gespräche, Worte, Blicke ... Religiöstheologisch kann man diese Übung wie ein Gebet verstehen oder wie den Wunsch nach einer spirituellen Erfahrung und einer Christusbegegnung, rein psychologisch als die Begegnung mit unserer lichtvollen Seite, unserer Hoffnungskraft, unserem personifizierten Durchsteh-Vermögen o.ä.

Nun lässt sich Begegnung ja nicht *machen*, schon gar nicht erzwingen. In der Übung erlebten einige der Teilnehmerinnen und Teilnehmer gar nichts Besonderes, andere Wunderbares: ein Gefühl großer Harmonie und Einheit mit allem, Lichterfahrungen, tröstende und helfende Worte, Ansprache, auch direkte Berührung, heilenden und heilsamen Kontakt mit dem »Auferstandenen«.

Impuls: Wollen Sie sich einmal selbst darauf einlassen, was bei Ihnen vielleicht geschieht – oder auch nicht –, wenn Sie sich solch eine Begegnung wünschen? Begeben Sie sich dazu in eine entspannte Situation, stellen Sie sich den Garten des Ostermorgens vor, und dass Sie dem »Auferstandenen« begegnen können: Wie verhält er sich, was sagt und tut er, was nicht? Berührt er Sie, äußerlich oder innerlich? Was nehmen Sie von der visualisierten, inneren Begegnung mit?

Ob wir solche Prozesse im Sinne der Tiefenpsychologie als Begegnung mit unserem Selbst betrachten oder glaubend als eine Christus- oder Gottesbegegnung bezeichnen, gestalttherapeutisch als Begegnung mit Aspekten unserer Persönlichkeit oder unserer Ganzheit, oder mit anderen Begriffen spiritueller oder säkularer Art verstehen: Die Begegnung mit der Lebenskraft, mit der Quelle, wird immer ganz anders sein, als wir sie erwarten. So wie ungeheuer anstößig ist, dass in Jesus ein gekreuzigter Gott erschienen sein soll; so wie viele andere Gottesbilder dadurch durchkreuzt wurden, dass ein Leidender, sich Ausliefernder, zum Knecht Gewordener »Herr der Welt« sein soll: So zeigt sich, dass Menschen immer, wenn sie dem »ganz Anderen« (Karl Barth) begegnen, überrascht, getroffen, ganz unerwartet betroffen werden. Manchmal können Niederlagen in solche Situationen führen, manchmal die Höhepunkte von Freude, manchmal Ausweglosigkeit und Katastrophen, und manchmal etwas ganz Kleines, Alltägliches, Unscheinbares. »Gott erwartet uns in allen Dingen,« so hatten wir bereits mehrmals Teilhard de Chardin zitiert; nur *wir* erwarten ihn oft ganz woanders oder in einer ganz bestimmten Form. Und verfehlen ihn so …

Impuls: Wie finden Sie die Antwort, die einer erhielt, als er sagte, er habe Gott oder die Christuswirklichkeit nicht gefunden: »Vielleicht hast Du nur an der falschen Stelle gesucht!« Wo such(t)en Sie? Wen/was haben Sie gefunden – und wie?

Ich glaube an das Leben, weil …

Dietrich Bonhoeffers letzte Worte vor seinem Märtyrertod am 9.4.1945 sollen gewesen sein: »Jetzt kommt das Ende – für mich ist es der Beginn des Lebens.« Ein tiefes Vertrauen auf den Sieg des Lebens – auch nach dem Tod – spricht daraus. Davon spricht die Osterbotschaft.

Und sie meint das Leben derer, die *leben* – jetzt! Denn sie zielt doch – auch und gerade – auf das Leben *vor* dem Tod. Weil »Ewigkeit« nicht bloß ein Quantitäts-, sondern vielmehr ein *Qualitätsbegriff* ist, geht es um das echte, wahre, erfüllte Leben, um »Leben und volles Genüge« (Johannes 10,10) heute, hier, jetzt.

Die Osterbotschaft bedeutet für uns nicht nur Auferstehen aus einem Steingrab wie Jesus, sondern »mit ihm Auferstehen« aus dem kalten Grab unserer eigenen Ge- und Befangenheiten, der Sach- und Situationszwänge, der Starre von Institutionen und Bürokratien, auch aus dem Grab verschütteter Hoffnungen, verloren gegangener Gewissheit und Zuversicht, Aufstehen aus dem Dunkel von Depression, Finanz- und anderen Sorgen und Alltagslasten, von Existenzbedrohung und Naturzerstörung und Aufstehen gegen den Sog der Zeit ...

Denn Christen glauben an den Sieg des Lebens über den Tod, weil sie an das Leben glauben – ganz konkret, ganz alltäglich. Während eines Seminars, wo wir uns unseren Nöten und Problemen im Beruf, unserem Ausgebranntsein gestellt, miteinander neue Kraft schöpfen und meditieren gelernt haben, machten wir folgende Übung: Jede/r bekam einen Zettel mit einigen Beispielsätzen. Jeder von ihnen begann mit den Worten: »Ich glaube an das Leben, weil ...«. In den folgenden Tagen war unsere Aufgabe, wenn irgendwann eine Idee dazu auftauchte, wenn es von innen heraus stimmte, diesen Satz schriftlich zu vervollständigen. Am Schluss haben wir das Ergebnis miteinander geteilt.

Impuls: Unterbrechen Sie hier die Lektüre und werden Sie selber aktiv: Nehmen Sie sich ein Blatt Papier, einen Stift und etwas Zeit – und bedenken Sie diesen Satz. Lassen Sie kommen, was kommt: auch Einwände, Zweifel und Widerspruch – all das muss heraus, gehört und ernst genommen werden. Auch Protest, Fragen und Abwehr – durch all das hindurch kann man gehen, ja muss man auf dem Weg zu dem »weil ...« gehen: »Ich glaube an das Leben, weil ...«. Nur durch all das hindurch entsteht wacher, reifer, realitätsnaher, nüchterner und erwachsener Glaube.
Als Anregung für Sie – nicht als Ersatz für Ihre eigenen Ideen und Gedanken – und zum Weitersagen gebe ich einige der Sätze wieder, die damals auf unserem Seminar gefunden wurden:

Ich glaube an das Leben,
weil die Saat aufgeht und die Wüsten blühen,
weil mich Musik in grenzenlose Sphären trägt,
weil die Liebe meiner Seele Flügel wachsen lässt,
weil meine Gedanken in den Himmel vorauseilen,
weil noch keine Finsternis das Licht ausgelöscht hat.

Ich glaube an das Leben,
weil ich fest auf der Erde stehe und der Himmel über mir,
weil die Augen der Kinder Zukunft verheißen,
weil die Sonne immer wieder aufgeht,
weil Veränderungen möglich sind.

Ich glaube an das Leben,
weil Menschen sich lieben,
weil auch Krankheit, Leid, Tod ein Teil des Lebens sind,
weil ich lebe, weil ich liebe,
weil noch der Vogel singt, und der Apfelbaum blüht.

Ich glaube an das Leben,
weil ich Schattenseiten kenne,
weil jedes dunkle Haus seine hellen Fenster braucht,
weil es immer neue, spannende Wege gibt,
weil durch jedes Neugeborene das Leben weitergeht.

Ich glaube an das Leben,
weil nach Krankheit wieder Gesundheit,
nach Trauer und Schmerz wieder Freude kommt,
weil so viele Quellen nicht versiegen,
weil es wieder Maikäfer gibt,
weil Freunde mich tragen und nicht vergessen.

Ich glaube an das Leben,
weil jedes Jahr die Natur neu erwacht,
weil ich mit jedem Tag etwas mehr davon erfahren darf,
weil ich ein Teil davon bin,
weil die Sonne mich wärmt und der Regen mich erfrischt.

Ich glaube an das Leben,
weil die Natur voll göttlicher Kräfte ist,
weil ich meine Seele manchmal spüren kann,
weil der wichtigste Moment in meinem Leben
immer der gegenwärtige ist.

Ich glaube an das Leben,
weil Leben sich immer durchsetzt und letztendlich siegt,
weil jeder Morgen neue Überraschungen bringt,
weil ich im Rückblick auch schlimmsten Erfahrungen
Gutes und Segen entnehmen kann.

Ich glaube an das Leben,
weil ich so viele Wunder erlebe,
weil ich hinterher oft sehen kann, dass alles gut war, wie es war/ging,
weil ich ein Liebhaber bin, ein Liebhaber des Lebens,
weil ich in der Erde verwurzelt bin und den Himmel über mir weiß.

Ich glaube an das Leben,
weil nicht alle Blüten Früchte tragen,
weil ich noch lebendig bin,
weil sie es nicht geschafft haben, mich klein zu kriegen –
und das will was heißen.

Ich glaube an das Leben,
weil nach Ostern zwei Jünger von Emmaus zurückgingen dorthin,
wo sie enttäuscht weggingen.
Ich glaube an das Leben,
weil man nie aufhört zu hoffen.

Diese ermutigenden Sätze sind gleichsam »säkulare« Formulierungen der Auferstehungsbotschaft: lebens- und realitätsnah aus der Existenz, aus tiefer Seele leibnah gesprochen. Sie lassen die tradierten Glaubenssätze für uns neu wirklich und wirksam werden. So spricht Glaube unser faktisches Leben in ganz »weltlichem« Reden von Gott aus und an, wie Bonhoeffer das nennt.

Geben Sie diese Sätze weiter, damit sie wie Samen keimen und wachsen können! Wem können sie so etwas sagen, schreiben, geben?

Machen Sie diese Übung doch einmal, wenn Sie mit Bekannten oder Freunden zusammen sind und tauschen sich anschließend darüber aus. Verharmlosen und verschweigen Sie auch nicht den Widerstand, der dabei entsteht. Auch unsere Zweifel und Anfragen, das Widerstreben und Sträuben gehören mit dazu, wenn jemand – oder Sie selbst – diesem Satz *nichts* hinzufügen kann. Es gibt Zeiten, wo uns der Glaube an das Leben abhandengekommen ist. Ich meine, dass das einst am Karfreitag und Karsamstag nicht anders gewesen ist. Versuchen Sie diese Übung ab und zu – *mitsamt* den Einwänden, *trotz* dieses berechtigten Zauderns und Zögerns. Überspringen Sie nicht Ihre Abwehr, sondern achten Sie sie und warten Sie, ob es zu anderen Zeiten vielleicht doch einen – oder einen besseren – Zugang zur Vervollständigung des Satzes »Ich glaube an das Leben« gibt.

Der Schwerpunkt

Der eben meditierte Satz hieß: Ich glaube an das Leben. Diese Botschaft ist entscheidend. Wir haben ja bei Karfreitag im Kapitel »Heillose Fixierung« von unserer oft fatalen Tendenz, das Leiden überzubewerten, gesprochen. Wie oft wurde gesagt: »Du musst Opfer bringen ... Wenn es wehtut, ist es gerade richtig ... Nicht das Glück zählt ... Schau nicht auf dein Gefühl, deine Erfüllung, sondern tu auch Schwerstes, bis hin zu Selbstquälereien – um des Glaubens, der Liebe zu Jesus willen ... Was sind deine Qualen verglichen mit Jesu Leid, dass er für dich ... usw.«

Wagen wir solche Haltungen nun *loszulassen*?! Karfreitag ist überwunden. Leben und Licht, Freude und Fülle haben gesiegt: Ostern kam. Das ist wichtiger! Das ist das Neue! Das Vergangene loslassen, auch erlittene Pein. *Weg* von der Faszination durch Qual und Leiden, von der Fixierung auf sein und unser Kreuz führt unser Pfad, auch *weg* vom leeren Grab – ins Licht eines täglich neuen Ostermorgens, in erfüllendes, offenes, freies, frohes Leben. So wie Jesus es wollte: »Ich lebe und Ihr sollt auch *leben* – Leben haben und es *in Fülle* haben, im Überfluss« (Johannes 14,19; 10,10).

Auf den Philippinen geißeln sich – wie im Mittelalter bei uns – noch alljährlich Menschen bis aufs Blut, andere lassen sich erneut kreuzigen.[46] Das hat eine unglaubliche Anziehungskraft für viele. Da ist etwas zu sehen, Faszination paart sich mit Grauen. – Anders jedoch Ostern: Es geschieht im Dunkel.

Ohne Zuschauer. Für Kameras ist nichts zu sehen. Ostern geschieht in der Stille und in der Tiefe der Erde – wie heute in der Stille und Tiefe in uns. Aber es hat Wirkung, jahrtausendelang, weltweit. Das *Leben* steht im Zentrum: Im Bild des Ostermorgens und in der Form eines leeren Grabes ausgedrückt wird diese Mitte bei Paulus ausdrücklich als Kern-, Dreh- und Angelpunkt benannt (1. Korinther 15,17): »Wäre Christus (ich ergänze: zwar für uns gestorben, aber) nicht auferweckt worden, wäre unser Glaube unsinnig, sinnlos.« Darum brauchen wir Bilder und Erfahrungen der *Erlösung*, des *Durchbruchs*, des *Sieges des Lebens* und *der Kraft*! Wie also können wir das Leben feiern?

Ostern: Feier des Lebens

Vielleicht müssen wir erst wieder lernen, das Leben zu feiern. Leben: Was ist das eigentlich? Was ist für mich, was ist für Sie erfülltes, volles, befriedigendes, überschäumendes Leben? – Vielleicht: anders leben, nicht wie alle. Vielleicht: nicht gelebt *werden*, sondern selbst Initiative ergreifen, aktiv werden, nicht nur sich beeinflussen und berieseln lassen. Vielleicht: nicht der Masse folgen, sondern auf eigenen Wegen gehen, als Kleingruppe, mit meinem Partner/meiner Partnerin, mit einigen wenigen sich zusammentun und etwas anderes, etwas ganz Neues, etwas Ungewöhnliches, etwas, das Fesseln sprengt, tun

Davon spricht Ostern: Dass eine Art von Leben aufbricht, die keiner für möglich gehalten hat, wo doch alle ihren Schlussstrich gezogen hatten: die Jünger, die mutlos herumsaßen und aufgegeben hatten, die Heiligen und Frommen jener Zeit, die befriedigt aufgeatmet hatten, weil dieser Spuk und dieses Durcheinander in Religion und Gesellschaft nun endlich zu Ende war, die Machthaber, weil der Aufruhr im Volk vorbei war. Die vielen, die Jesus begeistert zugehört hatten, waren vielleicht verzweifelt, enttäuscht, oder aber gingen zur Tagesordnung über. So wird das ja auch von einigen seiner Freunde berichtet, die wieder ihre Alltagsarbeit als Fischer auf dem See Genezareth aufnahmen.

Unser normaler Trott kann durchbrochen werden, lebendig werden, sodass es einen Aufbruch gibt, sodass Gesetze, Normen, Konventionen, gesellschaftliche Erwartungen, alles, was uns so gewohnt und selbstverständlich ist, nicht mehr gilt: wo Menschen neue Visionen haben, wo sie Dinge sehen, die andere nicht sehen können. So sahen manche den Auferstandenen – andere nicht. Manche erfuhren die Möglichkeit, dass aus Tod Leben kommen kann, andere nicht. Man kann darüber stunden- und tagelang diskutieren – meist ohne

Ergebnis, denn wie sollte man über Leben, Hoffnung, neue Lebenskraft und Schwung theoretisieren?!

Impuls: Wann hat es Sie gepackt – das Leben? Überlegen Sie: Wann habe ich einmal *so richtig gelebt*, in vollen Zügen, frei, froh, total, ungezwungen, ungehemmt? Welche Gefühle, Erinnerungen, Szenen tauchen in Ihnen auf? Mit oder ohne Menschen: Berge, Meer, Wüste, (Ur-)Wald, Wiese, Weite oder die Geborgenheit von Höhlen, Schluchten, Häusern, Räumen, kuscheligen Zimmern, Kaminfeuern? Tiere, Pflanzen, Elemente wie das Wasser, die Erde, das Licht, Feuer und Sonne, Luft und Wind oder Regen? Wie erleben das andere? Tauschen Sie sich aus!

Es geht hier nicht um vermitteltes, um sekundäres Leben, um Medienleben, wo keine eigenen Erfahrungen mehr möglich sind. Nein, es geht um eigenes, echtes und volles Leben. Und natürlich stecken in solch vollem Leben, solchen Höhepunkten, solchen »High-lights«, die Sie vielleicht bei Ihrem Nachsinnen und Er-innern gefunden haben, auch Schwierigkeiten. Sie sind oft das Endprodukt, die Belohnung für langes Warten, eine Zeit der Geduld oder auch für viele Mühen und Investitionen. Solche Höhepunkte und Segensstunden, von denen wir lange zehren und auf die wir hinleben, die kommen nicht oft, nicht selbstverständlich und auch nicht von selbst. Vielleicht empfindet man sie deshalb manchmal als Wunder, als Geschenk. Jedenfalls überrascht uns diese Dimension des »totalen Lebens«, wo uns das berührt, anspricht, »was uns unbedingt angeht« (Paul Tillich). Wenn ich mir diese Höhepunkte anschaue – und vielleicht geht es Ihnen beim Nachdenken und Sondieren in Ihrem eigenen Leben genauso –, dann merke ich, dass sie nie planbar waren, dass sie eher zu den *Überraschungen* gehörten, womit ich meist gerade nicht gerechnet hatte. Ostererfahrungen! Sind vielleicht solche Augenblicke wirklichen, erfüllten Lebens nur *nach* Tiefen möglich, *nach* Anstrengungen, auch um einen hohen Preis, eben wie »Auferstehung« nach dem »Tod«?! Aber sie stellen sich nicht bloß von selbst ein, ohne unser Zutun, wie etwa im Schlaraffenland, oder wie wir uns das Paradies vorstellen, oder wie es für uns als Babys gewesen sein mag – wenn wir damals Glück hatten! Und gerade weil sie selten, überraschend vorkommen, und weil wir dann durch einen Spalt in die Dimension des wirklichen, ganz großen Lebens hineinschauen können, verdienen solche Momente, gefeiert zu werden.

Impulse:

1. Überlegen Sie sich: Wie könnte die *Feier des Lebens* aussehen? Wie feiern Sie Ihr Leben, wenn Sie wirklich leben? Braucht es dazu Hilfsmittel? Musik, Menschen, Atmosphäre – durch Speisen, leibliche Genüsse, Kerzenlicht oder sonstige sinnliche Wohltaten? Oder braucht es dazu Stille oder Einsamkeit? Wann und wie feiern Sie Ihr Leben?!
2. Stellen Sie einmal auf einem Blatt Papier zusammen, was für Sie nötig ist, um richtig feiern zu können, das Leben in seiner Fülle. – Was gehört für Sie dazu, wenn sie wirklich glücklich sind? Ist es körperliche Betätigung (Sport)? Ist es ein Liebeserlebnis mit einem/r bestimmten Partner/in oder mit verschiedenen? Eine bestimmte Musik? Oder üppiges Essen und dazugehöriger Alkoholgenuss? Sind Drogen für Sie wesentliche Bestandteile? – Wenn Sie das Leben feiern wollen, geschieht das eher draußen oder drinnen, zu zweit oder in Ihnen für Sie allein? Fühlen Sie sich diesem wahren Leben manchmal näher nachts im Dunkeln, mit dem großen weiten unermesslichen Himmel über sich – oder wenn Sie im warmen Meer schwimmen? Oder welche Vorkehrungen und Situationen verhelfen Ihnen dazu, sich der Fülle des Lebens ganz nahe zu fühlen?
3. Wenn Sie wollen, nehmen Sie sich einmal eine Bibelkonkordanz zur Hand: das ist ein Bibellexikon, wo zu bestimmten Worten die zugehörigen Bibelstellen stehen, und schauen bei Worten nach, die zu Ostern passen, z.B. »Fülle«, »Leben«, »Freude« und »Stärke«. Was fällt Ihnen dabei auf? Welche anderen Worte würden Sie auch noch gerne nachschauen? (Vorschlag: Kraft!)
4. Kennen Sie Freunde und Bekannte, Menschen, die die Fülle des Lebens in sich tragen und erleben, obwohl es die äußeren Verhältnisse gar nicht zu erlauben oder zu unterstützen scheinen. Wie geht das? Welche Kraft ist das?

Ich kannte eine schwerstbehinderte Frau, die immer glücklich lächelte und auf die Frage, wie es ihr gehe, immer glaubhaft versicherte: »Mir geht es gut!«. Wie kann es möglich sein, dass der Liederdichter Paul Gerhardt den Satz wagte: »In dir ist Freude *in* allem Leide.« – Gibt es eine Feier und Fülle des Lebens jenseits der Verhältnisse, in denen wir leben, jenseits der Zumutung des Schicksals, der Tiefen und Abgründe, in denen wir stecken oder die wir durchschreiten müssen? Kennen Sie dazu Erfahrungen oder

Menschen, die solche haben? Würden Sie es wagen, diese nach ihrem Geheimnis zu fragen?!

5. Unterbrechen Sie diese Lektüre. Überlegen Sie, was Sie tun könnten, planen Sie es und tun Sie es dann wirklich und konkret: Was können Sie jetzt hier, heute zur Feier des Lebens tun? Sich einen blühenden Blumenstock besorgen? Der Verkäuferin in dem Laden, in dem Sie einkaufen, eine Schachtel Pralinen schenken? Ihrer unbeliebten Nachbarin eine Flasche Rotwein bringen oder ein Pfund Kaffee? Den Menschen endlich anrufen, von dem Sie so lange nichts mehr gehört haben und wo Sie grollen, dass die Verbindung abgerissen ist? In die Sauna gehen und sich anschließend mit Rosenöl einreiben? Trotz Regen mit dem Regenschirm eine Wanderung machen und dabei endlich wieder einmal Zeit haben, herumtrödeln und ein bisschen streunen? Den Brief, der einen Konflikt, eine Auseinandersetzung oder ewig lange Ratlosigkeit repräsentiert, zerreißen und verbrennen? Mitten im Sommer einige Silvesterraketen in die Luft schießen? Sich ans Klavier setzen und Weihnachtslieder singen, obwohl es Sommer ist? Was gibt es Tolles, Aufregendes oder auch Verrücktes, was Sie jetzt, heute zur Feier des Lebens tun könnten?! Tun Sie es! Warten Sie nicht! (Worauf denn warten? ...)

6. Setzen Sie sich mit jemandem zu einem Spiel zusammen: Legen Sie ein großes Blatt Papier zwischen sich, sammeln und schreiben Sie darauf alle Einfälle zu dem Satz: *»Das habe ich noch nie gemacht!«* Lassen Sie ruhig Ihren Ideen freien Lauf, es darf lustig oder blödsinnig dabei zugehen. Es wird Ihnen Spaß machen, Sie zugleich mit der Fülle ungelebten Lebens und auch den Möglichkeiten des Lebens in Verbindung zu bringen. Auch eine gute Möglichkeit übrigens zur Bewältigung von Lebenskrisen, Arbeitssuche, Ideenfindung für neue Wege in aussichtslosen Situationen!

7. Sprechen Sie etliche Wochen lang laut täglich mehrere Male mit verschiedener Stimme und Tonfärbung den Satz »Leben, ich liebe Dich!« so intensiv Sie können: Sie werden erfahren, wie das Sie verändert! Möglich auch als Geh- oder Atemmeditation: Leben (einatmen), ich liebe Dich (ausatmen – Pause).

So wie wir gesehen haben, dass die Weite, Fülle und Totalität des Lebens uns oft nur nach Tiefen, Anstrengung und zu einem hohen Preis begegnen, so wie es Menschen gelingen kann, in äußerst schwierigen Umständen nicht aufzugeben und sich nicht von der Fülle des Lebens abgeschnitten zu fühlen, so und nicht anders stelle ich mir die existenzielle, innere, tiefenpsychologische Verbindungslinie zwischen dem vor, was im Jahreskreis Leidenszeit und Karfreitag *einerseits* und Ostern und Auferstehungserfahrung *andererseits* genannt wird.

Natürlich brauchen wir genügend Raum und Zeit, wochenlang zu üben, das Leben zu feiern. Vierzig Tage sind im Jahreskreis dafür eingerichtet, fast sechs Wochen bis Himmelfahrt: der Osterfestkreis, die »österliche Freudenzeit«. Denn nach den vielen Wochen des Gedenkens von Leiden und Passion sind nicht nur Ausgleich, sondern eigentlich *Übergewicht* der Freude und des Lebensjubels nötig.

Trennung, Abschied und Neuanfang: Himmelfahrt/ Auffahrt

> *Ich muss loslassen, / woran ich mich geklammert hatte –. /*
> *Solange ich diese Tatsache als Verlust / für mich auffasste, /*
> *war ich unglücklich. /*
> *Aber sobald ich sie unter dem / Aspekt betrachtete, /*
> *dass Leben / im Loslassen und im Tod / befreit wird, /*
> *kam ein tiefer Friede / über meinen Geist.*
>
> Rabindranath Tagore

Mit dem Fest »Christi Himmelfahrt / Auffahrt (in der Schweiz und in Liechtenstein)« sind wieder sehr viele, sehr tiefgreifende Seelen- und Lebensthemen aufgegriffen: Wir müssen Jesus loslassen. Er lässt sich nicht halten. Wir können ihn nicht halten. Er ist nicht mehr da. Wir sind allein. »Etsi deus non daretur« (als ob es Gott nicht gäbe – so formuliert Bonhoeffer). Es sind tief greifende Entwicklungsaufgaben, mit denen uns Himmelfahrt konfrontiert: Jesus – das Wunder, die Nähe, die Offenbarungszeit, die »Hochzeit« – lässt sich nicht halten. Wir möchten gerne halten, haben. Aber wir sollen *sein, nicht haben*. Wir müssen ihn loslassen, ihn verlieren, damit er in uns wirksam wird – damit es in uns wirksam wird, wofür er steht, was er bedeutet und beinhaltet. Das soll *in uns* sein, nicht draußen, nicht in seiner Person, nicht hinausprojizierbar und an ihn delegierbar, sondern in uns soll es wahr und wirklich werden.

Zunächst aber konfrontiert uns Himmelfahrt / Auffahrt mit der Tatsache: Wir sind allein. Er ist nicht mehr, nicht mehr sichtbar da, nur noch in Zeichen, Symbolen, die immer vieldeutig, doppeldeutig sind. Und so leben wir – trotz seiner Verheißung, immer bei uns zu sein[47] – in der Welt ohne Gott, zumindest scheinbar ohne Gott, mit vielen unserer Fragen alleingelassen. So ist das *auch* wahr. Insofern ist Himmelfahrt auch ein *Trauertag* über Abschied und Verlassenwerden – und damit ein Reifungsschritt, ein Reifetag, ein Tag des Eintritts in eine völlig *neue Phase*: »Jetzt müsst ihr mich vertreten«, sagt Jesus. »Ihr werdet meine *Zeugen* sein«[48]. »Ihr werdet gehen bis an das Ende der Erde.« Das macht uns *mündig und erwachsen*. Wenn es gut läuft, können dieses Loslassen, dieser Abschied, dieses äußere Verlassenwerden dazu führen, dass diese Wirklichkeit *in uns* entsteht, wächst, erstarkt. Dann sind wir nicht einfach verlassen, sondern verwandelt. Ich könnte das vergleichen mit dem notwendigen Abschied von den Eltern, den wir vollziehen und durchleben müssen, um dadurch, um dabei wir selbst zu werden, »selbst-ständig«, selbst-bewusst, voll Selbst-Vertrauen und Selbst-Wert-Gefühl. Ohne das Verlassen, ohne den Abschied blieben wir abhängig. Das gilt genauso für jede zu abhängige Partnerschaftsbeziehung: Persönlichkeit und Ichstärke können dann oft nur dadurch erworben und aufgebaut werden, dass man den Partner/die Partnerin verlässt, ohne den/die man nicht leben zu können glaubt. Sonst verliert man sich selbst. Durch Verlust, durch Trennung erst können wir uns selbst gewinnen – das beginnt mit dem Durchtrennen der Nabelschnur, geht weiter mit der erneuten Verselbstständigung durch Abschied in der Pubertätszeit (siehe oben: Abschied von den Eltern) und gilt für viele weitere Abschiede im Leben. Der Preis für Identität und Selbsterstarkung, Selbstsicherheit und Ichstärke sind die vielen Abschiede!

Durch Trennung und Abschied dem eigenen Leben entgegen

Eine Frau schrieb mir: »Die Trennung erst hat mich weitergebracht, mutig gemacht, mir neue, eigene Standfestigkeit und Selbstvertrauen gegeben.«

Ein Freund sagte einmal zu einem »verlassenen Mann«: »Diese Trennung war das Beste, was dir für dich und deine Entwicklung passieren konnte!« Der schaute ihn bestürzt und erstaunt an, zweifelnd und unter Tränen. Monate und Jahre später erfuhr und erlebte er: Der Freund hatte Recht.

Eine ganze Familie wurde dominiert durch die enge, unaufgelöste Elternbindung der Frau: Selbst die Stellensuche des Mannes und Umzugswünsche in schönere Gegenden mussten dem untergeordnet werden: Es durfte nicht weiter weg von Papa und Mama entfernt sein!

Das Glück von Neuanfängen kann blockiert werden durch Verhinderung von Trennung und Abschied, durch Vermeidung der zunächst folgenden Leere und der Chance von Selbstwerdung.

Ein gründlicher Abschied wird gescheut, nicht »Vater und Mutter verlassen«, *ein* tiefgreifender Schmerz vermieden – und so viele dadurch geschaffen, Schmerzen für viele Menschen, Konsequenzen gegen Lebensentfaltung, Berufserfüllung oder gar Liebesglück.

»Geh weg, geh weg aus deinem Vaterland – deiner gewohnten Umgebung, aus deinem Vaterhaus – der Bestimmung durch Eltern, Normen, Freunde und deine Verwandtschaft – weg von sozialen Rücksichten und Bindungen – in ein neues, unbekanntes Land.« – so die Aufforderung an Abraham.[49] – Ein jahrtausendealter Satz, der immer noch und immer neu gilt!

Was *gewinnen* wir denn durch Trennung? Selbstständigkeit, Eigenständigkeit, Durchstehvermögen. Vielleicht auch in erster Linie Wahrhaftigkeit und Wahrheit. Sich und dem andern eingestehen, zugestehen: Es geht so nicht mehr und wir finden gemeinsam keinen neuen, anderen Weg. Das kann geschehen zwischen Eltern und Kindern, zwischen Kollegen und Chefs, zwischen Partnerinnen und Partnern. Oder der oder dem anderen diese Sicht zugestehen: »Es geht nicht mehr!«, diese Einsicht, diese ihm oder ihr eigene Wahrheit, auch wenn es nicht meine eigene ist. So ist es für *dich* – jenseits von Schuld. Es *ist* so. Niemand ist schuld, aber es ist das Ende, ja: das Ende einer Entwicklung und Möglichkeit.

Trennungen und Abschiede, auch Beendigungen führen uns so *dem eigenen Leben entgegen*. Ähnlich gilt das auch für unsere Einstellungen und Haltungen, Wertanschauungen und Überzeugungen. Auch sie wandeln sich und wir nehmen Abschied davon, befreunden uns mit neuen Ansichten, entdecken neue Meinungen, bis auch die uns wieder zu klein und zu eng werden wie alte Kleider oder Schuhe. Die legen wir doch auch ab, mit oder ohne Zögern, mit oder ohne Trauer und Bedauern. Aber es passt mir nicht mehr, dieses Kostüm, dieses Hemd. Und so kann jemand auf dem bisher gemeinsamen Weg sagen müssen: Es passt mir nicht mehr, dass … Es passt nicht mehr zu mir. Ich bin zu groß geworden für … diese Schuhe, diesen Glauben, diese Verhaltens- oder Behandlungsweise. Jetzt bin ich anders. Jetzt bin ich *ich*. Vom Alten muss ich mich trennen. »Wohlan denn, Herz, nimm Abschied und gesunde« heißt es in den bekannten Worten Hermann Hesses!

Und wenn ich genau hinschaue, geht alle Entwicklung so, durch Abschied und Neubeginn: Schon die Geburt: Ende des Versorgt- und

Geborgenseins, beantwortet mit einem tiefen schmerzhaften, weinenden Schrei. Aber das Leben und die Möglichkeit, zu wachsen werden dadurch und dabei gewonnen!

Alte Blätter fallen und machen neuen Knospen Platz – so sieht das die Natur vor! Ende von viel Streit, Heftigkeit und Aggression in Beziehungen, dieses Aufgeben einer Beziehung bzw. ihre Beendigung, gibt Raum für neue Begegnung oder vorübergehendes Alleinsein, das lebenswerter und stärkender bzw. weniger kraftraubend sein kann als das Gewesene. Oder: Der Stagnation, dem Einander-nichts-mehr-zu-sagen-Haben, der Langeweile und Eingefahrenem, dem müden oder müde gewordenen Arrangement in der Beziehung oder an einem Arbeitsplatz den Abschied zu geben und dadurch frei zu werden für frischen Wind, für neue Herausforderungen dem eigenen Leben entgegen – das sind Trennungen, die Leben schaffen.

Unverzichtbare Schritte,
Unverzichtbare Schnitte
tun weh und beschneiden
und tragen doch Frucht.
Wie am Baum oder Weinstock,
der beschnitten erst
steigert die Fruchtbarkeit
und auch sein Wachstum.
Wachstum durch Trennung,
Anfang durch Abschied,
Anfang von Neuem,
lebendigerem Entwickeln, Entfalten,
von eigenem, unbekanntem,
möglichem Glück.

Impulse: Wen oder was muss ich loslassen, deren Verehrung, Bewunderung oder Abhängigkeit aufgeben, um zu mir selbst zu kommen? Vorbilder, Idole, Autoritäten? Wer steht meiner inneren/äußeren Entwicklung und Entfaltung im Weg? Wie kann ich ihn/sie/es verlassen, hergeben, um mich selber zu gewinnen?
Was hindert mich auf der »horizontalen Ebene«, dass Freude, Lebendigkeit, »Christus«, die Lebenskraft, mehr Raum gewinnen in mir – sind es materielle Dinge, berufliche Umstände oder andere Ideen, Einstellungen,

Prinzipien? Was erfüllt mich so, dass ich nicht zu mir *selber*, meiner Eigenheit komme? Auch auf der »Senkrechten« gibt es etwas loszulassen: Die Idee, als sei Gott nur außen zu suchen, als sei er ein Buchhalter und Herr; alle negativen Gottesbilder, die uns an echter Neubegegnung hindern. Welche religiöse Prägung oder Haltung möchten Sie loslassen?
Oder Sie fragen auch bewusst anders herum: Warum will ich nicht loslassen? Was bringt mir das Festhalten – was habe ich davon?

Den Schmerz zulassen

Im Weg Jesu mit seinen Jüngern zeichnet sich auch ein tief innerlicher, spiritueller Weg ab, den der Mensch auf dem Weg in die Freiheit geht oder gehen muss: Man muss alles Äußere loslassen: Im Bild hier heißt das auch, Jesus als den Garanten von Leben, Licht und Hoffnung. Der oder das, den oder das, was wir festhalten möchten – das ist zu verlieren! Um es dann *innerlich* zu gewinnen (Pfingsten)!

Es prägt ja unser Leben, dass wir uns Erfüllung immer von *außen* erhoffen, dass wir mit Dingen, Menschen, Erfahrungen eine Leere in uns füllen, einen Hunger stillen, einen Mangel beheben, um den Schmerz von Hilflosigkeit oder die tief innere Trauer zu verdecken, oder um uns diesem Schmerz zu entziehen, ihn zu vermeiden. Diesem Ziel, der Vermeidung dieses Schmerzes – des Ausgeliefertseins und der Angewiesenheit, der Hilflosigkeit oder auch der entsprechenden Wut, dass das Leben uns nicht von selbst gibt, was wir uns vorgestellt haben – dient nahezu alles, was wir tun. Wir sind auch oft bereit, jeden Preis dafür zu bezahlen. Wir greifen in unserem Erlebnishunger nach Menschen und Möglichkeiten, die Vergnügungsindustrie lebt davon, die Auto-, Bekleidungsindustrie, die Reiseunternehmen usw. – sie alle dienen uns: oft zu dem Zweck, dass wir die innere Leere, den Mangel und den beschriebenen Schmerz nicht spüren. Dabei wäre durch all dies *hindurch* der Weg der Zugang zu dem inneren Raum des Friedens, der Gelassenheit, des inneren Reichtums, eben zu dem, was die Bibel »das Himmelreich« nennt, das zum Beispiel den Besitzlosen, den Hungernden, Dürstenden und Sanftmütigen und Kindern gehört (Matthäus 5,3ff.; Markus 10,14f.). Wer nicht nach außen greift, sondern sich diesem Raum im Inneren zuwendet, Zugang findet zu dem »Reich in-wendig in uns« (Lukas 17,21), der hat sozusagen – in der Symbolik der Feste gesprochen –

Himmelfahrt durchlebt und Pfingsten erlebt: den Garanten des Himmelreichs *außen hergegeben,* nicht mehr darauf hoffend oder damit rechnend, dass Erfüllung durch Menschen, Umstände und Außenverhältnisse geschieht, sondern die *Erfüllung innen erfahren* – Pfingsten nennt das »Erfüllung durch die Geistkraft Gottes«.

Das ist sicher der schwerste Weg, unsere Hände zu lösen, die sich in das uns Zustehende, in unser Recht und Rechthaben verkrallt haben, die vor Angst verkrampft sind, dass uns das wenige, das wir haben, wovon wir leben und was wir doch so dringend brauchen, um nicht in Mangel und Resignation zu versinken, dass uns das auch noch genommen wird oder wir das auch noch hergeben müssten. Wir müssen uns in eine ganz andere Richtung *aufmachen* – aufmachen im Doppelsinn des Wortes: Losgehen, uns auf einen Weg machen, denn es ist ein Prozess! Und in unserem Innern die Tür zu dem Raum, in dem der Friede wohnt, der jetzt schon da ist, aufmachen. Man hat uns zu oft gesagt, dieser sei durch *äußere* Maßnahmen und durch den Griff nach draußen zu erhalten, zu erreichen und auch einzufordern.

Von diesem Weg kann der Märtyrer Dietrich Bonhoeffer sogar in der Einzelhaft und unter äußersten seelischen Qualen sagen: »Es hängt ja so wenig von den Umständen ab, sondern eigentlich nur von dem, was im Menschen vorgeht … Von guten Mächten treu und still umgeben, behütet und getröstet wunderbar … wunderbar geborgen erwarten wir getrost, was kommen mag«.[50] In diesem Frieden kann man trotz des Kampfs gegen das eigene Schicksal schließlich wie Jesus sagen: »Nicht wie ich will, sondern wie Du willst.« Jener Friede, jener innere Reichtum, den Franziskus von Assisi uns vorgelebt hat, »die wahrhaft vollkommene Freude« wird uns trotz und inmitten äußerer Widrigkeiten, Fehlschläge und Enttäuschungen erfüllen.[51] Aus derselben Quelle heraus kann Paul Gerhardt in den Wirren des Dreißigjährigen Krieges, inmitten des Verlustes eigener Kinder und ungeheurer Existenznot singen: »In dir ist Freude *in* allem Leide« (Evangelisches Gesangbuch, 398,1).

Impuls: Suchen Sie auch (noch) »draußen«? Wo und was? Wodurch entsteht wirklicher Frieden? Durchs Lassen?! – Kennen Sie selbst Momente/Erfahrungen solchen von Umständen unabhängigen inneren Friedens? Oder andere Menschen, die davon berichten? Wer – wie – wodurch?

Die heilsame Befreiung – »Der Guru muss weg!«

Was Himmelfahrt für unsere innere Entwicklung bedeuten kann, erkannte ich vor Jahren auf einer Indienreise: Ich hielt mich in einem Meditationszentrum, einem Ashram, auf: Wir sitzen bei einer Zusammenkunft – zumeist ergebene Schülerinnen und Schüler, Jüngerinnen und Jünger, die hier zu Füßen ihres Meisters sitzen, wenige kritische Besucher und ich – und lauschen den erleuchteten und erleuchtenden Worten des Meisters, achten auf die innere Antwort und das, was in uns dadurch in Bewegung gerät, meditieren zusammen, singen gemeinsam, und erfahren das wunderbare Gefühl der Einheit, Vertrautheit und einer ganz tiefen Verbundenheit miteinander, mit unserer Mitwelt, dem Kosmos – mit allem, mit Gott! Und das mehrere Tage lang, immer wieder, immer wieder neu. Eine bewusstseinserweiternde Erfahrung im wahrsten Sinne des Wortes! Wunder von Begegnung und Erfahrung, Gefühle und Bewusstseinszustände, eine Gelöstheit, Gelassenheit, wie man sie sonst vielleicht eher im Traum, Rausch oder in einer Ekstase kennt. Und zugleich eine erfrischende Nüchternheit, Reflexion und Bodenständigkeit in den Sätzen und Gedanken dieses Meisters. Dabei erlebe ich eine überwältigende Verbindung von Vitalität und Humor, Lebendigkeit und Lachen, fast als hätte ich die Weltformel gefunden: Spiritualität *und* Vitalität, Erleuchtung *und* Lachen!

Bei alledem geht mir nicht aus dem Kopf, dass hier Etliche wochen-, monate-, jahrelang, ja sogar jahrzehntelang leben und dies alles tagtäglich neu erfahren. Natürlich wirkt dies wohltuend, aufbauend und stärkend, erleuchtend und stabilisierend. Aber ich denke von Tag zu Tag mehr: Das alles will ich *leben,* nicht nur hören. Ich will es praktizieren und *tun,* es nicht nur immer wieder neu gesagt bekommen müssen. »Seid aber Täter des Worts und nicht Hörer allein« (Jakobus 1,22) fällt mir manchmal dazu ein, während ich da sitze. Und mir wird zunehmend klarer: Was ich hier aufnehme, erlebe und erfahre, soll und muss *in mir* Gestalt gewinnen, zunehmen und wachsen, dass es nicht nur hier für mich wirklich und wirksam ist und wird, sondern dass ich das in meinen Berufs-, Beziehungs- und Lebensalltag mit nach Hause nehmen kann. Ich denke: »Das gehört unter die Leute«, nicht nur in einen Ashram, in eine geschlossene Gruppe von Nachfolger/innen und Leuten, die sich darin einig sind.

Solche Erfüllungen brauchen wie wir auch die Menschen um mich herum, meine Bekannten und Freunde, Kolleginnen und Kollegen, meine Alltags-Menschen und die verschiedenen Freunde und Freundinnen derjenigen, die hier sitzen, in jedem Herkunftsland.

Und so sitze ich da, im gemeinsamen Glück meditierend, die »Vision der Einheit« tatsächlich und fühlbar erlebend, und denke: Jetzt verstehe ich, was Jesus mit »Sauerteig« meint. Ihr seid wie Sauerteig in der Welt oder wie »das Salz der Erde«: Salz gehört ja nicht etwa ins Salzfass, Sauerteig gehört ins Brot! Ich verstehe nun, warum ein alter Spruch so formuliert ist: »Viele Christen auf einem Haufen, das ist Unsinn wie ein Misthaufen. Verteilt muss er werden über die Felder, der Mist, damit die Erde, die Wiesen und Äcker damit gedüngt werden. Auf einem Haufen taugt das gar nichts.« Und als einer von den sehr ergebenen Jüngerinnen und Jüngern mir erklärt: »Unser Meister ist wie ein Backofen. In seiner Gegenwart gehen alle Prozesse viel schneller und intensiver, wir gehen *auf* im wahrsten Sinne des Wortes« – da denke ich: Ja! Das ist richtig. Aber es geht noch weiter: Denn Brot gehört nicht in den Backofen, nicht auf Dauer, nicht über längere Zeit; sondern es soll im Backofen aufgehen, durch die Wärme und Hitze so verwandelt werden, dass es essbar, nahrhaft und heilsam herausgenommen und unter die Leute gebracht werden kann, damit viele davon essen können und satt werden!

Die meisten der Jüngerinnen und Jünger dort sehen das nicht so. Sie verwenden zwar das Bild vom Backofen, aber sie möchten bleiben. Das ist verständlich: Es ist wunderbar, landschaftlich und klimatisch paradiesisch, die Atmosphäre traumhaft, es ist zum Bleiben schön; um hier zu sitzen und zu horchen, was der Meister zu sagen hat, immer wieder neu – auch wenn es oftmals dasselbe ist. So werden sie doch nicht müde, ihn immer wieder wie neu zu hören! Und bei manchen geht das nun schon über 15, 20 Jahre und länger, obwohl der Meister selbst keinen zum Bleiben auffordert. Er betont immer wieder neu, dass all das *in uns selbst* geschieht und geschehen muss; dass er im Grunde genommen nichts anderes ist als wir; dass in uns dasselbe geschieht wie in ihm; dass wir selbst die Herren und Meister sind und werden – ja: beides, wir sind und werden es; es ist eine Wahrheit und zugleich ein Weg, ein Prozess. Wenn der Meister dann manchmal fast wie ein Gott verehrt wird, wenn mir eine Frau erzählt, dass sie bei einem Albtraum nach ihm geschrien und er ihr dann in der Nacht geholfen habe, denn so sei er, das sei die Erfahrung mit dem Göttlichen in ihm, dann frage ich mich: *Will* er das eigentlich? – dass er so hochgejubelt und hochstilisiert wird. Ich frage mich auch, ob der Jesus der Evangelien dies eigentlich wollte. Oder geschieht hier beinahe ein *»Verdrängungsprozess nach oben«*? Das heißt: Was in unser *eigenes* Bewusstsein als Bestandteil unseres Selbst gehört, wird nicht »nach unten verdrängt«, weg ins Unterbewusstsein, sondern »nach oben«, weg ins Über- und Verehrungsbewusstsein. Oder anders ausgedrückt: Es wird von uns distanziert, wir werden dieser ganzen guten Qualitäten durch die Projektion auf den Einen, auf den Meister enteignet, der das dann alles verkörpert – wie wir in der Projektion glauben. Wir übersehen dabei, dass wir unser Eigenes weggeben.

Dieser Prozess wird womöglich durch die Präsenz des Meisters gefördert, durch das Bleiben bei ihm, durch ergebenes und vielleicht sogar gehorsames Zuhören und Aufnehmen. Das kann dann im Grunde genommen jahrelang so weitergehen, ohne dass die Dasitzenden selbstständig, im guten Sinne selbstherrlich, mündig und selbstbewusst werden. Ich merke: Da würde im Grunde helfen, *dass der Meister sie wegschickt oder dass er geht*. Das wäre die Befreiung: Der Meister muss gehen – der Guru muss weg. Dann wären sie auf sich selbst zurückgeworfen, dann könnten sie *nicht* mehr *außen* suchen, was *in* ihnen wirklich werden muss bzw. wirklich wird. Dann könnten wir nicht mehr regressiv darauf warten, dass etwas an uns geschieht, dass etwas für uns getan wird, dass wir mit den immer selben Worten neu genährt werden, dass wir jahrelang immer am Busen seiner Weisheit und seinem Erleuchtetsein weiter »nuckeln« können.

So wie physisch-körperlich die erste Nabelschnur bei der Geburt durchgeschnitten werden muss, um das eigenständige Leben dieses eigenen neuen Wesens zu ermöglichen und zu begründen, so wie zum zweiten Mal psychologisch eine Nabelschnur im übertragenen Sinn in der Pubertätszeit durchgeschnitten werden muss, bei der Ablösung und Loslösung von den Eltern, von der Bestimmung durch sie, so wie Selbstwerdung nur durch Abschied, Aufbruch, Verlassen und Verlust, durch eigenen Neubeginn geschehen kann, so ist das wohl auch in der geistig/geistlichen Entwicklung!

Und plötzlich fällt mir auf, welch heilsames Geschenk darin liegt, dass die Christenheit seit alters ein Fest feiert (»Himmelfahrt«), das *all dies* bedeutet: Zu unserer eigenen Heilung und Erstarkung, Selbstwerdung und Begründung und Bestätigung unseres Selbstwertes muss der »Guru« gehen, er muss »weg«. Sonst stünde er meiner Eigenständigkeit möglicherweise im Weg! Und genau das tut Jesus: In heilsamer Weise entzieht er sich uns, er geht, er verlässt seine Jüngerinnen und Jünger, lässt sie einfach »stehen«. Sie stehen da und schauen nach oben und werden von den »Engeln« darauf hingewiesen, dass sie nach unten schauen sollen, hinunter vom Berg gehen sollen, weg und zurück in den Alltag, nachdem er selbst ihnen noch gesagt hatte, dass sie weg und hinaus in die ganze Welt gehen sollen.[52] Mit anderen Worten: »Es gehört unter die Leute«.

Und nur durch diese *Zumutung des Entzuges*, die ja zugleich eine Zu-Mutung für uns ist, indem sie uns Mut zu uns selber macht, können wir zu uns selber kommen, nur dadurch kann in uns das geschehen, Raum gewinnen, größer werden und aus uns herausstrahlen, was die Lebenskraft in uns entfacht und entfaltet hat. Davon redet dann Pfingsten: dass *in den Einzelnen* etwas geschieht, was um sie herum sich auswirkt und ganz konkrete, auch soziale und gemeinschaftsverändernde Wirkungen hat: in Bewegung (Sturm), Feuer, das weiterstrahlt (Flammenzungen), in Miteinanderreden und Einanderverstehen (neue Gemeinschaft). Aber das wäre vielleicht nie so gekommen, wenn Jesus sich nicht entzogen hätte und von ihnen gegangen wäre. Wenn er bei ihnen geblieben wäre, jahre-, jahrzehntelang, – nicht auszudenken! – Sicher hätten sie ihn gern behalten, sich mit und bei ihm eingerichtet und wohlgefühlt!

Unsere Tendenz zum Erhalt des Status quo wirkt so mächtig. Ihr folgend, hätten die Jünger nie »selber groß« werden müssen. Sie wären nie auf den »Geist in ihnen« gewiesen und geworfen gewesen, hätten wohl weiterhin nur gestarrt auf den »Geist vor ihnen«, wie er in Jesus anschaubar, verehrbar und bewunderbar war. Aber der Geist ist in uns! In jedem von uns! Und ihn nur draußen in einem besonderen Menschen zu suchen, birgt die Gefahr, dass es uns davon ablenkt, ihn in uns zu suchen. Wir blieben durch die Außenorientierung »außengelenkt«, machten uns durchs Vergleichen selbst klein oder gar bedeutungslos, wenn wir im Bewundern anderer stecken, im Anbeten stehen und auf den damaligen Jesus fixiert bleiben: auf »Heilige« hier und dort und auf Meister und Gurus heute.

Impuls: Nehmen Sie einmal Beispiele aus dem Lebensalltag: Erahnen Sie die motivierende, aber auch enttäuschende, entmutigende und desillusionierende Wirkung, wenn ein Musikschüler sich mit berühmten Künstlern, ein Sportler immer mit Weltrekordlern vergleicht, oder jemand bei den ersten Malversuchen Maß nimmt an den Werken großer Maler? Wie plötzlich alles Eigene schal und nichtig erscheinen kann? Wie die Bewunderung der großen anderen so gerade *nicht* zum Erkennen, Wertschätzen, Entwickeln und Entfalten der eigenen Gaben dienen kann?! (Bis hin zur Gefahr des Kopierens anderer, anstatt sein Eigenes zu entdecken ...)

»Der Guru muss weg«, heißt also: Außen klein werden lassen, was in uns groß werden soll; außen verabschieden, was wir innen willkommen heißen wollen; außen verlieren, was wir innen finden wollen.

Mündig – unabhängig – selbstständig

Existenziell betrachtet geht es bei diesen Überlegungen zu Wert und Würde des Einzelnen, seinem eigenen Kontakt zur Weisheit und Quelle (an Pfingsten mit der Aussage der Innewohnung des »Heiligen Geistes« ausgedrückt) im Grunde um unsere *Eigenständigkeit, Unabhängigkeit* und *Mündigkeit*! Nicht nur durch unsere Kultur ziehen sich eigentlich zwei Stränge: eine Bewegung der Selbstständigkeit im Denken, der Unabhängigkeit des Einzelnen von Normen und Vorstellungen der Massen oder der herrschenden Meinung oder der Herrschenden auf der einen Seite; und auf der anderen (meist durch die Mehrheit) das Betonen der Wichtigkeit dessen, dass »man« so lebt, wie es »alle« billigen, gutheißen und auch tun, dass »man« so denken, fühlen, glauben und handeln soll, wie es die Mehrzahl tut und wie es auch schon immer gewesen ist (Verfestigung des Status quo). Für die jeweils Herrschenden – ob Eltern, Erzieher, Lehrer, Pfarrer und Priester oder Politiker, Könige, Kaiser, Diktatoren – war eine Ethik des Gehorsams, der Anpassung und eine Haltung des Hinnehmens sehr oft erwünscht. Weniger gefördert waren dabei Tugenden wie Nach- und Hinterfragen, Selbstverantwortung, Kritik und die Auseinandersetzung mit üblichen Meinungen und Traditionen. Ideologisch formuliert: eine Neigung zu Fundamentalismus und totalitären Ideologien zieht sich durch alle Zeiten, Kulturen, Religionen, Konfessionen und politischen Systeme.

Doch es gab – in allen Kulturen, Religionen, politischen Systemen und Weltanschauungen – auch jene andere Strömung, die mehr die *Verschiedenheit* der Menschen, ihre Individualität und die Notwendigkeit der Individuation des Einzelnen betont. Und diese Richtung ist zugleich die etwas unbequemere, schwerer durchzuhaltende, weil sie sich oft »gegen den Strom« der Zeit, der herrschenden Ideale und Meinungen, der gängigen Lebens- und Glaubenspraxis wendet.

In einer uralten Geschichte werden diese beiden Lebensweisen bildhaft dargestellt: Es gebe – so sagt Jesus in Matthäus 7,13f – einen breiten und einen schmalen Weg und auf dem breiten befinden sich fast alle. Auf diesem Weg »verdirbt« man – der führt ins Verderben. Und es gibt einen anderen Weg, auf dem nur wenige gehen, der ist schmal, wenige nur finden ihn – auf den lädt Jesus jeweils ein. Und der führt zum Leben und zur Lebendigkeit. Dieses Bild wurde sehr oft moralisch durch genauere Beschreibung dessen überfrachtet, was auf dem breiten und auf dem schmalen Weg jeweils alles anzutreffen sei. Jede Zeit hat das von ihr Verurteilte und Verabscheute auf die Seite des breiten Weges und ihre eigenen Ideale, oftmals die von Verzicht und Selbstbekämpfung, Anstrengung und Lebensentsagung, auf die Seite des schmalen Weges geschrieben. Auffallend ist, dass bei Jesus dergleichen völlig fehlt! Er beschreibt diesen Weg nur als einen schmalen: Man stelle sich einen schmalen Weg in den Bergen vor. Dann wird deutlich, dass es dabei nur um die Einsicht geht: Ich kann ihn im Grunde nur *allein* passieren. Es ist nun kein Kriterium mehr, »was die Leute dazu sagen«, was die Verwandtschaft denkt, wie der Kollegen- und Freundeskreis wohl dazu steht, dass ich mich so entschieden oder verhalten habe. Das »Normale« (d.h. die in der Gesellschaft üblichen 66% der Gauß'schen Normalverteilung) *darf* kein Kriterium mehr sein – so erklärt es uns Jesus anschaulich mit diesem Bild. Mehr sagt er nicht – aber weniger auch nicht!

Das heißt für unser konkretes Leben, dass wir dem Sog, den jede Leserin und jeder Leser bestimmt im eigenen Leben auch kennen, widerstehen müssen, sich an den anderen und vor allem der Versuchung zu orientieren, *wieder* einmal sich von anderen sagen zu lassen, was für mich gut und richtig ist. Früher waren es die Eltern, vielleicht auch die Großeltern oder andere Verwandte, später die Lehrer, Ausbilder, vielleicht Trainer, Geistliche oder sonstige Menschenführer. Nicht zu vergessen den Einfluss der Massenmedien,

Bücher, Zeitschriften, Filme und der Werbewelt in Radio, Fernsehen und im Internet. Hier werden Normen gesetzt, die beileibe nicht nur Kinder und Jugendliche beeinflussen, sondern uns alle. Denn es fällt ja auch oft viel leichter, sich von *außen* sagen zu lassen, was geht und was nicht, was zuträglich und richtig ist und was nicht.

Impuls: Sammeln Sie Beispiele aus Ihrem oder anderer Leben für diese *beiden* Ströme: Eigenständigkeit inklusive Widerstand – und abhängige Konformität: das »Wie alle«!

So wird in der Mystik der verschiedenen Religionen, programmatisch in der Psychoanalyse unseres Jahrhunderts, aber auch zum Beispiel in der Theologie Dietrich Bonhoeffers ganz intensiv für die *Mündigkeit und Verantwortlichkeit* des Einzelnen plädiert. In einer Welt, in der seit der Französischen Revolution und der amerikanischen Unabhängigkeitserklärung und seit verschiedenen Verfassungen formuliert wird: »Vor dem Gesetz und vor Gott sind alle Menschen gleich«, müsste man – den großen Befreiungsimpuls wahrend – gegensteuern. Menschen in Indien zum Beispiel denken anders: »Die Menschen sind alle verschieden«. Daraus ergeben sich ganz andere Konsequenzen.

Himmelfahrt macht so bedeutsam, dass *jeder Mensch seinen eigenen Weg* findet. Das erfordert eine neue Ethik, die über eine Normen-Ethik hinausgehen muss und die jeweils besondere Situation der und des Einzelnen voll ernst nimmt und einbezieht. Das stärkt den Wert und die Würde jedes einzelnen Menschen, wie sie auch den Ur-Idealen des christlichen Glaubens entsprechen!

Impuls: Wo lebte ich selber Phasen der Konformität, Uneigenständigkeit? Und wo/wie solche der Mündigkeit, Selbstverantwortung? Wer hat mich wie geprägt? Habe ich Freiheit und Selbstständigkeit gewagt und gefunden? Wo stehe ich heute?

Abschied und Neubeginn: Vergegenwärtigung in uns

Nun hatten wir Himmelfahrt so verstanden, dass sich glücklicher- und gnädigerweise Jesus, auch diese unsere menschliche Art offenbar genau kennend und verstehend, unseren Versuchen, ihn zu halten und alles auf ihn zu projizieren, entzieht. Er lässt sich nicht halten, nicht mehr greifen, sondern geht mit der Voraussage, dass die Jünger von der Kraft selbst erfüllt sein werden. Als Pfingstgeschehen wird dann genau dies berichtet: dass Menschen von dieser »Kraft aus der Höhe« erfüllt wurden, dass nun in ihnen ist, was sie sonst außerhalb von sich bewundert, verehrt und vielleicht auch angebetet haben. Die Sehnsucht nach Erfüllung außen erfüllt sich innen! Das ist die grundlegende Veränderung. Die Demokratisierung geschah und trat ein: Gott als Geist, die Geistkraft Gottes ist ausgegossen »auf alles Fleisch«, in alle Lebewesen (bei der Joel-Verheißung, der wir im nächsten Kapitel bei Pfingsten begegnen werden, sind ja sogar die Tiere mit einbezogen!). Also nicht außen suchen, nicht nach außen schauen, sondern in sich selbst hinein.

Doch was geschah dann? – Jesus hatte sich ja entzogen, der Führer, der Erlöser, der »Außen-Orientierungs-Punkt«: Er ist *extra* in die Unsichtbarkeit entschwunden, damit die Jünger sich nicht an ihn klammern und immer im Außen suchen, was innen geschieht. Pfingsten war gewesen. – Und: Sie haben *weiter* projiziert und *weiter* im Außen gesucht: Man hat die Geschichten von Jesus erzählt und das Evangelium aufgeschrieben (und damit auch *fest*-geschrieben und in gewisser Weise eingefroren), man hat angefangen zu glauben, dass die besonderen Dinge *damals* geschehen sind: die Wunder, die Bewegung, das Entscheidende. Und bis heute wird so gepredigt, fast in allen Kirchen an jedem Sonntag und an jedem Feiertag wieder: Gelesen wird aus dem Wort von damals; man versucht, es auf heute anzuwenden; doch oft mit dem Schwerpunkt: damals – ja damals … Dabei kommt es auf das Jetzt an, auf die jetzige Verbindung mit der Quelle, die Offenheit für diese Geistkraft hier und heute.

Immer wieder beobachte ich, dass es Menschen anscheinend angenehmer ist, im Damals zu glauben, »von sich weg zu glauben«. Manchmal wird es für Blasphemie und Gotteslästerung, für menschlichen Hochmut und Überheblichkeit gehalten, wenn die eigene Würde, die Botschaft, dass wir selbst zu Königen und Priestern erklärt und gemacht sind, dass wir *alle* Heilige sind, betont wird (wir werden diesen Gedanken beim Fest Allerheiligen, beim Reformations- und beim Christkönigsfest wieder begegnen).

Persönlichkeiten, Lehrern dieser Grundwahrheiten, die sich bemühen, diese nicht auf sich zu reduzieren, weil sie sich für nichts

Besonderes ausgeben, wird zwar atemlos gelauscht, sie werden ungläubig angeschaut; und es »greift« *doch* nicht: *Will* man *doch* jemanden zum Verehren haben? Will man *nicht selbst* erfüllt, befreit und mündig werden? Wirkt da ein nahezu unkontrollierbarer »Instinkt«, jemanden zum Gott und Guru zu erheben, der aber auf jeden Fall man nicht selbst ist?

> **Impuls:** Wen verehre ich? Welche Persönlichkeit hat mich so beeindruckt und bewegt, dass ich sie verehre, ihr nachstrebe, sie nachzuahmen versuche? Was geschieht in mir, wenn ich den Satz spreche oder höre: »Der Himmel ist in dir«. Entsteht Protest und Skepsis? Wie stellt sich diese Aussage zu meinen höllischen Zeiten, die ich auch kenne? Kenne ich Stunden, wo ich das auch bejahen, sogar bewusst erleben und fühlen konnte?

In Kreisen und Gruppen, wo man sich mit Persönlichkeitsentwicklung, Bewusstseinsweitung, religiösen oder auch esoterischen Themen beschäftigt, kann man immer wieder entdecken, dass Menschen offenbar ein starkes Bedürfnis haben, jemanden zu einem »Gott« oder zu einem »Führer«, zu einem Guru oder einem Heiligen zu machen. Das ist – wie wir besonders im 20. Jahrhundert wissen – in der Politik nicht anders: Man sucht den starken Mann, oder auch die starke Frau, und möchte außen, in jemandem, den man verehrt, das sehen und erleben, was einem selbst fehlt, zu fehlen scheint, was man selbst in sich und bei sich (noch) nicht ausgebildet hat. Dies scheint ein Urbedürfnis des Menschen zu sein, und von daher kann ich verstehen, dass Carl Gustav Jung in seiner Psychologie sogar zur Annahme eines »Gott-Instinktes« oder »Guru-Instinktes« kam. Selbst wenn wir das heute nicht mehr als einen »Instinkt« bezeichnen würden, so legen Beobachtungen in Gruppen doch nahe, von einem solchen Grundbedürfnis der Menschen zu sprechen. Wie wir sahen, war das in der Zeit, als Jesus auf Erden lebte, natürlich nicht anders. Die Menschen haben einen Messias erwartet, einen Erlöser, Retter, einen Gottessohn: wie es in der damaligen Welt generell war und eben auch heute ist, nur dass unsere Namen dafür anders lauten. Worauf wir warten, worauf wir uns ausrichten, sind dann vielleicht Filmstars, Helden im Sport oder Stars in der Musikbranche, große Philosophen, Naturwissenschaftler, Führerpersönlichkeiten, oder aber Heiler, »Kanäle«, Supertherapeuten oder geisterfüllte Prediger …

Zwar hat damals schon Jesus versucht, sich dieser Verehrung zu entziehen (»was heißest du mich gut? ...«); er sagte seinen Nachfolgern: So wie ich das Licht der Welt bin, so seid ihr selbst es auch[53]; zwar zeigte er in verschiedensten Zusammenhängen den Menschen, dass er selbst und die Gotteswirklichkeit anwesend sind in den unscheinbarsten Menschen, in Kindern, in Verfolgten und Notleidenden, in Ausgestoßenen, in seinen Freunden und ganz »normalen Menschen«[54]: Zwar versuchte er dies, damit die Menschen nicht auf ihn *allein* das projizieren sollten, was in den Menschen *selbst* Wohnung nehmen will und wirksam ist. Aber sie hatten damals schon Schwierigkeiten, das anzunehmen, wirklich zu hören und sich darauf einzustellen. Trotzdem wurde im breiten Strom des Christentums die Konzentration auf Jesus selbst und auf wenige Heilige wirksam, nicht etwa in der Breite auf die Grundwahrheit, wie sie in der Mystik immer geglaubt und gelebt wurde, dass Gott in uns allen wohnt und wirkt.

Zeugen kämpfen nicht

Für die Christenheit hat das Himmelfahrtsfest noch eine weitere Bedeutung: Es wird als Beginn des Missionsauftrages der Kirche gefeiert. Vor seinem Abschied sandte Jesus seine Jünger in alle Welt, um für ihn zu »zeugen« und tätig zu sein. Nun hat dieser »Missionsbefehl« durchaus seine dunkle Seite: In seinem Namen wurde unendlich viel gekämpft, Gewalt ausgeübt und Unrecht getan – ich denke dabei nicht nur an die Kreuzzüge, auch an die oftmals gewalttätige Mission, besonders Nord-, Mittel- und Südamerikas, wo Kinder getauft wurden (damit sie Christen werden) und ihnen anschließend sofort der Kopf abgehauen wurde (damit sie vor weiterer Sünde behütet werden und auch sicher in den Himmel kommen!). Diese Extrembeispiele, die jedoch viel zu häufig durch die Jahrhunderte hindurch vorkamen, als dass man sie als Ausnahmeerscheinung abtun könnte, zeigen eine gewisse Tendenz auf: Das Christentum wurde sehr oft »mit Feuer und Schwert« verbreitet, war mit der Macht der Herrschenden verbunden und wurde – wo auch immer es möglich war – den Menschen aufgezwungen. Doch in solch kämpferischer Aktion war dieses »Christentum« weit entfernt von dem Christus, der einfach »Zeugen« aussandte!

In den letzten Jahren verbreitete sich ein neues Verständnis von Mission: ein dialogisches. Dabei geht es mehr um Begegnung, Austausch, durchaus um die Bezeugung des je eigenen Glaubens, um einen achtungsvollen Dialog mit Respekt vor der Grundhaltung und dem Glauben des Gegenübers. Und eigenartigerweise – aber doch nicht überraschend! – geschieht durch diesen »gewaltfreien Dialog«, was Jesus meinte: Menschen werden über-zeugt: »Ihr werdet meine Zeugen sein« (Apostelgeschichte 1,8).

Was tut ein Zeuge? Wie spricht er? – Er berichtet nur genau, was er *erlebt und erfahren* hat, in Ich-Sätzen: Ich sah, ich hörte, ich fühlte, ich weiß, ich war/bin ... Er predigt nicht, er missioniert nicht, er legt »nur« Zeugnis ab.

Wäre es möglich, dass viele von denen, die die Jahrhunderte hindurch im Namen des Christentums gekämpft und missioniert haben, vielleicht gar nichts Eigenes zu sagen gehabt hätten? Ein Zeuge berichtet vom Erlebten – und nur davon, nicht mehr! Das wäre die Gretchenfrage: Was hast *du* erlebt? Würde diese Frage wohl gar womöglich in Verlegenheit bringen? Einen Mangel, ein Defizit an eigenem Erlebten aufzeigen? Diese Erfahrungsarmut, diese Leere wird oft vertuscht, bemäntelt, übertüncht durch das große Manöver Evangelisation, Mission und Verkündigung. Weil sie Eigenes, Erfahrenes – so wie die Jünger Jesu sagten, sie hätten »selber geglaubt und erkannt«!, »dessen sind wir Zeugen!« – kaum kennen. Wird diese Leerstelle durch die vielen Lehrstellen gefüllt?

Herrscht deswegen so wenig Zulauf zu den Kirchen? Sind deswegen die Bänke so leer? Weil die Würdenträger oft nicht »zeugen«, sondern belehren, bevormunden, autoritär deklarieren, weg-weisen auf die Erfahrungen der Bibelschreiber, auf die Erfahrungen der Kirche? So sind sie zwar *Weg*weiser für den beschriebenen Weg, aber auch immer Weg-weiser, die *weg* von sich selbst verweisen auf andere, weg auf Schrift und Tradition, weg auf Vergangenes.

Viele Verkündiger der verschiedenen Kirchen sind in diesem Sinne Wegweiser: Sie verweisen immer auf jemand anderes. Oder sie sind »Macher« im Sinne der Version des Missionsbefehls im Matthäusevangelium (28,19): »*Machet* zu Jüngern alle Völker und lehret sie ...«. Darauf können sie sich berufen, dadurch fühlen sie sich autorisiert. Kraft dieser Autorität jedoch wurde und wird sehr oft Seelen Gewalt angetan, wurden Gewissen vergewaltigt, wurden und werden Menschen ihrer Würde beraubt, missbraucht, in chronische Schuldgefühle hineingetrieben und neurotisiert. Hier ist nicht Raum, die große Not »religiöser Neurosen«, die ich und andere Kolleginnen und Kollegen meiner Zunft oft miterleben und behandeln müssen, auszubreiten. Aber verrät nicht die Bezeichnung »Maschinengewehr Gottes« als Beschreibung eines weltweit bekannten Evangelisten, Billy Graham, schon alles? Nein, *mein* Gott braucht *kein* Maschinengewehr! Denn man braucht nur den Stimmklang, die Wortwahl, die Rhetorik und die Ausdrucksweise vieler Verkündiger zu analysieren, bis hin zu den Methoden, Techniken und Vorgehensweisen mancher moderner »Kreuzzüge für Christus«, Großevangelisationen und Massenveranstaltungen, um zu sehen, wie im Grunde aggressiv und voll Kampfgeist die Botschaft eines »liebenden Gottes« vertrieben wird. Jesus hingegen hat immer nur eingeladen, geworben, und diesem liebenden Umworbenwerden sind dann viele nachgefolgt!

Dabei wäre nach dem Zeugnis des Lukasevangeliums und der Apostelgeschichte *»Zeuge sein« genug*. Würde es womöglich unendlich, ja unheimlich still, wenn die Kirche *Reden auf Zeugen reduzieren* würde? Müssen wir etwa diese Stille durch Verkündigung, Mission, Parolen wie »Kreuz ist Trumpf«, »kein anderes Evangelium« oder »Gerechtigkeit, Frieden und Bewahrung der Schöpfung« übertönen? Ich frage nur … Wenn wir »nur« noch Zeugen wären, würde es vielleicht etwas stiller, dafür aber über-zeugender werden!

Impulse:

Welche Kenntnisse haben Sie über die Geschichte der christlichen Mission und Evangelisation? Beschäftigen Sie sich doch einmal mit Kirchengeschichte und der Missionsgeschichte des Christentums!

Welche Erfahrungen haben Sie persönlich mit Lehrern, Pfarrern, Priestern, sonstigen geistlichen Würdenträgern gemacht? In welcher Weise wurde Ihnen das Evangelium nahe gebracht? War es wirklich eine »Frohbotschaft« (Evangelium heißt wörtlich »gute Nachricht«) – oder war es eher eine »Drohbotschaft«?

Sind Sie je einem *wirklichen* »Zeugen« begegnet? Wie war diese Begegnung? War dies für Sie anziehend oder nicht? Zeugen bedrängen, bedrohen, belehren und bekehren nicht – sie berichten nur, strahlen aus, lassen andere teilhaben an ihrer eigenen Erfahrung. Sind Sie solchen Menschen begegnet?

Wir seine »Stellvertreter«?!

Aber nicht nur Zeugen, sondern seine Stellvertreter sollen wir sein! Sagte doch vor einiger Zeit ein hoher geistlicher Würdenträger zu mir in einem Gespräch, in dem es darum ging, wie man sich nun einer schwanger gewordenen Diakonisse gegenüber verhalten solle, und den ich darauf hingewiesen hatte, wie liebevoll, gütig und barmherzig Jesus mit solchen »heißblütigen« Geschichten umgegangen ist: »Wir sind aber doch *nicht Jesus*!« Oha, dachte ich: Wirklich nicht? Auch ich werde Sohn Gottes genannt – wie er.[55] Ich stehe in der »Nachfolge Christi«, als einer, von dem er sagte: »Wer euch aufnimmt, der nimmt mich auf«. Und mit den Bedürftigen, den hungrig, durstig, leidend »Geringsten« identifiziert er sich total; sie seien eine Weise seiner Vergegenwärtigung, genau wie jedes »Kind«. Genauso, wie er sich selbst »Licht der Welt« nennt, so nennt er uns, seine Freunde, »Licht der Welt«. *Er* ging weg »gen Himmel«, *wir* bleiben, als seine »Stellvertreter« – *alle* – nach biblischem Zeugnis![56] In der mystischen Tradition werden wir als »Nachahmer Christi« bezeichnet – anknüpfend an Paulus, der uns auffordert, so »gesinnt zu sein wie Jesus Christus«, und davon spricht, dass wir auftreten und sprechen als »Botschafter an Christi Stelle, Christi Statt«[57]. Und diese Gesinnung, der Geist Jesu, schien mir in jenem Gespräch zu fehlen: der immer vom Verstehen geleitet war, in die Hintergründe hineingeschaut und nach der Not gefragt hat, die *hinter* einem Verhalten steht. Jesus sprach mit der Frau, die mit vielen Männern gelebt hatte, über ihren Durst, den Durst nach Leben, die Unstillbarkeit dieses Durstes. Er verurteilte nicht, kritisierte nicht einmal – mit keinem Wort! (Johannes 4). Diesen Geist Jesu, diese »Gesinnung«, wie Paulus es nennt, habe ich in der ganzen Runde jener ehrwürdigen Kirchenmänner vermisst, die zusammensaßen und sich über das Schicksal dieser Diakonisse unterhielten. Und ich fing innerlich zu frösteln an und wünschte mir die Ausgießung des »Geistes der Liebe und Barmherzigkeit«, des Geistes jenes Gottes, der *mit* uns geht »auf *allen* unseren Wegen« (Genesis/1. Mose 28,15).

Impuls: Wo ist mir jemand begegnet, in dem ich diese »Gesinnung« Jesu erfahren konnte? Jene Gesinnung, die nicht nach Regeln, Normen und Gesetzen fragt, sondern die Liebe als Höchstes festhält. Jesus beachtet die Situation seines Gegenübers und den gefühlsmäßigen und biografischen Hintergrund – wie ein einfühlsamer Therapeut und Freund. Wann ist Ihnen so jemand begegnet? Wie war das für Sie?

Wenn wir von einem neuen, anderen Geist, dem Geist der Lebendigkeit, der Liebe und der Freiheit *erfüllt* werden, wenn uns die »Kraft aus der Höhe« tief innen erreicht, berührt und verändert, dann sind wir nicht mehr außengeleitet, autoritätsgebunden und abhängig von äußeren Wahrheiten oder prägenden Menschen, sondern dann »erstarken wir machtvoll am inneren Menschen« und werden »erfüllt mit der ganzen Gottesfülle« (Epheser 3,16.19) – dann ist *Pfingsten*.

Mündigkeit, Begeisterung und Freiheit: Pfingsten

Himmelfahrt hatte mit einem Versprechen geendigt: dass eine neue Kraft über die Menschen komme, dass Jesus selbst und Gott »Wohnung bei uns machen« wollten, dass die Kraft der Liebe und des Lebens schlechthin in uns hineinstrahle – ein Thema, dem wir bereits beim Weihnachtsfest und auch wieder bei der Eucharistie/dem Abendmahl begegnet sind. Aber an Pfingsten tritt es ins Zentrum: die »*Erfüllung*«, Erfüllung mit dem »Geist«, mit Lebensgeist und Lebenskraft, mit »Kraft aus der Höhe«. Einlösung des Versprechens, das Jesus beim Abschied gab, als er endgültig ging. Und dieses Fest liegt jahreszeitlich nahe beim Höhepunkt des Lichtes – dem Sommeranfang. Und doch ist für viele schwer zu greifen, was an Lebenskraft, Lebenshilfe in diesem Fest steckt.

Was könnte Pfingsten denn für uns bedeuten? Bei Befragungen kam ich immer wieder zu dem Ergebnis, dass Pfingsten und der darauf folgende Sonntag Trinitatis, das Dreifaltigkeits- oder Dreieinigkeitsfest, an der Spitze jener Feste steht, mit denen Menschen unserer Tage am allerwenigsten anfangen können. Viele sagen: »Das ist mir so fremd, nichtssagend und rätselhaft.« Selbst bei kirchlichen Mitarbeitern/innen können nicht einmal 20% dem Fest irgendetwas abgewinnen.

Wir wollen uns Pfingsten von verschiedenen Seiten nähern: Von der Ursprungsbedeutung des Wortes »Geist« her, den Symbolen in den Anfangsgeschichten, den Qualitäten, die diesem »Geist« zugeschrieben werden und besonders von seinen Wirkungen her. Denn in der »Ursprungsgeschichte« ist die Rede vom Brausen eines Windes oder Sturmes und von einer Bewegung, die an den Bäumen zu sehen war. Sturm ist etwas, was uns »ergreift«, Be-weg-ung ist etwas, was dieser »Geist« bewirkt. Im Wind steckt auch bereits der Gedanke an Fruchtbarkeit: Er ist der große Bestäuber und Fruchtbarmacher von Gräsern, Getreiden, Büschen und Bäumen. Dann ist von Feuererscheinungen über den Köpfen der Freunde Jesu die Rede. Symbolisch erinnert das an »Feuer-und-Flamme-Sein«, entflammt sein, Begeist-erung. Weiter ist davon die Rede, dass *alle* verstehen: Neubegegnung zwischen Völkern auf unbegreifliche Weise – Kommunikation, Verständigung und das Gefühl von Zusammengehörigkeit. Und schließlich wird für das Ganze das Wort »Heiliger Geist« verwendet, der hier »ausgegossen« wurde und die Menschen »erfüllte«. Beginnen wir für das genauere Erfahren und Erspüren mit dem Wort für »Geist«:

»Das heilige Gespenst«?

Vielleicht ist das Wort »Geist« als Übersetzung für die im Ursinn gemeinte Dynamik und Kraft in der deutschen Sprache wirklich sehr untauglich. Denn wir denken dabei entweder sofort an Verstand, Vernunft und Hirn – »geistreich«, »geistvoll«, den »Geist anstrengen« ..., oder an ein Gespenst und etwa den »Flaschengeist«. Was aber heißt Geist im Ursprungskontext und im Ursinn?

Erstaunlich: In der Pfingsterzählung ist zunächst von einer Winderscheinung, von etwas wie einem Sturm bei einer Versammlung die Rede – und das Urwort für »Geist« heißt selber genauso: Hebräisch »ruach« bedeutet deutsch Wind, Hauch, Atem. Wie die Luft überall ist, nur *spürbar* im Wind und im eigenen Atem – *so* ist der »Geist Gottes«. Luft ist um uns herum und »wohnt« in uns im Atem. In ihr »leben, weben und sind wir«.

Der so genannte »Heilige Geist« hat also in der Ursprache der Bibel diese Bedeutungen: Wind, Hauch, Atem – wird jedoch mit »Geist« übersetzt. Was könnte es bedeuten, wenn Sie mit Hauch, Atem oder Wind in Berührung kommen, die zugleich ein Ort der Begegnung mit dem »Heiligen Geist« sind. So begegnet uns die *Zärtlichkeit Gottes*! – Ebenfalls mit Atem kann das hebräische Wort »näphäsch« übersetzt werden. Hier liegt die Brücke zwischen den beiden Wörtern. »Näphäsch« heißt außerdem Kehle, Seele, Leben, Person: in den Bibelübersetzungen meist mit Seele übersetzt. Unser Atem ist sozusagen unser kleiner Anteil am großen Atem Gottes, der kleine Wind, den wir machen, als Teil des »großen Windes«, der die Luft und die Welt in Bewegung hält.

Impulse: Erspüren Sie diese Grund-Lebens-Wirklichkeit doch einmal durch folgende Aktivitäten:

1. Gehen Sie hinaus in die Natur und spüren Sie den Wind! Suchen Sie sich eine Stelle, die Ihnen gefällt, möglichst an einem windigen Tag. Und stellen Sie sich bewusst auf die Erde, fühlen Sie das Streicheln des Windes auf

Ihrer Haut, das Zausen im Haar, die sanfte oder kräftige Berührung Ihrer Kleidung und überlassen Sie sich dem Wind. Oder an einem Sturmtag: Gehen Sie hinaus, stellen sich voll in den Wind und halten Stand. Lassen Sie Ihre Füße fest im Boden verwurzelt sein und lassen sich vom Wind hin und her schaukeln. Stemmen Sie sich gegen den Sturm! Drehen Sie sich nun um und lehnen Sie sich gegen den Sturm, als ob Sie sich in ihn hineinlegen wollten. Denn der Wind hat – von seiner Urbedeutung hebräisch »ruach« her – das mit dem »Geist« gemeinsam, dass er uns und die Dinge in Bewegung bringt, seine Zärtlichkeit spüren lässt, zarte Berührung und Stärke, Sanftheit und stürmisches Zupacken miteinander verbindet. Suchen Sie immer wieder Gelegenheiten, wo Sie das draußen in der Natur spüren und fühlen können, buchstäblich be-greifen und erfahren. So kann der Wind Sie lehren, was mit dem »Geist« gemeint ist.

2. Wagen Sie es doch einmal, sich irgendwo nackt in die Sonne zu legen und dabei die sanfte Berührung der Sonnenstrahlen und der Luft mit Ihrer Haut bewusst zu spüren. Erlauben Sie sich das Gefühl, dass Luft Sie ständig umgibt und durchdringt. Die Luft, die Sie nicht sehen können, ist dennoch das Lebenselixier und das Lebenselement, ohne das sie am allerwenigsten leben können: Sie könnten als Erwachsene/r etliche Monate oder Jahre ohne Berührung und Sprache auskommen, ohne Kontakt mit anderen Menschen. Sie könnten sechs bis sieben Wochen ohne Essen auskommen, ohne Trinken nur etliche Tage, in heißen Zeiten oder in der Wüste noch kürzer. Ohne Ausscheidungsmöglichkeit könnten Sie nur etliche Stunden sein; ohne Atem jedoch nur ca. drei Minuten, dann treten Schäden im Gehirn ein – nach fünf Minuten ohne Luft der Tod! Meditieren Sie im Liegen, Atmen und Spüren, dass die Luft gleichsam allgegenwärtig ist, Sie ständig umgibt, ernährt und am Leben erhält: stetige Berührung mit der Luft, der Ruach, dem Geist, dem Leben schaffenden Urelement.

3. Atmen Sie, ohne dabei nachzudenken und irgendetwas zu verändern. Versuchen Sie dann zu spüren, was sich an Ihrem Körper verändert, wenn Sie atmen. Schauen Sie zu – als ein achtsamer Zeuge – , wie sich Ihre Bauchdecke oder Ihr Brustkorb hebt und senkt, spüren Sie, wie sich das Gefühl Ihrer Nasenflügel an der Innenseite verändert, wenn sie aus- oder einatmen. Versuchen Sie jetzt ein Gespür dafür zu bekommen, dass Ihr Atem *ganz von selbst* bis hinunter in Ihr Becken fließt.

4. Die Väter der Meditation empfahlen als spirituelle Übung: »Achte auf Deinen Atem – und er wird Dich alles lehren!«. Nehmen Sie diesen Satz in die achtsame Wahrnehmung Ihres Atems hinein!

5. Als Übung am Morgen: vier bewusste Atemzüge, je einer verbunden mit den Sätzen: Ich lebe – ich atme – die Geistkraft Gottes ist in mir – ich bin erfüllt mit Seelenfrieden. (Sie können die Formulierungen natürlich abwandeln und für sich passend machen. Manchen mag es auch guttun, die Sätze im Gehen zu »atmen« und zu üben.)

Fest der Fruchtbarkeit, Freiheit und Vereinigung

Um noch deutlicher zu erfahren, welche Urkraft des Lebens mit dem Wort »Heiliger Geist« gemeint ist, lohnt es sich, in einer biblischen Wortkonkordanz die verschiedenen Textzusammenhänge der Verwendung der Rede vom Geist Gottes anzuschauen: Von einer ungeheuren Kraft (griechisch dynamis – davon kommt das eingedeutschte Wort Dynamit: Sprengkraft) ist die Rede, von der Liebe, von der Freude. »Früchte des Geistes« sind Liebe, Freude, Friede, Geduld, Freundlichkeit, Güte, Glaube, Sanftmut, Souveränität (wörtlich »Innenherrschaft«). Er wird auch genannt: Geist des Trostes, der Wahrheit, der Weisheit, der Gnade, der Liebe, der Freiheit und der Geist, der lebendig macht. Er macht Menschen lebendig, er kommt »auf« Menschen oder »über« sie, ergreift, treibt, erfüllt sie oder ruht auf ihnen. *Alles* Beschreibungen der intensiven Wirkung einer *fühlbaren* Kraft.

Im Jahreskreis liegt das Pfingstfest in der belebendsten Zeit des Jahres: Alles duftet und blüht. Die Bienen summen, Insekten schwirren: die Befruchtungszeit des Jahres. Wind und Luft – ihren Bezug zum »Geist« haben wir eingehend betrachtet! – sind um die Pfingstfeiertage herum bereits wohlig warm und in zärtlicher oder stürmischer Bewegung. Die Luft und der Wind wirken ja auch als *die* entscheidenden *Fruchtbarmacher* der Natur, der Wälder, Gräser und Sträucher. Denn viele Pflanzen leben von Windbestäubung und Windbesamung: Alle Getreidearten, Gräser, Bäume. Das ist auf unseren »grünen Planeten« bezogen im Grunde fast alles! Deshalb steckt im Wind auch der Gedanke an Fruchtbarkeit (im Grunde auch Sexualität). Und hier liegt der andere Berührungspunkt mit »Geist«, denn auch er meint die *Kraft der Fruchtbarkeit, Kreativität und Inspiration.* Wir leben und erleben ihn in unserer eigenen körperlich-sexuellen und auch übertragenen seelisch-geistigen Schöpferkraft. Seine

Fruchtbarkeit, Schöpferkraft, Kreativität ist ein ganz wesentliches Element dieses Leben schaffenden Gottesgeistes. Im alten lateinischen Hymnus »veni creator spiritus« wird er ganz ausdrücklich »Schöpfergeist« genannt. Er ist es, durch den Bewegung und Lebendigkeit entsteht, – in den anderen Bildern vom Sturm und Feuer waren uns diese Elemente schon begegnet.

Der Aspekt der Fruchtbarkeit zeigt sich auch darin, dass biblisch von »Früchten des Geistes« die Rede ist. Hier werden sozusagen weiblich-mütterlich fruchtbare Pflanzen und Bäume vorausgesetzt, die Früchte tragen, die Obst oder Gemüse hervorbringen. Üppige Gärten, tragende Bäume, Gemüse, Pflanzen und Sträucher entstehen vor unserem inneren Auge. Sicher nicht zufällig begegnet dieses Bild uns wieder, wenn Jesus in Johannes 15 von Gott als dem Weingärtner und sich als dem Weinstock spricht, über und über an den Reben mit Trauben behangen. Auch in diesem alten Fruchtbarkeitssymbol findet die Weiblichkeit Gottes ihre Darstellung und ihren Ausdruck.

Heiliger Geist? Die heilige Geistin

Lassen Sie sich überraschen: Der »Heilige Geist« ist in der Ursprache der Bibel, im Hebräischen, *weiblich*. Ein feminines Wort, das wir nur im Deutschen mit dem maskulinen »Geist« übersetzen. Aber der Unterschied ist wichtig! Denn in unserem traditionellen Gottesbild trägt Gott allzu oft nur männliche Züge, manchmal sehr strenge, fordernde, oder gar überfordernde, und weithin fehlen die weichen, gütigen, liebevollen und zärtlichen, so genannt »weiblichen« Aspekte. So wurde Gott oftmals einseitig-männlich gesehen und verkündet, – eine folgenschwere Einengung für die Seelen, den Glauben und das Leben vieler Menschen.

Vielleicht aber kann uns ein typisches Pfingstsymbol an dieser Stelle ganz entscheidend weiterhelfen: die Taube. Bei der Taufe Jesu sei »der Geist wie eine Taube auf Jesus herabgestiegen« (Markus 1,10). Tauben sind nun ganz eigenartige Tiere: Bei ihnen teilen sich die Männchen und die Weibchen in die Brutpflege und in das Brüten. Gleichberechtigt wechseln sie sich im Bebrüten der Eier und in der Aufzucht der Jungen ab. Man könnte also sagen, Tauben seien sehr »mütterliche, weibliche« Tiere – auch die Männchen! Ausgerechnet diesen Vogel nimmt die Bibel jedoch als Bild für den »Geist«. Von dem es schon in den ersten Zeilen der Bibel heißt, dass er »brütete«. Auch das wieder ein Hinweis in derselben Richtung: In Genesis/1. Mose 1,3, wo die meisten Übersetzungen »der Geist schwebte über der Urflut« schreiben, steht im Urtext »brütete«. Auch hier der Aspekt der Fruchtbarkeit, Vermehrung und Brutpflege![58]

Impuls: Welche Bedeutung hat es für Sie, dass das hebräische Wort »ruach«, das biblische Urwort für den Geist, ursprünglich weiblich ist? Welche Folgen für Ihr Gottesbild würden sich daraus ergeben, wenn Sie die »Personen« der christlichen Dreieinigkeit von diesem Verständnis her betrachten würden, somit vom Vater sprächen, von der »Geistin« im übertragenen Sinn als Mutter und natürlich vom Sohn als der weiteren Person, die sich aus der Vereinigung der beiden ergibt. Ist das in Ihren Augen Gotteslästerung oder Ketzerei? Ein Sakrileg? Oder hilft es Ihnen zu einem dynamischeren Verständnis des »lebendigen Gottes«, der dann in dieser Wechselseitigkeit und Verbundenheit der drei Personen ein Abbild ist von Liebe, Fließen und Werden. In welche Bilder – besonders in welche Beziehungsbilder oder Verhältnismodelle – betten Sie Ihr eigenes Gottesverständnis?

Das Gottesbild der Bibel ist demnach durchaus kein einseitig männliches: In vielen Glaubenszeugnissen des Alten wie des Neuen Testaments weisen Aussagen eindeutig auf eine weibliche Sichtweise Gottes hin oder implizieren eine solche.

Die Weiblichkeit Gottes

Wenn wir in diesem Sinne – von der Urbedeutung des Wortes ruach, »Geist Gottes« her – nun von der »Weiblichkeit Gottes «[59] reden, dann wird von zwei Seiten her ein einseitig männliches Gottesverständnis völlig unvollständig, unangemessen und damit auch fraglich: von der biblisch-theologischen wie auch von der menschlich-psychologischen. Auch unsere Sicht von Gott muss sich weiten, wandeln und verändern. Und so, wie Jesus sich nicht scheute, in einem Gleichnis Gott mit einer Frau zu vergleichen, die genau wie der gütige Vater im Gleichnis vorher nun als die liebevoll nach einem Groschen Suchende dargestellt wird; wie er sich mit einer Henne vergleicht, die ihre

Kücken versammeln wollte; so wie in vielen anderen Sätzen Gott in einer fraulich, weiblich und auch mütterlichen Weise ausgemalt wird[60], so brauchen auch wir diesen Horizont ganz besonders zur Vervollständigung unserer Sichtweise des »ganz Anderen«. Ja, für viele Menschen ist es unverzichtbar, um Gott nahezukommen, um sich ihm nähern zu können, in ihm *gerade* das Weibliche und Mütterliche zu sehen, zu erwarten und zu suchen. Im Dogma von der »Aufnahme Marias in den Himmel« könnte für katholische Gläubige anklingen, klar und zugänglich werden, was die Bibel seit Jahrtausenden lehrt: Dass Gott nicht nur männlich und herrlich oder gar schrecklich ist, sondern *auch* mütterlich, fürsorglich, erbarmend und gütig. Der Gott der Bibel wird mit männlichen *und* weiblichen/fraulichen Zügen ausgestattet. Die Geschichte des Christentums verzeichnete ihn jedoch oft als einseitig männlich, hart, streng, gerecht – und die katholische Kirche stellte dann Maria als »weibliche Seite« daneben.

Was bedeutet es nun, wenn wir »Gottes Weiblichkeit« ernst nehmen oder diese in Maria *personifiziert* sehen? Maria wird verehrt und gebeten als »Trösterin der Betrübten, Zuflucht der Sünder, Hilfe der Christen«. Wie heilsam wirkt das für verängstigte Herzen und Seelen, wenn ihnen »Gott« zu einseitig und falsch dargestellt wurde, *nur* als ein Buchhalter, Sündenpolizist, Richter und Rächer, der gar sadistisch Blutopfer fordert, mit »gerechten Strafen« seinen Zorn austobt und menschliche Unzulänglichkeiten grausam rächt. Wie notwendig, das zu korrigieren, die bergende, liebend-verstehende, schützende und tröstende Seite (neu) zu beleben – für katholische Christen »personifiziert« in Maria, für andere »symbolisiert« in ihr oder aber ohnehin unbedingt und unabtrennbar zur Vielseitigkeit des einen Gottes gehörig!

Impuls: Welche Erfahrungen oder Empfindungen haben Sie im Hinblick auf Gottes »Männlich- oder Weiblichkeit«, »Väterlich- oder Mütterlichkeit«?

Fruchtbarkeit des Geistes: Kreativität

Diese weibliche Seite in Gott, wie wir sie nennen könnten, ist in uns eine *Quelle der Kreativität* – zunächst im ganz ursprünglichen Sinne: Früchte bringt diese Wachstums-, Reifungs- und Lebenskraft. Als

»*Früchte*« wurden bereits genannt »Liebe, Freude, Friede, Geduld, Freundlichkeit, Gütigkeit, Glaube, Sanftmut, Innenherrschaft« (Galater 5,22). Stellen Sie sich das vor: *Jeder* Augenblick der Freude ist eine Frucht dieses Gottesgeistes. *Jeder* Augenblick der Freundlichkeit und Liebe: eine Frucht dieses Gottesgeistes. *Jeder* Moment der Regung von Güte oder Vertrauen: Frucht dieses Geistes! Hier lernen wir, *welche Kraft* gemeint ist: nicht eine beengende, zwingende, argwöhnisch kontrollierende, uns entfremdend dominierende, wie es oft in christlicher Erziehung scheinen mag. Die Liebe ist seine Frucht, das Vertrauen ebenso.

Impuls: Jetzt könnten Sie überlegen, welche dieser Geistesfrüchte für Ihr Leben eine besondere Kraft, Stärkung, Hilfe beinhaltet – oder auch ein Gegengewicht gegen andere, als Schattenseiten zu unserem Leben gehörende Eigenheiten. Denn es ist ja die Frage: Was unterstützt, was stärkt mich denn gegen den Einfluss anderer, so genannter negativer Kraftfelder?

Aber Fruchtbarkeit meint ja noch mehr: alle kreativen Ideen, schöpferischen Einfälle, be-geist-ernden Gedanken. Wir sprechen nicht zufällig von Inspiration: Dieses Wort hat als Ursprung das lateinische »spiritus«, das ebenfalls »Geist« bedeutet. Wenn wir inspiriert sind, Visionen haben, Ideen und Möglichkeiten erahnen, beschreiben und auch ausführen können, dann befinden wir uns im Wirkungsbereich und im Kraftfeld dieses Schöpfergeistes! Wenn »es fließt« in Gedanken, wenn »es geht«, voran und weiter mit einem geplanten Projekt, in einer Stagnation, im Innenleben, wenn es also fließt und gut läuft in einer Beziehung mit dem Partner oder der Partnerin, in der Atmosphäre einer Arbeitsgruppe – dann ist dieser fruchtbarmachende Geist am Wirken. Er »zeugte« – so die bildhafte Beschreibung in der Bibel – nicht nur Jesus in Maria, er zeugt *auch in uns* neue Entwürfe, Gedanken, Einsichten und Visionen, revolutionäre Gedanken, ganz eigene und eigenartige Erkenntnisse und Taten, und sorgt dafür, dass diese dann auch über-zeugend wirken.

Impuls: Wo in Ihrem Leben kennen Sie dieses freie Fließen von Gefühlen, Entwicklungen, Entfaltungen, auch von Zärtlichkeit, liebevollen Verhaltensweisen und Taten? Vielleicht können Sie diese Stunden und Zeiten jetzt ganz anders *gewichten* und eine größere Wertschätzung dafür gewinnen durch eine »neue Spiritualität«: sie erkennen als Wirkungen des Geistes, um den es an Pfingsten geht.

Dieser Geist der Fruchtbarkeit belebt auch unsere Nächte: Nächte sind ja Zeiten, wo wir die Geschenke unserer Träume empfangen. So ist es nicht verwunderlich, dass nach biblischem Zeugnis eine ganz besondere Wirkung des Geistes die *Gabe von Träumen* ist. Im Pfingstbericht wird Bezug genommen auf die alte Verheißung des Träumens.

Fest der Freiheit: Beschreibung von Pfingst-Träumen

Für eine der ganz wesentlichen Auswirkungen von Pfingsten, auch als Deutung des Geschehenen, wird in der Pfingsterzählung der Apostelgeschichte auf ein Propheten-Zitat verwiesen (Joel 3,1), das uns zeigt, welch ungeheuere Bedeutung bei der Erfüllung mit Heiligem Geist unsere Traumwelt, unsere inneren Bilder, Gesichte und Träume bekommen: »Nach diesem will ich meinen Geist ausgießen über alles Fleisch, ... und Eure Alten sollen *Träume* haben, und Eure Jünglinge sollen *Gesichte* sehen.« Da das Wort »Gesichte« in der Ursprache der Bibel nahezu synonym dem Wort für Träume verwendet wird, meint die Aussage, dass in einer ganz neuen Weise Träume Bedeutung bekommen als »Sprache Gottes«[61], als Quelle der Erkenntnis und Lebenshilfe (in den Weihnachtsgeschichten ist uns die Bedeutung der Träume als Wegweiser schon einmal begegnet!). Wenn der Geist kommt, so wagen Menschen wieder zu träumen, bekommen Visionen – vielleicht auch im übertragenen Sinn – und Ahnungen von einer neuen, anderen und veränderten Welt. Die ganze Situation des Pfingstereignisses klingt ja schon wie ein Traum: Alle verstehen einander, keine trennenden Unterschiede mehr zwischen Stämmen, Völkern und Nationen. Es entsteht das Gefühl einer neuen Zusammengehörigkeit und Einheit. Menschen, die sich vorher aus Angst verkrochen haben, verschanzt und versteckt mit ihrer Verzweiflung, ihrem Gram über den Verlust ihres Lehrers, Meisters Jesus, fassen plötzlich Mut, öffentlich aufzutreten, sich zu zeigen und flammende Reden zu halten. Das klingt fast wie ein Traum, wie eine Vision von einem neuen Leben, von einer neuen Welt. Dinge, Situationen und Begebenheiten neu sehen lernen, sie anders sehen können, eine befreiende Vision und Sichtweise erhalten – das ist eine der wesentlichen Wirkungen des Geistes von Pfingsten – so die zitierte Ankündigung aus Joel 3.

Impulse:

1. Wagen Sie noch zu träumen, in Tagträumen Ihr Leben zu planen, Grenzen zu überschreiten und an Möglichkeiten zu denken, die sonst verschlossen scheinen? Was sind Ihre Visionen – Ihre Vision Ihres persönlichen Lebens, Ihrer Beziehungen, Ihrer beruflichen Entwicklung? Was ist Ihre Vision für die menschliche Gemeinschaft, für unsere Umwelt und den Organismus Erde überhaupt?
2. Wo haben Sie einmal erlebt, dass die Vision eines anderen Lebens, eines anderen Umgangs von Menschen miteinander, die »Vision der Einheit« in Ihrem Leben Wirklichkeit geworden ist? Stellen Sie sich die Situation noch einmal ganz genau vor, gehen Sie, soweit Sie können, in sie hinein und vergegenwärtigen und verlebendigen sie sich immer wieder!

Wenn der Geist kommt, werden »Alte und Junge Träume haben und Gesichte sehen«: Welch große Wirkung solche Träume im Leben von Menschen haben können, möchte ich im Folgenden an einigen Beispielen aus der Gegenwart zeigen. Martin H., ein 38-jähriger Dozent, berichtete mir: Er habe Pfingsten nie mit »Freiheit« in Verbindung gebracht, habe auch mit diesem Fest gar nicht viel verbinden und anfangen können, bis zu jener Pfingstnacht, wo er träumte:

»Da ist ein Hengst, mit dem mehrere Männer beschäftigt sind, ihn zu halten und zu bändigen. Er steht in einer großen Halle, deren Tore offen sind, in gelbem Schlamm. Er ist in einem Bezirk von mehreren Quadratmetern mit Balken umzäunt eingesperrt. Ich stehe zehn oder zwanzig Meter entfernt, sehe das, sehe sein Sträuben und die Mühe der Männer, ihn im Zaum zu halten und denke: Du hast Recht, Pferd, das steht dir zu. Gemeint ist: Wehre dich nur. Gehörst eigentlich hinaus in die Freiheit und auf die Prärie.

Dann habe ich den Auftrag, Tiere, die ich in einem Korb habe, wegzuschaffen und zu töten. Es sind eine giftige Schlange und Fische. Ich gehe hinaus in den Wald. Da ist ein umzäuntes Gehege von mehreren Quadratmetern – fast wie ein Terrarium – mit Wasserlöchern und auch etwas felsigem Gelände. Dort lasse ich die Tiere frei.

Als ich die Schlange loslasse, halte ich sie mit einem Tuch so am Kopf, dass sie mich nicht beißen kann.«

Der Träumer selbst fügt seiner Erzählung des Trauminhaltes als Kommentar hinzu:

»Als ich aufwache, ist mein erster Gedanke die Erinnerung an ein Bibelzitat: ›Wo der Geist des Herrn ist, da ist Freiheit‹ (2. Korinther 3,17). Ich wache mit einem sehr freien, frohen und glücklichen Gefühl auf. Irgendetwas – fühle ich – ist geschehen, und das tut mir gut und ist wunderbar. Als ich weiter über den Traum nachdenke, assoziiere ich zum Pferd: Es ist für mich ein Inbegriff von Stärke, Vitalität und Freiheit. Es steht hier in einer unwürdigen Umgebung, aus der es natürlich heraus will. Es soll festgehalten werden: Das kenne ich aus meinem Leben sehr genau, Kräfte, Menschen, Erfahrungen, Normen, die mich fesseln, unfrei machen und festhalten wollen, hindern daran, mir genügend Freiraum und Freiheit zu schaffen.

Das Thema Freiheit beherrscht auch den anderen Traumteil, bei dem es um Leben und Tod, Freiheit und Überleben schlechthin geht. Ich kenne das auch: die Schlange als Inbegriff des Bösen – damit bin ich aufgewachsen. Die Schlange sei falsch, die Urheberin des Zweifels, der Auflehnung gegen Gott, auch verbunden mit Sexualität, mit Gift. Ihre angebliche Glitschigkeit (vgl. die tatsächliche der Fische!) erinnert mich natürlich an Sexualität, an Schleimhäute, an Lust und alles, was damit zusammenhängt. Diese Schlange, die in der Christenheit und in meiner Kindheit und Jugendzeit als das Böse schlechthin gewertet wurde, habe ich zu töten. Das ist auch meine Lebensgeschichte: Alle Regungen, die unerwünscht waren, die als unmoralisch oder als egoistisch oder als nicht liebend beargwöhnt und verurteilt wurden, versuchte ich in mir abzutöten. Ein mühevoller, notvoller, schmerzhafter Prozess, bei dem man nie ans Ende kommt! Die Fische, deren Element das Wasser ist, erinnern mich wieder an alles Fließende, den Fluss der Gefühle, den Fluss der Lust, Sekretionen, der Schleimhäute, natürlich auch an das Unterbewusstsein und alles im Unbewussten Verborgene. Die Fische sollte ich töten. Darin spiegelt sich wieder genau dieselbe Absicht: Alles Nichtrationale, alles Unerwünschte, alles was nicht versteh- und berechenbar ist, alles, was mit intensiven Gefühlsimpulsen zu tun hat, wurde vom Gewissen, vom Überich abgewehrt und abgelehnt und sollte in meiner Herkunftsfamilie und in meinem eigenen

(Berufs-)Leben jahrzehntelang ausgemerzt, ausgerottet und abgetötet werden.

Und hier ist *das Neue* in diesem Traum: Ich töte die Tiere *nicht*! Ich trage diese Tiere versöhnt miteinander in einem Korb. Die Schlange tut den Fischen nichts. ›Inbegriff der Sünde‹ und ›Inbegriff des Heils und Evangeliums‹ friedlich beieinander: Fische waren das Ursymbol der Christen, Wegweiser und Erkennungszeichen in Zeiten der Katakomben und Verfolgung. Und weiter: Ich bringe diese Tiere in ein Gehege. Darin steckt der Gedanke des Hegens, auf keinen Fall des Tötens. Nicht wie St. Georg der Drachentöter, nicht wie St. Michael, der ebenfalls ein schlangenartiges Ungeheuer mit seiner Lanze zerstört und tötet, nicht wie die Tradition, dass Jesus (und traditionell natürlich wir in seinem Gefolge!) ›der Schlange den Kopf zertreten‹ muss. Nein: nicht abspalten, nicht vernichten, nicht verdrängen, nicht ausrotten, sondern hegen und bewahren und am Leben halten – mit einem bestimmten Spielraum und Freiraum – und doch mit Grenzen! Es ist beides da: Nicht einfach absolute Freiheit, nicht einfach wildes ausuferndes Dasein dieser Tiere, sondern in einem geschützten Raum dürfen sie leben, werden sie integriert. Ich bringe sie dorthin, wo sie hingehören. Darin spiegelt sich, glaube ich, mein innerseelischer Prozess, der Gedanken und Gefühlsregungen und Triebimpulse nicht mehr kritisch, misstrauisch und sadistisch unterdrückt, sondern liebevoll gewährend wahrnimmt, behutsam eingrenzt und in eine Lebensmöglichkeit hinein ›kanalisiert‹. Kein Entweder-Oder dieser Strebungen, sondern ein Sowohl-als-Auch von ›Freiheit in Begrenzung‹. Und darin entspricht es ja dem realitätsbezogenen Leben.

Im Aufwachen damit verbunden also sofort und spontan der Satz: ›Wo der Geist des Herrn ist, da ist Freiheit‹ – das wurde für mich der Schlüssel zum Verstehen eines neuen Aspektes von Pfingsten.«

Soweit die *eigenen* interpretierenden Erläuterungen des Träumers zu seinem Traum.

Der folgende Traum stammt von Frau G. aus M., Ärztin, 42 Jahre: Sie hatte ihn vor einigen Jahren in der Pfingstzeit, erinnert ihn folgendermaßen: »In meiner Heimatkirche sehe ich auf der dritten Empore einen Betrunkenen stehen, der dort über die Brüstung schaut und schwankend lallt.«

Dazu erklärt die Träumerin: »In einer Gruppe konnte ich diesen Traum bearbeiten und dabei nach anfänglichem Sträuben entdecken, dass der Betrunkene für mich eine besondere Bedeutung hat. Er ist eine Figur, die ihre Kontrolle verliert, die nicht mehr Herr ihrer Sinne, ihres Körpers und ihrer Sprache ist, die mir zunächst deswegen auch ungeheuere Angst bereitet hat. Ich hatte keinen Zugang zu dieser Person. Je mehr es mir jedoch gelang, desto mehr erkannte ich in dieser Figur etwas, was ich in meinem Leben dringend bräuchte zur Ausbalancierung, als Ausgleich für meine damals überaus stark ausgeprägte Kontrolliertheit, Beherrschtheit und rationale Einseitigkeit. Es herrschte in meiner Seele und in meinem Leben ein ungesundes Übergewicht von Verstand, Vernunft, Sprache und Versprachlichung von allem und jedem, Verwörterung von Erfahrungen und Gefühlen ohne eine genügende Verbindung zum Herzen, zur tiefen inneren Erfahrung und zur Wechselhaftigkeit des Lebens. Ein Besoffener in meiner Heimatkirche auf der dritten Empore – das schlug dem Fass den Boden aus. Diese dritte Ebene ist sozusagen für mich vergleichbar mit dem Oberstübchen, meiner Vernunft und bekam dann auch für mich noch eine Bedeutung als die dritte ›Person‹ der Gottheit, also eine Beziehung zum Geist. Denn ausgerechnet an Pfingsten beschrieben die Gegner das, was sie miterlebten und sahen, mit den abwertenden Worten: ›Sie sind voll süßen Weins‹ – also auch betrunken. Dass Trunkensein nicht nur gefährlich ist, dass es gelegentlich auch einen heilsamen Verlust der kritischen Rationalität gibt im Dienst und zugunsten neuer Erfahrungen und Dimensionen, als Eröffnung neuer und ungewohnter Lebens- und Innenräume, das war mir damals völlig fremd und völlig neu. Dass zum Denken das Fühlen und Handeln hinzukommen muss, dass zum Kopf Herz und Bauch, besonders auch Unterleib und Füße gehören (auch übertragen und sinnbildlich gemeint!), das fand ich bei weiterer Bearbeitung als die Botschaft dieses Traumes: Dieses alles zu integrieren und auch ›sein‹ zu lassen, als zu mir gehörig zu empfinden. Es geht nicht nur alles durch den Kopf und über den Kopf. Dieses wurde mir das Tor zu einer weiteren Facette des Verstehens von Pfingsten. Und es eröffnen sich immer neue …«

In gewisser Weise sprechen diese Träume und die von den Träumern selbst stammenden Erläuterungen und Einfälle für sich. Denn ohne sie ausführlich interpretieren, psychoanalytisch erklären oder tiefenpsychologisch deuten zu wollen, geben sie doch ein beredtes Zeugnis davon, wie der »Geist weht, wo er will« und sogar ganz unerwartet im Traum das »Wort der Freiheit, der Heilung und der Erlösung« senden kann. Und das entspricht ganz dem oben erwähnten Propheten-Zitat aus Joel 3, wo von der neuen Bedeutung des Träumens und der Träume gesprochen wird, wenn der Geist kommt und wirkt.

Geist der Freiheit

Wie oben bereits angedeutet: Wenn vom »Geist« die Rede ist, wird er auch als »Geist der Freiheit« bezeichnet: »Wo der Geist des Herrn ist, da ist Freiheit« (2. Korinther 3,17). »Zur Freiheit hat uns Christus befreit. Lasst euch nicht wieder unter das knechtische Joch fangen!« (Galater 5,1). Er wird auch bezeichnet als »Geist der Kraft, der Liebe und der Besonnenheit« (2. Timotheus 1,7). Kraft und Liebe sind unendlich, nicht fassbar, sind fließende, strömende Energiekräfte. Aber dieser Inhalt braucht zugleich Form, um nicht zu zerfließen, braucht ein »Bett«, wie das Bett eines Baches. Diese Urkraft und Freiheit zum Leben, der »Geist«, muss natürlich gefasst und gebündelt werden, braucht Struktur. Daher gehört in diesem Satz als Balance zu Kraft und Liebe das Wort Besonnenheit dazu. »Die der Geist Gottes treibt, die sind Gottes Kinder« (Römer 8,14).

Impulse: Welcher Geist treibt *mich*? Was treibt mich? Was treibt mich an? Ist es der Geist der Freiheit, der mich treibt? Der sein Wesen in mir treibt? Oder ist es der Geist von Zwängen, der sein Unwesen in mir treibt? Der Geist meiner Erziehung, meiner Prägung, meiner alten Muster, der Geist von Verkrampftheit, von Perfektionsverpflichtung, oder der Geist von Auflehnung und Rebellion gegen jede Beschränkung? Wo sind Grenzen dieser grenzenlosen Freiheit?!

Das wichtigste Fest?!

Im Grunde ist Pfingsten nicht nur religiös, sondern auch psychologisch ein ganz besonderes Fest, denn es meint die *Zusammenfassung und Integration* aller bisher gefeierten Anteile und Entwicklungsstadien, es umfasst durch die »Innewohnung« der Geistkraft Gottes in uns selbst auch die *Verlagerung* aller Erkenntnisse, Impulse und Wahrheiten des christlichen Glaubens *in uns selbst hinein*! Pfingsten wird, so betrachtet, fast das entscheidendste Fest des Kirchenjahres. Was in den anderen Festen anklingt und gefeiert wird, ist ganz bewusst in uns selbst hineinverlegt! Was wäre Weihnachten, ohne dass es *in* uns geschieht, was wäre Ostern, ohne dass es *in* uns Wirklichkeit wird, wirksam wird?!

Pfingsten – das Fest des Christus / Gottes / des Geistes *in* uns. Psychologisch können wir es sozusagen als das Fest unserer *Reife und Volljährigkeit* bezeichnen: Durch Volljährigkeit und Mündigkeit wird man ein vollwertiger Teil der Gemeinschaft und Gesellschaft. Und Pfingsten begründet ja eine *neue* Gemeinschaft – durch verändertes Verstehen, durch gelingende Kommunikation, durch die Versöhnung der Generationen und Geschlechter, durch eine Enthierarchisierung – wie wir noch sehen werden: die Gemeinschaft mündiger Glaubender.

Mündig durch den Geist

Die Gemeinschaft, die an Pfingsten entsteht, ist eine eigenartige Gemeinschaft: von Freien, Souveränen, Mündigen. Schauen wir uns an, was dieser Geist aus und mit uns macht: Römer 8,15 und 17 steht: »Ihr habt *nicht* einen *knechtischen* Geist empfangen, sodass ihr euch erneut fürchten müsstet, sondern ihr habt den Geist empfangen, der euch zu Söhnen (und Töchtern) macht, durch den wir rufen: Abba (Papi). Sind wir aber Kinder (das heißt Söhne und Töchter), so sind wir auch *Erben*, Gottes Erben und *Mit-Erben mit Christus*«, das heißt Christus *gleichgestellt*! Große Worte, kaum zu fassen. Aber gewiss nicht ohne Grund warnt Paulus an der oben bereits zitierten Stelle (Galater 5,1) eindringlich: »Zur Freiheit hat uns Christus befreit; so stehet denn fest und lasst euch nicht wieder in das Joch der Knechtschaft spannen!« Der ganze Brief ist geprägt von diesem Thema. Fast beschwörend warnt Paulus davor, die neue Freiheit und Würde, das neue Selbstbewusstsein ja nicht wieder zu verlieren. Wir geraten sehr leicht wieder in eine Untertanen- und Gehorsamsmentalität hinein, vergessen unsere Würde, die so ausgedrückt wird: Wir gehören zur Familie Gottes, sind Söhne und Töchter, sind nicht etwa nur Knechte und Mägde. Sensationell, dass wir mit Christus auf *eine* Stufe gestellt werden: So wie er Erbe ist, sind wir gleichermaßen gleichwertige, gleichberechtigte Mit-Erben! Ähnlich in Galater 4,6f: »Weil ihr nun Söhne seid, hat Gott den Geist seines Sohnes gesandt in unsere Herzen, der da ruft: Abba (Papi). So bist du nun *nicht mehr Knecht*, sondern Sohn, wenn aber Sohn, dann aber auch *Erbe* durch Gott.« Man beachte: Was in unseren Bibeln mit »Kind« übersetzt wird, heißt im Urtext sehr oft »Söhne«[62] – wir ergänzen natürlich Töchter – und ist nicht etwa ein Plädoyer für Naivität und unmündige Kindlichkeit, sondern meint eine Rechtsstellung: volle Zugehörigkeit zur Familie (Gottes) mit allen Rechten und Pflichten. Zum Recht auf Freiheit und »Leben und volles Genüge« gehört auch die Pflicht zur Lebens- und Weltverantwortung.

Impulse:

1. Wie steht es mit Ihrer Mündigkeit, Selbstständigkeit, Unabhängigkeit und Freiheit? Leben Sie so? Oder regt sich Protest – in Ihnen und um Sie, wenn Sie so leben möchten? Welche Erfahrungen haben Sie gemacht mit dem Einstehen für sich selbst, mit mutigen eigenen Entscheidungen oder auch Trennungen, die manches Mal die Folge sein können?
2. Beachten Sie auch, welchen »Gewinn« die Knecht-/Magdschaft, das Untergeben-Sein und der Selbstverzicht mit sich bringen können. Oft ist es nicht nur bequemer, sondern auch kurzfristig einfacher, kräfteschonender oder vorübergehend vorteilhafter, sich zu unterwerfen und auf das Recht, ich selbst zu sein und mich frei zu zeigen, zu verzichten. (Fallen wir deshalb so leicht zurück? Ist Emanzipation darum so schwer?) Aber auf Dauer ...
3. Mündig im Sinne von »den Mund aufmachen« hat auch gesellschaftliche, politische und ökologische Konsequenzen. Der Auftrag zu mündiger Weltverantwortung führte vor über 80 Jahren Dietrich Bonhoeffer und viele andere in den »Widerstand«. Wie konnte jemand dazu fähig sein? Sammeln Sie bitte Beispiele, wo Menschen heute Ähnliches wagen, nicht nur bei Greenpeace und Amnesty International! Wo/wie können auch Sie so etwas wagen?

(Auch diese Impulse eignen sich gut zur Besprechung mit anderen, in Gruppen!)

Von Pfingsten her ist also sehr kritisch zu sehen, wenn Menschen anderen Menschen etwas raten, wenn Menschen andere beeinflussen und ihnen zu sagen versuchen, was gut und richtig, falsch und böse sei. Fragwürdig ist, wenn in manchen modernen Glaubensrichtungen, auch in Sekten, aber auch in Strömungen des weiten Bereiches der Esoterik das Bedürfnis und die Bereitschaft wieder zunehmen, sich durch spezielle und besondere Menschen beeinflussen und prägen zu lassen: wenn immer mehr Menschen Astrologen, Hellseher, Pendler, Kartenleger u.a. anrufen oder aufsuchen, um dort »Lebensberatung« und Orientierung zu bekommen … Denn es stehen ja unsere Mündigkeit und Eigenständigkeit auf dem Spiel, die Fähigkeit, *selber* zu spüren, *selbst* herauszufinden, selbst in der jeweiligen Lage Orientierung zu suchen und zu finden! Sonst bestünde die Gefahr, dass wir uns unsere eigene Meinungs- und Kritikfähigkeit wieder einnebeln lassen, dass wir vorziehen, Opium zu nehmen und uns anderen auszuliefern, statt selbstständig uns die Mühe zu machen, eigene Wege zu suchen und zu verantworten. »Prüft alles – und das (für euch) Beste behaltet«, so formuliert es Paulus. »Ich kann alles tun, aber es soll nichts mich gefangen nehmen/beherrschen«. Denn »wir sind nicht mehr Knechte, sondern (königliche) Erben«[63]. Sonst würde, was Karl Marx an der Religion so verdächtig und gefährlich fand, dass sie »das Opium des Volkes« sei, auch für uns in unserer Zeit wieder zu einer Gefahr. Wir brauchen *nicht* Opium, sondern *eigenen* Mut, Mündigkeit und verantwortliche Orientierungsfähigkeit.

Impuls: Worin erkennen Sie jetzt Gefährdungen Ihrer eigenen Selbstständigkeit und Urteilsfähigkeit in Lebensgestaltungs-, Moral- und Glaubensfragen? Worin sehen Sie sie bei anderen? Wie können Sie lernen, selber zu prüfen, zu erproben und sich zu überzeugen? Was/wer hilft Ihnen dabei? Suchen Sie sich wache, nüchterne »Selbstdenker« als Vorbild und Ermutigung, Ihren *eigenen* Weg der Freiheit zu finden!

Warum wird so betont, dass wir nicht mehr Knechte sind, nicht unterworfen, gedemütigt, nicht kleingemacht, nicht unmündig gehalten und nicht ohne wirkliche Verantwortung, sondern dass wir Erben sind? Es geht um eine *Gefahr*, die hier religiös ausgedrückt wird, die aber allenthalben in der Welt und Kulturgeschichte besteht: Alle Philosophien, politischen Systeme, »Schulen« der Theologie, der Philosophie, der Psychologie – überhaupt aller Wissenschaften – beginnen mit einem Gründer, einem mutigen Revolutionär, einem »Erleuchteten«, der sehr wesentliche und bahnbrechende Dinge erkannt hat; der selbst diesen Erkenntnisweg gegangen ist, der für alle Positionen das Für und Wider kennt: der von der Gültigkeit, Wichtigkeit und Richtigkeit seiner Ansichten überzeugt ist und zugleich auch um ihre Begrenztheit, Einschränkungen und Fragmenthaftigkeit weiß. Aber diese Weite und Freiheit des Denkens, diese Ganzheit des Erkennens, mit jeder Wahrheit auch zugleich zu wissen, dass *das Gegenteil auch wahr ist*, diese Grundfreiheit und Grundrelativierung fehlen sehr oft den Nachfolgern, Schülern, Gruppen und Generationen der Anhänger einer neuen Richtung. Ich beobachte das in allen Systemen: So erging es Freud, so ging es dem Luthertum und dem Pietismus, so erging es der Jesusbewegung, aber genauso dem Buddhismus, der Anthroposophie, vielen esoterischen Kreisen oder charismatischen Gruppen, ähnlich auch der Politik nach Revolutionen, dem Kommunismus u.a. – überall dasselbe: Nach dem lebendigen Aufbruch der Anfangszeit und der Gründer folgt in der nächsten »Generation« eine Phase der Erstarrung, Reglementierung und Buchstabengläubigkeit. Lebendige Erfahrungen werden in tote Worte gefasst, mit Leben gefüllte Überzeugungen zu allgemeingültigen Dogmen erhoben, denen oft der Lebensgeist ihrer Stifter fehlt.

Impulse:

1. Überlegen Sie, wo Sie diese fatale Erstarrung lebendiger und lebenschaffender Bewegungen in Ihrem Leben schon erlebt haben, wie selbst Befreiungsbewegungen wieder dogmatisierend und reglementierend wirken. Untersuchen Sie auch politische Revolutionen, wo Freiheitsgeist doch wieder nur im Blut ertränkt wurde! Und die Kirchengeschichte …!
2. »Der Mystiker war aus der Wüste zurückgekehrt. Begierig fragten sie: ›Sag uns, wie ist Gott?‹ Aber wie könnte er je in Worte kleiden, was er in den Tiefen seines Herzens erfahren hatte? Kann man Wahrheit in Worte fassen? Schließlich gab er ihnen eine Formel – ungenau und unzulänglich – in der Hoffnung, einige dadurch zu veranlassen, selbst zu suchen, was er erfahren hatte. Sie aber klammerten sich an die Formel. Sie machten einen heiligen Text daraus. Sie drängten es jedem als heiligen Glauben auf. Sie gaben sich große Mühe, ihn in fremden Landen zu verbreiten. Und einige opferten sogar ihr Leben dafür. Und der Mystiker war traurig. Vielleicht hätte er besser geschwiegen.«[64] – Verstehen Sie das? Sprechen Sie mit anderen!

Daher also diese ungeheuer notwendige Warnung des Paulus, uns nicht wieder unmündig und zu Knechten machen zu lassen, weil er die Tendenz unserer Seele kannte, dass wir die absolute Freiheit gar nicht aushalten können, wieder nach (Schein-)Sicherheiten suchen und fragen, nach Halterungen und Sicherungen, weil uns die Freiheit fast den Atem nimmt – und dass wir dabei vielleicht die gewonnene Freiheit schnell wieder verspielen. So sagt er beispielsweise zutreffend (2. Korinther 3,6): »*Der Buchstabe tötet, der Geist macht lebendig.*« Dieser Satz *gilt überall* in der gesamten Kulturgeschichte und für alle noch so wertvolle Literatur: Buchstabengläubigkeit lässt erstarren. Dann berufen sich Menschen auf Autoritäten, auf die Erfahrungen *anderer*, fremder Menschen, Weiser, die vor langer Zeit gelebt haben – und es fehlt ihnen selbst die eigene, direkte, authentische Erfahrung. Der Satz gibt ein Kriterium ab, das uns an die Hand gegeben wird, um »*die Geister zu prüfen*«, ob hier wirklich der Geist des Lebens am Werk ist oder wieder nur eine dogmatisierende, Autoritäten aufbauende und Menschen unmündig machende Scheinreligion und Denkdiktatur.

In der Tat, wir brauchen *Kriterien*, um zu prüfen, was da angeboten wird – auf dem Markt des Religiösen, der Selbsterfahrungs-Bewegungen, neuer Psychologien, Spiritualitäten, überhaupt im »Neuen Zeitalter« (New Age).

Gaben des Geistes – Kriterien zur »Unterscheidung der Geister«

Es gibt heute eine verwirrende Vielfalt von Bewegungen, spirituellen Lehren, esoterischen Kreisen und Gruppen. Wirkt da überall der gute Geist Gottes? Oder woran und wie kann man unterscheiden? Im Neuen Testament und in der Kirchengeschichte wird von vielen Auswirkungen berichtet, die der »Geist Gottes« im Leben von Menschen hat, den »Gaben des Geistes«: Es existiert eine Liste von besonderen Fähigkeiten: die Gabe der Lehre, Heilung, Geisterunterscheidung, Rede in anderen Sprachen usw. Leider wurden auch hier Rangfolgen und Hierarchien aufgestellt, welches die höchsten und besseren Gaben seien. Manche Gruppen sprechen dann einander gar den richtigen Geist ab, oder beurteilen andere danach, ob sie bestimmte Gaben *auch* schon entwickelt haben. Dass die höchste Gabe die der Liebe ist, wie Paulus intensiv in 1. Korinther 13 betont, dass der Geist auch immer ein Geist der Freiheit ist und neue Gemeinschaft schafft und nicht etwa neu trennt, gerät dabei leicht aus dem Blickfeld. Das Urereignis von Pfingsten lehrte die Menschen, einander zu verstehen, hob Trennungen zwischen Völkern und Rassen, zwischen Ideologien und Glaubenshaltungen auf; die Menschen staunten, waren ergriffen von einem neuen Bewusstsein.

Und doch begegnen wir heute auch der Möglichkeit, dass Gott oder der Heilige Geist für unsere Trennungsabsichten, *unser* Schubladendenken, *unseren* »Mauerbau« missbraucht wird. Natürlich müssen wir »Geister unterscheiden«, aber das oberste Kriterium auch dafür bleibt wieder die Liebe. Der Schöpfergeist, wie er auch genannt wird, lässt sich nicht eingrenzen und einengen. Aber manch menschliche Identitätssuche oder gar Selbstbestätigungssucht spricht anderen oder anderen Gruppen den Geist ab. Und doch brauchen wir bei der verwirrenden Vielfalt von Meinungen und Positionen, von »Geistern« und Wesenheiten, von denen gesprochen wird, auch *Kriterien*, die uns zur Orientierung in dem weiten Feld unterschiedlichster Angebote helfen. Ich habe *zehn Punkte als Entscheidungs-/Unterscheidungshilfen bzw. -fragen* gefunden:

1. Darf man hier auch kritisch fragen, seinen Verstand gebrauchen?
2. Darf man hier auch lachen?
3. Darf man auch zweifeln, ohne dadurch bei den anderen disqualifiziert zu sein? Oder geht es autoritär zu?
4. Darf man prüfen – und fraglos und jederzeit auch wieder weggehen, woanders weitersuchen und seinen *eigenen* Weg finden?
5. Herrscht irgendein Druck, und sei es der, gesund, konform, positiv, gehorsam oder geheilt sein zu müssen?
6. *Leb(t)en* die Begründer, Verkündiger oder die Leitung dieser Gemeinschaft auch selbst, was sie *lehr(t)en*? Sind sie selbst in ein ethisches System eingebunden, dem sie auch folgen? Nehmen sie sich besondere Rechte heraus? Welche Titel/Bezeichnungen legen sie sich zu und welche Wirkung hat das? Stimmen Verhalten und Botschaft überein?
7. Welche Rolle spielt das Geld und die Macht? Geht es zu sehr ums Materielle, ums Geschäft?
8. Wird hier der Mensch mit *allem* ernst genommen: mit seinen Emotionen, seiner Rationalität *und* seiner Körperlichkeit *und* seiner

sozialen, gesellschaftspolitischen und ökologischen Umwelt? Oder was davon wird überakzentuiert oder gar verabsolutiert auf Kosten der anderen Anteile des Menschen? Welches Menschenbild liegt zugrunde und prägt hier?

9. Wie steht es um die realistische Auseinandersetzung mit unseren *Grenzen*: mit Krankheit, dem Altern, der Endlichkeit, dem Tod? Darf man auch hinfällig und schwach, krank oder erfolglos sein – und dennoch voll dazu gehören?
10. Herrscht hier wirklich der Geist der bedingungslosen Liebe? Wie ist der Umgang mit »Krankgebliebenen«, Armen, »Abweichlern«, Skeptikern oder »Sündern«?

Solche Fragen können helfen zu prüfen, ob wir in verschiedenen Angeboten ganze, vollständige, erwachsene und kritische Menschen bleiben dürfen, als mündig ernst genommen werden und auch als echtes Gegenüber, das nicht nur zum Objekt von Unterwerfung oder Gehorsam gemacht wird.

Impulse:

1. Wenden Sie jene zehn Kriterien auf spirituelle/geistliche Bewegungen und Gruppen an, die Sie kennen. Im Sinne von: »Prüfet die Geister!« (1. Johannes 4,1) und der »Gabe, Geister zu unterscheiden« (1. Korinther 12,10)!
2. Suchen Sie nach eigenen Kriterien, mit denen Sie spirituell genannte oder scheinende Phänomene kritisch prüfen – ergänzen Sie diese Reihe!
3. In 1. Petrus 5,8 und 1. Thessalonicher 5,8 schreiben Verfasser neutestamentlicher Schriften, dass es ganz unbedingt wichtig ist, »wachsam und nüchtern« zu sein, sonst verfalle man Gefahren. In moderner Sprache sagen wir »bewusst« oder »kritisch«, aber nicht im Sinne von Starre oder dauerndem Rationalisieren, Intellektualisieren oder Skeptizismus. Überlegen Sie sich Gründe für diese Stellen, worin die Lebenshilfe liegt, die mit der Mahnung zur Achtsamkeit und Wachsamkeit gemeint ist!

Fest der Vereinigung und der Verständigung

Gehen wir noch einmal zurück zum ursprünglichen Pfingstbericht: Die Erzählung gipfelt darin, dass Menschen zusammenkommen und einander verstehen. In Einheit und Einigkeit hören sie alle die Jünger in ihrer eigenen Sprache von den großen Taten Gottes reden, als wären sie alle ein Leib, als wären sie alle eins: eine Form der Kommunion (lat. Einswerdung), und zugleich vergleichbar der innigsten Vereinigung im Verstehen und in der Liebe. Jedenfalls verwenden das Johannesevangelium und der Korinther-Brief diese Bilder, dass wir *ein* Leib sind und *ein* Leib werden, eins werden (1. Korinther 12,12f. und 27: »ein Leib« mit ausdrücklichem Bezug auf den Geist; Johannes 17,11 und 21–26: »eins sein« mit besonderem Bezug auf die gegenseitige Liebe! Totale Vereinigung: »Ich in ihnen, du in mir, sie in uns.«). Das alles sind genau genommen Beschreibungsformen des Vollzugs der Liebe in der innigsten Liebesvereinigung. Die sexuelle Vergleichsebene ist unverkennbar. Im »Geist der Liebe« vereint …! Welch eine Vision, welch eine Kraft!

Impulse:

1. Welcher Geist herrscht in meinem Leben, in meinem Alltag? Der Geist (ver-)einigender Liebe? Welcher Geist herrscht in unseren Kirchengemeinden, in den Kirchengemeinderäten, in den Dekanatssynoden, in den Kirchensynoden, in den Kirchenleitungen? Aber auch in unseren Familien, Freundschaften, am Arbeitsplatz in Firmen und Betrieben? Welcher Geist herrscht in unserer Gesellschaft, den Parteien, der Regierung, in Politik und Wirtschaft? Welcher zwischen den Völkern? Welcher in der Welt?
2. Können Sie die deutlich erotisch-sexuell-ganzheitliche Komponente des biblischen Befundes anerkennen? Spüren Sie, welche elementare Vitalität, Liebes- und Lebenskraft mit dieser »Kraft aus der Höhe« bezeichnet wird? Wo (er-)leben Sie diese Kraft selber? Und wie?

Sprache, die alle verstehen: Die soziale Dimension von Pfingsten

Die »Ausgießung des Geistes«, wie das Zentralereignis von Pfingsten genannt wird, ist nicht trennbar, nicht unabhängig zu denken von ihrer *sofortigen* Auswirkung auf der Gemeinschaftsebene, im sozialen Miteinander der Menschen, in der Verständigung. Der Geist gehört einem nicht privat und persönlich und geschieht nicht nur in der eigenen Seele. Hier kann nicht eine »innerweltliche« Frömmigkeit von einer »sozialen« oder »politischen« unterschieden werden. Es gibt keine weltabgewandte Spiritualität im Unterschied zu einer realitätsnahen und gemeinschaftsbezogenen.

Was für die Menschen, die bei diesem Ereignis dabei waren, das Geschehen bestimmt und begreiflich macht, ist, dass *alle einbezogen* sind und »verstehen«. Die Sprache des heiligen Geistes ist für alle verständlich. Das wirft die Frage auf: Welche Sprache verstehen alle? Auch hier werden wir wieder an ganz elementare Vorgänge, Bedürfnisse und Ereignisse gewiesen: Einander *Nahrung* geben, Füttern ist eine »Sprache«, die alle verstehen. Die Sprache des *Lächelns* ist international und interkulturell: Sie wird überall verstanden. Freundliche, helfende Zuwendung, konkrete *Hilfe* ist eine Sprache, die jeder versteht. Auch *Zärtlichkeit,* die zärtliche Sprache von Blicken, Augen, Händen, Lippen und liebevollen Worten und Klängen existiert quer durch die Zeiten, Völker und Kulturen. Dasselbe gilt auch für die *Musik,* die Herzen jenseits von Worten erreichen, Menschen und Situationen verwandeln kann.

Vielleicht könnten zum Beispiel geistig behinderte Menschen oder Menschen, deren Sprache wir nicht sprechen und verstehen, oder Kranke, mit denen keine Verständigung im üblichen Sinne mehr möglich ist, uns den Blick für die *tiefere Sprache* schärfen, *die allen Menschen gemeinsam ist,* für die es keine Worte, keine Gedankenkapazität, keine Satzstrukturen und Grammatik braucht – nur die »Grammatik der Gefühle«. Wie gesagt: Babys verstehen sie – die Sprache des Oralen über den Mund, die der Nahrung, der zärtlichen Berührung der Haut, der Zuwendung, des Aufnehmens und Haltens, des Wiegens, des Summens und Brummens, des Singens (wir alle kennen die beruhigende Wirkung von Wiegenliedern!). Und nicht nur für Babys trifft das zu. Das gilt auch für Zeiten, wo wir krank, schwach sind und nicht auf der Höhe unserer Kraft. Oder: Wenn Menschen alt werden, dann kommen die ursprünglich menschlichen, die allzu menschlichen Bedürfnisse zu Tage, dann zeigen sich unsere ersten und eigentlichen Wünsche: Dann sind die ganz elementaren Kanäle am offensten: Berührung und Klang, Musik und Zärtlichkeit.

So feiert Pfingsten den Empfang von »Geist« und »Kraft«, immer zugleich verbunden mit dem *Mitteilen,* dem *Austausch,* dem Fließen dieser Kraft hin zu den anderen, in einer ganz ursprünglichen, elementaren Form. So jedenfalls legt es der Bericht dieses »ersten Pfingstfestes« nahe.

Impulse:

1. Wo habe ich das erlebt, diese elementare Sprechweise – wo habe ich das erfahren und genossen und selbst mich so ausgedrückt: durch die Sprache der Gefühle, die Sprache der Zärtlichkeit, der Nahrungsaufnahme und des Fütterns der anderen, der liebevoll freundlichen Zuwendung, des Lächelns, durch die verbindende Wirkung von Liedern, Klängen und Musik? Machen Sie sich ganz konkrete Beispiele bewusst
2. Wie könnten Sie Menschen, mit denen bisher keine gute Verständigung möglich war, zu erreichen versuchen – etwa über Berührung, Musik, Lächeln, Helfen, Gaumenfreuden als Brücken? Oder auf welche Weisen sonst?

Umwertung aller Werte

Im Pfingstfest umschreiben die bereits erwähnten Verheißungsworte aus dem Propheten Joel, die in Apostelgeschichte 2 im Textzusammenhang als Teile der Petruspredigt zitiert werden, eine atemberaubende *Enthierarchisierung* und *Demokratisierung*: In einer schon damals patriarchal strukturierten Gesellschaft wird davon gesprochen, dass Söhne und Töchter gleichermaßen Träume haben werden, dass Knechte und Mägde Weissagungen empfangen werden und somit auf derselben Stufe stehen wie die »Herrschaft«: eine *Versöhnung der Generationen, der Schichten und eine Versöhnung der Geschlechter* also. Paulinisch ausgedrückt: Hier ist nicht Mann und Frau, nicht Herr und Knecht, sondern alle sind gleich (Galater 5,17). Modern sprechen wir von wirklicher *Gleichberechtigung* der Frauen und Männer, der Oberen und ihrer Untergebenen – obwohl das in Wirklichkeit immer noch eine *Vision* bleibt. Hier könnte es endlich wirklich Pfingsten werden, wenn die Träume und Weissagungen von Frauen und Männern gleich ernst genommen würden. Wenn überhaupt Träume ernst genommen würden ...!

In dem Propheten-Zitat ist darüber hinaus sogar davon die Rede, dass der Geist »auf *alles* Fleisch« ausgegossen wird. Alles Fleisch – wieder eine *grenzensprengende Aussage*. Hier werden alle Unterscheidungen hinfällig, alle Konfessions- und Religionsgrenzen, ja sogar *universal* die Grenzen der Menschheitsgeschichte und Menschheitskulturen überhaupt aufgehoben. Denn »alles Fleisch« bedeutet: *Alle* lebenden Kreaturen. *Versöhnung aller Lebewesen* – auch mit den Tieren!

Impuls: Betrachten Sie auf diesem Hintergrund einmal kritisch die Praxis christlicher Kirchen und Glaubenshaltungen wie auch der Politik, Wirtschaft und weltweit der Religionen: Wo finden Sie solche Weite? Wo bleibt diese »Umwertung aller Werte«, der »Geist von Pfingsten« in der Praxis?

Erwachsen werden

Für die individuelle Entwicklung, den Individuationsweg des Einzelnen ebenso wie für die soziale Gemeinschaft macht Pfingsten (im Zusammenhang mit Himmelfahrt: der Trennung außen) Weihnachten und Ostern erst wirksam: Wir feiern eine Geburt (unsere eigene und die Gottes in uns), einen Lebens- und Leidensweg mit Aufbruch – Lebenskraft im Bild der Auf(er)stehung – hin zu losgelöstem, innerlich erstarktem, erfülltem Leben; doch gemeinschaftlich verbunden, erfüllt vom »Geist der Kraft, Liebe und Besonnenheit«. Pfingsten steht für Erwachsenwerden und wird zum Fest voller Gesellschafts- und Weltverantwortung.

So ist Pfingsten im Grunde genommen die *Krönung der christlichen Feste,* weil hier bewusst gemacht, gefeiert und verehrt wird, wie die Ereignisse von Weihnachten und Ostern im Einzelnen einbrechen, aufbrechen und uns so im buchstäblichen Sinne auf-brechen und weiten zu einer großen, alles umfassenden Gemeinschaft hin: einer Gemeinschaft, die im Grunde genommen sogar die christlichen Kirchen und die Menschheit übersteigt. In paradoxer Weise werden hier Einzelne und die Gemeinschaft allen Lebens miteinander *verbunden, versöhnt und vereint.* Wie viel hätten die Kirchen von heute und unsere Gesellschaft und Kultur von diesem Urpfingsten zu lernen …!

Impulse:

1. Frauen in Nordelbien entwickelten die Bitte an den Heiligen Geist als Einladung – mit einer Körperbewegung verbunden. Die Worte sind: »Du Geist des lebendigen Gottes ströme herab auf mich wie der Tau am Morgen, forme mich, fülle mich und brauch mich!« Die Bewegung dazu im Stehen: Ein großer Kreis wird von unten beginnend über die Seite nach oben mit gestreckten Armen ausgeführt (du Geist des lebendigen Gottes), die Handflächen oben aneinander gelegt und bis zum Gesicht herunter und vor der Körperachse weiter nach unten bewegt (ströme herab auf

mich wie der Tau am Morgen), vor dem Bauch die Form einer Schale mit den Händen bildend oder einer Schüssel zunächst (forme mich). Bei »fülle mich und brauch mich« mit den nach oben geöffneten Handflächen eine Schale bilden und nach vorne geben, wie das Angebot meiner geöffneten Hände und dessen, was ich damit hingebe!

2. Reichen Sie mit Ihrer Vorstellung in einer entspannten Situation über sich selbst hinaus und schicken Sie Liebe, Frieden, Gelassenheit und Segen in Ihre Umgebung, in unser ganzes Land, durch die ganze Welt, in den gesamten Kosmos hinaus. Denn Pfingsten ist das weltumfassende Fest. In den alten Verheißungen wird davon gesprochen, dass der Segen die *ganze* Welt erfüllt, alle Lande durchdringt, die Alten mit den Jungen verbindet und Liebe und Versöhnung bringt.

3. Gehen Sie in einen meditativen entspannten Zustand und meditieren Sie das Wort »Kraft aus der Höhe«. Kraft aus der Höhe ist die Formulierung für die Ankündigung des Heiligen Geistes (Lukas 24,49). An anderer Stelle heißt es: »Ihr werdet die Kraft des Heiligen Geistes empfangen« (Apostelgeschichte 1,8). Sprechen Sie sich z.B. diese Sätze zu: »Ich öffne mich für die Kraft aus der Höhe. Kraft strömt in mich ein und füllt mich aus. Ich bin ganz offen für die Kraft des Lebens.« Denn ein wesentliches Wort in den Pfingstgeschichten ist »erfüllt«. Die ganze Erde und alle Menschen werden »erfüllt« von der »Kraft«. Stellen Sie sich das in Bildern vor, mit Ihrer Imaginationskraft, oder versuchen Sie, dies tatsächlich zu erspüren und zu erfühlen in ihrem Körper in Verbindung mit Ihrem Atem (ruach!). Versuchen Sie wahrzunehmen, wie Kraft in jede Zelle Ihres Körpers einströmt, wie Lichtkraft Sie erfüllt – wie Lebenskraft Sie durchflutet. Und bleiben Sie in Kontakt mit der Kraft auch bei Ihrem folgenden Tun, bei dem, was Sie jetzt als nächstes in Angriff nehmen. »Ich bleibe im Kontakt mit der Kraft«.

4. Um den »Geist« (vgl. das hebräische ruach, das Wissen um den »Schöpfergeist« als die Kreativität, das Bewusstsein des Geistes als Wind, Bewegung, Kommunikation) in seinem Strömen und Wehen in unserem Leben zu entdecken, könnte folgende Überlegung hilfreich sein: »Was sind eigentlich meine Kraftquellen?« Stellen Sie eine Liste von allem zusammen, was Ihnen gut tut, nützt, was gute Gedanken, Gefühle, Energien in Ihnen in Fluss und in Bewegung bringt. Ergänzungsfragen könnten sein: Woher beziehe ich meine Kraft? Woraus schöpfe ich Kraft zum Leben? Was sind Freudenquellen, Kraftorte, Energieträger für mich, Sternstunden, Glücksereignisse, Quellen von Frieden und Zufriedenheit?

Das »große Geheimnis«: Trinitatis – Dreifaltigkeitsfest

Bei aller Verschiedenheit der vielen Stämme und Traditionen der Indianer Nord- und Mittelamerikas, ihrer Religionen, Bräuche und Rituale gibt es dennoch, so habe ich in Erfahrung gebracht, drei ihnen allen gemeinsame und verbindende Elemente ihrer Lebensweise: Sie *alle* lieben das Lachen, das Schenken, und verehren das »große Geheimnis«.

Der unmittelbar auf das Pfingstfest folgende Sonntag handelt vom Geheimnis: Er heißt »Dreifaltigkeits- oder Dreieinigkeitsfest«, lateinisch Trinitatis. Was meinen wir denn nun eigentlich, wenn wir Trinitatis feiern, das Dreieinigkeits- oder Dreifaltigkeitsfest?

Das Geheimnis wahren?!

Es ist so vielen unverständlich, wie der *eine* Gott zugleich eine Dreiheit sein kann, wie der Grund der Welt, den manche eher als Prinzip, als Energie, als ungreifbare oder unpersonale Wesenheit verstehen möchten, wie der in verschiedene Personen gar »aufgeteilt« werden könne – die doch *zugleich* eine *Einheit* bilden.

3 = 1 oder 1 = 3? Wie soll man das begreifen? Unlogisch? Oder ist es eben ein *Geheimnis*? Es wird gerade im Zusammenhang mit Gott und Trinitatis sehr viel von »Geheimnis« gesprochen. Aber manche fragen sich: War das so gemeint? Uns einfachen Menschen ein Geheimnis – aber denen, die es studiert haben, gebildet sind, die in der Kirche ganz oben sind, denen ist es zugänglich? Den Machthabern gerade recht, ein Geheimnis zu hüten, in das andere keinen Einblick haben? Oder wird am Ende gerade deswegen so viel vom Geheimnis gesprochen, damit Menschen abhängig, unwissend und unmündig bleiben?

Nun könnte es ja in der Tat so sein, dass mit Trinitatis die Gottesfrage zwar angesprochen oder angedeutet wird, aber zugleich ihr Geheimnis behält; sodass damit *nichts erklärt* werden soll oder kann, sondern die Unbegreiflichkeit Gottes gewährleistet bleibt. Wie wäre es, wenn genau dies der Sinn solcher Sätze wäre, die ja unseren Verstand und unsere Logik kränken: Drei und doch Eins. Wie wäre es, wenn diese Aussagen dazu gedacht wären, unseren Verstand sozusagen zu sprengen, um unserem Ego klarzumachen: Gott ist nicht mit unseren Verstehensmöglichkeiten und unseren Begriffen und Bildern fassbar. Also eine absichtliche Widersprüchlichkeit? Vergleichbar den Sätzen der alten Kirche, wo sie sich über die verschiedenen »Naturen Jesu Christi« geäußert hat, in ebensolchen, widersprüchlich formulierten Paradoxien: Unvermischt und ungetrennt, ungeeint und ungeteilt. Wie, wenn das alles bewusst so ausgedrückt worden wäre, *damit* es *nicht* verstanden werden kann? Aber nicht etwa im Dienste der Herrschaft von Menschen über Menschen, der Wissenden über die absichtlich unwissend Gehaltenen, sondern weil es wirklich so *ist*: Weil Gott nicht mit Ratio, Logik und Verstand begriffen, erfasst, de-finiert (definieren heißt ursprünglich begrenzen) werden kann. Vielleicht soll tatsächlich ausgedrückt werden: Gott kann *existenziell* erfahren werden, er kann unser Leben durchpulsen und prägen, aber nicht unserem Verstand ausgeliefert oder unterworfen werden. Wäre das der ursprüngliche und eigentliche *Sinn* der Lehre der Dreieinigkeit? Vergleichbar der Funktion eines Koans in der Zen-Meditation: An einem unlösbaren, oft widersinnigen Rätselspruch sollen Meditierende so lange »kauen«, sich in ihn hineinversetzen, bis ihr analytisches, suchendes, forschendes, fragendes Denken daran zerbricht und dadurch erst für die Begegnung mit dem »ganz Anderen« – für die Erleuchtung – offen wird, frei wird.

Ich frage nur! Denn es könnte ja stimmen, was viele Väter der Kirche schon in ähnlicher Weise formuliert haben: Von Gott könne man nicht *reden*, von ihm solle man besser *schweigen*. Und warum sollte nicht Trinitatis einen *Raum* im Jahr bieten, wo wir genau in diesem Sinne *das Geheimnis schweigend verehren* – nicht unterwürfig, nicht fraglos irgendwelchen Wissenden ausgeliefert, nicht mundtot gemacht, weil »die da oben« schon – stellvertretend für uns – Bescheid wüssten; sondern weil solche Rätsel-Rede der Sache Gottes und seinem Wesen inhaltlich, innerlich angemessen ist; und weil unser Verstand, auf den sich in der westlich-abendländischen Kultur im Grunde alles stürzt und stützt, zu begrenzt, einseitig, wenig allumfassend ist, um den zu fassen, der das All umfasst …

Wie ginge es uns, wenn wir alle Geheimnisse lüften könnten? – In einer Radiosendung hörte ich einen Perser aus Iran klagen: »Die Europäer versuchen immer alles zu erklären: Und nun nehmen sie auch noch unsere Märchen und Sagen und wollen sie erklären. Damit geht aber doch alles kaputt. Wo bleibt denn da noch ein Geheimnis? Und wir brauchen doch alle *Geheimnisse*!«

Rainer Maria Rilke hat treffend formuliert:

Ich fürchte mich so vor der Menschen Wort.
Sie sprechen alles so deutlich aus:
Und dieses heißt Hund und jenes heißt Haus,
und hier ist Beginn und das Ende dort.
Mich bangt auch ihr Sinn, ihr Spiel mit dem Spott,
sie wissen alles, was wird und war;
kein Berg ist ihnen mehr wunderbar;
ihr Garten und Gut grenzt grade an Gott.
Ich will immer warnen und wehren: Bleibt fern!
Die Dinge singen hör ich so gern.
Ihr rührt sie an: Sie sind starr und stumm.
Ihr bringt mir alle die Dinge um.[65]

Impulse: Spüren Sie einmal in sich selber nach

1. Was löst es in mir aus, wenn ich auf etwas Geheimnisvolles und nicht zu Begreifendes stoße? Welche Erfahrungen und Gefühle verbinde ich damit? Welche Erinnerungen habe ich an Geheimnisse, an den Umgang mit Geheimnissen – in meiner Herkunftsfamilie, in meiner religiösen Prägung oder in meiner gegenwärtigen Welt?

2. Gibt es einen Zusammenhang zwischen meinem Umgang mit Geheimnissen, den Unbegreiflichkeiten in meinem Leben und dem anderer, und dem Geheimnis und der Unbegreiflichkeit Gottes? Könnte es womöglich sein, dass sich eins im anderen spiegelt: Dass ich nur dann, wenn ich mir selbst und anderen auch Geheimnisse, Unberechenbarkeiten und Unbegreiflichkeiten *lassen* kann, diese auch in meinem Gottesverständnis mit aufnehmen und ertragen kann? Anders ausgedrückt: Wer anderen und sich selbst kein Geheimnis zugesteht, nichts Dunkles und Unverfügbares, der kann es auch Gott nicht lassen! Können Sie Gott sein Geheimnis lassen?

Verstehensversuche

Wir haben nun wohl den Ursinn der Aussagen erahnt, die Aporie, die Unmöglichkeit überhaupt angesprochen, angemessen über Gott zu sprechen: Schauen wir uns dennoch die Botschaft einer Dreieinigkeit genauer an. Sie ist uns ja immer angeboten worden, um sie fassbar zu machen. Wenn das oben Gesagte stimmt, dann geht es aber gerade darum, dass sie *nicht* fassbar sein soll. Und dennoch mag ein Vergleich aus der modernen Psychologie als Verstehenshilfe für etwas dienen, das letztlich gar nicht verstanden werden soll (im Sinne von Begreifen, Definieren und damit Begrenzen und Kleinmachen): Die alte Kirche bot als Bilder z.B. die Aggregatszustände des Wassers an: Eis – Wasser – Luft; oder des Eisens: Erz – glühend / fließend – geschmiedet, und andere mehr. Durchweg unpersonale Bilder! In der Transaktionsanalyse formulierte Eric Berne, herkommend von der Psychoanalyse und deren Begriffsystem weiterentwickelnd, für uns Menschen drei verschiedene »Ich-Zustände«, zwischen denen wir uns im Erleben immer hin- und herbewegen: Kind-Ich, Erwachsenen-Ich und Eltern-Ich.[66] Das ist ein psychologisches Modell, das von einer *Personen-Vielfalt und -Einheit in jeder Person* spricht und uns vielleicht helfen könnte, die Aussagen von Trinitatis ansatzweise als ein Beziehungsgeschehen zu denken, zu verstehen und für uns fruchtbar werden zu lassen.

Aber wie gesagt: *Sollen* / wollen sie überhaupt verstanden werden, begriffen im Sinne des rationalen Ergreifens und Bemächtigens? Denn bei Trinitatis geht es ja gerade um das Geheimnis! Im Übrigen relativiert sich – weltweit und universal betrachtet – dieses Geheimnis in gewisser Weise: Religionspsychologisch und religionsphilosophisch begegnet uns in allen großen Religionen der Erde, außer dem Islam, die Vorstellung einer Trinität. Das ist auffallend, weist uns darauf hin, dass vielleicht alle Religionen auf dem Weg zur Spitze eines Berges sind, ihn nur von verschiedenen Seiten besteigen und deshalb doch oftmals ähnlichen oder denselben Grundwahrheiten Ausdruck verleihen.[67]

Ein dynamisches Beziehungsverhältnis oder: Gott im Beziehungsdreieck

Einmal an Trinitatis. Eine Seminarteilnehmerin kommt auf mich zu und fragt mich, ob ich die Kirche von Urschalling kenne, ein Dorf bei Prien im Chiemgau / Südbayern. »Nein, warum – was ist da?« »Da gibt es eine Darstellung der Dreifaltigkeit, wo der Heilige Geist in einem gotischen Fresko als *Frau* dargestellt ist. Die Bilder und Figuren stammen aus dem 14. Jahrhundert.« – Sie lächelte glücklich in sich hinein und strahlte mich an.

Der Heilige Geist als Frau – das ist uns bei Pfingsten schon begegnet! Bei Trinitatis folgt möglicherweise als nächster Schritt eine »heilige Familie« der drei im Himmel: Vater, Sohn und Heiliger Geist = Mutter/Frau. Sicher wurde das so in den Jahrhunderten und Jahrtausenden der Christentumsgeschichte wenig gesehen, weil Frauen früher (noch) nicht die Chance, den Mut und auch die gesellschaftlich-politischen Möglichkeiten hatten, sich entsprechend zu artikulieren. Bis heute finden Frauen in einer überwiegend von Männern geführten Kirche und Gesellschaft noch schwer genug Gehör! Die »alte« Trinität, eine Einheit aus Mann und Frau und der daraus entspringenden Frucht: Jesus als »vom Vater gezeugt, vom Geist geboren (!)«, bringt sich in Erinnerung.

Bei dieser Beschreibung eines Dreiecksverhältnisses im Himmel, einer *Beziehung* haben wir es mit einer *Dynamik* zu tun, mit der Aussage, dass Gott *in sich* schon eine »Beziehung« lebt, Bewegung, Verhältnis, Austausch, Kommunikation und Entwicklung. Das mag für manche Philosophien und Religionen ungewohnt sein: Gott nicht als etwas Festes, Stabiles, durch Unwandelbarkeit Verlässliches?! Kann Gott als etwas in Entwicklung Befindliches – das Zeugen, Gebären, Hergeben und Lösen Einschließendes – gedacht werden? Als etwas im Kind (Sohn) sich Entwickelndes, Entfaltendes, also nicht immer schon Fertiges?

Ein wichtiger Aspekt: So vieles findet Raum in Gott, was wir widersprüchlich, unvereinbar oder gar gegensätzlich empfinden. »Er/Sie/Es« umfasst, umgreift, schließt ein das Männliche, das ach so »typisch Mann«-hafte, ebenso wie das Weibliche, das ach so »typisch Frau«-hafte, ebenso wie das Kleinsein, die Ohnmacht, das Fragen, Staunen und Freuen, Trotzen und Protestieren des Kindes. Ein Gott in »innerer Bewegtheit«, im Wandel und im Umgreifen der Widersprüchlichkeit – das ist der Gott von Trinitatis. Ein Gott des *ständigen Wechsels und Wandels* richtet sich gegen die Starrheit, Geformtheit unserer Vorstellungen, Festigkeit unserer Dogmen, Unumstößlichkeit unserer Rechthaberei auch in Glaubensdingen. Und damit hilft uns Gott gerade so, Wechsel, Wandel, innere Bewegtheit und auch Widersprüchlichkeit *in uns selbst* zu sehen, zu spüren, zu achten und wahrzunehmen, dieses Vielerlei, mindestens »Dreierlei«, auch in uns selbst einzugestehen, zu akzeptieren und zuzulassen.

Impuls: Welches Echo erfahren Sie im Inneren, wenn Sie sich für diese Wahrheit der Dynamik öffnen, des Entwicklungs- und Entfaltungsgedankens im Hinblick auf Ihre Gottesvorstellung? Dass da – neben Ruhe und Frieden – auch Bewegung, Spannung, Liebe und Wechselhaftigkeit Raum bekommen »in Gott«?

Der Sommer

Unabhängig davon, wie spät Ostern gefeiert wird: Keines der großen Feste, die vom Ostertermin abhängen, Pfingsten und Trinitatis, das Dreifaltigkeitsfest, reicht in die Zeit des Sommers hinein. Die Sonntage der Sommerwochen heißen bei Katholiken »Sonntage im Jahreskreis«, bei Evangelischen »die Sonntage nach Trinitatis«.

Wenige Feste werden in dieser Zeit herausgehoben, sie ist sozusagen selbst *ein großes Fest*: Es wird gefeiert, gegrillt, gelebt, geliebt, gegessen, getrunken und gefestet am laufenden Band. Denn in diese Sommerzeit voll Lachen, Licht und Ausgelassenheit, mit langen Tagen, lauen Nächten, fallen viele Festlichkeiten: die Sommerfeste der Vereine, Schul-, Garten-, Sportfeste. Die Urlaubs- und Ferienzeit, Zeit der Erholung, des Ausspannens, Aufatmens, Auftankens und Kraftschöpfens bricht an. Nur etliche Gedenktage an Märtyrer, Glaubenszeugen, Johannes den Täufer zum Beispiel, Petrus und Paulus liegen hier – und viele Kirchweihfeste und das Fest »Maria Himmelfahrt«. Die letztgenannten können in diesem Kontext hier allerdings nicht genauer dargestellt werden[68]. So wenden wir uns jetzt den Festen des Herbstes zu und dem, was davon für uns zu gewinnen ist. Lassen Sie sich überraschen!

Feste der Verbundenheit und Rückschau – der Herbst

Der Herbst

Den Herbst nennen wir oft »Übergangszeit«: Ja, er ist die Zeit des Überganges, des Überganges in eine andere Zeit in uns, in die Zeit der Ruhe, die Brachzeit, in andere Räume in uns. Herbst steht für Jasagen auch zum Abschied auf dem Weg, der hinabführt ins Dunkel; er steht für Jasagen zu dem / der, der / die ich bin – in der Bereitschaft, nach dem Sommer des Lichtes nun in Herbst und Winter auch meiner Schattenseite zu begegnen.

Sehr erwachsene Fähigkeiten in uns werden angesprochen: Bilanz ziehen, Ernte beurteilen, Rückschau halten, unser Verbundensein mit der Erde spüren, mit der Tradition, den Ahnen, den ganz anderen »guten Mächten«, mit unserem eigenen Sterben, Vergänglichkeit und Tod, und unserer ursprünglichen Würde. Das sind die Themen dieser Zeit.

So gehen wir nun achtsam hinein in diese Wochen der Ernte, der Bilanz, in diese Zeit für die Rückschau auf den Ertrag des Jahres und des Lebens, in diese Zeit des Leise-, Stillewerdens und des Erkennens: Was zählt denn wirklich? Wovon lebt man? Was sind die Wurzeln, der Halt meines Seins?

Erntedankfest fällt in diese Zeit. Das Frühjahr ist vergangen, der Sommer ist dahin, und nun bereiten sich die Natur und die Menschen auf die dunkle Jahreszeit, den Winter vor und ernten und verarbeiten den Ertrag der Sommerzeit. Thema des Herbstes und seiner Feste ist also die Rückschau: auf das in diesem Jahr oder überhaupt im Leben Erlebte, Erreichte, die »Ernte« auch im übertragenen Sinn, auf den Ertrag der Berufs- oder Familienarbeit, der Leistungen in der Gesellschaft oder für einen selbst. Rückblick auf »Ernte« also. Wir halten auch Rückschau in die Vergangenheit zu denen, die vor uns gegangen sind, auf unsere Toten, bei Gedenktagen wie Allerseelen oder dem Totensonntag. Rückschau gönne ich mir auch auf meinen Weg, den ich gekommen bin, und die Frage nach Neuorientierung, wie es weitergehen soll (Bußtag); Rückschau auch auf die Quellen, von denen ich lebe, von denen ich herkomme: das Reformationsfest, und auf die Vorbilder, die vor uns gelebt haben: Allerheiligen. Der ganze Herbst bis zum Beginn der Adventszeit ist also von dieser Rückschau geprägt und beschäftigt sich mit unseren Verbundenheiten in all den angedeuteten Dimensionen.

Unsere Verbundenheiten

Das Grundthema, das den Herbst durchzieht und in immer neuer Weise und in immer neuen Variationen bedacht und gefeiert wird, ist *unsere Verbundenheit mit allem*: mit der Erde und ihren Gaben und den Mitgeschöpfen, mit den »Engeln« (Michaelistag), den »guten Mächten«, mit den Traditionen – in kritischer Verbundenheit! – , mit den Ahnen, unseren Verstorbenen (ob wir sie nun als »Heilige« verstehen oder als Angehörige unserer Verwandtschaft) – und schließlich mit unserer persönlichen Begrenztheit, Endlichkeit und unserem eigenen Sterben. Mit alledem *verbunden erfüllt leben*!

Ein Umwelt- und Innenweltfest: Erntedankfest

Am Beginn des Herbstes, am ersten Sonntag nach Michaelis (dem 29. September) liegt das *Erntedankfest*. Besonders in ländlich-bäuerlichen Gegenden wird dabei gefeiert und geschmückt und bedankt, was wir bekommen an Gaben der Natur, Geschenken der Schöpfung, in unseren Gärten, auf all den Feldern, Farmen und Plantagen. Das weite Feld der Ernährung, das Wachsen und Gedeihen und Ernten und Verarbeiten kommt jetzt in den Blick: die Erntezeit! »*Ernte*« heißt im Grunde: auf das Gewesene und das Gewordene zurückzuschauen, ganz genau hinzuschauen, wahrzunehmen: Was ist da? Und auch auszusortieren: Was von dieser »Ernte« unserer Landschaften, Gärten, Höfe und Betriebe möchte ich behalten – was kommt in meinen Keller, in meine Scheune, in meinen Kühlschrank? Was bleibt liegen, wird Abfall? Um ein genaues Prüfen, Sortieren, ein erwachsenes Beurteilen geht es. Das fällt vielleicht schwer. Denn: Was tue ich mit dem Ausgesonderten, dem Nicht-Guten? Aus angeschlagenen Äpfeln kann man wenigstens Mus oder Most machen …

Wenn ich nun auf die *Lebensmittelernte* zurückschaue, aber *auch* auf das *Nichtmaterielle,* meine Erlebnisse und Erfahrungen in diesem Jahr, wenn ich *Bilanz* ziehe, die Spreu vom Weizen trenne, dann wird mir klar, wofür ich *dankbar* bin. Welche Erfahrungen möchte ich nicht missen, machen mich froh, haben mich weitergebracht?

Es geht beim Erntedankfest im Grunde um die Einübung einer *Haltung der Dankbarkeit:* weil nicht selbstverständlich ist, dass wir vieles haben (können), worum uns viele andere Menschen, Länder und Völker beneiden. Wenn wir unsere Lebensweise mit der in den Ländern in Osteuropa oder in anderen Erdteilen vergleichen, oder *unser* Jahrzehnt mit der Situation nach Kriegsende, dann sehen wir, wie viel Grund wir haben, uns zu freuen, dankbar und im Grunde mehr als zufrieden zu sein. Dazu noch ein anderer Gedanke: Seit vielen Jahrhunderten feiert die Kirche das Erntedankfest, bis heute. Es fehlt aber ein ähnliches Fest, wo wir einfach *für unsere Arbeit danken*: ein Arbeitsdankfest. Besonders die riesige Zahl von Arbeitslosen, deren Probleme und auch deren familiäres oder seelisches Elend weisen uns darauf hin, dass wir guten Grund hätten, auch dankbar dafür zu sein, dass wir Arbeit haben und arbeiten können.

Arbeitsdankfest?!

In einem Gespräch erfuhr ich von einer Holländerin, dass es im engeren Umkreis ihrer Heimat zwei besondere Feste gibt, die wir im deutschsprachigen Raum *nicht* feiern: im März ein Aussaatbittfest – und als Pendant dazu im Spätherbst ein Erntedankfest, das aber Ernte- und Arbeitsdankfest heißt. Denn sonst könnten ja nur die Bauern, die Landbevölkerung, also diejenigen Menschen dieses Dankfest feiern, die mit der unmittelbaren Erzeugung von Nahrungsmitteln zu tun haben, meinte sie. – Viele Menschen aber haben heute nicht mehr viel mit der Natur zu tun, mit dem, was draußen angebaut und gepflegt wird und wächst. Im Gegenteil: Kinder malen Kühe »milkalila« – zu zwei Dritteln, gemäß einer Studie! Und Erntedank zu feiern, fällt auch manchen Bauern schwer. Sie beschweren sich oft, dass seit den Zeiten der Europäischen Gemeinschaft und der Globalisierung, des Konkurrenzdrucks aus dem Ausland die Existenz für sie und die Landwirtschaft überhaupt immer schwieriger wird.

Im ganzen Festjahr, insbesondere im Erntedankfest, wie wir es feiern, kann man zwar die bäuerliche Kultur wiederfinden, wie sie die vergangenen Jahrhunderten prägte: Aber wo bleibt die Welt von Arbeiter/innen und Angestellten? Ist sie nie in den Blick geraten? Wenn ich mich in der Theologiegeschichte genauer umsehe, komme ich zu demselben Ergebnis: Manchmal scheinen Kirche und kirchliche Verkündigung die industrielle Revolution der vergangenen Jahrhunderte noch gar nicht zur Kenntnis genommen, geschweige denn beachtet und in ihr Denken, Reden und Tun mit einbezogen zu haben.

Ob wir nun von der Haus-, Familien- und Beziehungsarbeit zu Hause oder von der Erwerbsarbeit draußen, in Firmen, Betrieben, Ämtern, Institutionen oder Geschäften sprechen: Dass *Arbeit und Arbeiten-Können* ganz elementar zur Würde des Menschen gehören, dass dahinter ein *Urbedürfnis* des Menschen steht, und dass es bedrohlich ist, wenn wir diesen Wesenszug nicht mehr adäquat leben können, das lernen wir vielleicht in diesen Jahren erst richtig – infolge der hohen Arbeitslosigkeit innerhalb Europas. Zunehmend wird da deutlich, wie wichtig für das Selbstwertgefühl, für die Identität eines Menschen seine Arbeit ist. Das erkennen viele Erwerbsunfähige und Arbeitslose, Flüchtlinge und Migranten, das erzählen auch viele, wenn sie aus dem Berufsleben ins Rentenalter oder in die Pensionierung hinübergehen. Sie berichten davon, wie eigenartig diese Umstellung ist, für viele höchst bedrohlich, so sehr sie von anderen auch ersehnt war; wie schwer es für Familien und Beziehungen ist, diesen Wechsel gut zu durchstehen. Wie schwer das soziale Gefüge im Familien- und Bekanntenkreis durch Arbeitslosigkeit belastet ist, kennen gerade Menschen, die in medizinischen, sozialen, sozialtherapeutischen oder seelsorgerlich-beraterischen Berufen tätig sind.

Impuls: Stellen Sie sich bitte folgende Fragen: Welchen Beruf habe ich gewählt? Habe ich wählen können, oder wurde ich hineingedrängt, geführt, gelenkt oder gar gezwungen? Würde ich heute gerne einen anderen Beruf ausüben? Oder habe ich mehrere Tätigkeiten erlernt? Was würde ich gerne tun, wenn ich jetzt frei wählen könnte? Finde ich Befriedigung und Erfüllung in meiner Arbeit, ob »zu Hause« oder außerhalb? Wie geht es mir bei der Vorstellung, ich hätte meine Arbeit nicht? Wie ist es für mich, krank zu sein, meinem Ruhestand entgegenzusehen oder mit der Möglichkeit von Arbeitslosigkeit zu rechnen? Was bedeutet mir Arbeit für mein Selbstbild? Wozu »brauche« ich meine Arbeit? Was täte ich ohne sie?!

Bis heute feiern wir weithin »Erntedankfest« immer noch so, dass darin hauptsächlich – und auch berechtigtermaßen – der Naturbezug mit den Berufen, die mit der direkten Verarbeitung der Ernte, der Früchte und der Erzeugung von Nahrungsmitteln zu tun haben, zur Geltung kommt. Aber was wären wir ohne die vielen, die in Fabrikhallen stehen, im dröhnenden Lärm, an Fließbändern – oder auf Autobahn- und Großbaustellen? Oder was wären wir ohne die vielen Menschen in Dienstleistungsberufen, die Tag und Nacht und auch am Wochenende für das Funktionieren des Gesundheitssystems und des gesellschaftlichen Lebens sorgen? Und ohne all die, die unentgeltlich, im freiwilligen Engagement, für die Menschen da sind – in Familien, Gruppen, sozialen Hilfsdiensten, Vereinen oder in Ehrenämtern?

Die hohen Arbeitslosenzahlen legen ein beredtes Zeugnis davon ab, wie vielen Menschen Sinn im Leben fehlt. Wie oft wird auch das Entstehen des Dritten Reiches damit erklärt (oder entschuldigt?!), dass die Arbeitslosigkeit so hoch war und der neue »Führer« diesem Elend ein Ende gesetzt habe. – So wichtig ist Arbeit! So »elend« geht es uns eben, wenn wir sie *nicht* haben. So abhängig sind wir von Arbeit, dass zum Beispiel viele Menschen, sobald sie aus bestimmten Gründen daran gehindert sind, ohne diese Erfüllung, diese Stütze oder dieses Korsett umgehend körperlich oder seelisch krank werden oder gar sterben! Grund genug, für unsere Arbeit zu danken.

Impuls: Schreiben Sie auf, was Sie an Ihrer Arbeit *freut* und wofür Sie dankbar sind und was Sie gerne tun! Seien Sie in dieser Bilanz auch ehrlich im Blick auf all das, was Sie in Ihrer Arbeit *stört*, unnötig in Anspannung und Stress bringt, Sie über- oder unterfordert. Was ergibt sich daraus?

Lebens-Dank

Impuls: Setzen Sie sich hin und sprechen Sie einige Minuten lang Sätze laut aus, die Sie beginnen mit: »Ich bin dankbar dass, ...« und »Ich bin dankbar für ...«. Noch besser wäre, wenn Sie sich einen Menschen Ihres Vertrauens wählen können, sich einander gegenüber setzen und dies wechselweise üben: Zunächst sagt der/die eine zehn Minuten lang immer neu jene Sätze, ohne dabei unterbrochen zu werden. Der/die andere sitzt freundlich, offen, wohlwollend zuhörend gegenüber. Und danach tauschen Sie die Rollen. Reflektieren Sie anschließend: Wie ging es mir dabei? Wofür kann ich leichter dankbar sein? Wo schaue ich hin – was blende ich aus? Worauf komme ich erst durch den Partner?

Sie werden gemerkt haben, welch angenehme Wirkung es hat, sich einmal ganz und gar auf das *Positive* zu konzentrieren. Wenn wir aufzählen, wofür wir dankbar sind, was uns froh, glücklich und zufrieden macht, dann lenken wir unsere Aufmerksamkeit ganz auf diese angenehmen Dinge.

Bei der Rückschau auf die »Ernte«, das Erreichte in unserem Leben zeigt sich auch die enge Verbindung von Empfangenem und Erarbeitetem, von Geschenk und selbst Geleistetem: Eigentlich besteht alles immer *aus beidem*. Wir müssen vieles tun – und sind doch fürs Gelingen immer auch auf Faktoren angewiesen, die wir gar nicht selbst bestimmen können. In einem Sprichwort heißt es: »Wir tun unser Bestes – und Gott tut den Rest«. Zur Ernte gehören jedoch immer das Gelungene und auch das Misslungene, die guten Früchte und die faulen oder die beschädigten.

Impuls: Nehmen Sie sich ein Blatt Papier, falten Sie es in der Mitte oder halbieren Sie es mit einem Strich. Schreiben Sie auf die eine Hälfte »Meine großen *Erfolge*«, auf die andere Hälfte »Meine großen *Misserfolge*«. Notieren Sie nun, was Ihnen dazu einfällt und beobachten Sie dabei: Womit fange ich an? Was fällt mir leichter? Wie läuft das ab: eher wechselnd – ein Einfall zur einen Seite/Spalte, einer zur anderen? Oder eher schwerpunktmäßig? Wo finde ich besonders viel? Welches Gewicht gebe ich im *Rückblick* den beiden Seiten? Worauf kommt es *letztendlich* an? Oder kann man die Erfahrungen manchmal nur schwer *trennen*? Nehmen Sie sich genügend Zeit und Raum dafür.

Teilnehmer/innen einer Gruppe, die diese Aufgabe bearbeiteten, berichteten anschließend ihre Erfahrungen. Ein Mann sagte: »Wenn ich es zum Kompost lege, so ist das kein Abfall: Kompost ist ja Dünger, wird in der Erde verwandelt«. Auf seine Lebenssituation wandte er das so an: »Ich habe das verdammte Glück, mich jetzt nach meiner Scheidung mit all dem auseinanderzusetzen und es allein auszuhalten. Und möchte es nicht missen!« Das galt für viele: Misserfolge waren auch eine Chance – »Schicksal als Chance«. Bei vielen stand am Anfang manches zunächst auf der Misserfolgsseite, kam dann aber auf die andere Seite. Auch im Rückblick auf das eigene Leben beobachteten viele: Was sie früher eher auf die Misserfolgsseite gebucht hatten, zeigte sich später im Laufe der Zeit doch noch ganz anders. So entstand die Frage: Sind die Misserfolge vielleicht auch *für irgendetwas gut* in meinem Leben? Helfen uns Misserfolge? Bringen sie uns weiter – in die Balance?

Impuls: Greifen Sie jetzt einmal *ein* Stichwort aus Ihrer Misserfolgsliste heraus und schreiben Sie einen Brief als Dialog: Sie und dieser Misserfolg sprechen miteinander, treten miteinander in ein Gespräch ein: Wozu hilft mir das? Was gibt es mir? Wo oder inwiefern bringt es mich weiter?

Wenn wir, wie beschrieben, unsere Erfolge und Misserfolge betrachten, sie unterscheiden, Ernte einbringen, so stellt sich heraus, wie wohltuend diese heilsame Erlaubnis zu einer Würdigung und Anerkennung der eigenen Erfolge wirkt. So verstanden kann das Erntedankfest eine wirkliche Lebenshilfe geben, wenn wir unsere Wahrnehmung und Achtsamkeit *auf das Positive richten.* Manche fühlen sich merkwürdig, wenn sie nach ihrem »größten Erfolg« suchen: Das klingt ihnen fast wie Selbstbeweihräucherung, und die scheint negativ besetzt. Es ist hilfreich zu lernen, liebevoll und positiv auf sich und sein Leben zu schauen, statt immer nur mit kritischem und argwöhnischem Blick. Es ist gut, mich dafür zu entscheiden, meinen Blick auf das Gelungene zu richten.

Impuls: Wie wäre es, wenn Sie *jeden Abend ein Stückchen »Erntedank«* leben würden: nie einschlafen, ohne sich noch einmal auf die Schulter zu klopfen, dankbar und anerkennend mit liebevollem Blick noch einmal auf die Ereignisse des Tages zurückzuschauen. Dadurch sind Sie auch nicht darauf angewiesen, dass der andere sagt: Du warst gut. Sondern Sie geben sich das *selber*! Und: Schauen Sie auch ganz nüchtern an, was *nicht* so gut ging. Motto: Sich nicht verurteilen, aber klar sehen: So war es. Wie kam es? Wie kann ich das vielleicht künftig verhindern oder anders machen? Schließen Sie diese Übung ab mit etwas Positivem, mit Freude und Zufriedenheit.

Rückschau täglich und auch ab und zu im Jahreslauf zu halten, öffnet uns den Blick für den Wechsel und Wandel, dem alles unterliegt, und hilft uns zu leben.

Danken durch Genießen

Aber »Erntedankfest« können wir noch ganz anders leben: Sicher kennen Sie das, wie man sich freut als Gastgeber/in, wenn Gäste bei einer Einladung ungehemmt und lustvoll zugreifen, sich nicht zieren und nicht ständig aufgefordert werden müssen, doch zu nehmen und es sich schmecken zu lassen. Für die Küche gilt als die beste Bestätigung, wenn es schmeckt und richtig gegessen wird! Wie anders das Gefühl, wenn man Gästen dauernd zureden muss: »Nimm doch noch, trau' dich nur, lass es dir schmecken!« Da können sich Zweifel einschleichen: Schmeckt es vielleicht nicht gut? Ist mir etwas nicht gelungen? Gefällt es den Eingeladenen bei mir nicht? Oder was ist los? Im Zulangen und Genießen zeigen die Gäste, wie sie sich freuen, wie gut es ihnen geht – oft brauchen wir gar keinen weiteren Dank: *Annehmen und Genießen* sind schon *Dank genug.*

Übertragen Sie das auch auf Ihren Umgang mit den Gaben der Schöpfung, der Natur und des Körpers, auf die Freude am Ihnen Geschenkten! Wie widersprüchlich wäre es, Schöpfung mit allem, was sie uns gibt, nicht mit vollen Zügen lustvoll und ganz zu *genießen*, stattdessen aber trockene und grüblerische Gebete zum Himmel zu senden! Merken Sie den Widerspruch? Durchs *Leben* danken! Im Strahlen auf den Gesichtern, im Lächeln auf den Lippen, mit glücklichen Augen geschieht ständig Dank.

Der Vollzug solchen Liebens und Genießens ist *gelebter Dank*: Erntedank! Ein Stück Schöpfung genießen, intensiv aufnehmen, wahrnehmen, erleben wie etwas Heiliges – dadurch wird alles zu einer Kommunion – ein Akt der Einswerdung (Kommunion heißt Einswerdung): Ich gebe mich hinein, nehme es in mich auf, mit allen Sinnen und allen Fasern meines Wesens.

Impulse:

1. Achten Sie auch im zwischenmenschlichen Bereich darauf, wie Sie mit Dank umgehen: ob Sie manchmal viele Dankesbeteuerungen von sich geben, ob die dann auch immer stimmen; ob vielleicht der beschriebene *Dank durch Verhalten* oft nicht überzeugender wäre? Wie können Sie durch Lust am Leben dem Schöpfer Ihren Dank ausdrücken?
2. Haben Sie schon einmal Gras gestreichelt, eine Wiese, einen Waldboden, Moos? Haben Sie schon einmal einen Baum umarmt – als Ausdruck Ihrer Liebe, Lebensfreude, Dankbarkeit, Ihrer Zärtlichkeit? Gehen Sie hinaus und tun Sie dies! Die Nadeln des Waldbodens, das Gras der Wiese, die Rinde als »Haut« des Baumes, seine Blätter zärtlich streicheln wie die Haut einer Geliebten – liebkosen. Auch das ist *gelebter Dank*! Oder einen Pfirsich, eine Tomate, eine Banane, eine Birne streicheln, einen Apfel voll Dankbarkeit fühlen, mit den Lippen abtasten, mit der Zungenspitze abschmecken. Die Blüte einer Pflanze liebend, schützend, verehrend in die Hände nehmen! So auch eine Kartoffel, einen Kürbis, eine Handvoll Reis! Und dann noch vielmehr Haare, Haut und Körper eines geliebten Menschen ...!

Ökologie: die Grenzen achten

Lassen Sie uns abschließend noch einen Blick auf das Gesamt unserer Welt und Umwelt werfen, auch er gehört unverzichtbar zum Erntedankfest: Man konnte sich jahrhunderte- und jahrzehntelang darauf verlassen, dass jedes Jahr mit Sicherheit eine neue Ernte bringt. Man betete alljährlich um gutes Gelingen beim Säen, bei der Pflege der Felder und dankte für den Ertrag. Nichts davon ist heutzutage noch so selbstverständlich, wie es in früheren Zeiten schien: Wir sind dabei, die Natur um uns so erheblich zu stören und zu zerstören, dass die Lebensgrundlage vieler Pflanzen, Tiere und auch von uns Menschen immer gefährdeter und bedrohter ist. Wie kann man eigentlich sich immer neu bei Gott bedanken für die guten Gaben der Schöpfung und der Natur – und gleichzeitig die Ressourcen unserer belebten Mitwelt so bedrohen, plündern und mit Füßen treten? Liegt da nicht ein gewaltiger Widerspruch? Wäre es vielleicht manchmal besser, wir würden nicht so viel beten und danken, sondern mit *Taten und Aktionen,* mit konsequentem Umdenken und neuem Verhalten dem fortlaufenden Zerstörungsprozess Einhalt gebieten? Taten-Dank!

Wenn wir Gott *danken,* so müssen wir *auch Sorge tragen und Verantwortung übernehmen* für die Erhaltung der Lebensgrundlagen auf unseren Planeten. Denn sonst besteht die Gefahr, dass unser Beten und Danken verantwortliches Tun, ökologisches Handeln, *ersetzt.* Wir vertuschen und beschönigen doch sonst die Misere, wenn wir Gott *danken, ohne* Produkte zu *verändern* und unser *Verhalten umzustellen*! Auch Erntedank darf nicht Opium werden, das grenzenloses Wachstum und bedenkenlose Fortschrittsgier, Gewinnmaximierung um jeden Preis und eigene Bequemlichkeit vernebelt. Menschen haben noch keine Erfahrung mit exponentiellen Kurven des Wachstums wie auch der Zerstörung des Wassers, der Luft, des Landes durch Bebauung, vieler Lebewesen durch Umweltgifte; obwohl wir täglich von solchen Informationen überrollt werden.

Ich möchte Sie auch hierfür zu einem »Verhaltens-Dank« anregen:

Impuls: Suchen Sie nach Wegen und Möglichkeiten, wie Sie selbst mit der Natur, unserer Mitwelt, Rohstoffen und Energien bewusster und achtsamer umgehen können. Sprechen Sie, so viel Sie können, mit anderen darüber und verhalten Sie sich energie-, schadstoff- und umweltbewusst. Tun Sie sich mit anderen zusammen, treten Sie unterstützend entsprechenden Organisationen bei! Damit zunehmend mehr die Einsicht wächst, dass einzig *dies* »wirklicher, gelebter Dank« wäre!

So wie das Ernte- und Arbeitsdankfest unsere erwachsene Seite anspricht, unser Erwachsenen-Ich, unsere Fähigkeit zu nüchterner, wohlwollend kritischer Bestandsaufnahme, und so wie überhaupt die Feste des Herbstes *unsere Mündigkeit herausfordern*, einüben und damit zugleich stärken und fördern, so auch das nächste Fest, das uns im Jahreskreis begegnet: das *Reformationsfest*. Hier geht es um die *kritische Bestandsaufnahme* nicht nur einer Jahresernte, nicht nur einer Lebensernte, sondern der Ernte und der Ergebnisse von Jahrhunderten Christentumsgeschichte. Dazu haben sich *einzelne* – Martin Luther zusammen mit den anderen Reformatoren – herausfordern lassen. Sie sichteten, prüften und fragten: Wo kommt die eine oder andere Glaubenslehre her? Hält dieses Gesetz oder jenes Dogma einer näheren biblischen Prüfung stand? Wer hat in Gewissens-, Lebens- und Glaubensdingen etwas zu sagen? Wie verhält es sich mit Autorität und Freiheit, Gleichheit und Geschwisterlichkeit? – Grundfragen der Reformation!

Immer kritisch und in Bewegung bleiben: Reformationsfest (31. Oktober)

Besonders für evangelische Christen hat das Reformationsfest große Bedeutung: Ein Fest, das uns daran erinnert, dass es nichts Unumstößliches gibt und geben darf. Gefeiert wird ein Fest der Emanzipation, der Mündigkeit, wo der Wert des Einzelnen in den Mittelpunkt gestellt wird. Wagte es doch tatsächlich vor 500 Jahren ein Mann, Martin Luther, Grundlegendes gegen die ganze Kirche des Abendlandes zu sagen – wie schon einige vor ihm, er ist ja nicht der erste Reformator! Er selbst wurzelte auch wieder auf Ahnen. Es gab schon vor ihm »Vorreformatoren«, die es allerdings in der Regel das Leben gekostet hat, gegen die Kirche anzutreten, gegen diese Machtkirche, die keine andere Meinung gelten lassen wollte. Am Vortag des großen Heiligenfestes Allerheiligen, am 31. Oktober 1517, schlug Luther 95 Protestthesen an die Kirchentür der größten Kirche seiner Stadt Wittenberg an. Damit wurde ein Brand entfacht, der bald auf ganz Europa übergriff. Er hatte heilige, als unantastbar geltende Glaubenssätze der Kirche infrage gestellt. In der Folge behauptete er sogar, auch Konzilien könnten sich irren, und der Papst sei nicht unfehlbar. Er hat gewagt, als Einzelner zu sagen: »Hier *stehe* ich, ich kann nicht anders …«. Der Auftrag für ihn hieß, die ursprünglichen, befreienden biblischen Traditionen ernst zu nehmen. Und darin – so sagte er – sind bestimmte Lehren und Dogmen, welche die Kirche verkündet, nicht wiederzufinden. Wir müssen uns aber nach den Quellen richten: zurück zu den Wurzeln!

Dies ist auch *für uns* eine Ermutigung, ständig in Bewegung zu bleiben, weil unser Glauben, unser Denken, unsere Anschauungen eigentlich immer in Schwung bleiben müssten. Der Geist der Bewegung von Pfingsten, der »lebendig macht«, will *wirklich lebendig* bleiben! Wir aber sind immer in Gefahr, starr zu werden. »Der Buchstabe tötet, der Geist macht lebendig«, wusste doch schon Paulus[69]. (Vielleicht hat ja Jesus deshalb nichts geschrieben und ist von ihm nichts Schriftliches überliefert!) »Der Buchstabe tötet«. In Lehren, Dogmen, absoluten Sätzen verbirgt sich keine Lebenskraft. Sie bauen meistens nur Mauern auf. Doch der »Geist« möchte Mauern schleifen, öffnen, Bewegung bringen, wie wir an Pfingsten sahen. Sonst geschieht dasselbe wie in allen Bewegungen der Geschichte: Die nächste Generation wird starr. Das gilt für politische Aufbrüche, psychologische Schulen, pädagogische oder sozialkritische Bewegungen, Theologien, und für die alte Kirche. Alle guten Bewegungen stehen immer in der Gefahr, dass, wenn die Epigonen, wenn die nächste und übernächste Generation das Ruder übernehmen, alles wieder reguliert, geregelt, abgezirkelt wird, dass die Lebendigkeit erstickt. Deswegen sollten wir immer in Bewegung bleiben.

Martin Luther wollte die Kirche ja nicht spalten, er wollte sie reformieren, er wollte sie zurückführen zu den alten Grundlagen, wollte Erstarrtes wiederbeleben. Er betrachtete die Kirche als »semper reformanda« – als eine, die immer zu reformieren ist und immer in Bewegung bleibt.

Impulse:

1. Ist die Kirche für Sie wirklich eine, die sich immer wieder, stetig reformiert? Wie steht es heute um die Bereitschaft dazu?
2. Wie steht es mit dieser Bereitschaft zur ständigen »Reformation« in Ihrem *eigenen Leben*? Wie leicht oder schwer fällt es Ihnen, Einstellungen, Überzeugungen, Grundhaltungen zu ändern? Sich selbst immer wieder neu zu überprüfen und auch infrage stellen zu lassen? Immer in Bewegung zu bleiben, offen, selbstkritisch!

Eine Chance für den Zweifel

Luther und die anderen Reformatoren in Deutschland und in der Schweiz lebten uns ein Modell von Nonkonformismus, von Ich stärke und Zivilcourage vor: Einer allein – mit nur ganz wenigen treuen Freunden – gegen die gesamte Christenheit der damaligen Zeit. *Einer gegen alle*: Welche Kraft, welche innere Freiheit steckt dahinter! Natürlich gehen solch einer Haltung – wie in jedem Leben – unendlich viele, schwere Kämpfe voraus, innere und äußere. Bis man wagt, so dazustehen und für sich einzustehen. Auf einem Reichstag (Worms) hatte man Luther dann den Prozess gemacht. Er konnte ahnen, was auf ihn zukommt, dass er in »Acht und Bann« getan würde, für vogelfrei erklärt werden könnte, wenn er weiterhin zu seinen revolutionären Ideen steht. Er wusste, was er tat: »Hier *stehe* ich, ich kann nicht anders.«

Impuls: Wie ist das bei Ihnen: Stehen Sie für sich selbst ein? Stehen Sie zu sich? Wagen Sie es, Standpunkt zu beziehen? Wie steht es um Ihre eigene Standfestigkeit, Standhaftigkeit, um Ihr Durchsteh-Vermögen? Und was ist mit Aufstand und Widerstand? Stellen Sie sich solche Fragen am besten einmal stehend, in ganz bewusstem, achtsamem Bodenkontakt über Ihre Füße![70]

Luther hatte die Warum-Frage gewagt. Es bleibt ein Plädoyer für den *Mut zur Kritik, zum Zweifel, zum Angriff* auch der unangreifbar scheinenden Grundfesten einer Gesellschaft, Tradition und eines Machtapparates. Wie sehr hätten wir in Deutschland in den Zeiten des Widerstandes vor 80 Jahren mehr davon benötigt! Welch ein Bedarf besteht – immer wieder neu! – an solch unbeugsamem, hartnäckigem Zweifel und solcher Widerstandskraft, wie Luther und seine deutschen Mitstreiter wie auch die schweizerischen Reformatoren sie zu leben wagten!

Im Grunde lag hier bereits der *Anfang der Aufklärung*, deren Motto lautete: »Sapere aude« (Wage, weise zu sein)! »Habe den Mut, dich deines *eigenen* Verstandes zu bedienen, dein eigenes Denken zu gebrauchen!«. Dies hätte Zivilcourage und den Mut zum Protest zur Folge – auch gegen schlimme Zustände in Gesellschaft, Politik, Wirtschaft und Kirche. Luthers Impulse zielten auf Mündigkeit und Selbstständigkeit *jedes einzelnen* Bürgers.

Impulse:

1. Wie steht es um diesen wissenschafts-, gesellschafts- und kirchenkritischen Geist bei Ihnen? Wo wagen Sie Zweifel und Auflehnung gegen herrschende Autoritäten? Wo haben Sie das bereits versucht? Mit welchen Konsequenzen – oder mit welchem Erfolg?
2. Stellen Sie einmal eine Liste dessen zusammen, was Sie an unserer Gesellschaft stört, enttäuscht, was Sie gerne anprangern und verändern möchten. Sprechen Sie mit Freunden oder Bekannten darüber. Wo könnten Sie an einer kleinen, konkreten Stelle Maßnahmen ergreifen und Schritte zu einer Veränderung tun? Worauf warten Sie? Was soll erst noch geschehen, bis Sie wagen, tätig zu werden und Hand anzulegen?

Lob der Freiheit – oder: Gottes erwachsene Kinder

Eine der entscheidenden Streitschriften Luthers trägt den Titel »Von der Freiheit eines Christenmenschen« (1520). Im Sinne des paulinischen Gedankens von Galater 5,1 »Zur Freiheit hat uns Christus befreit« kämpfte er für die Freiheit des Denkens, Glaubens und Lebens. Er fing an, *deutsch* zu predigen, damit die Leute verstehen und *selber* beurteilen können, was gelehrt und gesagt wird. Dazu übersetzte Luther die heiligen Schriften ins Deutsche. Sein Wunsch: Jede/r persönlich soll angesprochen werden, von den »Kindern auf der Gasse« bis hin zum »gemeinen Mann auf dem Markt«. Damit jeder selbst *kritisch prüfen* kann, ob das, was als Kirchenlehre vertreten wird, auch wirklich urbiblisch ist und den Quellen entspricht. Er empfahl die Einführung allgemeiner Schulen, damit alle Kinder – auch die Mädchen! – lesen und schreiben lernen. Das alles war völlig neu – besonders für Mädchen.

Luther betonte unsere Freiheit, selbst vor Gott zu stehen: Selbstver-antwortung. Im Einklang mit der Bibel erklärte er, dass wir keinen menschlichen, kirchlichen Mittler zwischen Gott und Menschen brauchen, dass wir direkten Zugang haben, jeder Einzelne. Das stellte allerdings vieles an kirchlicher Lehre und Praxis infrage. Damit wurde dem Einzelnen auch zugemutet, wirklich selbst für sich einzustehen, selbst – auch Gott gegenüber – den Mund aufzumachen und Fragen und Klagen, Bedrückungen und Sorgen, Freude und Dank in Worte zu fassen, eben selbst »*mündig*« zu werden. Die Kehrseite folgte jedoch: Verloren war damit das Getragenwerden durch die Gruppe, durch die Gesamtchristenheit, durch den Ritus, der allein schon über seine korrekte Durchführung bislang Heil versprach, das Getragenwerden durch den Glauben der Kirche, den Strom der Generationen. Es stellte sich die Frage – bis heute: Wollen Menschen wirklich soviel Mündigkeit, so viel Last auf den eigenen Schultern? Will wirklich jede/r letztlich alles selbst entscheiden und verantworten?

Impuls: Wie steht es mit Ihrer eigenen Freiheit? Wo kennen Sie Knechtschaft – Menschen, Ideen/Idealen oder Autoritäten gegenüber? Die Bibel sagt: »Werdet nicht der Menschen Knechte!« (1. Korinther 7,23). Aber wollen Sie Freiheit und Mündigkeit *wirklich*? Kennen Sie vielleicht auch Ängste vor dieser von Gott geschenkten Freiheit, – auch das Gefühl, das sei eine *Zumutung*?

Freiheit erschafft kreative und erfinderische Menschen. Die Freiheit des Gewissens des Einzelnen – damals eine völlig neue Idee – macht ihn unabhängig von ihn bestimmen wollenden Autoritäten. Wie unbequem das sein kann – für einen selbst und auch für Machthaber –, und zu welchen Konsequenzen das führen kann, haben wir im letzten Jahrhundert deutlich gesehen.

Dieses Plädoyer für Selbstverantwortung gibt uns auch die Freiheit zur Weltgestaltung. Mit der Reformation begann praktisch auch eine völlig neue *Freiheit der Wissenschaften,* der Forschung, der Erkundung der Welt und des Eingreifens in sie. Es war die Angst – aber mit der Angst auch oftmals die Ehrfurcht vor der Schöpfung – verloren gegangen und man wagte, sich die Welt wirklich anzueignen.

So läutete dieses Plädoyer der Freiheit faktisch den Beginn der *Ideale der Neuzeit* ein, der Ideale von Freiheit, Gleichheit und Brüderlichkeit. Die Brüderlichkeit zeigt sich auch in Luthers besonderer Betonung des »Priestertums aller Gläubigen«.

Wir Priesterinnen und Priester

Dieses Bewusstsein, nicht auf geweihte Priester in unserem Gottesverhältnis und in unserem Gottesdienst angewiesen zu sein, war etwas revolutionär Neues. Auch die Magd im Stall und der Knecht auf dem Felde können »Gottesdienst« halten durch ihre Arbeit. Diese Hochschätzung der Arbeit wurde jedoch sehr oft in den folgenden Jahrhunderten wieder übersehen. Gottes Inkarnation (Fleischwerdung: Weihnachten) verlängert sich im so genannten *»allgemeinen Priestertum«*. Martin Luther hat das neu entdeckt. Sein Katechismus war *für alle,* besonders auch die einfachen Leute, als Gesprächsgrundlage für den christlichen Glauben gedacht. *Menschen mündig machen* – das war sein Ziel. Deswegen war ihm ein Anliegen, dem »Volk aufs Maul zu sehen«, ihm die Botschaft der Bibel zu übersetzen, sodass sie wirklich verstanden werden konnte. Denn jeder sollte *selbst* anhand der Bibel lernen können, die kirchliche Predigt richtig einzuschätzen, sie auch zu kritisieren und zu befragen. Das hätte eigentlich das Ende eines Untertanenstaates bedeuten können. Es ist der *Beginn einer völlig neuen Zeit.*

Aber noch weiter reicht diese Revolution: Der Schreiber des Petrusbriefes spricht von der »Priesterschaft der Glaubenden« (»*Ihr* seid das auserwählte Geschlecht, das *königliche Priestertum,* das heilige Volk«, 1. Petrus 2,9). Stellen Sie sich vor: Wir sind nicht nur Tempel, Wohnorte Gottes mit unserm Leib und unserer Seele; nein, wir sind *alle* auch Priesterinnen und Priester. Was der neutestamentliche Schreiber vor fast zweitausend Jahren gemeint hat, nannte Luther vor etwa fünfhundert Jahren das »allgemeine Priestertum der Gläubigen«. Es wird Zeit, dass davon nicht nur gesprochen wird, sondern Strukturen entsprechend verändert, Kirche demgemäß neugestaltet, Menschen neu gesehen und anders behandelt werden. Im Anklang an die Formel »Wir sind das Volk« heißt das: »Wir sind die Kirche«, »Wir sind die Priesterschaft«, »Wir sind das Haus Gottes«.

Impulse: (für Sie selber und/oder für Gruppen):

1. Ist Ihnen die revolutionäre, demokratisierende Botschaft der Bibel vom »Priestertum der Glaubenden« neu? Weite Teile christlicher Kirchen lehr(t)en und praktizier(t)en das anders, denn den Gläubigen wurde und wird oft noch diese Würde vorenthalten. Fangen Sie an, Ihre Würde ernst zu nehmen, leben Sie so, genießen Sie dieses neue Selbstbewusstsein und verbreiten Sie es: Es gilt allen!
2. Schauen Sie einmal in Offenbarung/Apokalypse 1,6 nach. Da ist von uns als von *»Königen und Priestern«* die Rede – wir würden heute ergänzen von *»Königinnen und Priesterinnen«* (sogar noch öfter in der Offenbarung des Johannes. Wir werden diesen Stellen beim letzten Sonntag des Kirchenjahres noch einmal begegnen.) Auf welche Weise können *Sie für sich selbst* Ihr Priester/innentum leben? Wie mit anderen zusammen?
3. Wenn Sie das als Frau lesen, macht das noch einmal einen Unterschied, denn Frauen werden in einigen christlichen Konfessionen immer noch nicht gleichberechtigt behandelt und zur Ausübung mancher Ämter und Dienste, besonders für den Priesterdienst, nicht für würdig befunden: Was empfinden Sie als Frau angesichts dieser urbiblischen Entdeckungen und Enthüllungen? Wie erleben Sie Ihre Stellung, Rolle und Bedeutung als Frau in der Kirche? Was werden Sie jetzt tun? Wem gegenüber wie sich ausdrücken? Wohin mit der chronischen Kränkung? Konzentrieren Sie sich am besten zuerst auf die Innenarbeit, die Heilung der Gefühle, auf die

Entwicklung eines neuen Wertgefühls, suchen Sie sich dann »Schwestern«, »Mitpriesterinnen« zum Austausch, zur gemeinsamen Bewältigung der Situation und werden Sie dann – so gestärkt und erfüllt mit einem neuen Bewusstsein – aktiv!

Spiritualität im Alltag

Damit, dass man Gott nicht nur als Mönch, als Nonne oder als Priester dienen kann, sondern in jedem anderen weltlichen Beruf, durch dieses völlig neue Verständnis von »Gottesdienst«, war die Welt verändert. Jetzt konnten das tagtägliche Umgehen miteinander, das Tagesgeschäft, die alltäglichen Sorgen und Pflichten wirklich zum Wohnort Gottes werden: wie es die Mystiker angedeutet und ausgedrückt haben, wie Meister Eckhart sagte, dass man Gott genauso in der Kirche wie auch draußen auf dem Felde, im Freien auf jedem Weg finden und begegnen kann. Weil man ihn »in allen Dingen suchen und finden kann« (Ignatius), gibt es *keine Spaltung mehr* in der Welt zwischen heilig und profan, göttlich und weltlich.[71] Eine Aufwertung jedes Tuns vollzog sich damit, natürlich auch zugleich eine Abwertung der Bedeutung kirchlicher Würdenträger in der damaligen Zeit.

Impuls: Der lutherische Gedanke der Arbeit als Gottesdienst entspricht der Grundhaltung vieler Meditationsübungen. Probieren Sie das einmal aus: Geschirrspülen, Autowaschen oder Hausarbeit ... als »Gottesdienst« in völliger Achtsamkeit! Gegenwärtigsein, Präsenz in jedem Augenblick. Machen Sie es sich zur Gewohnheit, immer wieder neu ganz bewusst in liebevoller Aufmerksamkeit die Dinge um sich herum, auch Kleinigkeiten, wahrzunehmen im Wissen: »Gott erwartet uns in allen Dingen« (Teilhard de Chardin).

Ichstarke, heilsame Regression

Psychologisch betrachtet hat das Reformationsfest noch einen anderen Sinn: Man muss Wege, die man einmal gegangen ist, auch zurückgehen können. Oftmals übersieht man unterwegs etwas Wesentliches oder ließ an einer Stelle etwas liegen, vergaß etwas oder verlor etwas auf dem Wege. Dann muss man an der Stelle, wo man dessen innewird, stehen bleiben und umkehren. Nicht nur einfach nach neuer Orientierung suchen, sondern tatsächlich umkehren und denselben Weg zurückgehen bis zu der Stelle, wo man das findet, was man vergessen oder verloren hat. Das fällt uns manchmal schwer. Im Leben der Kirche hieß das, zurückgehen zu den Quellen der Tradition, des Glaubens, zu den Ursprüngen. Man hatte vielleicht tatsächlich durch die Jahrhunderte etwas verloren, das bedenkenswert und wichtig ist: Zumindest denken evangelische Christen so.

Aber *jedes* Leben braucht immer wieder Re-flexion, Reform, Umkehr und vielleicht auch Zurückgehen. Psychologisch nennt man das Re-gression (Zurück-Gang, aus dem Lateinischen). Ich gehe zu einer Stelle zurück, wo von mir noch Seelenenergie haften geblieben ist, an der ich irgendwie noch nicht fertig bin, zu einer Stelle, an der etwas von mir hängen geblieben ist, oder wo »ich noch hänge«: ein Mensch, von dem ich nicht loskomme, eine Verletzung, die mich nicht loslässt oder die ich nicht loslassen kann, vielleicht auch ein Ort, in dem ich längst nicht mehr lebe, aber den ich noch einmal aufsuchen muss, um endgültig Abschied zu nehmen; oder in meiner Vergangenheit Situationen, wo Schweres, Unverarbeitetes, bislang noch »unerledigte Geschäfte« darauf warten, von mir noch einmal angepackt und zu Ende geführt zu werden.

Für wirkliches Vorwärtskommen und Voranschreiten kann es manchmal unerlässlich sein, dass wir noch einmal zurückgehen. Das sieht vielleicht wie Rückschritt aus, ist vielleicht Rückkehr zu alten Problemen, Personen oder Verhaltensweisen, bringt dann vielleicht gar eine schwere Zeit, oder ist verbunden mit dunklen Gefühlen, die aber nötig sind zu einer endgültigeren Ablösung. Sonst bleiben Seelenenergie oder Teile meiner Seele an bestimmten Wegstationen haften. Und dann fehlt mir etwas, auch wenn ich schon längst weiter bin, aber in Wirklichkeit an dieser Stelle doch noch nicht »weiter« bin. Wenn ich mit etwas noch nicht fertig werde, etwas noch nicht bewältigt habe, wird es mich immer Kraft kosten, wenn ich ohne diesen Seelenteil weitergehen muss. Deswegen bedeuten Heilung der Vergangenheit und Mut, mich den Verhältnissen, auch den Ungeklärtheiten und Unklarheiten, auch dem Dunkel und den Schrecken der Vergangenheit zu stellen, so viel. Wenn Entwicklungsschritte nicht möglich waren, Entfaltungsversuche verhindert wurden, Befreiungsimpulse abgewürgt wurden, Leben nicht gelebt werden konnte, wenn ich etwas von mir jemandem anderen zuliebe aufgegeben habe, wenn ich gescheitert bin, so muss ich zu diesen Stellen zurückkehren, diesen Schmerz noch einmal anschauen, vielleicht durchleben und durchleiden, ihn ernst- und wahrnehmen, um ihn dann endgültiger verabschieden zu können.

Ich hole mein Leben und meine Anteile zu mir, die Impulse und Energien, die Investitionen und den Einsatz von damals, um damit jetzt, im Hier und Heute, einen neuen, eigenen: *meinen* Weg weiterzugehen. Aber nicht ohne jene Kraft! Denn sonst besteht die Gefahr, dass sie im Damals geblieben ist, festgekrallt, vielleicht eingefroren, fixiert, und dass ein Schritt, der damals (noch?) nicht möglich war, ständig mein Leben beeinträchtigt, meinen Fuß hinkend macht und meine Gehversuche lähmt. Daher muss es oft den Rückweg, den Rückgang, die Re-gression geben, um die gebundene Seelenenergie von den entsprechenden Orten, Personen oder Situationen zu lösen, sie mir wieder zu eigen machen zu können und mit ihr zusammen und durch sie gestärkt weitergehen zu können.

Manche neueren psychotherapeutischen, spirituellen oder meditativen Richtungen versuchen Heilung auch ohne diesen oft langwierigen und schmerzhaften »Zurückgang«. Manchmal gelingt das auch! Sehr oft jedoch zeigt sich nach Jahren oder Jahrzehnten, dass die »Abkürzung« keinen Frieden auf Dauer geben konnte; wenn man versuchte, sich nur auf das Positive, auf das Hier und Jetzt und auf etwas Neues zu konzentrieren, oder mit Hilfe effizienter Techniken andere Bilder in die Seele zu prägen. Häufig also gelingt das Neue nicht wirklich ohne den mühevollen Rückweg, das *Nach-holen* des dort Gebundenen, Gelassenen oder Verlorenen und ohne das *Nachwachsen* und *Nachreifen* dessen, was von mir dort »zurückgeblieben« war. Dann gliche auch hier der Lebensweg einem ganz normalen Wanderweg. Und sogar im Kirchenjahr spiegelt sich, dass es manchmal ohne wirkliche Umkehr nicht geht. Das setzt aber Innehalten, Standortbestimmung und Neuorientierung voraus. Und diese wichtige Ich-Leistung, das, was hier »Umkehr« genannt wird, heißt traditionell »Buße«. Dass wir hier aber mit Buße etwas ganz anderes meinen, als kirchlicherseits meistens formuliert wird, ist sicher deutlich spürbar. Denn dabei geht es um nichts Moralisches, sondern zutiefst um *Heilung und Selbstfindung, Vervollständigung und Ganzwerdung*: im tieferen Sinne eine »*Umkehr zum Leben*«! Das werden wir unten bei der Betrachtung des »Bußtags« sehen. Doch zunächst wenden wir uns noch den beiden davorliegenden, unmittelbar auf das Reformationsfest folgenden Festen zu: Allerheiligen und Allerseelen: Welche heilenden und bereichernden Impulse gehen davon aus?

Vorbilder und Orientierungspunkte: Allerheiligen (1. November)

Auf dieses besonders hohe Fest der katholischen Kirche hatten sich Luthers erste Protestthesen bezogen. Er prangerte das »Geschäft mit der Seligkeit« an, das sich eingebürgert und das um sich gegriffen hatte: Menschen meinten, die Verdienste von Heiligen »kaufen« und so für sich selbst – oder auch für Verstorbene – gute Werke erwerben zu können, ohne ihr Leben zu verändern. – Doch dieser Missbrauch von einst darf nicht verdecken, dass wir im rechten Sinne durchaus Menschen als *Zielmarken, Ideale, Vorbilder und Orientierungspunkte* brauchen. Das ist psychologisch wichtig für die Persönlichkeitsentwicklung von Jugendlichen, für die Persönlichkeitsentwicklung in einer Gesellschaft, ja überhaupt für die Menschheitsentwicklung.

Heilige? Orientierungspunkte!

Strittig zwischen den Konfessionen ist dabei, was als *Kriterium* für Heiligkeit zu gelten habe. Denn biblisch wird von den ganz »normalen« Gemeindegliedern als »Heiligen« gesprochen. Paulus adressiert seinen Römerbrief »an alle geliebten Gottes und Heiligen in Rom«. Genauso »an die in Jesus Christus Geheiligten in Korinth« oder »an die Heiligen in Philippi«[72]. Als »heilig« wird biblisch bezeichnet, wer oder was zu Gott gehört: heiliges Land, der Tempel, bestimmte Zeiten, auch heilige Geräte – und auch Menschen. Menschen, die sich als Wohnung für den »heiligen« Gott verstehen, sind »heilige« Gefäße. Paulinisch sind *alle* Glieder der Gemeinde »Heilige«!

Erst ein moralisches Missverständnis macht aus dem christlichen Glauben nur noch eine Anweisung zu einem tugendhaften, einwandfreien Leben. Das Ergebnis ist dann manchmal »ein komischer Heiliger«. Aber moralische Leistung ist nicht gleichzusetzen mit Heiligkeit vor Gott. Und mit den vielen guten Werken eines als heilig verehrten Menschen kann man eigentlich nicht wie mit Zinsen wuchern – so sagen zumindest evangelische Christen.

Man kann sicherlich über die »Heiligkeit« von Menschen streiten, auch über die Kriterien, mittels derer jemand vom »Heiligen Stuhl« heiliggesprochen wird oder nicht. – Vielleicht sind Ihnen, liebe Leserin, lieber Leser, ja auch *ganz andere Menschen heilig*, und somit zu prägenden Vorbildern geworden. Die katholische Kirche hat aber im Laufe der Jahrhunderte eine riesengroße Anzahl von Menschen zu Heiligen erklärt in der Hoffnung und Absicht, dass diese für unser Leben zu Orientierungshilfen werden, um uns zu zeigen, wie Menschen leben sollen und können. Vielleicht wäre hier zu überlegen:

> **Impuls:** Wer ist für *mich* ein solcher Mensch – ob er nun »heiliggesprochen« ist oder nicht? Vielleicht jemand aus meiner Familie, dem ich nacheifere und ähnlich werden möchte? Vielleicht jemand aus der Literatur oder Geschichte, eine Frau oder ein Mann, deren Lebensgeschichte oder Lebensbild mich beeindruckt hat, mich bewegt und mir zum Leitstern wurde? Jemand, wo ich sagen kann: so möchte ich auch werden, so möchte ich *auch* leben und sein?

Und gerade dieser Prozess der Bewunderung und der Sehnsucht, auch in dieses Bild hineinzuwachsen, mich in diese Richtung zu entwickeln, drückt tiefe Verbundenheit aus, die bis zu einer Identifikation führen und so mein Leben verändern kann. Um dieses Thema also geht es tatsächlich an Allerheiligen.

Vorbilder und Leitfiguren

In den oben genannten Briefanreden des Paulus, wo er *alle* Gemeindeglieder heilig nennt, zeigte sich bereits, dass hier von einer Heiligsprechung Einzelner und von deren besonderen Auswahl nicht die Rede sein könnte. Aber dass wir *Menschen als Vorbilder* brauchen, steht damit nicht im Widerspruch. Luther und die anderen Reformatoren wollten auch damals nicht etwa die Verehrung der Heiligen als Vorbilder unseres Glaubens abschaffen! Auch in der Confessio Augustana, dem Dokument der Positionen der Protestanten der damaligen Zeit, steht[73], »dass man der Heiligen gedenken soll, damit wir unseren *Glauben stärken*, wenn wir sehen, wie ihnen … durch den Glauben geholfen worden ist; außerdem soll man sich an ihren guten Werken ein *Beispiel* nehmen … Aus der heiligen Schrift kann man aber nicht beweisen, dass man die Heiligen anrufen oder Hilfe bei ihnen suchen soll …« Auch in ökumenischen Gesprächen sollten echte Begegnung geschehen und die Positionen der verschiedenen

Konfessionen nicht verschleiert, sondern möglichst klar dargestellt werden; wir sollten darüber ins gemeinsame Suchen und Fragen kommen.

Wer kennt sie nicht, die großen Heiligen der Kirche, allen voran Maria, die Mutter Jesu, dann z.B. Franz von Assisi, der Heilige Martin, der Heilige Nikolaus, die vierzehn Nothelfer, oder Hildegard von Bingen und Teresa von Avila – eine große Fülle von prägenden Persönlichkeiten. – Die Kunst hat jedem der Heiligen Eigenschaften und Symbole zugeordnet, archetypische Bilder. In diesen Attributen wird unser Weg zu Gott und zur Heilung durch Gott entfaltet. So zeigt zum Beispiel Margarete, die einen Drachen an einem Bändchen spazieren führt, wie bei uns die Integration des Schattens gelingen könnte. In jedem Heiligen ist eine andere Möglichkeit, heil und ganz zu werden, dargestellt. In Sebastian, der von Pfeilen durchbohrt wird, erkennen wir, dass auch wir nur als verwundete Menschen zu Gott finden. Benedikt mit dem zerbrochenen Giftbecher zeigt uns, dass uns nichts mehr schaden kann, wenn wir – wie er – auf Gott vertrauen.[74]

Das sind nur einige Beispiele. Aber besteht hier möglicherweise dieselbe Gefahr, wie wir sie bei Jesus und bei Maria bereits gesehen haben: *außen* zu suchen, zu verehren, was in Wahrheit *in uns selber* ist; an den Himmel zu projizieren, was wir *selber* sind? Dann wäre eine »Außenverehrung« psychologisch sogar gefährlich, wenn sie uns womöglich die Erkenntnis verbauen würde: das bin ja *ich selbst*, das ist ja *meine* (andere) Identität.

So müssen wir Acht geben, dass Jesus-, Marien- oder Heiligenverehrung nicht die *wahre* Selbst-Erkenntnis verhindert, die darin besteht: Ich selbst bin das *auch*. Wir sind ja »Sünder und gerecht zugleich« (simul iustus et peccator)! Denn heilig zu werden, ist biblisch-christlich kein Privileg von wenigen Auserwählten, sondern ein jeder und eine jede von uns ist dazu berufen. Jakob Böhme, ein Mystiker des Mittelalters, sagt: »Der Heilige hat seine Kirche an *allen* Orten *bei sich und in sich. Alles*, was er ansieht, da siehet er einen Prediger Gottes.« Wer nicht mehr *Heiliges* und *Profanes* voneinander trennt, der ist in diesem Sinn ein Heiliger. Das erinnert an die beim Reformationsfest betonte »Spiritualität im Alltag«!

Das Neue Testament jedenfalls wusste davon besonders, die Briefe sind voll davon – später geriet dieses Selbst-Bewusstsein oftmals in Vergessenheit, wurde es zunehmend mehr unterdrückt, überlagert von der Projektion, der nach außen gerichteten Verehrung einiger weniger, handverlesener, kirchlich geprüfter, zugelassener, und schließlich gar verordneter Heiligenfiguren.

In der *Verehrung* der Heiligen, in der *Wertschätzung* ihrer *Vorbildlichkeit* und ihrer speziellen Qualitäten können sich also die verschiedenen christlichen Konfessionen durchaus verständigen! Schrieb doch der evangelisch-reformierte Pfarrer Walter Nigg eines der herausragenden Werke über »die Heiligen«.[75] Für manche katholischen Christen kommt noch ein weiterer Aspekt hinzu, dass sie Ruhe, Zuversicht und Geborgenheit in dem Gefühl finden können, Heilige bitten, zu ihnen rufen und auf ihre Hilfe rechnen zu können. Speziellen Lebenssituationen sind ganz spezifische Heilige und Hilfspersonen zugeordnet. Vielen hilft das, obwohl der Gott der Bibel im Grunde *alle* diese Aspekte, Facetten und Eigenheiten *mit* umfasst, *mit* einschließt und verkörpert.

Impulse: (auch für Gruppenprozesse):

1. Welche Vorbilder, Leitbilder Ihres Lebens, Zielpunkte oder Orientierungshilfen kennen Sie, auf die Sie sich gerne in Ihrem Leben ausrichten möchten? Was sind Ihre speziellen »Heiligen«? (Ob sie nun von der Kirche heiliggesprochen wurden oder nicht).
2. Wer ist Ihr/e persönliche/r Namensheilige/r? Sind Sie bewusst nach einem/r Heiligen benannt und getauft worden? Was ist das Besondere dieser Person? Kennen Sie die genauere Lebensgeschichte? Beschäftigen Sie sich einmal damit!
3. Welche Interessen standen wohl dahinter, hinter die neutestamentliche Demokratisierung der Heiligkeit wieder zurückzugehen, ja zurückzufallen? Wem war das aus dem Bewusstsein der eigenen Heiligkeit entspringende Selbst-Bewusstsein wohl im Wege, vielleicht gar zu selbstbewusst und selbstherrlich? Den Herren, den Herrschenden vielleicht in Kirche und Staat?
4. Meditieren Sie den Gedanken: Ich bin ein irdischer Mensch und ein Heiliger, »Sünder und gerecht zugleich«!
5. Was kennzeichnet in Ihren Augen eine/n Heilige/n? Können Sie möglicherweise Andeutungen, Spuren, einen Hauch davon in ihrem *eigenen* bisherigen Leben entdecken? Welche – und worin?

Gemeinschaft der Heiligen

Im gemeinsamen Glaubensbekenntnis christlicher Kirchen wird am Schluss gesprochen: »Ich glaube … an die Gemeinschaft der Heiligen.« Damit ist dem Bewusstsein Ausdruck verliehen, dass wir nicht mit unserem Leben und Glauben in der Welt alleine stehen, dass wir *Teil* sind einer großen *Bewegung*, eines großen *Stromes*, der sich durch die Geschichte zieht. Katholische Christen beten zu Gott: »Sieh nicht auf uns selbst, sieh auf den Glauben deiner Kirche.« Das kann heilsam *entlasten*, besonders in Zeiten des Zweifels, der Unsicherheit, eigener Umgetriebenheit und Ungeborgenheit. Denn ich kann mich vergewissern: Es sind schon viele vor mir diesen Weg gegangen – das ist sozusagen die Zeitachse durch die Geschichte – und es gehen heute viele gleichzeitig diesen Weg – das ist sozusagen die horizontale Breitenachse (gemeinsam ergeben sie ein Kreuz!). Im Hebräerbrief (12,1) wird von einer »Wolke von Zeugen« gesprochen, die wir um uns haben, die uns begleitet, umhüllt und umgibt.

Impulse:

1. Haben Sie Erfahrung, ob Ihnen das eine Hilfe sein kann, sich von solchen »guten Mächten« umgeben und begleitet zu wissen? Könnte Ihnen das in manchen Situationen helfen?
2. Von Dietrich Bonhoeffer, einem Märtyrer des Widerstandes im Dritten Reich, dessen Gottesglaube für ihn zur Folge hatte, zur Rettung von Vielen sein Leben zu riskieren, wird berichtet: In einem Gespräch mit einem französischen Priester habe dieser als Ziel und Inhalt seines Lebens formuliert: »Ich möchte ein Heiliger werden.« Bonhoeffer hingegen antwortete: »Ich möchte glauben lernen.«[76] Einfach vertrauen/glauben lernen, auf dem Wege sein, war ihm wichtiger, als jenes hohe, ideale, ferne Ziel … – Was sagt Ihnen diese Geschichte?

Vielleicht können hier evangelische Christen durchaus etwas lernen vom Glauben der Gesamtkirche: dass wir hineingenommen sind in diese große Gemeinschaft, dass wir mit aufgenommen sind in den Strom des Lebens und des Glaubens der Jahrhunderte. Und dass beides zusammengehört: das »reformatorische« Stehen des Einzelnen mit seinem Gewissen *allein* vor Gott – und das »katholische« *gemein-*

same Stehen vor Gott in der »Gemeinschaft der Heiligen«. Beides ist wichtig und notwendig, *beides gehört zusammen.*

Hilfreich und tröstlich für viele ist das Vertrauen, dass, wenn wir selbst zu schwach zum Glauben sind, die Gemeinschaft der Heiligen oder – um es präziser mit Paulus zu formulieren – die Gemeinschaft aller Glaubenden *für mich mit-glaubt.* Es gibt eben wirklich die Kraft und Wirkung des Glaubens anderer. Für evangelische Augen sieht das vielleicht allzu katholisch aus, es ist aber biblisch: »Als Jesus *ihren* Glauben sah«, heißt es in der Heilungsgeschichte von Markus 2,5. Er sah nicht auf das Glaubensdefizit, den Unglauben dessen, der nicht (mehr/noch nicht) glauben konnte. Wer so buchstäblich »am Boden liegt« wie dieser Gelähmte, gepeinigt, verkrampft und versteinert von Schuldgefühlen, der kann nicht an die Kraft, Heilung, Liebe Gottes glauben. Daher suchte und erwartete Jesus auch gar keinen Glauben bei *ihm.* Das »Sieh auf den Glauben deiner Kirche« – wie katholische Christen beten – kann uns entspannen, entkrampfen und beruhigen, wenn wir selbst »das Glauben« nicht können. (Im Hebräischen gibt es nämlich kein Substantiv, Abstraktum »der Glaube« wie im Deutschen, sondern nur »das Glauben«, den existentiellen Vollzug, das Vertrauen – wie das Wort auch immer am besten zu übersetzen ist. Wie heilsam!) Gerade in schweren Krisenzeiten kann dieser Gedanke eine große Hilfe sein: »Ich kann es nicht, aber ich werde vom Glauben der anderen ›mitgetragen‹.«

Impulse:

1. Kennen Sie solche Erfahrungen?
2. Kennen Sie jemanden in großer Not, bei dem die eigene Kraft und Zuversicht nicht reicht, *für den/mit dem* Sie vertrauen, hoffen, glauben können?
3. Haben Sie gewusst, dass »glauben« im hebräischen Ursprung nur »vertrauen« heißt, »sich auf etwas stützen, sich auf etwas verlassen«? Von daher gibt es urbiblisch nicht einfach festschreibbare, intellektuell zu glaubende Inhalte und Formeln, sondern nur diese *existentielle Grundhaltung* des Glaubens, des Hoffens, des Liebens ...

Auch hier stoßen wir wieder auf den Gedanken unserer *Verbundenheit* – nicht nur nach rückwärts mit den Quellen der Tradition, mit den Ursprüngen und Wurzeln, nicht nur nach »rückwärts und seitwärts« mit den Glaubenden durch die Jahrhunderte und bis heute, sondern – wie wir im Folgenden sehen werden – auch auf die Verbundenheit ganz persönlich mit den vor uns Gegangenen, den Verstorbenen, den Ahnen unserer eigenen Familien. Darauf lenkt das Fest »Allerseelen« am Tag nach Allerheiligen unseren Blick.

Woher – wohin? Abschied nehmen – Abschied geben: Allerseelen (2. November)

Auf der Spur unserer Ahnen

Zwei Feste stellen das Gedenken unserer Toten und unseres eigenen Todes in den Mittelpunkt: Allerseelen und Totensonntag. Obwohl beide Aspekte zusammengehören, wenden wir uns hier bei Allerseelen zunächst dem ersten zu: *unserer Verbundenheit* mit den Toten und dem Abschied von ihnen. Beim Totensonntag später dem zweiten: der Begegnung mit *unserer Sterblichkeit* und dem eigenen Tod. Es bleibt das Verdienst der Psychoanalyse, dass sie uns gelehrt hat, entwicklungsbezogen zu denken: das Gewordensein jeder Persönlichkeit historisch zu sehen und mit den Lebenserfahrungen und prägenden Ereignissen in der Lebensgeschichte in Verbindung zu bringen. In den letzten Jahren wurde diese Verstehensweise erweitert, ergänzt und vertieft durch verschiedene Schulen der Familientherapie, die ganz explizit die Mehr-Generationen-Perspektive betonten: Wir sind so, wie wir jetzt sind, weil ganz bestimmte Konstellationen in unserer Herkunft, Ursprünge unserer Verhaltensweisen im Verhalten von Vorfahren, auch unbewusste, latente Wünsche, die durch die Generationen weitergegeben wurden, Delegationen, Aufträge, Abspaltungen, Familiengeheimnisse, die Seele und das Leben der Einzelnen prägen.[77] Und es ist wichtig, nicht nur, um sein Leben zu verstehen, sondern besonders auch, um es mündig in die Hand nehmen und neu verantworten zu lernen, diese Perspektiven kennen zu lernen und mit zu sehen. Wir leben eben nicht wie aus dem Nichts, sondern sind verbunden mit den Generationen vor uns, die uns – bewusst oder unbewusst – geprägt haben. Unendlich viele Beispiele aus der Familien-, Ehe- und Lebensberatung, aus Therapien und aus Gruppen ließen sich anführen. Wie vieles leben wir, weil es uns in den Erwartungen und Vorstellungen der Väter und Mütter, Tanten oder Onkels, oder gar der Großeltern so vorgezeichnet wurde. Wie vieles leben wir *nicht,* was in den jeweiligen Familien tabuisiert, verurteilt und ausgespart wurde. Weil diese Rückverbindung (lateinisch re-ligio) für gelingendes Leben so entscheidend ist, betont das Kirchenjahr diesen Aspekt in diesen Tagen so sehr:

Zwischen Herbst- und Winteranfang, fast genau in die Mitte, fällt dieser Einschnitt dieser drei ganz dicht hintereinander folgenden Feste: das Reformationsfest, das Fest Allerheiligen und Allerseelen. In allen dreien geht es um »Rückschau« und die Verbindung nach hinten, mit der Geschichte, mit den Quellen, mit unseren Wurzeln: beim Reformationsfest mit den Quellen der Überlieferung, der Bibel, um kirchliche Traditionen anhand dieser Ursprünge zu überprüfen; bei Allerheiligen um die Verbindung mit den Glaubenden, die vor uns gelebt haben und Vorbilder für uns sein können oder geworden sind; bei Allerseelen um die Menschen, die vor uns gegangen sind, mit denen wir in Verbindung bleiben möchten und müssen, um unsere Ahnen, die das Wurzelwerk unseres Gewordenseins bilden.

Unsere Wurzeln

So wie kein Baum ohne ein tiefreichendes, festgegründetes Wurzelwerk und keine Pflanze ohne Verwurzelung im Erdreich leben können, so müssen auch wir immer wieder zu unseren Wurzeln zurückkehren. Wir brauchen die *Verankerung*. So wie die Wurzeln die Verbindung des Baumes und der Pflanze mit dem Erdreich sind, das sie nährt, trägt und hält, so stellen unsere Wurzeln im biografischen und historischen Sinn die *Verbindung* mit der Geschichte, der Zeit, den Menschen und den Prägungen vor uns dar. Das wird in der katholischen Kirche seit Jahrhunderten ganz bewusst im Fest Allerseelen bedacht und gefeiert; Evangelische begehen dies speziell am »Totensonntag«.

Im Toten-Gedenken unterscheiden sich sogar Kulturen und Kontinente. Die ganze nordamerikanische Welt zum Beispiel ist geprägt davon, dass irgendwann Menschen begonnen haben, einen Anfang zu wagen, *ohne* Vergangenheit, *ohne* Geschichte: *ohne* Verbindung nach hinten begannen sie ein neues Leben im Land der »unbegrenzten Möglichkeiten«. Ich weiß noch sehr genau, wie erstaunt ich war, als ich in Amerika lebte und in Colorado keinen Friedhofs- und Gräberkult fand: ein kleiner Gedenkstein, das war alles, Rasen, keine Blumen, kein Schmuck, kein Zeichen des Gedenkens! Leben »ganz und gar im Hier und Jetzt«. – Die asiatischen Länder dagegen sind geprägt von einer sehr starken Verbindung zur Geschichte, von großer Achtung dem Alter, der Vergangenheit und ihren Wurzeln gegenüber. So nötig das eine ist, dass wir uns immer wieder öffnen für Neues und aufbrechen (was ja im Jahreskreis mit Ostern, dem Frühlingsanfang, Himmelfahrt und den damit verbundenen Trennungen ausgiebig thematisiert und aktualisiert wird!), genauso entscheidend ist es, Boden unter den Füßen zu haben, in den wir eingesenkt und in dem wir fest gegründet sind. Im Reformationsfest wurde des Bodens der Glaubenstraditionen gedacht – auch verbunden mit Aufbruch, kritischer Sichtung und Neubesinnung. Bei Allerheiligen war es dann die Verbindung mit Idealen, Vorbildern – und auch dort verbunden mit dem neuen Bewusstsein der eigenen »Heiligung«, der Würde, dass wir selbst Heilige und Erben Gottes sind: Das Neue besteht also in einer Demokratisierung auch der Heiligkeit! Allerseelen führt uns an unsere »irdischen« Wurzeln – die Verbindung mit der eigenen Familie, unseren Vorvätern und Vormüttern – unseres großen Familienverbandes. Machen wir uns also auf die Suche nach unseren Wurzeln!

Impulse:

1. Versuchen Sie, Ihren Stammbaum zusammenzustellen, der wie ein Baum in immer neuen Verzweigungen Ihre Herkunft und Ihre Ahnen möglichst genau erfasst! Dazu können Stammbücher helfen, Befragungen im Familienkreis, Gespräche, Dokumente, Fotoalben oder Familienchroniken. Dadurch werden Sie sich des Wurzelgrundes bewusst, dem Sie selbst entsprungen sind. Versuchen Sie, so viel wie möglich über die verschiedenen Verwandten, Vorväter, Vormütter, Tanten und dergleichen in Erfahrung zu bringen. Familientraditionen zu verstehen hilft uns, unser eigenes Schicksal besser zu meistern. Manche Todes-, oder auch Glücks- und Unglücksfälle, prägen sehr die folgenden Generationen. Gibt es Geheimnisse in der Familiengeschichte? Wo tauchen Erinnerungs- und Überlieferungslücken auf? Nur wenn wir verstehen, woher wir kommen, können wir unseren eigenen Weg sicherer und fester finden und gehen. Im Erinnern des Vergangenen liegt Erlösung, sagt man im Judentum.
2. Erstellen Sie eine Liste mit den Eigenschaften Ihrer näheren Verwandten (Eltern- und Großelterngeneration): Wie »war« oder »ist« Onkel E., Tante K., Großvater J. oder Großmutter R.? Welche Eigenheiten, Eigentümlichkeiten, besondere Leistungen oder Fehlhaltungen sind Ihnen von den verschiedenen Personen bekannt? Was ist typisch für sie?
3. Nehmen Sie nun die Liste der unter zweitens gefundenen Eigenschaften und typischen Zuschreibungen Ihrer Verwandten für Ihr *eigenes* Leben her

und fragen Sie sich: Was davon habe ich selbst gelebt? Was ist in meinem Leben ausgespart? Gibt es Dinge, die ich anders machen möchte? Könnte es Aufträge geben, die ich zu erfüllen habe, die gar nicht von mir selbst stammen, sondern die ich mitbekommen habe? Muss ich vielleicht dieses oder jenes erreichen oder vermeiden, weil ein anderer oder eine andere in dem großen Familienstammbaum es erfolglos erreichen oder vermeiden wollte? Versuchen Sie mit Ihren Geschwistern, Eltern oder sonstigen Verwandten ins Gespräch über Punkte zu kommen, die Sie an Ihren Angehörigen und Ahnen wertschätzen und verehren, die Sie aber auch kritisieren, ablehnen, vermisst haben oder gerne weiterführen und ergänzen möchten.

4. Träumen Sie manchmal von Familienangehörigen oder von Menschen in Ihrer Familie, die schon tot sind? Und was bedeutet das für Sie? Schreiben Sie es auf!
5. Welchen Vorbildern aus Ihrem Familien- oder Ahnenkreis möchten Sie gerne nachstreben und nacheifern in Ihrem Leben? Welchen vielleicht abschreckenden Beispielen möchten Sie so nicht folgen, nie leben oder enden wie sie?

Ein Abschiedsritual

Mit manchem gestorbenen Angehörigen oder Freund (oder Feind) haben wir noch etwas zu regeln, ist etwas noch nicht fertig und abgeschlossen und kann daher noch nicht ruhen. Oder anders ausgedrückt: Wir können ihn oder sie noch nicht in Frieden ruhen lassen, solange das noch nicht vervollständigt und fertig ist. Versuchen Sie, »unerledigte Geschäfte« (Ruth Cohn) zu vollenden! Dazu kann folgende Übung sehr hilfreich sein:

Impuls: Stellen Sie sich diese Person, so lebhaft Sie können, vor! Welche Kleidung trägt sie, meistens oder gern? Welche Farbe hat die Kleidung? Wie ist die Frisur? Welche Haarfarbe hat die Person? Wie ist die Gesichtsfarbe? Wie sitzt, steht oder liegt dieser Mensch? Wie klingt seine/ihre Stimme? Versuchen Sie sich den Ausdruck der Augen zu vergegenwärtigen. Was löst dieser Blick in Ihnen aus? Was löst der Stimmklang in Ihnen aus? Welche mundartliche Färbung hatte die Sprache? Können Sie noch einen Körpergeruch erinnern, der mit dieser Person zusammenhängt? Wie fühlt sich diese Haut wohl an? Ist das Gesicht faltig, behaart oder glatt? Fette oder eher trockene Haut? – All dies soll dazu dienen, dass Sie sich die Person so lebendig als irgend möglich vergegenwärtigen können und buchstäblich vor-stellen. Dann versuchen Sie bitte ein Gespräch mit dieser Person zu führen anhand der folgenden drei Punkte:

1. Es hat mir gefehlt, dass du nicht öfter ... Es hat mich verletzt, dass du ..., oder als du einmal ... Mir hätte gut getan, wenn du ... Ich habe mich so danach gesehnt, dass du ... Hättest du doch nur einmal oder öfter ... Was ich mir am meisten von dir wünsche, ist ...
2. Ich bin heute noch dankbar dafür, dass du ... Es hat mir geholfen und tut mir heute noch gut, dass du ... Besonders froh bin ich, weil ich mit dir/du mit mir ... oder ich für dich und du für mich ... Danke dafür, dass ...
3. Es fällt mir zwar schwer, das zu sagen, aber ... Und dann wollte ich dir auch noch sagen ... Und jetzt lasse ich dich gehen und entlasse dich ins Licht, in den Frieden, in die Ruhe!

Man ist bei diesem Prozess und Abschiedsritual mit sich allein, mit all den Personen, die man für diesen Tag »zu sich lädt«, weil sie einem lieb und wert sind oder auch schwer und ungeheuer. Es geht also darum, bisher noch »unerledigte Geschäfte« zu Ende zu führen, um zu einem Frieden mit sich selbst und diesen beteiligten Personen zu kommen. Man hält sich dabei am besten in der Natur auf, in Verbundenheit mit den Lebewesen um uns herum, mit der Erde, die ja selbst ein lebender Organismus ist.

Welcher Zeitpunkt für Sie der richtige ist, müssten Sie neu überlegen: Wirklich der Herbst? Oder ist vielleicht eine Zeit im Sommer geeigneter, wo Sie sich womöglich sogar mehrere Tage lang im Freien aufhalten können, dabei vielleicht auch fasten ...?

Dieses Vorgehen bringt Klärung von Beziehungen, Finden von eigener Ruhe, innerem Frieden, und damit auch von Freiheit, um neue Ziele zu bestimmen, eigene Wege zu wagen, aufzubrechen zu neuen Schritten und Ufern – mit »freiem Rücken« und geklärten Verhältnissen, die man dann bewusst hinter sich haben und hinter sich lassen kann, aber auch im positiven Sinne »hinter sich« weiß: Da stehen Menschen hinter mir und ich gehe jetzt zuversichtlich, losgelöst, gewiss und frei meinen eigenen, neuen Weg. Ich kann ihn »gelassen« gehen, weil ich mir das Gewesene noch einmal bewusst gemacht, mich damit vertraut gemacht habe, es somit auch positiv zu Ende führe, beschließe und so auch zu neuen Entschlüssen kommen kann:

ein wesentlicher Schritt zur eigenen Individuation! Doch um *meinen eigenen Weg finden* und gehen zu können, muss ich wissen, *wer ich bin.*

Impuls: Versuchen Sie einmal, schriftlich festzuhalten, was Sie gerne möchten, dass die Nachwelt von Ihnen in Ehren hält, weitertradiert, weiß und/oder erzählt.

Standortbestimmung und Neuorientierung: Bußtag

Sicherlich nicht zufällig wurde für die Finanzierung der Pflegeversicherung 1995 in Deutschland der »Bußtag«[78] in fast allen Bundesländern abgeschafft. Ist das vielleicht symptomatisch? Nur nicht innehalten – denn dazu will dieser Tag einladen! – und zur Besinnung, ins Nachdenken kommen?! Denn wer kann mit dem »Buß- und Bettag« schon etwas anfangen? Wer vermag ihm etwas abzugewinnen?

Dabei wäre ein sehr lebensnaher Zugang gerade zu diesem Tag möglich, denn das hebräische Wort für Buße heißt ursprünglich einfach »Umkehr«. Vorausgesetzt werden das Wissen und die Erkenntnis, dass unser Leben Unterwegssein ist. Dass wir uns auf einer Wanderung befinden, drückt jeder schriftliche »Lebenslauf« aus: Wir *laufen* durch das Leben. Das Leben ist also ein Weg. Wir gehen unseren Weg – deswegen fragt man auch, wie »es geht«. Wir sprechen vom »Aufwärtsgehen«, »Abwärtsgehen«, von »Durststrecken«, davon, dass jemand zurzeit eine schwierige Etappe oder eine notvolle Strecke zurücklege. In Märchen und Mythen wird erzählt, wie die Heldinnen und Helden sich auf einem Weg befinden, auf dem sie schwere Erfahrungen erleben, Prüfungen zu bestehen haben, Rätsel aufgegeben bekommen oder sich sonst wie bewähren müssen.

Wir sagen auch: »Ich wünsche Dir, dass Du da gut durchkommst«, »Da musst Du jetzt ganz alleine durch«, oder »Schau, dass Du nicht die Richtung verlierst«. Orientiere Dich nicht immer an den anderen. Sei kein Mitläufer, Mitläufer, der eben einfach mitläuft mit der Masse. Woher kommen wir? Wohin gehen wir? Stellen Sie sich solche Fragen nicht auch immer wieder zum eigenen Leben, zu Ihren Beziehungen, zur Familie, Ehe, zur beruflichen Identität, zu wirtschaftlichem, institutionellem Erfolg, zur Gesellschaft, Politik und unserem Umgang mit der Schöpfung?! »Wie soll das weitergehen? Wo führt uns das hin? Das geht so nicht« – alles Worte über unser Ergehen, über unser Leben als Weg.

Bilanz und Umkehr

Genau dieser Gedanke wird aufgegriffen, wenn mit Bußtag davon die Rede ist, dass wir »umkehren« sollen. Schauen wir uns das doch einmal in *Zeitlupe* an: *Wie geht Umkehr?* Ich bin unterwegs, ich gehe Schritt für Schritt, setze Fuß vor Fuß, bin nach vorne ausgerichtet. Wenn ich umkehren will oder umkehren soll, dann muss ich als erstes mein Tempo verlangsamen, muss meine Schritte zügeln, bis zu einem Punkt, wo es nicht mehr »vorwärts geht«. Ich muss Halt machen, stehen bleiben. Da ist kein Fortschritt. Auch kein Rückschritt. Ich stehe da, schaue. Schauen heißt auch Überblick gewinnen, die Situation in Augenschein nehmen, wo ich »hingeraten bin«. Als Nächstes werde ich mich orientieren: Wo bin ich hier? Wo will ich hin? Ist das der richtige Weg, die richtige Richtung? Ich muss wissen, wo ich im Augenblick stehe. Nur dann kann ich mich orientieren. Und wo ich stehe, bekomme ich manchmal vielleicht erst heraus, wenn ich mich frage: Wie bin ich denn hierher gekommen und dahinein geraten? Welcher Weg also liegt *hinter* mir?

Impuls: Machen Sie das doch einmal selbst, ganz praktisch-körperlich: Unterbrechen Sie das Lesen, stehen Sie auf und gehen ein paar Schritte in den Raum hinein, in dem Sie sich gerade befinden. Dann verlangsamen Sie Ihre Schritte, kommen zum Stillstand, bleiben stehen und drehen sich langsam, ganz langsam um. Vollziehen Sie eine ganze Drehung um sich selbst! Lassen Sie dabei ganz bewusst Ihre Blicke über das Umfeld schweifen, das Sie abtasten können. Machen Sie ganz bewusst eine volle Umdrehung. Und vergegenwärtigen Sie sich nun den Gedanken von oben: Das ist eine Umkehr. Ich kehre mich um mich selbst, einmal vollständig, in einem Kreis. Damit verschaffe ich mir einen Überblick über alle Möglichkeiten, die mir da offenliegen, und in denen ich mich jetzt orientieren könnte. 360° entsprechen unendlich vielen verschiedenen Möglichkeiten!

Innehalten – Reflexion – Neuorientierung

Von vielen wird »Umkehr« als eine Wendung um 180° verstanden, besonders in bestimmten fundamentalistischen Frömmigkeitskreisen. Aber das ist zu simpel gedacht, als hieße »Umkehr« einfach nur »Rückkehr«: Nein, das wäre zu einfach und zu einseitig. Das entsprechende hebräische Wort kann mit »zurückkehren, umkehren, sich wenden«, das griechische/lateinische mit »drehen, wenden« übersetzt werden, ist also viel weiter und umfassender!

Beim Bußtag geht es also um eine »Umkehrung«, um etwas sehr *Klares, Nüchternes und Selbstbewusstes*: Positionen klären, Standort bestimmen, einkehren, dann mich kehren = wenden. Wohin? Wir fragen nach Sinnfindung, Aufwand-Nutzen-Klärung, Zielfindung – nach dem Thema »*Leitstern*«, dem wir bei Epiphanias/Dreikönig schon begegnet sind …

Was, wenn nicht so klar und einfach ist, ob es eine Wendung um 167° oder 74° oder 279° sein soll? Wenn offen ist, wo diese Wendung mich hinführt?!

Umkehr fordert mich somit in meinem »Erwachsenen-Ich«: in meiner Fähigkeit zu prüfen, zu unterscheiden, einen Standpunkt einzunehmen, zu beurteilen und auszuwählen, mich zu orientieren und mündig zu entscheiden. Aus dem Gehen heraustreten, stehen bleiben und meine Lage prüfen, wach und klar mir bewusst werden, was hinter, was vor mir liegt, was in mir und um mich herum vor sich geht: alles Tätigkeiten und Funktionen eines gesunden, starken Ichs!

Und dieses starke Ich prüft: Wo bin ich jetzt? Wo will ich hin? Was ist mein Ziel? Und wie erreiche ich es? Fragen wie in Management-Trainings, wie bei Zielfindungsprozessen eines Unternehmens oder eines Wirtschaftsbetriebes, ganz nüchtern vielleicht, ganz sachlich und unbestechlich, jedoch wichtig und unverzichtbar. Jeder weiß, wie notwendig Bilanzen sind – im Wirtschaftsleben und in jedem Unternehmen selbstverständlich. Und genau das mutet uns ein Tag im Jahr zu: Das ist mit Umkehr gemeint: Neuorientierung, neue Klarheit, wer ich bin, wo ich bin und wohin ich mich bewegen will. So betrachtet ist Umkehr nichts Fremdes, Ungewöhnliches, schon gar nichts Moralisches!

Impulse:

1. Was verbinden Sie mit dem Wort Buße? Welchen Klang hat für Sie das Wort Umkehr? Welchen seelisch-emotionalen Beigeschmack? Nehmen Sie sich ein Blatt Papier und schreiben Sie alles auf, was Ihnen zum Stichwort »Buße« einfällt. Erinnerungen, Dinge, die Sie auch von anderen Menschen gehört haben, Erlebnisse, Wortverbindungen (wie z.B. »Bußgeldstelle«) usw. Welches Verständnis, welche Vorstellung von Buße finden Sie als Hintergrund? Mit welchen Gefühlen verbinden Sie das?
2. Überlegen Sie sich eine Situation, in der Sie in einer Stadt oder in der

Natur unterwegs waren, auf ein Ziel zu oder auf der Suche nach etwas – und als Sie irgendwo innehielten, um sich zu orientieren. Vergegenwärtigen Sie sich genau diesen Moment der Standortbestimmung und Neuorientierung!

3. Umkehr heißt Wende. Wenn ich mich umschaue: Wohin könnte ich mich wenden? Überlegen Sie sich die verschiedenen Alternativen, die vor Ihnen liegen in jeder Entscheidungssituation. Nehmen Sie ein Beispiel heraus und zeichnen Sie einen Entscheidungsbaum: einen Baum mit vielen Ästen, der Ihre verschiedenen Wahlmöglichkeiten und deren Folgen repräsentiert. Oder nehmen Sie das Bild einer Kreuzung: Es »gehen« mehrere verschiedene Wege ...

4. Suchen Sie sich einen vertrauten Menschen und erklären Sie ihm symbolisch-körperlich den *Unterschied* zwischen einer Umkehrung, die Sie gerade vollzogen haben, und der Vorstellung von »Rückkehr«!

Grenzenlos wachsen? Oder ökologisch-ethische Wende?

Buße hat als Umkehr / Wende somit nichts mit innerer Zerknirschung, Selbstvorwürfen und moralischer Selbstbezichtigung zu tun, auch nicht mit abzutragenden Gebets- oder Bußleistungen etwa, sehr wohl aber mit Bilanz und Selbsterkenntnis, Standortbestimmung, Entschiedenheit und Verhaltensänderung.

Gilt das vielleicht nicht nur innerseelisch und im persönlichen, sondern auch im beruflichen, wirtschaftlichen, wissenschaftlichen Bereich? Sogar – den Blick noch weiter gewandt – auch ökologisch weltweit und global? Haben wir da womöglich auch eine *Wende*/ Umkehr *nötiger* denn je? Die Erkenntnis, dass wir nicht alles tun *dürfen*, was wir tun *können*! Wo wir doch zunehmend mehr an die »Grenzen des Wachstums« stoßen, wo wir die Schadstoffgrenzen höher setzen, die (Gift-)Müllberge wachsen und Wirtschaftswachstums-Mentalität nach immer neuen Absatzmärkten schreit ... Wo die »vierte industrielle Revolution 4.0«, der permanente Fortschritt in Wissenschaft und Technik, die unendlich scheinenden Entwicklungsmöglichkeiten in *allen* Bereichen des Lebens uns suggerieren, es gehe *immer* besser, immer weiter, immer schneller, *noch* rationeller, effizienter – grenzenlos! Wo Gentechnologie und Humangenetik nie dagewesene Möglichkeiten bieten, mit oft auch nicht voraussehbaren Folgen ...!

Ist hier womöglich *auch* Einhalt geboten, Stillstand vonnöten, um des Bestehens der Natur und Menschheit willen, ist Neuorientierung gefragt? Das Bußtags-Thema kann zum Spiegel für die gesamte *Weltentwicklung* genommen werden! Was denken Sie? Nach Erich Fromm hängt »zum ersten Mal in der Geschichte das *physische Überleben der Menschheit von einer radikalen seelischen Veränderung des Menschen ab.* Dieser Wandel im »Herzen« des Menschen ist jedoch nur in dem Maße möglich, in dem drastische ökonomische und soziale Veränderungen eintreten, die ihm die Chance geben, sich zu wandeln ...«[79]. Eine Umkehr, Wende, Wandlung also ist überfällig – persönlich, gesellschaftlich, ökologisch, weltweit! So aktuell ist Bußtag!

Impulse: (wieder für sich allein oder für Gruppenprozesse):

1. Wenn Sie sich die angesprochenen Fragen gründlich in Ihrer globalen Auswirkung vor Augen geführt haben, betrachten Sie meditativ die Geschichte »Der Eilige«:
Der Berditschewer sah einen auf der Straße eilen, ohne rechts und links zu schauen. »Warum rennst du so?« fragte er ihn. »Ich gehe meinem Erwerb nach«, antwortete der Mann. »Und woher weißt du«, fuhr der Rabbi fort zu fragen, »dein Erwerb laufe vor dir her, dass du ihm nachjagen musst? Vielleicht ist er dir im Rücken, und du brauchst nur innezuhalten, um ihm zu begegnen, du aber fliehst vor ihm.«[80]
2. Erkennen Sie vielleicht auch einen »Holzweg« darin, dass wir oft auf die *anderen* warten, die tun und handeln sollen? – Dann gilt: Umkehr! »Holzweg« verlassen und *selber* tätig werden! Gehen Sie *einen*, kleinen, konkreten Schritt der Veränderung in Ihrem Verhalten bezüglich der Umwelt. Einen nur, aber *gehen* Sie ihn!
3. Suchen Sie sich Verbündete, mit denen Sie diese Gedanken teilen, um sich gegenseitig informieren zu können. Schulen Sie Ihre Sensibilität und Ihr Umweltbewusstsein und treten Sie *gemeinsam* in Aktion! Wo und wie wird das gehen?

Mit dem Sterben leben: Totensonntag/ Ewigkeitssonntag

Der Hoffnung und Sehnsucht, dem Leid, der Verzweiflung und dem Tod, der Fülle und Lebensfreude, Begeisterung und Lebenskraft, dem Dank und der Ernte haben wir uns auf unserem Weg durchs Jahr bisher schon gestellt: Nun kommt noch das Ende, das Letzte, der Tod – der der anderen und unser eigener. Totensonntag ist (wie schon Allerseelen[81]) *Rückblick* auf die vor uns Gegangenen und ist *zugleich Vorausschau* auf unser *eigenes* Gehen, unseren *eigenen Tod.* Viele Menschen werden sprachlos, wenn es um anderer Sterben oder den eigenen Tod geht ... Ärzte kämpfen bis zum Äußersten, bis zu unmenschlichen Zuständen für die Betroffenen, ums Leben, auch von Sterbenden ... Leichenwagen benutzen gezielt unbelebte Seitenstraßen ...

Impulse:

1. Erinnern Sie sich an Ihre erste Begegnung/Berührung mit dem Tod? Wie war das? Wie ging es Ihnen dabei? Was waren die Umstände? Was half Ihnen bei der Bewältigung – oder was erschwerte sie?
2. Was/wie war Ihre letzte, jüngste Begegnung mit dem Tod? Konnten Sie damit unbeschadet umgehen? Wodurch und wie?

Was ist für uns so schwer daran?

Der Tod ist mit einem Tabu belegt. Über Geld, Sex, Religion und Tod spricht man nicht in unserer Gesellschaft. Man fürchtet sich so sehr vor dem Tod, dass man ihn möglichst verdrängt. Und so wird etwas, das jede/r kennt und von dem jede/r weiß, dass es eintritt, ignoriert, als gehe es uns nichts an. Sterben, unsere Sterblichkeit, wird tabuisiert, weit von uns gewiesen, Distanz wird aufgebaut. Das Gegenteil davon wäre *Kontakt,* Berührung: Kontakt mit meinen Gefühlen der Angst, Ohnmacht, dem Schauer, dem Grauen – und: darüber sprechen, sich austauschen: Wie geht es mir/dir damit? Was denkst, fühlst du dazu?

Impuls: Versuchen Sie einmal mit einem vertrauten Menschen genau über Ihre Ängste, Ratlosigkeit, die gemischten Gefühle zum Thema Tod zu sprechen: Nur durch Ausdrücken und Üben schwindet die Berührungsangst auch mit diesem Thema!

Wir sind ratlos. Wir wissen nichts wirklich. Wir haben vielleicht Glaubens-Ansichten, dass es »weitergeht«, man dann »zu Hause ist bei Gott«, »heimgegangen ist« – so formulieren viele Todesanzeigen. Andere glauben, man ist »mausetot«: das totale Ende. Und damit müssten wir leben und uns abfinden.

Impuls: Welche Haltung, Vorstellung zum Tod – wie das ist, ob etwas bzw. was dann nachkommt – haben Sie? Woher rühren diese Einstellungen? Wer hat Sie geprägt? Von wem haben Sie sie übernommen? Wir haben Bedürfnisse, Wünsche und Hoffnungen, dass es den Tod für uns *selbst* nicht geben möge. Wir leben und tun oft so, als könne es *uns* nie treffen. – Stimmt das für Sie auch? Nicht nur Kinder halten sich für unsterblich ...!

Die helfende Gegenbewegung gegen die Tabuisierung und den Selbstbetrug, wir müssten nicht sterben, liegt in dem alten Satz: »Memento mori – denk daran, dass du sterben musst«. (Im Mittelalter wurde richtiggehend eine »Kunst des Sterbens« gelehrt!) Dazu helfen uns die beiden Feste Allerseelen und Totensonntag, damit wir uns dem Leben stellen, wie es wirklich ist – seiner Freude und Fülle, dem Leid und dem Ende. So schwer es uns auch fallen mag, so bedeutsam ist es, uns von den letzten Festen des Kirchenjahres an der Hand nehmen und zu ganz entscheidender Lebenshilfe hinführen zu lassen, zu einem Leben mit dem Tod. Denn viel *Hilfe* bekommen wir, wenn wir uns darauf einlassen, mit dem Sterben und dem Tod zu leben.

Den Tod annehmen

Vieles wird relativiert im Angesicht des Todes, vieles zählt nicht mehr, wenn ich weiß: Ich muss sterben. Der Tod rückt uns oft die Perspektiven zurecht. Oder er dient uns als Befreier: Ich muss nicht mehr klammern, horten. Was kann ich denn mitnehmen – hinüber?

Meine Leistung, meinen Besitz, meine Erfolge? Kohelet, der Prediger, spricht eindringlich von der Vergänglichkeit: »Alles hat seine Zeit: Geborenwerden hat seine Zeit, Sterben hat seine Zeit, Pflanzen hat seine Zeit, und das Gepflanzte auszureißen hat seine Zeit. Bauen hat seine Zeit, und das Gebaute niederzureißen, lieben und hassen, … alles hat seine Zeit« (Kohelet/Prediger 3).

Bewusstheit und Achtsamkeit, so sagen viele, schenke angesichts einer schweren Krankheitsdiagnose das Wissen um die Möglichkeit baldigen Sterbens. Natürlich leben dann manche auch drauf los, reißen andere mit in den Abgrund. Wenn sie aber gesund werden, leben sie die ihnen verbleibende Zeit so intensiv, so ganz, so tief wie früher nie.

Impuls: Wenn Sie wüssten, Sie hätten nur noch ein halbes Jahr zu leben: Was würden Sie tun? Was würden Sie nicht (mehr) tun? Was zählt dann? Was ist dann (noch) wichtig? – Machen Sie diese Übung für sich selbst und suchen Sie sich auch andere Menschen, mit denen Sie dann darüber austauschen können, was die Übung aufwühlt und freisetzt an Erkenntnissen, Einsichten und Einfällen.

»Der Tod ist ein *Ratgeber*« sagt der Indianer Don Juan in Carlos Castanedas »Reise nach Ixtlan«: Er erklärt seinem Schüler, dass der Tod immer dabei ist. Einmal zeigt er ihn ihm. »›Der Tod ist unser ewiger Begleiter‹, sagte Don Juan mit sehr ernster Miene. ›Er ist immer zu unserer Linken, eine Armeslänge entfernt … Er hat dich immer beobachtet. Er wird es immer tun, bis zu dem Tag, an dem er dich anrührt.‹ … ›Wie kann sich jemand nur so wichtig vorkommen, wo wir wissen, dass der Tod uns umschleicht?‹ … ›Was du tun musst, wenn du ungeduldig bist‹, fuhr er fort, ›ist dies: Wende dich nach links und frage deinen Tod um Rat. Ungeheuer viel Belangloses fällt von dir ab, wenn dein Tod Dir ein Zeichen gibt, wenn du einen Blick auf ihn werfen kannst, oder, wenn du einfach das Gefühl hast, dass dein Begleiter da ist und dich beobachtet.‹ … ›Der Tod ist der einzige weise Ratgeber, den wir haben. Immer wenn du, wie es bei dir meistens der Fall ist, das Gefühl hast, dass alles falsch läuft und dir das sichere Ende bevorsteht, dann wende dich an deinen Tod und frage ihn, ob das zutrifft. Dein Tod wird dir sagen, dass du Unrecht hast; dass nichts wirklich wichtig ist, außer seiner Berührung. Dein Tod wird dir sagen: ›Ich habe dich noch nicht angerührt.‹ ... ›Er fing an zu lachen, und aus irgendeinem mir nicht bewussten Grund war sein Lachen nun nicht mehr beleidigend und hämisch, wie es mir zuvor erschienen war ... angesichts meines drohenden Todes waren meine Ängste und meine Wut sinnlos geworden.‹ ...«[82]

In vielem erinnert dieser Text an die uralte Bitte und Lebensweisung aus Psalm 90: »Lehre uns bedenken, dass wir sterben müssen, damit wir *klug* werden«. Klug sollen wir werden, »clever« im Sinne einer besseren Lebensbewältigung, nicht etwa fromm, asketisch oder dankbar; das wird *nicht* als Ziel genannt! Von Mönchen des Karthäuser-Ordens wird erzählt, dass sie jeden Tag eine Stunde in einem Sarg liegen und meditieren und doch – oder gerade deshalb?! – die fröhlichsten, glücklichsten Menschen der Welt seien. Vielleicht können Ihnen zwei Übungen helfen, auf diesem *Weg zu einer »Freundschaft«* mit dem eigenen Sterben ein wenig weiterzukommen:

Impulse:

1. Stellen Sie sich vor, Sie wären 95 Jahre alt und es sei Ihr letzter Tag: Sie haben eine Stunde Zeit und sind bei voller Klarheit des Bewusstseins. All Ihre Lieben sind um Sie versammelt, und Sie können ihnen sagen, was Sie ihnen weitergeben möchten, mitgeben für ihr weiteres Leben. Was werden Sie sagen? Schreiben Sie das auf! Nehmen Sie sich genügend Raum, Ruhe und Zeit dafür, jetzt!
2. Versuchen Sie doch gelegentlich, gerade auch, wenn Sie aufgebracht und ärgerlich sind, sich die Frage zu stellen: Ist es *diesen* Aufwand, diesen Aufruhr wirklich wert – die Muskel- und Nervenanspannung, den Stress für Blutdruck, Organe und Immunsystem? Und geben Sie sich Ihrem Atem hin mit dem Satz: »Dieser Atemzug ist mein *ganzes* Leben!«: Vergangenes ist nicht mehr, das Neue noch nicht da: *nur jetzt gilt*! Könnten Sie das vielleicht üben?

Dass wir sterben und Abschied nehmen müssen, wird also am letzten Sonntag des Kirchenjahres thematisiert. Aber das soll und darf eigentlich nicht nur einmal im Jahr bedacht werden, »damit wir klug werden« (Psalm 90,1), damit wir realistisch einordnen können, was wirklich wichtig ist und nicht; was Bedeutung hat (wofür?) und was nicht; wie wir unsere Prioritäten setzen müssen. »Clever« werden, realitätsgemäß, Leben lernen – das ist die Lebenshilfe des Totensonntags und von Allerseelen. Es geht ja nicht nur um den Tod derer, die *vor* uns gegangen sind, nein, auch um unseren eigenen! Als damals Nicole in ihrem bekannten Lied alle »Bisschens« besang, sagte ein Freund zu mir: »Ein bisschen sterben gibt es nicht!« Oder eben *doch*?! Wir begegnen dem Sterben ja sehr wohl im Leben auch schon *in jedem Ende*, jedem *Abschied*, jeder Enttäuschung, jedem Abbruch einer Beziehung, einer Zukunftsperspektive oder in verzweifelten Situationen. *In alledem* müssen wir lernen loszulassen, »ein bisschen« Sterben einzuüben. Man kann also sehr wohl »dem Sterben im Leben begegnen«[83]. »Mitten wir im Leben sind von dem Tod umfangen«, so Martin Luther keineswegs aus einer pessimistischen Grundhaltung heraus, sondern weil der Tod alles begleitet. Nähmen wir den Tod uns weg, auf was müssten wir alles verzichten! Wie er in allem und jedem drinsteckt, dafür öffnen uns die folgenden Zeilen eines Textes von Marie Luise Kaschnitz: »Das Wort Tod streichen« vielleicht die Augen.

Impulse:

1. Meditieren Sie einmal den folgenden Text von M. L. Kaschnitz:
»Wenn einer sich vornähme, das Wort Tod nicht mehr zu benützen, auch kein anderes, das mit dem Tod zusammenhängt, mit dem Menschentod oder mit dem Sterben der Natur. Ein ganzes Buch würde er schreiben, ein Buch ohne Tod, ohne Angst vor dem Sterben, ohne Vermissen der Toten, die natürlich auch nicht vorkommen dürften, ebenso wenig wie Friedhöfe, sterbende Häuser, tödliche Waffen, Autounfälle, Mord. Er hätte es nicht leicht, dieser Schreibende, jeden Augenblick müsste er sich zur Ordnung rufen, etwas, das sich eingeschlichen hat, wieder austilgen, schon der Sonnenuntergang wäre gefährlich, schon ein Abschied, und das braune Blatt, das herabweht, erschrocken streicht er das braune Blatt. Nur wachsende Tage, nur Kinder und junge Leute, nur rasche Schritte, Hoffnung und Zukunft, ein schönes Buch, ein paradiesisches Buch.«
2. Bereiten Sie Ihren eigenen Tod vor! Planen Sie, wie das sein soll – Unterschrift für Betreuungsvollmacht und Patientenverfügung, Information an Verwandte und Freunde, Organisation von Testament und Gestaltung der Beerdigung. Was gibt es *noch* zu tun?[84]

Mitten im Leben

Was das heißt: »Mitten im Leben sind wir von dem Tod umfangen«, das wurde mir erst wirklich bewusst, als ich zum Grab eines meiner engsten Freunde unterwegs war, nur wenige Jahre älter als ich, der nach vielen Krebsoperationen und einer langen, schweren Leidenszeit endlich gestorben war. Der Verlust schmerzte mich so, als hätte ich nicht mit diesem Abschied gerechnet.

Wie kommt das?, fragte ich mich. Ich hätte das doch wissen können. Vor 10 Jahren, 8 Jahren, 5 Jahren wurde er operiert, im letzten Jahr war er nur noch ein Schatten seiner selbst. Und doch traf mich die Nachricht wie unvorbereitet. Glaubte ich, der Tod käme *doch* nicht? – Vor allem merkte ich, dass ich oft glaube, dass es *die anderen* treffen kann – aber mich selbst … *mich* halte ich doch für *unsterblich.* Wie sehr berührt mich da, dass meine Kollegin, mit der ich sehr verbunden bin und jahrelang schon eng zusammenarbeite, an Krebs erkrankt ist. Könnte es auch *mich* treffen? Oder: Da stehe ich am Grab eines Verwandten, der mitten im Berufsleben nach etlichen Operationen in einer Reha-Klinik sich erholt hatte und auf dem Aufwärtsweg war, und doch ganz plötzlich starb. Und wieder: Könnte es mich auch treffen? »Mitten im Leben sind wir von dem Tod umfangen.« Was bedeutet diese Botschaft für mich? Was würde alles unwichtig – von dieser Perspektive her betrachtet? Oder *was bekommt Bedeutung,* wirkliche Bedeutung? Welche Tätigkeiten, welche Kontakte werden fraglich und überflüssig, wenn ich diesen Horizont hinzunehme? Das unverzichtbare »Hier-und-Jetzt-Prinzip« der Gestalttherapie muss *ergänzt* werden durch den Aspekt des »Dann-und-Dort«. Sonst wird Leben nicht wahr und nicht realitätsgerecht. So wichtig die Achtsamkeit auf den gegenwärtigen Augenblick ist, so unverzichtbar die Wahrnehmung des Jetzt, so heilsam die Entlastung, dass es im Grunde immer nur *Jetzt* gibt, dass also das Davor vergangen, das Danach noch nicht da ist, – so lebensnotwendig wird das gleichzeitige Bewusstsein, dass »alles seine Zeit hat«. »Der Tod als Ratgeber« haben wir bei Castaneda gelesen: Was heißt das aber konkret für meine Beziehungen, für meine Kontakte, für mein Berufs-, Familien-, Innenleben, wenn ich den Tod als Ratgeber heranziehe? Wie verändern sich dabei die Perspektiven?

Impuls: Denken Sie die aufgeworfenen Fragen für sich selbst einmal in Ruhe der Reihe nach durch. Schreiben Sie die Ergebnisse auf! Tun Sie das in einem Jahr wieder und vergleichen Sie damit, was Sie früher geschrieben haben.

Natürlich kann man nicht dauernd im Bewusstsein des nahen Endes leben. Viele würden dadurch depressiv und hoffnungslos. Vielleicht erschiene uns vieles dann sinnlos. Aber brauchen wir nicht eine Verwurzelung und Verankerung, die tiefer reicht als der Schein, wir würden *immer* leben?! Vielleicht erweist sich wirklich sinnvoll nur das, was auch sinnvoll bleibt angesichts meines eigenen Abschieds und Endes? Könnte diese Frage vielleicht eine *Entscheidungshilfe* in vielen Schwierigkeiten abgeben? Die Frage »Wer weiß, wie nahe mir mein Ende?« kann natürlich auch immer von Menschen, von Verkündigern verschiedener Ideologien missbraucht werden, um eine bestimmte Moral zu verkünden, eine weltferne oder weltflüchtende, lebensfeindliche Lebensweise zu propagieren. Aber diese Feststellung ist – ganz nüchtern betrachtet – einfach realistisch: »Wer weiß, wie nahe mir mein Ende?«

Ungelebtes Leben leben

Dieses Bewusstsein des Endes könnte uns weise machen, damit wir uns überlegter ins Leben hineinwerfen. »Lehre uns bedenken, dass wir sterben müssen, damit wir klug werden« hatte doch der Psalmbeter gesagt (90,1). – Was wirkt in mir, das nach Verwirklichung drängt? Was pocht und pulst und möchte leben, ausgedrückt werden? Welche Eigenschaften verstecke ich, welche Impulse bekämpfe ich, seit Jahrzehnten vielleicht, schiebe ich auf, ja auf *wann* denn?! Welche Fantasien, Hoffnungen, Sehnsüchte und Wünsche trage ich in mir, vorsichtigerweise auch vor mir selbst verborgen, vielleicht verneint, vielleicht abgelehnt – bis wann? Wohin sie schieben? Besser, ich stelle mich meinen Facetten manchmal, meinem Potential, das in mir keimt, spricht, sich regt, das droht, aus mir herauszubrechen, mich zu überwältigen, sich der Kontrolle zu entziehen.

Impuls: Schreiben Sie oder spielen Sie, vielleicht wie in einem inneren Film, in dem Sie sich in ganz verschiedenen Rollen vorstellen, vielleicht sogar verschiedene Geschlechterrollen spielen: Sie selber sind der/die Regisseur/in. Welche Rolle steckt *noch* in Ihnen? Und welche noch? Was machen Sie mit all diesen Teilen Ihrer selbst? Wie ausdrücken? Wie kultivieren? Verbannen – um welchen Preis? Unterdrücken – warum, wie und wie lange noch? Überspielen und kaschieren, bekämpfen oder rationalisieren, realisieren oder sich verwehren: Alles kostet seinen Preis, gesundheitlich, seelisch; geht auf Kosten der Lebenskraft und Lebensfreude, der Stärke des Immunsystems; wirkt sich in Krankheitssymptomen aus – oder aber in glücklicher Zufriedenheit, Heiterkeit und Leichtigkeit ...

Worauf noch warten? – Ist das die Lehre, die wir aus einem anderen Umgang mit dem Sterben, aus der Beobachtung des Sterbenmüssens anderer lernen –verbunden mit der Anerkenntnis unserer eigenen Endlichkeit: Worauf noch warten? Warum nicht starten? Warum nicht jetzt?!

Impuls: Welche Tätigkeit würden Sie gerne ausüben, welches Hobby, welchen Beruf? Was haben Sie sich versagt – vielleicht jahrzehntelang? Wie könnte das einzubauen sein in Ihr Leben? Oder was davon ließe sich verwirklichen in Ihrem jetzigen Lebensgefüge? Vielleicht *ein bisschen* davon, vielleicht einige Aspekte, nicht mehr ... Aber das ist besser, als Versagungen zu ignorieren, zu unterdrücken oder zu missachten. Wer oder was hindert Sie eigentlich, diese Ideen, Ideale, Impulse zu leben? Welche Hindernisse stehen da im Weg? Welche Bedingungen wären nötig, um an all das heranzugehen? Was müsste anders sein oder anders werden? Und wieso ändern Sie es nicht?

Freilich können Sie nicht alle Berufe gleichzeitig ausüben, nicht alle Reisen gleichzeitig machen, nicht alle Menschen gleichzeitig lieben. Aber zwischen »alles« und dem Ausschnitt an Potential und Fähigkeiten, den Sie bis jetzt leben, gibt es ein breites Feld, einen Spielraum. Nutzen Sie wirklich diesen »Spiel-Raum«: Suchen Sie nach Möglichkeiten, wie Sie manches durchspielen, spielerisch erlernen, sich erwerben können. Welches Hobby hätten Sie schon immer gerne gepflegt? Welche Bücher gelesen, welche Stadt gesehen, welches Instrument gespielt? – Suchen Sie selbst, was in Ihnen steckt und zur Welt kommen möchte: ein Vorgang, der mit Geburt zu tun hat. Und Sie merken, wie eng das Bedenken des Endes – Totensonntag – und des Anfangs, der Geburt – Weihnachten – zusammenhängen, wie die scheinbaren Gegensätze in der Tiefe verbunden sind, wie der Kreis sich schließt, und alles von Neuem beginnt.

Abschiedlich leben

Dennoch – wie könnte es anders sein: Das Gegenteil ist auch wahr: Nötig werden auch Abschiede, das Sterben der unendlich scheinenden, endlichen Fülle von Möglichkeiten; Abschied nehmen von einem möglichen Potential, von Fähigkeiten und Fertigkeiten, von Menschen und Beziehungen, von vorläufigen Erfüllungen. Es ist unser aller Weg, dass sich irgendwann der rein körperliche Alterungsprozess bemerkbar macht, dass Fähigkeiten, die uns selbstverständlich waren, schwinden, eingeschränkt werden oder gar ganz erlöschen. Oder: Krankheiten zwingen uns zum Langsamwerden, zum Verzicht auf erfüllende Tätigkeiten, auf Erfüllung, wie wir sie gewohnt waren oder gebraucht haben. »Den Tod annehmen« (Helmut Hark)[85] heißt: *Jetzt schon* bewusst mit diesem Sterben leben; den Verlust von Dingen, Idealen, Hoffnungen, Menschen, Möglichkeiten, wissen und bereits einrechnen. Dass ich nicht mehr alle Reisen unternehmen kann, die ich möchte, nicht mehr alle Konzerte besuchen, Filme sehen, nicht alle Bücher lesen kann, die interessant wären, nicht die vielen Menschen, deren intensive Nähe und Begegnung ich mir wünsche, kennen lernen kann – es geht nicht alles. Erfülltes Leben gelingt im Grunde genommen nur *nach* dem Abschied von dieser scheinbaren Fülle.

Ein Mann sagte, als er die Krebsdiagnose seiner kerngesund wirkenden Frau erfuhr, verbunden mit der Prognose, sie habe höchstens noch ein halbes Jahr zu leben: »In den drei Tagen seitdem habe ich so viel gelernt, wie sonst in meinem Leben nicht.« Er war ein aktiver Meister seines Lebens, ein »Alleskönner«, unleidlich und unnachsichtig mit Mängeln und Defiziten umgehend. In jenen Tagen erlebte er, wie unwichtig es ist, dass sich ein geliebtes Kleidungsstück verfärbt, ein wichtiger Termin platzt, er seine Meinung hier und dort nicht durchsetzen kann. All das zählte für ihn nicht mehr angesichts des herannahenden Abschieds von seiner Partnerin.

»Abschiedlich leben« heißt, diesen grundsätzlichen Sterbens-Abschied im Kleinen zu leben, in konkreten Situationen des Alltags;

heißt: diese große Erkenntnis von unserem Ende als Ratgeber für die kleinen Alltäglichkeiten erleben und nutzen!

Impuls: Wie geht es Ihnen denn mit Abschieden? Vermeiden Sie sie gerne eher? Oder aber: Wie *gestalten* Sie Abschiede? Den vom Leben *auch* gestalten? Wie könnten Sie das in Alltagsdingen, in ganz kleinen Schritten *umsetzen* – dem »Ratgeber« folgen? Das oben Erkannte in Taten wandeln ...

Perspektivenwechsel: Zielgerecht leben

Die Frage drängt sich auf: Welches ist mein Ziel für dieses Leben? Geldverdienen? Berühmtheit? Anerkennung, Selbstdarstellung im Konkurrenzkampf, eine große Familie und Nachkommenschaft, Verantwortung einem ideologischen System gegenüber? *Was ist mein Ziel*, das ich im Leben erreichen möchte? Da wir ja nichts mitnehmen können an Menschen und Dingen, muss *das Ziel in uns* selber liegen. Geht es vielleicht um unsere *Menschwerdung*, darum, wirklich Mensch zu werden, ein ganzer, vollständiger, gereifter, gelassener und gelöster Mensch?! Die Fülle, die wir im Außen suchten, können wir auch in uns selber finden. Die Weisen aller Kulturkreise künden davon auf verschiedene Weise, ähnlich wie Jesus: »Das Himmelreich ist inwendig in euch« (Lukas 17,21). Um *diesen* Himmel zu erreichen, müssen wir nicht außen hetzen, rennen und jagen, in der Welt der Dinge, Menschen, Leistungen und Erfolge. Nein, der christliche Mystiker Angelus Silesius formulierte: »Halt ein, wo rennst du hin? Der Himmel ist in dir! Suchst du ihn anderswo – du (ver-)fehlst ihn für und für!« Diese Erfahrung und dieses Wissen können uns aus der Sucht nach immer mehr, aus Angst und Misstrauen herausführen.

Fällig wird ein *Perspektivenwechsel* – außen wird davon vielleicht gar nicht viel wahrgenommen. Aber innerlich lebt man in dieser Zielgerichtetheit anders. Das Ende der Verzettelung, der Gier nach allem und jedem kann durchdrungen oder begleitet sein von einem *Gefühl zielgerichteter Gelöstheit*. Das Ziel ist die Ganzheitlichkeit, der »Himmel in mir«. Wenn man *danach* trachtet, dann fällt einem das andere wie von selber zu.[86] Aber jene Gelöstheit setzt den beschriebenen Abschied und die beschriebene Neuorientierung voraus: Abschied von der unendlichen Fülle von Möglichkeiten, von der Verwirklichung all der möglichen oder unmöglichen Träume. *Kon-*

zentration auf eines, *ein* Ziel, Zielgerichtetheit und Zielorientiertheit aller Kräfte in unserem Inneren und Einrichtung des Lebens daraufhin.

Impuls: Wie wird es sich in meinem Verhalten, in konkreten kleinen Entscheidungen, Schritten, Orientierungen niederschlagen, ob ich ein Ziel habe und welches Ziel das ist und wie ich mich ihm nähere? Oder noch weiter: Wie wäre mein Befinden bei dem Gedanken: »Ich bin *jetzt* schon am Ziel.«

Sterben können heißt loslassen

Dass dieses beschriebene Ziel zugleich losgelassen werden muss – paradoxerweise –, um es zu erreichen, ist die entscheidende Einsicht: das Ziel vor Augen haben und doch nicht *verfolgen*; den Weg gehen, *ohne Gier* nach dem Ziel. »*Jeder Schritt ist Ankunft*«[87]: Immer bin ich *zugleich* am Ziel und doch unterwegs. In der christlichen Theologie wird das durch das Spannungspaar »Schon – und noch nicht« ausgedrückt: Wir sind Sünder und Heilige zugleich, das Reich Gottes, die Versöhnung aller Gegensätze ist schon geschehen und doch noch nicht da. In der Spannung von Wirklichkeit und Traum zugleich leben wir. Luther drückt das so aus: »Wir sind's noch nicht, wir werden's aber ...«.[88]

Gerade der Totensonntag führt uns vor die letzten Horizonte und schwierigsten Aufgaben unseres Lebens: Dass das Haben abgelöst und durchdrungen werden soll vom *Sein*, dass wir ständig im Wandel sind, uns auf ein Ziel ausrichten und es doch nicht ergreifen, schon gar nicht begreifen können. Der Jahreskreis spielte uns dieses Lebensmotiv immer wieder zu.

Der Verlust der Sicherheiten

Das Sterben anderer und unser eigenes Sterben zeigen uns unsere Abgründigkeit ganz unverstellt, dass alles nicht wirklich trägt, was wir für tragfähig halten: Erfolg, Beziehungen, Macht und Einfluss, Besitz und Wohlstand, Gesundheit und Fitness, Bewusstseinserweiterung und spirituelle »Halterungen« – alles überbrückt letztlich nur die inneren Fallgruben, die Brüchigkeit jeder Sicherung. Haben Sie auch schon gemerkt, dass alles nur eine Zeit lang nährt und hält, erfüllt und als Lebensinhalt Sicherheit gibt? Kriege mit ihren Folgen, Krankheiten, berufliche Misserfolge, familiäres Scheitern, oder eben Sterben und Tod zwingen uns zur Anerkenntnis, dass wir nur in *scheinbaren* Sicherheiten leben. Viele Ideologien, religiöse oder spirituelle Verankerungen erweisen spätestens dann doch ihre Brüchigkeit, ihre Kurzlebigkeit und ihre Vergänglichkeit – angesichts der nackten und unbarmherzigen Tatsachen, die eben auch zu unserem Leben gehören. Aber irgendwann stehen wir davor und stellen fest, dass wir im Letzten zutiefst *allein* die Verantwortung für dieses unser Leben tragen, *einsam* allen Gefühlen standhalten müssen, allen Verliesen, Schwächen und Unansehnlichkeiten an und in uns. *Erst wer* durch diese Leere *hindurchgeht,* ohne auf falsche Sicherheiten zurückzugreifen, *ist wirklich stark*! So helfen uns der Tod zum Leben, die Schwäche und Ausgeliefertheit zum Anschluss an wirkliche, tief verwurzelte Stärke.[89]

Unsere höchste Würde: Christkönigsfest

Totensonntag – Ewigkeitssonntag – Christkönigsfest

Den letzten Sonntag des Kirchenjahres nennen evangelische Christen Toten- bzw. Ewigkeitssonntag. Bei katholischen Christen heißt er auch »Christkönigsfest«. Hier wird Christus als der König verehrt – dahinter steht auch das Gottesbild von Gott als dem König. König ist für die Bibel weniger ein politischer als ein psychologischer Begriff, der die Ganzheit und Schönheit des Menschen umfasst. »König« zeichnet das Bild des freien, souveränen, von niemandem beherrschten Menschen, eines Menschen, der Frieden schafft und über sich selbst Herr ist.

Das Symbol des Königs kennen Sie auch aus den Märchen. Hier steht es als Symbol für das Selbst und die Selbstfindung. Das Christkönigsfest will uns diese Wahrheit ins Gedächtnis rufen: Indem wir Christus – außen (»objektstufig«) – als unseren König feiern, sollen wir – innerlich (»subjektstufig«) – die eigene königliche Gestalt in uns ausformen. Wir sollen spüren, was es heißt, *unabhängig, echt, frei und souverän, sicher und selbstbewusst* zu sein – eben ein *König, voller Würde,* weil wir teilhaben an der Königsherrschaft Christi und ihm »gleichgestaltet« sind (Römer 8,29).

Gerade an der Nahtstelle, wo das alte Kirchenjahr zu Ende geht und das neue mit der Adventszeit beginnt, wird deutlich, dass dieses Fest auch etwas mit Advent und Weihnachten zu tun hat! Da suchten die Weisen, die Magier, den »neugeborenen König der Juden, um ihn anzubeten«. Wir wissen, dass der »König Jesus« ein ganz anderer König ist: Dieser König will *nicht* herrschen, *keine* Macht ausüben, andere *nicht* unterdrücken; dieser König ist ein völlig anderer, unvergleichlicher: Er macht sich unendlich klein und verwechselbar, wird unansehnlich; er ist nicht als Königs-Baby zu erkennen – erinnern Sie sich an die Weihnachtsgeschichte und woran die Hirten ihn erkennen sollten und wie er ganz und gar nicht als König in der Krippe lag? Dieser König reitet auf einem *Esel* (Palmsonntag). Er hat äußerlich so gar nichts Königliches. Er bekommt dann einen Purpurmantel um die Schultern gelegt, als er gefoltert und gegeißelt wird: Dieser König trägt als Krone ein Leidensinstrument, die Dornenkrone – unser mitleidender Bruder Jesus. Und: Der Königstitel ist befestigt über dem Kreuz, einem *Galgen*.

Wenn wir *diesen* Jesus als König feiern, ist damit jedes Königtum »entkönigt«, im Grunde jeder Herrschaftsanspruch beseitigt. Vielleicht denken Sie dabei auch an Luthers Ausspruch vom »Fröhlichen Wechsel«: »Er wird ein Knecht und ich ein Herr: das mag ein Wechsel sein!«, so drückt es ein Weihnachtslied aus: Welch ein Wechsel, welch ein Tausch: Der König macht sich klein für uns und *macht uns zu Königen*.

Christkönigsfest: Wenn wir jetzt – psychologisch ausgedrückt: »subjektstufig« – feiern und uns klarmachen, dass Christus der *König in uns* ist, dann heißt das: Ich habe den König in mir, weil Christus – wie Paulus schreibt – »durch den Glauben in unseren Herzen wohnt« und selbst der König ist! Der König – in uns! Das Neue Testament geht an anderen Stellen sogar soweit, dass es sagt: »*Ihr* seid ein Volk von *Königen und Priestern*« – wir würden heute ergänzen von »*Königinnen und Priesterinnen*«.[90]

Wir als Könige: eine Wahrheit und ein Bewusstsein, das uns durch Kirche und schädigende Versionen von Religion weithin vorenthalten wurde. Fast wie im Märchen vom Froschkönig: Sei kein Frosch, sondern entdecke, dass du ein Königssohn/eine Königstochter bist! Welche Verwandlung! Wir müssen an dieser Stelle einmal mehr darauf achten, dass wir nicht – wie traditionell gewohnt – die Königswürde nur Gott und Jesus zuerkennen, oder, wie es in den vergangenen Jahrhunderten war und in vielen Völkern der Welt immer noch so ist, sie nur einem bestimmten Menschen im Land oder Reich zubilligen. Ich möchte dies noch einmal eigens betonen, weil die Gefahr groß ist, dass wir eine *Würde*, die von Gott *uns* zugebilligt und zuerkannt wurde, von uns wegschieben, auf Jesus oder auf die »Himmelskönigin« Maria wegprojizieren, in den Himmel hinauf, diese Würde auf Distanz schieben und sie dadurch selbst verlieren.

Im Ursinn des Wortes geschieht so fatale »Selbstentfremdung«, die sich aber die Herrschenden in Politik und Kirche jahrhundertelang sehr wohl zunutze gemacht haben. Denn Menschen ohne Würde, Untertanen, müssen unmündig bleiben, gehorsam sein, sich unterwerfen und sich aufopfern. Für die Herrschenden ist angenehm, dass die anderen nicht um ihre eigene Königswürde wissen. In der traditionell-kirchlichen Verkündigung wurde jahrhundertelang dieser Schwerpunkt gelegt: Wir Menschen sind Sünder, »böse von Jugend auf«, Verlorene, unwürdig und »verderbt«. Das ist nun allzu oft und allzu einseitig genug gesagt! So sehr dies tatsächlich einen Teil unserer Lebenswirklichkeit beschreibt. Daher die heilsame und notwendige Akzentverschiebung durch dieses Fest: Der andere Teil darf nicht fehlen, die *zugleich* gültige Sicht von unserer *Würde, unserer Erneuerung und Verwandlung:* Wir sind »nicht mehr Knechte, sondern Erben, Miterben mit Christus … mit zur Herrlichkeit erhoben« (Römer 8,15–17).

Impuls: Wurde Ihnen dieses Bewusstsein in Ihrer Erziehung vermittelt und nahegebracht? Oder wurde Ihnen bzw. uns diese Würde vorenthalten? Warum – wozu? Ist das heute noch so? In den Kirchen, in den Bildungsinstitutionen des Staates, in der Politik und Wirtschaft? Wie würden/könnten sich jene Bereiche durch dieses neue Bewusstsein verändern?!

So verstanden beinhaltet das Christkönigsfest – wie viele der anderen Feste auch – etwas Revolutionäres, Aufrichtendes, Aufwertendes und Befreiendes. Es umfasst eine theologische Dimension als Aussage über Jesus Christus – die haben wir gerade gesehen –, außerdem aber eine »subjektstufige« als Aussage über *uns* selbst und die *uns* geschenkte, ureigene Würde und eine politische Dimension.

Wenn wir Könige sind, dann heißt das zweierlei: Ein König ist absoluter Herrscher, souverän und frei in seiner Welt und zugleich dadurch auch fähig, sich hinzugeben und zu dienen. In diesem Sinne sprach Luther davon, ein Christenmensch sei »ein freier Herr aller Dinge und niemandem untertan *und* ein dienstbarer Knecht aller Dinge und jedermann untertan«. Das ist *paradox* formuliert, aber eine psychologische *Grundwahrheit*: Nur wer wirklich frei ist, kann sich auch kleinmachen, dienen oder sich gar unterwerfen. Wer nicht wirklich König ist, nicht wirklich frei, muss sich seine Größe und Freiheit sonst ständig beweisen, indem er andere entwertet, bevormundet, regiert, kontrolliert und unterdrückt. Aber ein wirklich Großer verliert nicht seine Größe durch Kleinheit. An dieser Stelle zeigt sich *wahre* Souveränität.

Impuls: Kennen Sie Zeiten solcher wirklichen Souveränität, stabilen, echten Selbstbewusstseins an sich selbst? Wo Sie nicht *andere* kritisieren oder »heruntermachen müssen«, um sich selbst gut und »oben« zu fühlen? Erfahren Sie diese Haltung bei anderen?

Antihierarchisch und antiautoritär!

Daraus ergibt sich, vom Christkönigsfest ausgehend, noch eine politische Dimension: Wenn Jesus König ist, dann *kein* anderer *Mensch*: Das ist eine *antihierarchische* Absage an *jeden* Herrschaftsanspruch von Menschen über Menschen. Wenn wir ernst nehmen, dass Gott/Jesus der König der Welt ist, dann besitzt kein Mensch das Recht zur Herrschaft über Menschen. Darum der selbstverständliche Aufruf (Apostelgeschichte 5,29), man müsse »Gott mehr gehorchen als den Menschen«. Ein herrschaftskritischer Ansatz also in diesem Fest – keiner darf sich so aufspielen wie Gott. Keiner auf Erden darf Gehorsam und Unterwerfung und absolute Gültigkeit für sich beanspruchen, keine weltliche und keine geistliche Instanz!

Darin verbirgt sich eine Spitze des Christkönigsfestes nicht nur gegen politische, sondern auch gegen weit verbreitete, kirchliche Strukturen. Denn wenn Christus König ist, ist kein Mensch König. So wirkt das Fest *antiautoritär*. Gott und Christus als König zu feiern heißt, allen weltlichen Königen, Kaisern, Regierenden, allen Systemen und Diktaturen westlicher und östlicher Prägung, politischer oder kirchlicher Art, den letzten Gehorsam zu verweigern! Mit Jesus als König ist die Welt »königfrei gehalten« – oder aber *voll* von Königen und Königinnen, was aber auf dasselbe herauskommt: Es herrscht kein Gefälle, kein Oben und Unten, sondern Gleichrangigkeit in der Familie Gottes, Zugehörigkeit zu ihr als Söhne und Töchter (Paulus nennt Jesus demgemäß in Römer 8,29 den »Erstgeborenen unter vielen Brüdern«), oder als Königinnen und Könige, als Licht der Welt: *wir* so wie *er* (Johannes 8,12 – Matthäus 5,14).

Aus der Aussage »Christus ist König« folgt also:

1. Kein Mensch darf über Menschen herrschen.

2. Dieser König ist ein Liebender, kein Unterdrücker, ein Ohnmächtiger, der mit-leidet, kein Machthaber. Die Krone, die *er* trägt, ist die Dornenkrone!

3. In seinem Namen darf auch Kirche *nicht herrschen*: ein kritisches und revolutionierendes Wort auch gegen alle kirchliche Macht-

anmaßung durch die Jahrhunderte, die aber auch heute noch erkennbar, sicht- und dokumentierbar ist.

4. Es ist *jetzt* die Zeit der »Gottesherrschaft«, deren Grundbotschaft von Anfang so angesagt wurde: »Das Königreich Gottes ist *da*« (Matthäus 3,2; 4,17; 10,7). – Die Frage brennt: Wie lebt man mit solch einem König, in solch einem Reich – mit der neuen, verliehenen, geschenkten *eigenen* Würde?!

Abschließend noch eine Geschichte, die ich von einer Biologin erfuhr und sehr vielsagend finde: In einem Zoo stand ein Riesenkäfig mit Vögeln. Die Vögel hatten sich daran gewöhnt, immer an der Längsseite dieses großen Vogelbauers entlangzufliegen. Aus irgendwelchen Gründen brach eines Tages diese Gitterwand des Vogelkäfigs herunter. Die Vögel waren frei – besser gesagt: Sie wären frei gewesen. Sie aber flogen – wie gewohnt – immer ihre selbe, altgewohnte Bahn – *im* Käfig. Als wäre die Gitterwand noch da. Ihre Knechtschaft war ihnen so vertraut, dass sie ihre »augenscheinliche« Freiheit gar nicht wahrnehmen, geschweige denn nutzen konnten. – Ob es uns auch manchmal so geht? Uns Königinnen und Königen?!

Impulse: Vertiefen Sie dieses Verständnis durch eingehende Beschäftigung mit den folgenden Impulsen:

1. Nehmen Sie sich einmal genügend Zeit, vielleicht sogar ein Wochenende, eine ganze Urlaubszeit oder eine Auszeit, bei der Sie ganz mit sich alleine sein können, und stellen Sie eine Erinnerungsliste Ihrer Unterwerfungs- und Unterdrückungsgeschichte zusammen! Wem, wo und wie habe ich mich immer angepasst? Wo, in welchen Situationen, vor wem und warum fürchte ich mich immer noch? Kann ich an verletzenden, verwundenden, traumatisierenden Erfahrungen und Erinnerungen festmachen, wann und wie das begonnen hat? Oder fand ein schleichender Vergiftungsprozess statt, bei dem ich immer kleiner wurde, immer demütiger, immer gehorsamer? Wie wurde ich langsam mundtot gemacht, sodass ich allmählich selber glaubte, meine Meinung, meine Stimme, was ich denke und empfinde, zählt nicht? Schreiben Sie auf, was Ihnen an enttäuschenden, entwürdigenden, abwertenden oder gar vergewaltigenden Situationen aus Ihrem Leben einfällt. Und wenn es Ihnen möglich ist, so suchen Sie anschließend einen Menschen Ihres Vertrauens, der wirklich etwas von den Abgründen, den Wunden und Nöten der Seelen versteht, öffnen Sie sich dieser Person, teilen Sie sich mit und suchen Sie sich Wege – auch wenn

das einen langdauernden Prozess erfordert! – zur Heilung dieser Wunden, damit Sie Ihre Ursprungswürde wieder zurückbekommen können.

2. Wenn Sie sich wieder einmal rechtfertigen, in irgendeiner Situation in die Defensive gedrängt fühlen oder drängen lassen, sich verteidigen wollen oder müssen, so halten Sie inne, nehmen Sie einige tiefe, ruhige Atemzüge und sagen Sie zu sich: »Ich bin sicher und stark. Ich bin ein König, eine Königin. Ich bin Meister auch dieser Situation. Nichts und niemand kann mich in meinem innersten Kern, meiner innersten *Würde* verletzten. Ich stelle mich *darüber.*«

3. Machen Sie sich einmal auf einen Weg, einen Spaziergang, eine Wanderung, und nehmen Sie diese Gedanken, diese Fragen mit: »Wie geht eine Königin? Wie geht ein König? Schreite ich wie ein König/eine Königin?« Halten Sie diese »Haltung« dem entgegen, wo uns Moral, Erziehung, Kirche oder bestimmte Glaubensformen wehgetan haben, uns kleingemacht und uns nur zum Gehorsam und zu einem niedrigen Selbstbewusstsein erzogen haben. Tauchen Sie in ein neues Bewusstsein ein, vollziehen Sie eine eigene innere Wende, wachen Sie auf und werden Sie neu in dem Bewusstsein: »Ja, ich bin ein/e König/in!« (Offenbarung 1,6; 5,10 u.a.).

4. Noch ein Gedanke zur Vision einer neuen Gemeinschaft: Wenn es heißt: »Wir sind ein Volk von Königen und Priestern«, dann heißt es *wir*: mein Nebenmann und meine Nebenfrau *auch*: eine *Demokratie* von selbstbewussten Erwählten, eine Gesellschaft von Souveränen! Schließen Sie einmal, wenn Sie in einer Versammlung sitzen, in der U-Bahn, im Bus, in einem Gottesdienst, in einem Sportstadion oder in einer großen Kaufhalle für einige Momente die Augen und fühlen, wie alles sich verändert, wenn Sie diese Vision im Herzen tragen: *Lauter Prinzessinnen und Prinzen hier, lauter Königinnen und Könige.* – Wie werden Sie der nächsten Person in die Augen schauen? Was bewegt sich in Ihrem Inneren, in Ihrer Mimik, Ihrer Haltung oder auch in Ihrem Verhalten bei diesen Gedanken?

5. Vielleicht dient es Ihnen in manchen Situationen als Schutz, wenn Ihnen jemand Vorwürfe wegen eines Fehlers macht, wegen eines Vergehens oder eines Missgeschicks, wenn Sie jemand anschreit oder Ihnen gegenüber sich ungerechtfertigt verhält: Versuchen Sie dann, in sich zu gehen und zu sich zu sagen: »Eine/n König/in schreit man nicht an. Ich mag fehlbar sein. Das ist wahr. Aber ich bin dennoch ein/e König/in.« So innerlich stabilisiert können wir auch zu unseren Fehlern *stehen*, uns dem stellen, was wir auch Falsches oder Unrechtes getan haben. Aber zwischen unserem Tun und unserem *Sein* wird unterschieden ...

6. Wenn Sie sich wieder einmal verletzt, enttäuscht, vernichtet, »geschlagen« oder so schlecht behandelt oder missverstanden fühlen, dass Ihnen der ganze Tag, die Stimmung, die Lebensfreude verdorben ist, dann fragen Sie sich einmal ganz ernsthaft: »Warum *gebe ich* Menschen *so viel Macht* über mich?«

Wenn wir Christkönig angemessen begehen, dann müssten wir die Feier etwas aufrechter verlassen. Dann müssten wir mit Leib und Seele spüren, dass wir königliche Menschen sind, über die niemand herrschen kann und darf.

So ist das Christkönigsfest als Abschluss des Kirchenjahres in gewisser Weise auch seine *Krönung*: Wir werden im anschließenden Kapitel das Jahr noch genauer als *symbolischen Lebenszyklus* betrachten, der mit der Erwartung einer Geburt beginnt, die ganzen Stadien eines Lebens entfaltet, auffächert und einschließt und nach allen Krisen nun endlich mit dem Bewusstsein sowohl unserer Endlichkeit und unseres Sterbenmüssens als auch unserer eigentlichen, tief inneren und unverlierbaren Würde schließt. Im Kirchenjahr wird das zunächst als der Weg Jesu gefeiert. Wenn wir von »Nachfolge Jesu« sprechen und es ernst nehmen, dass Er sich immer wieder neu mit uns identifizierte, in, mit und durch uns leben will, so ist das wirklich *unser aller Weg!*

Der Jahreslauf als Lebenszyklus

Ein Jahr bietet uns – wenn wir es nun *im Überblick* betrachten – im Grunde die *Gefühlspalette eines vollen Lebens.* Man könnte einen solchen Jahreskreis wie einen Kuchen aufmalen, und die Kuchenstücke stehen dabei für die Vielfalt unserer verschiedenen Gefühlsäußerungen, Erfahrungen und Seelenaspekte. Das Kirchenjahr ist wie ein großer Spiegel aller Regungen und Erfahrungen, Gefühle und Reaktionen, aller großen Werte unseres Lebens, auch der ungeliebten, vernachlässigten, verdrängten Seiten in uns.

Es umfasst:

- Erwartung, Sehnsucht, Hoffnung, Ungeduld, Spannung *(Advent),*
- Erleichterung, Freude, Jubel, Zufriedenheit *(Weihnachten),*
- Angst, Furcht, Schrecken, Träume (Kindermord),
- Neugier, Suchen, Ratlosigkeit, Glück, Hingabe, Schenken, Liebe *(Epiphanias/Dreikönig),*
- Genießen und Verzichten, Körpergefühl, Innenwahrnehmung *(Fastenzeit),*
- Meditation, Empfangen, Neuwerden und Loslassen *(Mariä Verkündigung),*
- Enttäuschung, Abschied, Trauer, Untreue, Unverstandensein, Einsamkeit *(Gründonnerstag),*
- Verlassenheit, Leid, Verzweiflung, Hunger, Durst, Qual, Mangel, Bedürfnisse, Kränkungen, Schmerz, Schwinden der Sinne, Tod *(Karfreitag),*
- Kälte, Abgestorbenheit, Depression, Höllenqualen *(Karsamstag),*
- Angst, Zweifel, Hoffnung, Neugeburt, Stärkung, Krisenbewältigung, Überwindung, Lebensfülle, Lebensfreude *(Ostern),*
- Trennung, Lösung, Verantwortung, Segen *(Himmelfahrt),*
- Begeisterung, Bewegung, Mut, Zärtlichkeit, Fruchtbarkeit, Wärme, Nähe, Verbundenheit, Freiheit, Würde, Gleichheit, Geschwisterlichkeit *(Pfingsten),*
- Dank, Genießen, Schwelgen, Freude an Arbeit *(Erntedankfest),*
- Zweifel, Kritik, Skepsis, Widerspruch, Aufstand *(Reformationsfest),*
- Vorbild, Orientierung, Gemeinschaft *(Allerheiligen),*
- Neuorientierung, Selbsterkenntnis, Standortbestimmung *(Bußtag),*

- Trauer, Verlust, Abschied, Verbundenheit, gestorbene Liebe, beendete Beziehungen *(Allerseelen/Totensonntag)*,
- Würde, Souveränität, Mut, Selbstbewusstsein (*Christkönigsfest*).

Eine bunte Vielfalt der verschiedenen Aspekte eines jeden gelebten Lebens! Ein Kreis, der zur Vervollständigung, Integration und Ganzwerdung in unserem Leben dient und zur Entfaltung auch bisher ungelebter Persönlichkeitsseiten einlädt: eine vollständige, umfassende Palette des Seelenlebens.

In der Rückschau auf den gesamten Jahreskreis erkennen wir noch einmal: Jeder vollständige Durchlauf dieses Zyklus wirkt wie eine »*Aufklärung*«, eine *Einführung*: »So ist das Leben – das kommt auf einen zu«; – in ihm erfährt man, »diesen Stationen wirst du irgendwo und irgendwann auf deinem Weg begegnen; die gilt es zu meistern.«

Initiation: Einübung ins Leben

Solch ein zyklischer Weg durch verschiedene Stationen, Gefühle und Erfahrungsaspekte gleicht einer Einführung in die Fülle des Lebens, einer *Initiation*. Gerade darum ist er so wichtig, wo doch Initiationsriten heute in unserer Gesellschaft reduziert oder aber abgeschafft sind. Hier im Festjahr vollzieht sich ein alter, alljährlich neuer Ritus: *Phasen* können *nachgeholt* werden, die man versäumt hat. *Vertieft* oder noch einmal durchlebt werden kann, was zu bestimmten Zeiten des Entwicklungswegs zu kurz kam, unterdrückt oder verdrängt wurde oder werden musste. Dabei ist es möglich, Gefühle *jetzt* zuzulassen, Reifungsschritte nachzuleben – immer eine neue Chance der Vervollständigung auf diesem Einführungs- und Heilungsweg. So ist er tatsächlich ein *Vervollständigungs- und Ganzwerdungsweg*.

Wie die Jahreszeiten gestaltet sich auch unser Leben in *Rhythmen*. Einem alten Brauch, verbreitet in den Dichtungen und Märchen der gesamten Weltliteratur, entspricht es, das Leben mit dem Jahreslauf zu vergleichen: Kindheit, Jugendzeit, Aufwärtsstreben, Sich-Entfalten werden mit Frühling, Sommer mit Erwachsenenalter, Tatkraft und Erfolg verglichen; Herbst mit Lebensernte, Früchten des Erfolgs und der Arbeit, Winter mit Sterben, Ruhe und Tod. Dabei läuft unsere Entwicklung niemals nur zielstrebig, kontinuierlich und geradeaus; sie vollzieht sich in Schüben – wie in der Natur.

Hier springt uns die Paradoxie der Vereinigung der Gegensätze an: Im Grunde ist alljährlich alles dasselbe und doch auch nicht: alles bekannt und doch nichts bekannt; alles vertraut und doch jedes Mal neu und ganz anders. Kreis und Linie, die scheinbar Unversöhnlichen, sind zur Spirale vereinigt. Und jedes Mal ist es dieselbe Stelle, an der wir auf diese Weise vorüberkommen; aber jedes Mal sind wir selbst ein bisschen anders, auf dem eigenen Lebensweg woanders, innen oder außen anders, und wir erleben dasselbe ein bisschen höher und ein bisschen tiefer, entwickeln uns weiter – und werden zugleich innerlich ein wenig »weiter« …

Das führt uns noch zu einem weiteren Gedanken: Hatten wir im vorhergehenden Abschnitt das Jahr als *Spiegel unseres Seeleninneren,* unserer Erlebnisvielfalt, der bunten Palette uns angenehmer wie auch unangenehmer, erwünschter wie auch gemiedener Gefühle angesehen, in dem uns Leben in seiner Vollständigkeit, Fülle und Vielfalt entgegenblickt und entgegentritt, so können wir im Folgenden den Jahreskreis *noch einmal ganz anders* betrachten: Jeder Jahreszyklus, jedes Jahr stellt in seinem Durchlauf, in seiner Entwicklung und Entfaltung auch etwas wie *einen symbolischen ganzen Lebensweg* dar. In der Adventszeit mit der Erwartung einer Geburt beginnend und mit dem Gedenken des Sterbens am Totensonntag endend, könnte man jeden Durchlauf des Zyklus fast als eine *»Mini-Biografie«* bezeichnen, als den *ganzen,* symbolisch-typischen Lebensweg *innerhalb eines* Jahres:

Spiegelungen: das Jahr im Leben – das Leben im Jahr

Sehen wir uns also den Festkreis noch als einen typisierten *Individuationsweg* an: als Lebensweg, in dem sich unsere Entwicklung entfaltet, einer Spirale folgend, sodass die verschiedenen Stationen und Etappen alljährlich wiederkehren, allerdings auf einem anderen Entwicklungsniveau, wo sich uns die damit verbundenen Krisen und Aufgaben erneut stellen. Das gleicht Mythen und Märchen, Lebenslaufstudien und entwicklungspsychologischen Strukturmodellen. *Jede Zeit des Jahres entspricht einer bestimmten Lebenszeit/Lebensphase,* entspricht bestimmten Herausforderungen, Krisen und Chancen, die sich uns darin bieten. Wir könnten uns also fragen: Welchen Aufgaben zur Ganzwerdung begegnen wir an den jeweiligen Stationen des Weges durchs Jahr?

Betrachten wir noch einmal im Überblick diesen *Entwicklungs- und Reifungsweg eines Menschen* und all das, was wir im Einzelnen tiefergehend bereits eingeübt haben:

Es beginnt mit Geburt und Neugeburt (*Advent/Weihnachten*), mit dem Thema: Aufbau von Urvertrauen. Bereits hier begegnen Freuden und Bedrohungen gleichermaßen, Krisen der frühen Kindheit. Weihnachten und Epiphanias beinhalten auch Licht und Schatten. Wir lernen, Zugang zum Träumen zu finden.

Fastenzeit bedeutet Auszeit nehmen, Klärungszeit, Stabilisierung, inneren Halt finden.

Dann werden die Krisen im Leben thematisiert: Anerkennung, Bewunderung und danach Enttäuschung (*Palmsonntag, Karfreitag*), Verleugnung, Verrat, Verlassenheit, Verzweiflung (*Gründonnerstag/ Karfreitag*); Todeserfahrungen auch mitten im Leben, und Höllenqualen, dunkle Seelennächte, »Zerstückelung«, Begraben von Hoffnungen, Idealen, Plänen (*Karfreitag/Karsamstag*).

Im weiteren Leben begegnen wir dann auch Aufbruch, Durchbruch, Neubeginn, Überwindung von Grenzen, aber auch Zeiten mit Ambivalenzen wie Glaube und Zweifel (*Ostern*) und bedürfen der Selbst(ständig)werdung, Durchtrennung von Banden / Bindungen. Abschiede sind fällig (*Himmelfahrt*).

Dadurch wird ermöglicht / diesem folgt eine Zeit der Fülle, Höhepunkt, Kraft, Freude, Kontakte, Erfüllung, Mündigkeit: das Erwachsensein mit Kreativität und Generativität (*Pfingsten*).

Ein integriertes Selbst- und Gottesbild, die Verbindung von Widersprüchlichkeiten in uns selbst und in unserer Weltsicht wird an *Trinitatis/Dreifaltigkeit/-einigkeit* thematisiert.

Nach diesem Lebenshöhepunkt geht es um Weltverantwortung, den achtsamen Umgang mit der Natur, Pflege des »Gartens Gottes«, Dank für das Arbeitsleben – verbunden mit beginnendem Rückblick und steter Bilanz (*Erntedankfest*).

Erwachsenen-Fähigkeiten bestimmen den Herbst des Jahres wie des Lebens: angefangen mit Kritik, dem Infragestellen von Autoritäten, mit Revolution, Weltverantwortung und Individuation: allein gegen alle, Stärke und Selbstbewusstsein (*Reformationsfest*), bis hin zur Frage nach Vorbildern, Orientierung an Idealen, Frage der Heiligkeit im Sinne eigener Heil-, sprich: Ganzwerdung. Um Spiritualität, die Frage nach der Religion, die Wendung nach innen in der zweiten Lebenshälfte, die Rückbindung geht es am *Reformationsfest* und *Allerheiligen.*

Im Älterwerden tritt mehr die verantwortliche Wurzelverbundenheit in den Blick, nicht nur zur Erde, auch zu den Traditionen, zu den Ahnen, zu unseren Vorfahren (*Allerseelen/Totensonntag*). Wir brauchen Urteilskraft und Entscheidungsfreude, Neuorientierungs-Fähigkeit (*Bußtag*) und die Fähigkeit, schließlich, auf das Lebensende zugehend, loszulassen, Gelassenheit zu entwickeln, auch im Sterben die eigene Würde immer neu zu entdecken und ihrer bewusst in einer neuen Reife und Weisheit zu leben (*Totensonntag/Ewigkeitssonntag/Christkönigsfest*).

Das Tröstliche an diesem *Gesamtzyklus des Jahres* ist, dass wir *wiederholt* einen *neuen* Anlauf zur Bewältigung der jeweiligen Herausforderung nehmen können. Jedes Jahr neu kommt dieselbe Zeit, dieselbe Thematik im Jahreskreis auf uns zu. Und jedes Jahr neu – im Grunde sogar jeden Tag neu! – haben wir die Möglichkeit, eine bisher nicht bewältigte Reifungsaufgabe, einen bisher noch nicht möglichen Entwicklungsschritt zu wagen, *jetzt* vielleicht zu schaffen. Dieser heilsame Zyklus führt uns ein in ein Entwicklungsdenken: Die Aufgaben kehren wieder, die Themen fordern uns erneut, die Chancen bieten sich neu – *jedes Jahr ein neuer »Durchlauf«*: Ob es dieses Mal besser klappt? Ob ich dieses Mal mich, meinen Weg, die Schwierigkeit besser annehmen und durchleben kann?

Impulse:

1. Wo stehen Sie in diesem symbolischen Lebensweg jetzt? Welche Stationen Ihres Individuationsweges haben Sie erreicht? Welche haben Sie in Ihrem Leben ausgelassen?
2. Welche Gefühlsbereiche der ganzen Palette haben Sie nachzuholen, wo brächte das Motto »Ungelebtes Leben leben« für Sie eine Herausforderung zu *neuen* Schritten, einen Ruf zu *neuen* Ufern, eine Ermutigung, bisher vielleicht unterdrückte, vernachlässigte oder gefürchtete Regungen in Ihnen zuzulassen?

Einen ganzen Lebensweg also – so könnten wir es symbolisch empfinden – repräsentiert dieser Zyklus! Nun ist das Jahr zwar *in sich* ein Entwicklungsweg; aber dieser geschieht alljährlich neu *in der Form eines Zyklus, eines Kreises.*

In der *Verbindung von Kreis und Weg, von Linie und Kreis* in Form der Spirale, wie sie der Jahreskreis, die Feste im Kirchenjahr uns letztlich anbieten, liegt selbst ein heilsamer Aspekt: Hier verbinden sich zyklisches und lineares Denken, zyklisches und lineares Verstehen und Erleben in paradoxer Weise miteinander. Und auch darin bietet das Kirchenjahr Lebenserfüllung und Persönlichkeits-Erweiterung, denn die scheinbaren Gegensätzlichkeiten von Linie und Kreis sind im Weg des Kirchenjahres und seiner Feste »aufgehoben«.

»Ich lebe mein Leben in wachsenden Ringen, die sich über die Dinge ziehn. Ich werde den letzten vielleicht nicht vollbringen, aber versuchen will ich ihn. / Ich kreise um Gott, den uralten Turm, und ich kreise Jahrtausende lang; und weiß noch nicht: bin ich ein Falke, ein Sturm oder ein großer Gesang«: so drückte Rainer Maria Rilke unser Umkreisen der tiefen Lebenswahrheiten aus.[91] Mit denselben Worten könnten wir das alljährlich neue Begehen des Jahreskreises beschreiben. Erst *in seiner Fülle* waltet *das Ganze.* Teilaspekte bleiben Teilaspekte, und erst in der *Hereinnahme aller verschiedenen Anteile* und Facetten, der wirklichen Buntheit dieses symbolisch gelebten Lebens im Kirchenjahr, haben wir an der Fülle der Wirklichkeit Anteil.

Nie fertig!

So bin ich »auf dem Weg in die Wirklichkeit«, die meine Begrenztheit übersteigt. Was ich denken, verstehen und einordnen, fühlen und begreifen kann, ist ja längst nicht alles. Dies wird sich immer neu eröffnen: Die Wirklichkeit gestaltet sich immer *noch* größer, umfassender, vielschichtiger, bunter, auch unbegreiflicher und unberechenbarer, als wir bisher dachten. Und so wie sich weise Geschichten – seien sie aus der Bibel, der Tradition der Religionen, seien es Märchen oder Erzählungen anderer Art – bei wiederholtem Betrachten immer neu erschließen, anderes zu beinhalten und zu sagen scheinen, was wir so vorher noch nicht hören oder sehen konnten, so wie man im Grunde *nie* mit einer Wundererzählung, dem Schöpfungsbericht oder auch mit Gedichten oder mit einem großen Traum *»fertig«* wird, genauso wird es Ihnen mit den Geschichten und dem Geschehen ergehen, das uns verdichtet und gefeiert im Festkreis des Kirchenjahres begegnet! Ich kann mich nur diesen Geschehnissen aussetzen und dem, was sie in mir anrühren, wecken, zum Bewusstsein und ans Licht bringen!

Dieses Buch ist Frucht und Ergebnis eines jahrelangen Entdeckungs-, Erkenntnis- und Wachstumsprozesses in mir und will nun für Sie zugleich *Teil und Begleiter dieses Weges* sein. Und so, wie es mir ging, wird es hoffentlich auch Ihnen gehen: dass Sie vieles erkennen und begreifen, dass vieles *jetzt* zu Ihnen in einer neuen, überraschenden, bisher nicht gekannten, oder aber bestärkenden, bestätigenden Weise spricht. Zugleich liegt hier der *Anfang* eines Entdeckungs- und Erkenntnisweges, eines Erfahrungs- und Wachstumsvorgangs, der – einmal angestoßen – *in Ihnen* geschieht und fortwirkt. Durch jeden neuen Jahreskreis hindurch – Jahr um Jahr tiefer.

So gesehen wird dieses Buch und all seine Gedanken, Einsichten, Übungen und Impulse auch *nie »fertig«*; ich möchte nichts festschreiben und beenden: Ein Etappenbericht, eine Etappensicht stets sich wandelnder Erkenntnis bleibt es. Auch ich selbst entdecke von Fest zu Fest, Monat zu Monat, Jahr um Jahr Neues, tiefere Aspekte. Weil das Jahr und das Leben ja lebendig sind, ein lebendiger Erkenntnisprozess …

Das Buch wird auch darum nie »fertig«, weil *Ihr* Buch noch »fehlt«: das, was Sie entdecken und was sich Ihnen erschließt, was Sie mit anderen teilen und was Sie jenen und auch mir als Anregungen sagen, zeigen und mitteilen könnten. Streng genommen *darf* dieser Prozess nie abgeschlossen sein, damit er nicht dem im Wege steht, das durch alles hindurchscheinen soll: Das hier Gesagte soll ja Wirklichkeit, das Leben schlechthin, erschließen helfen, soll hindeuten auf, transparent und offen sein für das »ganz Andere«, Größere, das all unser Denken, Fühlen, Glauben und Ahnen übersteigt. Anregungen sind es, nie »das Ganze«; Anstöße im Doppelsinn des Wortes werden gegeben: Anstoß, um in neue Denk- und Lebensbewegung hineinzuversetzen alle, die es lesen, und zugleich anstößig womöglich für viele; beides ist gut. Jedenfalls erhebe ich *nie* den Anspruch: Das *ist* so und *nur so* ist es. Nein, Aspekte neuen, tieferen, persönlicheren, lebensnäheren Verstehens liefere ich. Aber in Wirklichkeit kann alles vielleicht noch ganz anders sein. Werner Heisenbergs Motto »Das Ganze ist mehr als die Summe seiner Teile« gilt auch hier. Wir haben das Leben in seiner Ganzheit nicht im Griff. Wir sind auf dem Weg, immer unterwegs – »auf dem Weg in die Wirklichkeit«.

Zum Schluss

Nachdem wir nun einen weiten Weg zusammen gegangen sind und Sie Überlegungen mitvollzogen, Einsichten gewonnen, Entdeckungen gemacht haben, mit dem oder jenem Fest vertrauter geworden sind, sich vielleicht darüber bewusster werden konnten, welche Gefühle, Aspekte Ihrer Erfahrung das jeweilige Fest anspricht, und was diese Ihnen sagen könnten oder auch gerade nicht, und welche Bedeutung die verschiedenen Phasen und Etappen dieses »Lebensweges« durch das Jahr haben, fragen Sie sich doch noch einmal in aller Ruhe wie am Anfang des Buches:

Impulse: Welches oder welche Feste liegen mir *jetzt* am meisten? Mit welchen Zeiten im Jahr kann ich besonders gut in Kontakt kommen und ihre Bedeutung erfahren? Welche Zeiten im Jahr, welches Fest oder welche Feste liegen mir immer noch gar nicht, liegen mir fern oder sind mir eher beängstigend oder unangenehm? Was erfahre ich aus diesen Reaktionen über mich selbst? Was bedeutet, dass ich den einen Aspekt im Jahreskreis bevorzuge und den anderen nicht mag?
Hat sich während des Lesens etwas verändert? Wenn ja: Was?

Wie ein Reiseführer und ein Rezeptbuch!

Nun sind Sie bei den letzten Seiten dieses Buches angelangt. Viele Wege sind wir miteinander gegangen, vielen Gedanken miteinander nachgegangen. Ich musste immer darauf achten, dass ich das, was ich schreibe, auch *selbst* praktiziere, lebe und tue. Auch beim Lesen wird es für Sie wichtig sein, dass Sie mit dem Gelesenen auch wirklich Erfahrungen machen, Ihre eigenen! Sonst könnte es sein wie beim Lesen eines Reiseführers oder von Wegbeschreibungen: Durch das Lesen *allein* kommen wir noch keinen Schritt weiter, kein bisschen näher dem Ziel! Man kann im Liegestuhl die wunderbarsten Reisebeschreibungen mit vollziehen, aber erfahrbare Wirklichkeit wird all das erst, wenn man losgeht. Oder mit einem anderen Bild: Vom Lesen eines Kochbuches wird man nicht satt. Die Beschreibungen können einem das Wasser im Mund zusammenlaufen lassen, einen animieren, die darin beschriebenen Gerichte auszuprobieren – aber schmecken und sehen, fühlen und riechen können wir all das erst, wenn wir es in unserem Alltag umsetzen: Zutaten kaufen, uns die Zeit nehmen, die entsprechenden Mischungen zubereiten, kochen oder backen – und dann probieren und genießen.

Entsprechend gilt: Alle Erkenntnisse und alles Wissen nützen uns gar nichts – es sei denn, wir können sie mit Leben füllen, in Verhalten umsetzen, im *neuen Tun* leben. So wie Zeit- und Höhenangaben, Meterzahlen, Tourenbeschreibungen und Markierungskenntnis allein uns noch auf keinen Berg bringen, keine Übersicht bescheren und nicht das herrliche Panorama vermitteln können, so wie man Schwimmen nicht durch die beste theoretische Beschreibung lernen kann und wie man Kunstschätze und -gegenstände durchs Lesen eines noch so guten Kunstführers nicht wirklich erleben und erfahren (höchstens dazu hingeführt werden) kann, so kann man das achtsame Gehen durch das Kirchenjahr nicht nur durch Lesen lernen. – Lesen ersetzt nicht Erfahrung! Ohne *Tun erfahren* wir nichts, – wenn wir uns dieser Wirklichkeit nicht jeweils aussetzen!

All die vielen Impulse, Übungen und Reflexionen dieses Buches werden erst wirksam, wenn Sie sich darauf einlassen, sie ausprobieren, damit experimentieren und sie so mit Ihrem eigenen Leben füllen. Falls Sie es noch nicht so praktiziert haben, nehmen Sie das jetzt noch als Anregung: Bleiben Sie beim zweiten Durcharbeiten dieses Buches bei kleinen Etappen, lesen Sie die wie einen Reiseführer oder eine Wanderbeschreibung – und legen Sie das Buch dann beiseite und machen Ihre eigenen Erfahrungen. Dieses Buch kann ja nicht mehr sein als ein *Wegbegleiter*, eine *Wanderkarte* oder gar ein *Wegweiser*: Auf dem Weg konkrete Schritte gehen, Erfahrungen welcher Art auch immer damit machen – *das* müssen *Sie selbst*. Und das ist für Sie jetzt der nächste Schritt.

Ich habe mit Ihnen geteilt, was ich in jahre- und jahrzehntelangem Erleben, Erspüren, achtsamem Fragen, Reflektieren auf dem bewussten Weg durchs Jahr erfahren habe. Natürlich wäre ich interessiert daran, auch von Ihnen zu hören, was Ihnen jetzt dabei begegnet: Welche Entdeckungen, Gefühle, Einsichten, Ausblicke; was Sie verwundert, verwirrt, Ihren Anstoß erregt oder Sie glücklich gemacht hat; oder was immer noch offen geblieben ist. In jedem Jahr liegt ja wieder eine neue Chance, ein neuer Durchgang auf einer anderen Ebene dieser Spirale! Es wäre wunderbar, wenn es zu einem *Austausch* kommen könnte zwischen Ihnen und mir: Dieses Buch liegt nun in Ihren Händen und – wenn Sie es durchgearbeitet haben – hinter Ihnen. Am besten vergessen Sie (fast) alles, was darin steht und machen *Ihre eigenen Erfahrungen.* Die Wirklichkeit ist doch viel größer als alle Worte! So möge dieses Buch weiterhin ein hilfreicher Begleiter sein für den Weg, den Sie jetzt *gehen.* In diesem Sinne also: Gutes Gehen, Finden und Ankommen! Und wenn Sie mögen, teilen Sie mir etwas davon mit! Sie können mich gerne auf meiner Homepage besuchen …[92]

Anmerkungen

Die Anmerkungen beinhalten neben Quellenangaben auch Hinweise auf empfehlens- und lesenswerte Literatur und sind so zugleich Literaturverzeichnis.

1 So H. Hesse in: Siddhartha, Berlin 2014, S. 166 im abschließenden Dialog mit seinem Freund Govinda.

2 Unter dem Titel H. G. Behringer: Die Heilkraft der Feste – der Jahreskreis als Lebenshilfe, München (1997) 2008, 8. Aufl.

3 Ausführlicher bei H. G. Behringer: Kinder feiern Feste – Familien feiern Feste, in: Kinder – Familie – Zukunft. Hrsg. Diakonisches Werk Bayern / EAF, Nürnberg 1998, 3. Aufl., S. 194–198. Weitere Literatur zum Thema »feiern«: W. Longardt (Hrsg.): Feste, die verbinden, Gütersloh 1991; G. M. Martin: Fest und Alltag. Bausteine zu einer Theorie des Festes, Stuttgart 1973; R. Krenzer: Wir feiern heute Sommerfest, Freiburg 1994 (und viele andere Bücher von ihm); H. König: Das große Jahresbuch für Kinder. Feste feiern und Bräuche neu entdecken, München 2007, 3. Aufl. Extra dazu: H. König: Arbeitshilfe »Feste feiern ...«, München 2007, 2. Aufl.; H. Rose, R. Abeln: Mein großes Buch vom Kirchenjahr: Feste und Bräuche erleben, Kevelaer 2013; eine Fundgrube für viele Detailfragen mit aktuellen Infos und Essays zu Fragen der Volkskunde, z. B. über Feste und Bräuche, bietet http://austria-forum.org/af/Wissenssammlungen/ABC_zur_Volkskunde_%C3%96sterreichs von Dr. Helga Maria Wolf.

4 Hinweis bei R. Deichgräber: Von der Zeit, die mir gehört, Göttingen 1997, S. 119f. und 44–57.

5 Vgl. zum Feiern und Gestalten von Festen die Literaturempfehlungen von Anmerkung 3.

6 F. Nietzsche, Philosophische Werke in sechs Bänden, Band 5, Hamburg 2013, S. 205.

7 Für Interessierte vgl. z.B. 1. Korinther 11,23–25; Johannes 13,20; 20,21; 15,20f.; Lukas 10,16; Matthäus 18,5 und 20; 25,35–40: So vielgestaltig ist die Jesus/Christus-Wirklichkeit gegenwärtig!

8 E. J. Chopich / M. Paul: Aussöhnung mit dem inneren Kind, Berlin 2009, 26. Aufl.

9 Aus: B. Leahy Shlemon: »Healing Prayer«. Ohne Jahr und ohne Seitenangabe.

10 Zitiert nach einem Vortrag von Thorwald Dethlefsen: »Die Esoterische Bedeutung von Weihnachten«. Ohne Jahr.

11 Zitat und weitere Hinweise zum Ganzen: A. Grün / M. Reepen: Heilendes Kirchenjahr – das Kirchenjahr als Psychodrama, Münsterschwarzach 2014, S. 38f. Vgl. auch A. Grün / M. Reepen: Das Kirchenjahr mit seiner heilenden Kraft verstehen und feiern, Stuttgart 2012.

12 A. Grün: Kirchenjahr und Meditation, in: G. Ruhbach / A. Grün / R. Deichgräber u.a., Meditation und Gottesdienst, Göttingen 1989, S. 75f.

13 H. Hark: Der Traum als Gottes vergessene Sprache, Olten 1992, 6. Aufl.

14 Weiterführend auch A. Faraday: Die positive Kraft der Träume: innere Achtsamkeit: mit Fokusing Träume verstehen, München 2000; E. T. Gendlin: Dein Kör-

per – dein Traumdeuter, Stuttgart 2009; E. Aeppli: Der Traum und seine Deutung, Zürich 2002, 10. Aufl.; H. Hark: Träume als Ratgeber, Hamburg 1996; P. Ball: 10 000 Träume: Symbole und ihre Bedeutungen von A – Z, München 2008.

15 Zu allen Datierungsfragen vgl. jeweils Genaueres bei K.-H. Bieritz/Chr. Albrecht: Das Kirchenjahr – Feste, Gedenk- und Feiertage in Geschichte und Gegenwart, München 2014, 9., neu bearb. und erw. Aufl.; und H. Kirchhoff: Christliches Brauchtum – Feste und Bräuche im Jahreskreis, München 2004.

16 Matthäus 2,1–12.

17 Nach Genesis/1. Mose 12,1–3.

18 Es wäre lohnend, *alle* Teile und Ereignisse der Weihnachtsgeschichten einmal ausführlicher als ein inneres Geschehen in der eigenen Seele zu verstehen und zu interpretieren. Das kann man selbstverständlich *auch* mit allen Ereignissen der Leidens- und Auferstehungsgeschichte, der Kreuzigung und der Zeit danach genauso – und ebenso fruchtbar – tun!

19 Gute Hinweise zum Ganzen bei P. Müller: Fasten – Dem Leben Richtung geben. Handreichung für Fastengruppenleiter, München 1990, und ders., Fasten – Dem Leben Richtung geben. Lese- und Übungsbuch zum spirituellen Fasten, München 1995. Und der bekannte Klassiker und Millionenbestseller: H. Lützner: Wie neugeboren durch Fasten, München 2013.

20 Genaueres siehe H. G. Behringer: Die 12 Grundkräfte des Lebens – Heilsame Impulse für jeden Monat. Feste – Meditationen – Rituale. München 2013, S.61ff. Zu allen Datierungs- und Kalenderfragen siehe bestens K.-H. Bieritz: Das Kirchenjahr, a.a.O.; H. Kirchhoff: Christliches Brauchtum, a.a.O.

21 Jesaja 45,7.

22 Apostelgeschichte 1,4.8.14; Lukas 24,49.

23 Ich verwende die Begriffe Yin und Yang als Benennung gegensätzlicher Prinzipien aus einem anderen, östlichen Kulturraum, weil sie mir weniger mit Wertungen verbunden scheinen als unsere landläufigen Bezeichnungen so genannt »männlicher« oder »weiblicher« Eigenschaften und Aspekte.

24 Anregungen zu diesen Gedanken verdanke ich dem Buch von G. Senger: Noch einmal mit Gefühl!, Genf 1986, S. 140–147.

25 J. Quint (Hrsg.): Meister Eckehart. Deutsche Predigten und Traktate, Zürich 1979, S. 324.

26 Lukas 10,40.

27 Zum Thema Beten und Gebet sehr hilfreich und empfehlenswert: H. Halbfas: Der Sprung in den Brunnen – eine Gebetsschule, Ostfildern 2016, 19. Aufl.

28 Siehe Matthäus 5,9 und 45; Römer 8,14,15 und 19; 9,26; Galater 3,26; 4,6 und 7; Epheser 1,5: Oftmals steht, wo »Kind« übersetzt wird, im Urtext ursprünglich »Sohn«!

29 W. Hoffsümmer: Kurzgeschichten 4, Ostfildern 2008, 10. Aufl., S. 12.

30 K. Lange: Herz, was sagst Du mir? Selbstvertrauen durch innere Erfahrungen, Freiburg 2009.

31 A. Napier: Ich dachte, meine Ehe sei gut, bis meine Frau mir sagte, wie sie sich fühlt, München 1995.

32 Neben Sühne, Strafe, Stellvertretung stehen z.B. Passah/Befreiung, Versöhnung, Lösegeld/Loskauf am Sklavenmarkt, Bundesschluss, Mysterienrituale, Jesu Mitfühlen/-leiden, mystische Vereinigung, der Testamentsgedanke und der des Todes als Konsequenz von Lehre, Weg und Leben Jesu. All das kann in diesem Rah-

men zwar nicht umfassend dargestellt werden. Als hilfreiche Anregungen sei jedoch auf A. Grün: Bilder von Erlösung, Münsterschwarzach 2013, 5. Aufl. hingewiesen. Außerdem H. Fischer: Musste Jesus für uns sterben? Deutungen des Todes Jesu, Zürich 2008; und J. Imbach: Ist Gott käuflich? Die Rede vom Opfertod Jesu auf dem Prüfstand, Gütersloh 2011. Sehr umfassend und grundlegend wertvoll auch H. Küng: Christ sein, München 1993, 6. ungekürzte Taschenbuchaufl.

33 Man spricht von den »sieben Worten Jesu am Kreuz«. Sie stehen bei Lukas 23,24; 23,43; Johannes 19,26f; Markus 15,34 wie Psalm 22,2; Johannes 19,28; Johannes 19,30; Lukas 23,46 wie Psalm 31,6. Reihenfolge nach der kirchlichen Tradition.

34 »*Wir* mit *ihm*«: Matthäus 16,24f., Römer 6,3–8; 8,17 und 29f; Kolosser 2,11–13; 3,1–4; u.a.

35 Vertiefend siehe P. Gathmann und Cl. Semrau-Lininger: Der verwundete Arzt, München 1996, besonders S. 93–111.

36 Auch in vielen Märchen erscheint immer wieder das Motiv der Verletzung und Verwundung: ein Finger abgeschnitten, sich in den Finger gestochen, die Hände blutig, ertrunken: Eisenhans, Dornröschen, Frau Holle, usw. – überall trägt diese notwendige, unverzichtbare Verwundung auf dem Weg zur weiteren positiven inneren und äußeren Entwicklung bei!

37 Für entscheidende Hinweise und Impulse zu diesen Gedankengängen danke ich Dr. Helmut Hark. Einige Hinweise zum Weiterforschen seien gegeben: M. Eliade: Schamanismus und archaische Ekstasetechnik, Berlin 2006; M. Harner: Der Weg des Schamanen. Das praktische Grundlagenwerk des Schamanismus, München 2013 (über Nordamerika und allgemein); L. Séjourné: Burning Water. Thought and Religion in Ancient Mexico, Berceley 1976 (Schwerpunkt Mittelamerika); G. Reichel-Dalmatoff, Amazonian Cosmos. The Sexual und Religious Symbolism of the Tukano Indians, Chicago/London 1974 (Schwerpunkt Südamerika); E: Gruber: Traum, Trance und Tod. Aus der geheimnisvollen Welt der Schamanen, Freiburg 1991.

38 Markus 14,34–41.50.

39 Vgl. zum Ganzen die Artikel »Wenn die Antwort nicht mehr wichtig ist« und »... dass das Unsagbare sagbar wird«, in: H. G. Behringer: Wachsen – Wandeln – Wagen. Meditative Gedichte und Texte, Gunzenhausen 2003, 2. Aufl., S. 29–33 und S. 117–125.

40 Zum Thema Hölle vgl. B. Lang: Himmel und Hölle – Jenseitsglaube von der Antike bis heute, München 2009, 2. Aufl.; W. Joest/J. von Lüpke: Dogmatik II: Der Weg Gottes mit den Menschen, Göttingen 2012, 5., völlig neu überarbeitete Aufl., S. 289ff. und 299ff.; und J. Imbach: Ist Gott käuflich? a.a.O., S. 209–255.

41 J. Böhme: Bayerisches Sonntagsblatt Nr. 16, 1995, S. 20.

42 Das Zitat und die in diesem Abschnitt »Osteranfang« folgenden Beispiele nach einem Radiovortrag von H. E. Bahr: Wie aus der Kröte ein Prinz wird. Aufnahme ohne Jahresangabe.

43 Zitiert aus einem Film: »Jetzt weiß ich erst, was Leben ist: Erfahrungen mit Tod und Auferstehung« von P. Wingert: ARD-Reihe »Gott und die Welt«, 16.4.95, SFB 1995.

44 Die drei Geschichten: Johannes 20,11–18; Lukas 24,13–35; Johannes 21,1–11.

45 M. Buber, zitiert bei D. Rost/J. Machalke: Auf der Durchreise, Gütersloh 1983, S. 29.

46 Reportage vom 6.4.96: »Eine Philippinische Passion«, ARD 18.30 Uhr.

47 Matthäus 28,20.
48 Apostelgeschichte 1,8.
49 Vgl. Genesis / 1. Mose 12,1–3.
50 R.-A. von Bismarck / U. Kabitz (Hrsg.): Brautbriefe Zelle 92, München 2010, 6. Auflage, S. 208f.: »Brief vom 19.12.1944«.
51 Siehe die bewegende Legende »Die vollkommene Freude«, Geschichte 179, in: W. Hoffsümmer: Kurzgeschichten 3, Ostfildern 2008, 13. Aufl., S. 115.
52 Apostelgeschichte 1,8–11.
53 »Licht der Welt«: »Ich« / Jesus: Johannes 8,12; 9,5; und »Ihr«: Matthäus 5,14–16!
54 In Kindern: Markus 9,37; Matthäus 18,2–5; in »Geringsten«, Hungrigen, Nackten, Gefangenen: Matthäus 25,35–45; im Jünger / Zeugen: Johannes 13,20f.; Matthäus 10,40; in der Versammlung Glaubender: Matthäus 18,20.
55 Siehe die Belege von Anmerkung 28: »Sohn«!
56 Vgl. zum Ganzen D. Sölle: Gesammelte Werke 3: Stellvertretung, Stuttgart 2006; F. Gräßmann: Du Nachbar Gott – wie kann ich mit Dir reden? Wege zur Spiritualität der Bibel, Treuchtlingen 1996, 2. Aufl.
57 Bei den in diesem Absatz genannten Zitaten aus der Bibel handelt es sich um folgende Stellen: Matthäus 10,40; Matthäus 25,35–45; Markus 9,37; Johannes 8,12; Matthäus 5,14; 1. Thessalonicher 1,6; Philipper 2,5; 2. Korinther 5,20.
58 Der Aspekt der »Weiblichkeit Gottes« kann hier nur angedeutet werden. Wir streifen ihn noch einmal beim nächsten Fest »Dreifaltig / -einigkeit«. Vertiefend dazu vgl. die Kapitel August und Mai in meinem Buch: H. G. Behringer: Die 12 Grundkräfte des Lebens, a.a.O., S. 106–121; 73–81.
59 Vgl. C. Mulack: Die Weiblichkeit Gottes – Matriarchale Voraussetzungen des Gottesbildes, Stuttgart 2006; L. Boff: Das Mütterliche Antlitz Gottes, Düsseldorf 1991; A. Greeley: Maria – über die weibliche Dimension Gottes, Granz, Wien / Köln 1979.
60 Vgl. Lukas 15,8–10; Matthäus 23,37; Jesaja 25,8; 66,13; Offenbarung 7,17; 21,4; 1. Johannes 2,29; 5,1.4.18 u.a.
61 Vgl. das entsprechende Buch von H. Hark: Der Traum als Gottes vergessene Sprache, Olten / Freiburg 1992, 6. Aufl. – Weitere zum Verstehen von Träumen empfohlene Literatur siehe Anm. 14!
62 Siehe Anmerkung 28!
63 Zitate aus 1. Thessalonicher 5,21; 1. Korinther 6,12; Galater 4,7; vgl. Römer 8,15–17.
64 A. de Mello: Warum der Vogel singt. Geschichten für das richtige Leben, Freiburg 2013, S. 37: »die Formel«.
65 R. M. Rilke: Du musst das Leben nicht verstehen. Schöne Gedichte, Wiesbaden 2015, 7. Aufl., S. 42.
66 E. Berne / W. Wagmuth: Spiele der Erwachsenen, Reinbek 2002, 16. Auflage; R. Rogoll: Nimm Dich, wie Du bist: Mit sich selber einig werden, Freiburg 2006, 2. Aufl. (neu bearbeitet); sehr praktisch mit Übungen: M. James / D. Jongeward: Spontan leben. Übungen zur Selbstverwirklichung, Reinbek 1998.
67 Siehe R. Panikkar: Trinität. Über das Zentrum menschlicher Erfahrung, München 1993; derselbe: Das Göttliche in allem – der Kern spiritueller Erfahrung, Freiburg 2002.
68 »*Mariä Himmelfahrt*« oder »Aufnahme in den Himmel« wurde ausführlich von mir besprochen und entfaltet im Augustkapitel meines Buches H. G. Behringer: Die

12 Grundkräfte des Lebens, a.a.O., S. 106–121. In die Sommermonate fallen auch viele *Kirchweihfeste*, auch Kärwa, Kirmes oder Chilbi genannt. Ihre tiefere Bedeutung für uns als lebendige »Tempel« wurde eingehend dargestellt in meinem früheren Buch H. G. Behringer: Die Heilkraft der Feste, a.a.O., S. 281–291.
69 2. Korinther 3,6.
70 Vgl. meine Texte: »Meine Spuren im Sand – oder: Ich spüre meine Füße im Sand«, in: Sommer-Sonnen-Wende, Hof 1986, S. 19 und »Stehen« und »Auge in Auge«, in: Wachsen-Wandeln-Wagen, a.a.O., S. 92f.
71 Genaueres dazu in meinem Aufsatz »Traumarbeit: Spiritualität im Alltag«, in: Festschrift für Dr. H. Hark, Karlsruhe 1996, als Manuskript veröffentlicht.
72 Römer 1,7; 1. Korinther 1,2; Philipper 1,1.
73 In Art. 21: »Vom Dienst der Heiligen«, Evangelisches Gesangbuch, a.a.O., S. 1573.
74 Vgl. A. Grün: 50 Helfer in der Not. Die Heiligen fürs Leben entdecken, Freiburg 2006; und derselbe: Kirchenjahr und Meditation, in: Meditation und Gottesdienst, Göttingen 1989, S. 92f.
75 W. Nigg: Große Heilige, Zürich 2006.
76 D. Bonhoeffer: Widerstand und Ergebung: Briefe und Aufzeichnungen aus der Haft, Gütersloh 2005, 21. Auflage. Dort im Brief vom 21.7.1944.
77 Vgl. H.-E. Richter: Patient Familie. Entstehung, Struktur und Therapie von Konflikten in Ehe und Familie, Gießen 2012; W. Kempler: Grundzüge der Gestalt – Familientherapie, München 1988; V. Satir: Selbstwert und Kommunikation. Familientherapie für Berater und zur Selbsthilfe – Leben lernen. Jubiläumsedition, Stuttgart 2015; S. Minuchin: Familie und Familientherapie. Theorie und Praxis struktureller Familientherapie, Freiburg 2015, 11. Auflage.
78 Eigentlich »Buß- und Bettag« genannt – liegt im November. In der Schweiz gibt es vergleichbar einen »eidgenössischen Dank-, Buß- und Bettag« am 3. Sonntag im September.
79 E. Fromm: Haben oder Sein – die seelischen Grundlagen einer neuen Gesellschaft, München 2015, 42. Auflage, S. 23.
80 Aus M. Buber: Die Erzählungen der Chassidim, München 2014.
81 Bei Allerseelen finden Sie die Ausführungen zum *Gedenken unserer Toten*, zu deren Verehrung und *Verabschiedung*.
82 C. Castaneda: Reise nach Ixtlan. Die Lehren des Don Juan, Frankfurt 2007, S. 44–49 und S. 92f.
83 A.-M. Oldenburg: Dem Sterben im Leben begegnen. Dokumentation des Diakonie Kolleg Bayern / Diakonisches Werk Bayern, Nürnberg 1993.
84 Weiterführend und vertiefend siehe W. Pisarski: Auch am Abend wird es licht sein: Die Kunst, zu leben und zu sterben, München 2014; viele wertvolle praktische Anregungen, sich rechtzeitig mit Tod und Sterben auseinanderzusetzen, gibt: P. Neysters / K. H. Schmitt: Denn sie werden getröstet werden. Das Hausbuch zu Leid und Trauer, Sterben und Tod: Mit umfassenden Informationen zu Patientenverfügung – Hospiz – Bestattungsmöglichkeiten – Trauergottesdiensten, München 2012.
85 H. Hark: Den Tod annehmen: Unser Umgang mit dem Sterben als Chance der Reifung, München 1995. Zeitlos, aktuell und wertvoll, inkl. Todesträume verstehen, Ritual-, Text- und Gedichtempfehlungen, therapeutische Arbeit mit Trauermusik.
86 Vgl. Matthäus 6,33: »Trachtet zuerst nach dem Reiche Gottes …, so wird euch das, was ihr braucht, alles zufallen!«

87 So mein Gedicht in H. G. Behringer: Wachsen – Wandeln – Wagen. a.a.O., S. 128.
88 Das gesamte Zitat gibt gute Lebenshilfe: »Das christliche Leben ist nicht Frommsein, sondern Frommwerden, nicht Gesundsein, sondern Gesundwerden, nicht Sein, sondern Werden, nicht Ruhe, sondern Übung. Wir sind's noch nicht, wir werden's aber. Es ist noch nicht getan und geschehen, es ist aber im Gang und Schwang. Es ist nicht das Ende, es ist aber der Weg. Es glüht und glänzt noch nicht alles, es bessert sich aber alles.« (Martin Luther)
89 Zur Vertiefung, auch mit vielen weiteren Ritualen und Übungen zu diesem Themenkreis siehe H. G. Behringer: Die 12 Grundkräfte des Lebens, a.a.O., S. 145–156: Der Tod als Ratgeber; Die Kunst des Loslassens; Versöhnung mit der eigenen Endlichkeit.
90 Offenbarung 1,6; 5,10; dem griechischen Urtext nach auch in 20,6; 22,5, weil »regieren« genauer »König sein / als König herrschen« heißt; vgl. 1. Petrus 2,9 und Galater 4,7!
91 R. M. Rilke: Du musst das Leben nicht verstehen. Schöne Gedichte, Wiesbaden 2015, 7. Auflage, S. 48.
92 Auf meiner Homepage können Sie mich genauer kennenlernen und Kontaktmöglichkeiten erfahren unter www.hgbehringer.de. Über eine Rückmeldung würde ich mich freuen!

Am Ende dieses Buches gebührt ein besonderer Dank meiner Frau Madelaine für ihre stets ermutigende, hilfreiche und stärkende Unterstützung bei der Arbeit an diesem Werk, meinem aufmunternden Bruder Hellmut und meiner engagierten, kompetenten und verständnisvollen Lektorin Annina Bauder und großer Dank auch Claudia Lueg und dem Patmos Verlag für die wundervolle Zusammenarbeit.